"十三五"国家重点出版物出版规划项目

长江三峡工程文物保护项目报告 乙种第四十六号

重庆市文物局 重庆市水利局 主编

万州余家河墓群

西北大学文化遗产学院 编著

科学出版社

内 容 简 介

本书是万州余家河墓群的发掘报告,全书以墓葬为单位,系统地介绍了该墓群东周至六朝等时期155座墓葬的发掘成果,并介绍了墓群范围内汉代、明代等时期5座陶窑及9座明代房屋基址的发掘成果,为研究重庆乃至长江三峡地区古代墓葬发展序列与丧葬制度,及其所反映的当时人的生产、生活状况提供了丰富的实物资料。

本书可供从事考古、历史、文物研究的专家学者,以及高等院校相关专业师生参考、阅读。

图书在版编目(CIP)数据

万州余家河墓群 / 西北大学文化遗产学院编著. —北京:科学出版社,2024.6

(长江三峡工程文物保护项目报告. 乙种第四十六号)

"十三五"国家重点出版物出版规划项目

ISBN 978-7-03-078309-7

Ⅰ.①万… Ⅱ.①西… Ⅲ.①墓群-发掘报告-万州区 Ⅳ.①K878.85

中国国家版本馆CIP数据核字(2024)第064711号

责任编辑:王光明 / 责任校对:邹慧卿
责任印制:肖 兴 / 封面设计:陈 敬

科学出版社 出版
北京东黄城根北街16号
邮政编码:100717
http://www.sciencep.com

北京中科印刷有限公司印刷
科学出版社发行 各地新华书店经销

*

2024年6月第 一 版 开本:880×1230 1/16
2024年6月第一次印刷 印张:17 1/2 插页:57
字数:709 000

定价:328.00元
(如有印装质量问题,我社负责调换)

"13th Five-Year Plan" National Key Publications Publishing and Planning Project

Reports on the Cultural Relics Conservation
in the Three Gorges Dam Project
B(site report) Vol.46

Cultural Relics and Heritage Bureau of Chongqing
Chongqing Water Resources Bureau

The Yujiahe Cemetery Site in Wanzhou District, Chongqing City

School of Cultural Heritage, Northwest University

Science Press

长江三峡工程文物保护项目报告

重庆库区编委会

冉华章　江　夏　幸　军　任丽娟　王川平　程武彦　刘豫川　白九江

重庆市人民政府三峡文物保护专家顾问组

张　柏　谢辰生　吕济民　黄景略　黄克忠　苏东海　徐光冀
刘曙光　夏正楷　庄孔韶　王川平　李　季　张　威　高　星

长江三峡工程文物保护项目报告

乙种第四十六号

《万州余家河墓群》

主　编

赵丛苍

项目承担单位

西北大学文化遗产学院

重庆市万州区博物馆

目 录

第一章 概述 ………………………………………………………………………………（1）

    第一节 历史沿革 …………………………………………………………………（1）

    第二节 地理环境 …………………………………………………………………（1）

    第三节 勘探发掘经过 ……………………………………………………………（3）

        一、工作概况 …………………………………………………………………（3）

        二、地层堆积 …………………………………………………………………（5）

    第四节 报告编写 …………………………………………………………………（6）

第二章 东周墓葬 …………………………………………………………………………（7）

第三章 汉代墓葬 ………………………………………………………………………（112）

    第一节 土坑墓 …………………………………………………………………（112）

    第二节 砖室墓 …………………………………………………………………（176）

第四章 六朝时期墓葬 …………………………………………………………………（182）

    第一节 石室墓 …………………………………………………………………（182）

    第二节 砖室墓 …………………………………………………………………（187）

第五章 其他墓葬 ………………………………………………………………………（211）

第六章 其他遗迹 ………………………………………………………………………（219）

    第一节 陶窑 ……………………………………………………………………（219）

第二节　房址 …………………………………………………………………………（229）

第七章　余家河墓群出土人骨鉴定报告 ……………………………………………（231）

　　第一节　人骨保存状况 ………………………………………………………………（231）

　　第二节　个体的性别、年龄鉴定结果 ………………………………………………（232）

　　第三节　形态观察及少数测量数据 …………………………………………………（233）

　　第四节　牙齿磨耗情况 ………………………………………………………………（234）

　　第五节　病理现象 ……………………………………………………………………（235）

第八章　余家河墓群出土金属器科技检测与分析 …………………………………（236）

　　第一节　铁质文物检测报告 …………………………………………………………（236）

　　第二节　铜质文物检测报告 …………………………………………………………（237）

　　第三节　铅质文物检测报告 …………………………………………………………（240）

　　第四节　银质文物检测报告 …………………………………………………………（241）

第九章　结语 …………………………………………………………………………（243）

　　第一节　对战国中晚期遗存的认识 …………………………………………………（243）

　　第二节　对汉代遗存的认识 …………………………………………………………（245）

　　第三节　对六朝遗存的认识 …………………………………………………………（246）

　　第四节　对其他墓葬的认识 …………………………………………………………（247）

　　第五节　对陶窑的认识 ………………………………………………………………（247）

　　第六节　对房址的认识 ………………………………………………………………（248）

　　第七节　小结 …………………………………………………………………………（248）

附表　墓葬登记表 ……………………………………………………………………（249）

后记 ……………………………………………………………………………………（256）

插图目录

图一	余家河墓群位置示意图	（2）
图二	余家河墓群布方图	（4）
图三	余家河墓群遗迹分布图	（插页）
图四	A区T42和T43南壁地层剖面图	（6）
图五	A区T40和T27东壁地层剖面图	（6）
图六	M2平、剖面图	（8）
图七	M3平、剖面图	（9）
图八	M3出土陶器	（10）
图九	M4平、剖面图	（10）
图一〇	M4出土器物	（11）
图一一	M6平、剖面图	（12）
图一二	M6出土陶豆（M6∶1）	（12）
图一三	M7平、剖面图	（13）
图一四	M7出土铜矛（M7∶1）	（13）
图一五	M8平、剖面图	（13）
图一六	M9平、剖面图	（14）
图一七	M9出土陶器	（15）
图一八	M10平、剖面图	（16）
图一九	M10出土陶豆（M10∶1）	（16）
图二〇	M11平、剖面图	（17）
图二一	M12平、剖面图	（18）
图二二	M13平、剖面图	（19）
图二三	M14平、剖面图	（20）
图二四	M15平、剖面图	（21）
图二五	M16平、剖面图	（22）
图二六	M17平、剖面图	（23）
图二七	M19平、剖面图	（24）
图二八	M19出土陶豆	（24）

图二九	M20平、剖面图	（25）
图三〇	M21平、剖面图	（25）
图三一	M21出土器物	（26）
图三二	M22平、剖面图	（27）
图三三	M23平、剖面图	（28）
图三四	M24平、剖面图	（28）
图三五	M24出土器物	（29）
图三六	M25平、剖面图	（30）
图三七	M26平、剖面图	（30）
图三八	M27平、剖面图	（31）
图三九	M29平、剖面图	（32）
图四〇	M29出土陶豆（M29∶1）	（32）
图四一	M30平、剖面图	（32）
图四二	M32平、剖面图	（33）
图四三	M34平、剖面图	（34）
图四四	M35平、剖面图	（35）
图四五	M35出土铅器	（35）
图四六	M36平、剖面图	（36）
图四七	M37平、剖面图	（36）
图四八	M38平、剖面图	（37）
图四九	M38出土器物	（38）
图五〇	M44平、剖面图	（39）
图五一	M45平、剖面图	（40）
图五二	M45出土器物	（40）
图五三	M46平、剖面图	（41）
图五四	M46出土器物	（42）
图五五	M48平、剖面图	（43）
图五六	M48出土器物	（43）
图五七	M50平、剖面图	（44）
图五八	M50出土铅器	（45）
图五九	M50出土器物	（46）
图六〇	M51平、剖面图	（47）
图六一	M51出土陶器	（47）
图六二	M56平、剖面图	（48）
图六三	M56出土陶豆（M56∶2）	（48）
图六四	M58平、剖面图	（49）
图六五	M59平、剖面图	（50）

图六六	M59出土陶器	（50）
图六七	M60平、剖面图	（51）
图六八	M61平、剖面图	（51）
图六九	M61出土陶罐（M61：1）	（52）
图七〇	M62平、剖面图	（52）
图七一	M62出土铅器	（53）
图七二	M63平、剖面图	（53）
图七三	M64平、剖面图	（54）
图七四	M64出土陶器	（54）
图七五	M65平、剖面图	（55）
图七六	M65出土器物	（56）
图七七	M67平、剖面图	（57）
图七八	M67出土铅器（M67：1）	（57）
图七九	M79平、剖面图	（58）
图八〇	M79出土陶器	（58）
图八一	M83平、剖面图	（59）
图八二	M83出土陶豆	（59）
图八三	M84平、剖面图	（60）
图八四	M84出土器物	（61）
图八五	M85平、剖面图	（62）
图八六	M85出土器物	（62）
图八七	M86平、剖面图	（63）
图八八	M86出土陶壶（M86：1）	（63）
图八九	M87平、剖面图	（65）
图九〇	M87出土铜带钩（M87：1）	（66）
图九一	M89平、剖面图	（66）
图九二	M90平、剖面图	（67）
图九三	M90出土器物	（68）
图九四	M91平、剖面图	（68）
图九五	M92平、剖面图	（69）
图九六	M93平、剖面图	（69）
图九七	M94平、剖面图	（70）
图九八	M95平、剖面图	（71）
图九九	M95出土石环（M95：1）	（71）
图一〇〇	M96平、剖面图	（72）
图一〇一	M97平、剖面图	（73）
图一〇二	M97出土石璧（M97：1）	（73）

图一〇三	M98平、剖面图	（74）
图一〇四	M98出土器物	（75）
图一〇五	M98出土铜璜	（76）
图一〇六	M99平、剖面图	（77）
图一〇七	M100平、剖面图	（78）
图一〇八	M103平、剖面图	（79）
图一〇九	M104平、剖面图	（79）
图一一〇	M105平、剖面图	（80）
图一一一	M106平、剖面图	（81）
图一一二	M107平、剖面图	（81）
图一一三	M108平、剖面图	（82）
图一一四	M109平、剖面图	（82）
图一一五	M109出土陶罐（M109∶1）	（83）
图一一六	M110平、剖面图	（83）
图一一七	M111平、剖面图	（84）
图一一八	M112平、剖面图	（85）
图一一九	M113平、剖面图	（85）
图一二〇	M114平、剖面图	（86）
图一二一	M114出土陶豆（M114∶1）	（86）
图一二二	M115平、剖面图	（87）
图一二三	M115出土陶豆（M115∶1）	（87）
图一二四	M116平、剖面图	（88）
图一二五	M117平、剖面图	（89）
图一二六	M118平、剖面图	（90）
图一二七	M119平、剖面图	（90）
图一二八	M120平、剖面图	（91）
图一二九	M121平、剖面图	（91）
图一三〇	M122平、剖面图	（92）
图一三一	M122出土铜镞（M122∶1）	（92）
图一三二	M124平、剖面图	（93）
图一三三	M124出土陶豆	（94）
图一三四	M125平、剖面图	（94）
图一三五	M125出土器物	（95）
图一三六	M126平、剖面图	（95）
图一三七	M127平、剖面图	（96）
图一三八	M128平、剖面图	（97）
图一三九	M129平、剖面图	（98）

图一四〇	M129出土陶豆	（99）
图一四一	M130平、剖面图	（100）
图一四二	M131平、剖面图	（101）
图一四三	M133平、剖面图	（102）
图一四四	M134平、剖面图	（102）
图一四五	M134出土铅器	（103）
图一四六	M143平、剖面图	（103）
图一四七	M146平、剖面图	（104）
图一四八	M147平、剖面图	（105）
图一四九	M147出土陶器	（105）
图一五〇	M150平、剖面图	（106）
图一五一	M153平、剖面图	（107）
图一五二	M153出土器物	（108）
图一五三	M153出土器物	（109）
图一五四	M154平、剖面图	（110）
图一五五	M154出土陶器	（110）
图一五六	M155平、剖面图	（111）
图一五七	M18平、剖面图	（113）
图一五八	M18出土铜器	（114）
图一五九	M18出土陶器	（115）
图一六〇	M18出土陶器	（116）
图一六一	M18出土陶器	（117）
图一六二	M18出土器物	（119）
图一六三	M18出土器物	（120）
图一六四	M18出土器物	（121）
图一六五	M28平、剖面图	（122）
图一六六	M28出土陶器	（123）
图一六七	M28出土陶豆	（124）
图一六八	M31平、剖面图	（125）
图一六九	M31出土陶器	（125）
图一七〇	M31出土陶器	（126）
图一七一	M33平、剖面图	（127）
图一七二	M33出土陶器	（128）
图一七三	M39平、剖面图	（129）
图一七四	M39出土陶碗	（130）
图一七五	M39出土陶器	（131）
图一七六	M39出土器物	（133）

图一七七	M40平、剖面图	（135）
图一七八	M40出土器物	（136）
图一七九	M40出土器物	（136）
图一八〇	M47平、剖面图	（137）
图一八一	M49平、剖面图	（138）
图一八二	M52平、剖面图	（139）
图一八三	M53平、剖面图	（140）
图一八四	M53出土铁锸（M53：1）	（140）
图一八五	M54平、剖面图	（141）
图一八六	M55平、剖面图	（142）
图一八七	M57平、剖面图	（142）
图一八八	M66平、剖面图	（143）
图一八九	M66出土石器（M66：1）	（143）
图一九〇	M69平、剖面图	（145）
图一九一	M69出土陶器	（146）
图一九二	M69出土陶器	（147）
图一九三	M69出土器物	（148）
图一九四	M69出土陶器	（149）
图一九五	M70平、剖面图	（149）
图一九六	M70出土陶罐（M70：2）	（150）
图一九七	M72平、剖面图	（150）
图一九八	M72出土器物	（151）
图一九九	M73平、剖面图	（153）
图二〇〇	M73出土铁锸（M73：1）	（153）
图二〇一	M132平、剖面图	（154）
图二〇二	M132出土器物	（154）
图二〇三	M135平、剖面图	（156）
图二〇四	M135出土器物	（157）
图二〇五	M135出土陶器	（158）
图二〇六	M135出土器物	（159）
图二〇七	M136平、剖面图	（160）
图二〇八	M136出土器物	（161）
图二〇九	M137平、剖面图	（162）
图二一〇	M137出土器物	（163）
图二一一	M139平、剖面图	（164）
图二一二	M139出土器物	（165）
图二一三	M139出土器物	（166）

图二一四	M140平、剖面图	(167)
图二一五	M140出土器物	(168)
图二一六	M142平、剖面图	(169)
图二一七	M142出土器物	(170)
图二一八	M142出土器物	(171)
图二一九	M148平、剖面图	(172)
图二二〇	M148出土器物	(173)
图二二一	M152平、剖面图	(174)
图二二二	M152出土陶器	(175)
图二二三	M152出土器物	(176)
图二二四	M77平、剖面图	(177)
图二二五	M77出土器物	(178)
图二二六	M77出土器物	(179)
图二二七	M80平、剖面图	(180)
图二二八	M80出土器物	(181)
图二二九	M1平、剖面图	(183)
图二三〇	M1出土瓷器	(184)
图二三一	M1出土瓷器	(185)
图二三二	M1出土器物	(186)
图二三三	M1出土器物	(187)
图二三四	M5平、剖面图	(188)
图二三五	M5出土器物	(189)
图二三六	M5出土器物	(190)
图二三七	M41平、剖面图	(192)
图二三八	M41出土器物	(193)
图二三九	M41出土器物	(194)
图二四〇	M42平、剖面图	(195)
图二四一	M42出土器物	(196)
图二四二	M43平、剖面图	(197)
图二四三	M43出土器物	(199)
图二四四	M43出土瓷器	(200)
图二四五	M43出土瓷器	(202)
图二四六	M43出土器物	(203)
图二四七	M43出土器物	(203)
图二四八	M78平、剖面图	(204)
图二四九	M78出土瓷碗	(205)
图二五〇	M78出土瓷器	(206)

图二五一	M78出土器物	（206）
图二五二	M88平、剖面图	（208）
图二五三	M88出土器物	（208）
图二五四	M88出土器物	（209）
图二五五	M123平、剖面图	（209）
图二五六	M123出土器物	（210）
图二五七	M68平、剖面图	（211）
图二五八	M71平、剖面图	（211）
图二五九	M74平、剖面图	（212）
图二六〇	M75平、剖面图	（212）
图二六一	M76平、剖面图	（213）
图二六二	M81平、剖面图	（214）
图二六三	M82平、剖面图	（214）
图二六四	M101平、剖面图	（214）
图二六五	M102平、剖面图	（215）
图二六六	M138平、剖面图	（216）
图二六七	M141平、剖面图	（217）
图二六八	M144平、剖面图	（217）
图二六九	M145平、剖面图	（217）
图二七〇	M149平、剖面图	（218）
图二七一	M151平、剖面图	（218）
图二七二	Y1平、剖面图	（220）
图二七三	Y1出土器物	（220）
图二七四	Y2平、剖面图	（221）
图二七五	Y2出土陶器	（222）
图二七六	Y2出土器物	（223）
图二七七	Y3平、剖面图	（224）
图二七八	Y4平、剖面图	（225）
图二七九	Y4出土器物	（226）
图二八〇	Y4出土青花瓷碗	（227）
图二八一	Y4出土青花瓷碗	（228）
图二八二	Y5平、剖面图	（229）
图二八三	房址分布图	（230）
图二八四	铁芯显微图片	（237）
图二八五	铁锈显微图片	（237）
图二八六	文物表面X射线荧光光谱	（237）
图二八七	青铜器表面绿色粉状锈蚀产物	（238）

图二八八	青铜器表面绿色瘤状锈蚀产物	(238)
图二八九	青铜器表面蓝色片状锈蚀产物	(238)
图二九〇	青铜器表面蓝色瘤状锈蚀产物	(238)
图二九一	青铜文物表面X射线荧光光谱	(238)
图二九二	铜镜表面显微照片	(239)
图二九三	青铜剑表面显微形貌	(239)
图二九四	铜镜表面X射线荧光光谱	(239)
图二九五	盖弓帽表面朱砂颜料	(239)
图二九六	含铅杂质X射线荧光光谱	(240)
图二九七	铅质文物微观结构	(240)
图二九八	铅质文物基体X射线荧光光谱	(240)
图二九九	银质文物表面形貌	(241)
图三〇〇	银质文物基体X射线荧光光谱	(241)

图版目录

图版一　工作照

图版二　工作照

图版三　工作照

图版四　工作照

图版五　工作照

图版六　工作照

图版七　工作照

图版八　工作照

图版九　M2墓室结构及其出土器物

图版一〇　M3墓室结构及其出土器物

图版一一　M4墓室结构及其出土器物

图版一二　M6、M7墓室结构

图版一三　M6、M7出土器物及M9墓室结构

图版一四　M14、M15墓室结构

图版一五　M21墓室结构及其出土器物、M19出土器物

图版一六　M22、M23墓室结构

图版一七　M45墓室结构及其出土器物

图版一八　M46墓室结构及其出土器物

图版一九　M46出土器物

图版二〇　M48墓室结构及其出土器物

图版二一　M50墓室结构及其随葬品出土情况

图版二二　M50随葬品出土情况

图版二三　M50出土器物

图版二四　M51墓室结构及其出土器物

图版二五　M59墓室结构及其出土器物

图版二六　M60墓室结构及M61出土器物

图版二七　M62墓室结构及其出土器物

图版二八　M64、M65出土器物

图版二九	M79墓室结构及其出土器物
图版三〇	M83墓室结构及其出土器物
图版三一	M84墓室结构及其出土器物
图版三二	M84出土陶器
图版三三	M85墓室结构及其出土器物
图版三四	M86墓室结构及其出土器物
图版三五	M87墓室结构及其出土器物
图版三六	M90墓室结构及其出土器物
图版三七	M95、M96墓室结构及M97出土器物
图版三八	M98墓室结构及其出土器物
图版三九	M98出土器物
图版四〇	M98出土铜璜
图版四一	M109墓室结构及其出土器物、M115墓室结构
图版四二	M124墓室结构及其出土器物
图版四三	M129出土陶豆
图版四四	M147墓室结构及其出土器物
图版四五	M153墓室结构及其出土器物
图版四六	M153出土陶器
图版四七	M153出土陶器
图版四八	M153出土陶鼎
图版四九	M153出土器物
图版五〇	M154墓室结构及其出土器物
图版五一	M18墓室结构及其随葬品出土情况
图版五二	M18随葬品出土情况
图版五三	M18出土器物
图版五四	M18出土陶楼
图版五五	M18出土器物
图版五六	M18出土器物
图版五七	M18出土陶俑
图版五八	M18出土陶器
图版五九	M28墓室结构及其出土器物
图版六〇	M28出土器物及M31墓室结构
图版六一	M31出土陶器
图版六二	M33墓室结构及其出土器物
图版六三	M39墓室结构及其出土器物
图版六四	M39出土陶器
图版六五	M39出土陶器

图版六六　M40墓室结构及其出土器物
图版六七　M40出土陶器
图版六八　M69墓室结构及其出土器物
图版六九　M69出土陶器
图版七〇　M69出土陶器
图版七一　M69出土陶器
图版七二　M69、M72出土器物
图版七三　M73墓室结构及其出土器物
图版七四　M132墓室结构及其出土器物
图版七五　M135墓室结构及其出土器物
图版七六　M135出土陶器
图版七七　M135出土陶器
图版七八　M136出土器物
图版七九　M137墓室结构及其出土器物
图版八〇　M139墓室结构及其出土器物
图版八一　M139出土器物
图版八二　M139出土器物
图版八三　M140出土器物
图版八四　M142出土器物
图版八五　M148出土器物
图版八六　M152墓室结构及其出土器物
图版八七　M152出土器物
图版八八　M77墓室结构及其出土器物
图版八九　M77出土器物
图版九〇　M77出土器物
图版九一　M80墓室结构及其出土器物
图版九二　M80出土器物
图版九三　M1墓室结构及其出土器物
图版九四　M1出土瓷器
图版九五　M1出土器物
图版九六　M5墓室结构及其出土器物
图版九七　M41墓室结构及其出土器物
图版九八　M41出土器物
图版九九　M42出土器物
图版一〇〇　M43墓室结构及其出土器物
图版一〇一　M43出土器物
图版一〇二　M43出土瓷碗

图版一〇三	M78墓室结构及其出土器物
图版一〇四	M78出土瓷器
图版一〇五	M88墓室结构及其出土器物
图版一〇六	M88出土器物
图版一〇七	M123墓室结构及其出土器物
图版一〇八	Y1、Y2窑室结构
图版一〇九	Y2出土器物及Y3窑室结构
图版一一〇	Y4窑室结构及其出土器物
图版一一一	Y4出土青花瓷碗
图版一一二	Y4出土青花瓷碗

第一章 概　　述

第一节　历 史 沿 革

万州属于重庆市辖区，位于渝东，因"万川毕汇，万商云集"而得名，原名万县，其历史悠久、物产丰富且居交通要道，素有"银万县"和"渝东门户"之称，有着浓郁的川（渝）东地方特色。这里的文明在万州先民世代繁衍、辛勤劳作中一代又一代传递。根据《万县志》记载，万州在夏商时期属梁州，武王克殷，封其宗姬于巴，即于周属巴子国。秦时隶属巴郡朐忍县。一般认为，万县建县始于东汉建安二十一年（216年）刘备分朐忍地置羊渠县，治今万州区长滩井。三国蜀汉建兴八年（230年）改羊渠县为南浦县，而其得名则始于北周时期所置万川县。隋改万川县为南浦县，归属巴东郡。唐代先后经历了置南浦县、改南浦郡为浦州、改浦州为万州、改万州为南浦郡、万州与南浦县同治等变革。元世祖至元二十年（1283年）又并南浦县入万州。明洪武四年（1371年），省武宁县入万州，明洪武六年（1373年）降州为县，正式始称万县，沿用至改重庆市万县区为重庆市万州区。中华人民共和国成立后，万州行政体制历经川东万县区行政专员公署、四川省万县专员公署、四川省万县地区革命委员会、四川省万县地区行政公署、四川省万县市（地级市）、重庆市万县移民开发区、重庆市万州移民开发区、重庆市万州区等变化。

第二节　地 理 环 境

万州区地处四川盆地东部，长江三峡西段，位于东经107°55′22″~108°53′25″，北纬30°24′25″~31°14′58″，属于三峡库区腹心，其东连云阳县，西靠忠县和梁平区，南邻石柱土家族自治县和湖北省利川市，北与开州区和四川省开江县接壤。万州区位于川东褶皱带和川鄂湘黔隆起褶皱带交会处，是一个以低山、丘陵为主，间有河流阶地、浅丘平坝的地区。整体地势由南北两侧向长江谷地倾斜。山脉为大巴山脉一隅，主要有铁峰山、方斗山、七曜山等。境内最高峰位于普子乡七跃村沙坪山峰，海拔1762米；最低点位于黄柏乡太阳溪长江边，海拔106.5米。

万州区属于亚热带湿润季风气候区，沿江河等地带和低山河谷区的年平均气温在18℃左右，降水季节变化与年际变化较大，雨季为4~10月，夏季降雨量最多，为400~500毫米，春秋季降雨量250~400毫米，冬季降雨量最少，仅40~70毫米。总体来看气候温和，四季分明，雨量充沛，日照偏少，无霜期长，形成了春早不稳定、夏热多伏旱、秋长阴雨绵、冬暖多云雾的温度季节分配和山地垂直气候变化，适于亚热带作物正常生长，为农业的多种经营和发展提供了有益的气候条件①。万州区境内水系属长江水系，河流密布，流量丰富。长江自西南向东北横贯腹地，从长坪乡金福村石槽溪入境，在黄柏乡金山村白水滩流出，境内流程318千米，全境之水尽归长江。受岩性及水系的控制，全区具有多样化的地貌景观。山峦起伏，沟壑纵横。万州区矿产资源种类多、分布广，以煤、铁、铜、盐、沙金等资源较为丰富。《唐书·地理志》《太平寰宇记》均有"万州贡金"的记载。

余家河墓群位于重庆市万州区高峰街道朝阳村余家河自然村，北距万州区中心约15.5千米，南部与新田镇隔江相望。高峰街道地处方斗山背斜北翼开阔的向斜内，地形分为丘陵和山地，长江回切成河谷阶地②。墓群分布于长江西岸的山前缓坡二阶台地上，其西北为丘陵山区，其东南紧邻长江。墓群位于西高东低向江岸凸伸出的由三条自然深沟阻隔的丘包范围内，丘顶地势相对平缓为墓葬集中分布的区域，地表现大面积被辟为梯田，包括麦地、蔬菜地和柑橘树林等。墓群主体范围南北长约260米，东西宽约240米，中心自然地理坐标为东经108°21′36″，北纬30°39′55″，高程147.3~153.4米，发掘总面积17516平方米。由于水土流失等原因，墓群保存情况较差（图一）。

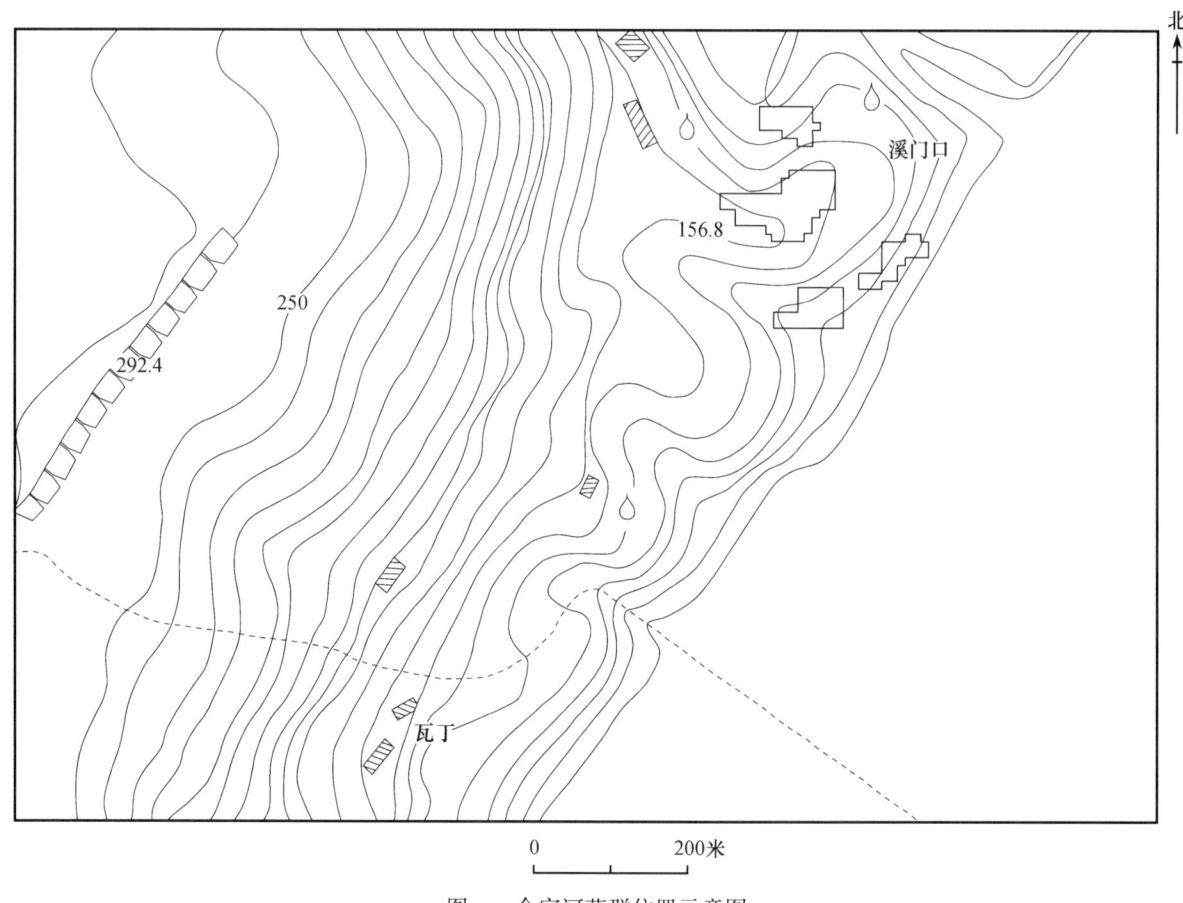

图一　余家河墓群位置示意图

---

① 冉崇富、袁世喜：《重庆万州国土资源志》，长江出版社，2010年，第126页。
② 中华人民共和国民政部：《中华人民共和国政区大典·重庆市卷》，中国社会出版社，2015年。

第三节　勘探发掘经过

一、工作概况

在编制三峡库区文物保护发掘项目规划时，将万州余家河墓群列为B级发掘项目。为配合长江三峡水利工程区文化的保护和发掘，2002年余家河墓群的发掘工作正式开始，此后至2007年共进行了7次发掘。其中，以赵丛苍（领队）带领的西北大学考古队作为发掘单位、万州区文物管理所作为协作单位的发掘工作，前后共开展6次；由山西大学作为发掘单位，以"余家河遗址"项目名义，做工作1次。

余家河墓群的考古发掘，根据墓群主体范围的自然地形，分为A、B、C、D四区，共开探方174个，另外有一座墓葬离上述四区较远，发掘面积116平方米，发掘总面积为17516平方米（图二）。

2002年10月11日至11月29日，西北大学考古队在万州区文物管理所的协助下，对余家河墓群开展大规模勘探和发掘工作。完成勘探面积50000平方米，实际发掘面积2520平方米。本次共发掘东汉或六朝时期的陶窑1座，墓葬30座，其中土坑墓28座，砖室墓和石室墓各1座，年代为东周至六朝时期。陶窑编号为Y1。墓葬编号为M1~M30。

同年的9月25日至11月5日。山西大学将其选择区域"根据地形"分为Ⅰ区和Ⅱ区。Ⅰ区实际发掘面积为604平方米，未发现文化遗迹和遗物；Ⅱ区位于Ⅰ区的西南部，实际发掘面积967平方米，发现墓葬12座，陶窑1座。后在Ⅰ区北部布方，定其为Ⅲ区，实际发掘面积100平方米，发现砖室墓1座。年代主要在东周至汉代，个别为六朝时期。彼时将墓葬号编为M201~M208、M211~M214、M301，陶窑编号为Y201[1]。这些墓葬的地点，实际上属于西北大学考古队主持发掘余家河墓群的一部分，对前者的墓葬号及器物号应改用余家河墓群的统一编号是必要的，因此本报告中将上述"M201"等13座墓的墓葬号依次改为M31~M43。陶窑号改为Y2。

第三次勘探发掘为2003年2月6日至3月28日。完成勘探面积12000平方米。此次实际发掘面积为2050平方米。共发掘墓葬24座，皆为竖穴土坑墓，主要为东周墓葬，有少量汉墓。墓葬编号为M44~M67。

第四次勘探发掘分为两个阶段：第一阶段自2003年12月9日至2004年1月20日，第二阶段从2004年2月5日至3月13日。共钻探4500平方米。本次实际发掘面积计1600平方米。发现墓葬17座，其中长方形竖穴土坑墓12座、砖室墓5座。墓葬以东周墓和汉墓为主，有少量的年代为六朝或更晚期。墓葬编号为M68~M84。

---

[1] 山西大学文博学院、万州区文物管理所：《万州余家河遗址2002年度发掘简报》，《重庆库区考古报告集·2003卷》，科学出版社，2019年。

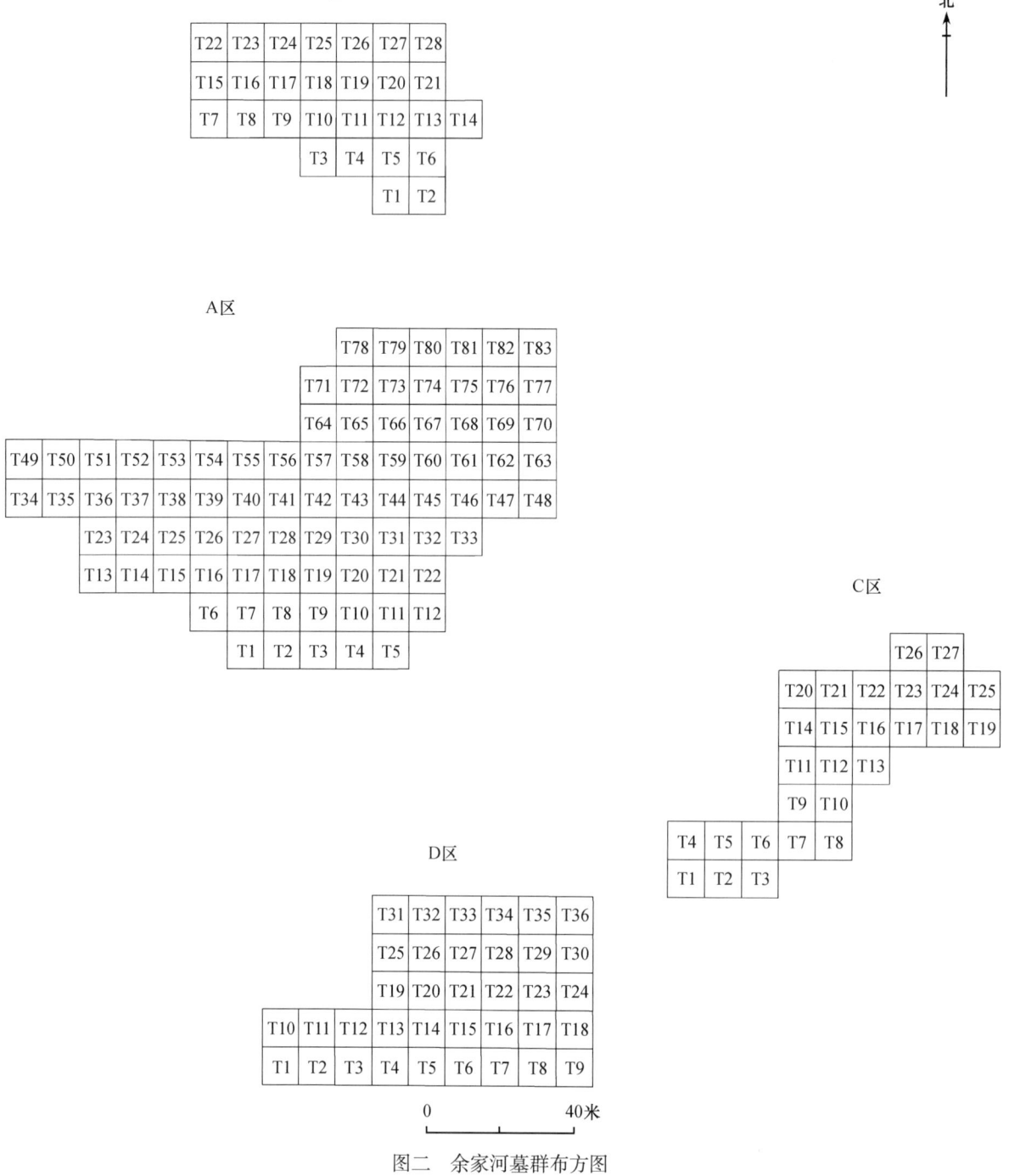

图二 余家河墓群布方图

2004年10月23日至2005年1月5日，在原来工作的基础上做了进一步钻探，本次实际发掘面积2500平方米。长方形竖穴土坑墓18座，砖室墓1座，主要为东周墓，汉墓和六朝墓较少。墓葬编号为M85～M103。

2005年11月21日至2006年1月19日，继续开展工作。实际发掘面积3000平方米。发掘陶窑1座、墓葬28座，墓葬包括长方形竖穴土坑墓27座、砖室墓1座。能判断时代的墓葬，以东周墓为多，汉墓和六朝墓较少。此次发掘的陶窑编号为Y3，墓葬编号为M104～M131。

第七次勘探发掘为2006年12月16日至2007年5月5日。钻探面积8000平方米，实际发掘面积4175平方米。发掘墓葬24座，陶窑2座。墓葬均为竖穴土坑墓，以东周墓和汉墓为主。墓葬编号为M132～M155。陶窑编号为Y4和Y5。还发现石块堆砌的房址，编号为F1～F9（图三；图版一～图版八）。

二、地层堆积

余家河墓群按照地形特点和墓葬集中程度可以划分为A、B、C和D区。墓葬的发掘按照10米×10米规格的探方，布方清理。A区墓群是余家河墓群的主体部分，布设83个探方，清理的墓葬中多数为战国中晚期至汉代墓葬。B区墓群布设28个探方，墓葬以汉代、六朝的墓葬居多。C区墓群布设探方27个，墓葬数量较少，时代为战国、两汉等。D区墓群布设探方36个，主要为战国晚期至汉代的墓葬。

余家河墓群四处区域的地貌和地层堆积情况大体类似，高差情况也较为相近。A区面积最大、墓葬最多、地层堆积最丰厚，整个堆积层西高东低，地表呈阶梯状降低。余家河墓群的地层堆积较简单，一般是耕土层或近现代堆积层之下即为生土，少数探方耕土层下有近现代文化层或自然冲积层，墓葬开口于耕土层或近现代堆积层之下。从墓葬填土中含有大量古代陶片的情况分析，该墓群范围内原本有较丰富的古代文化堆积层，但在发掘面积内，未见古代文化堆积层。可能由于此处地形为陡坡状，水土流失严重，其早已被破坏殆尽。

以A区T42和T43南壁地层剖面为例（图四）。

第1层：耕土层，呈灰黑色，土质黏度大。厚25～30厘米。因长期作为水田使用，土壤含水量大，包含大量植物根系。其他夹杂物不多见，仅有少量小石块、小瓷片、小瓦片等。

第2层：灰黄色黏土，含有大量黄细沙，土质较疏松。厚40～55厘米。土壤含水量大，包含少量青花瓷片、白瓷片、酱色釉瓷片、少量汉代灰陶片等。这应是汉代墓葬和六朝墓葬被扰乱所致。

第2层以下为浅黄色生土层。M1、M2和Y1均开口于第2层下，打破生土。M1打破M3。

再以A区T40和T27东壁地层剖面为例（图五）。

第1层：耕土层，呈黑褐色，土质松软，黏度较大。厚20～25厘米。包含大量植物根系，以及少量草木灰和瓷片等。

第2层：红褐色土，土质较硬。厚70～110厘米。夹杂少量早期和晚期的陶片等。同样也应是被扰乱所致。

第2层以下为黄色生土层。M88、M99均开口于第2层下，打破生土。

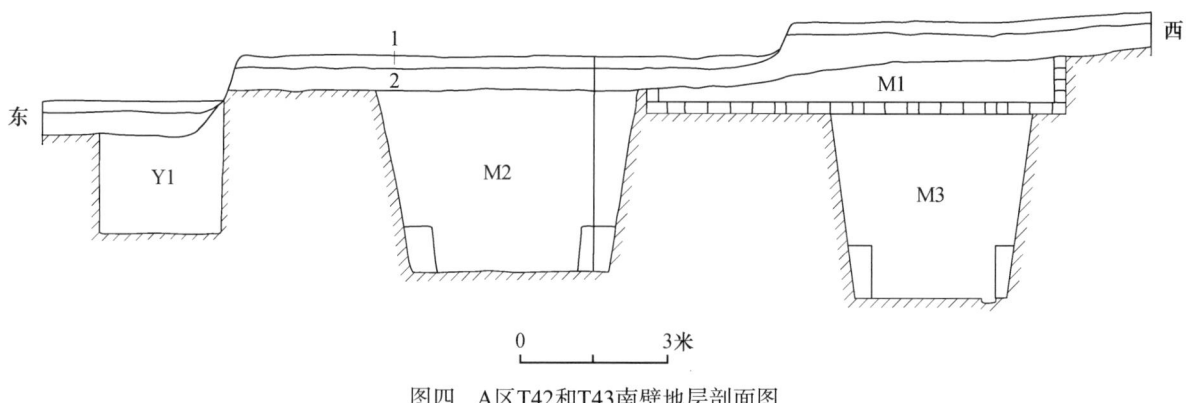

图四　A区T42和T43南壁地层剖面图

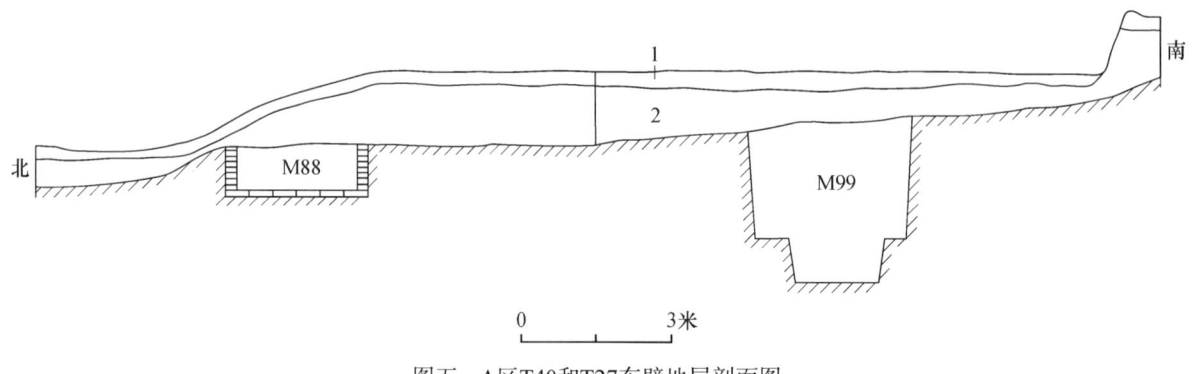

图五　A区T40和T27东壁地层剖面图

第四节　报告编写

本报告的编制工作，是在重庆市文物局专班统一部署下展开的。根据《国家文物局关于做好三峡工程重庆库区考古报告出版工作的通知》中"保证报告编写质量和学术水平"等相关要求，重庆市文物局专班责成西北大学独立完成《万州余家河墓群》编制工作，发掘资料包括2002~2007年7次发掘的全部资料。

（1）以往发表的与此墓群有关的资料，均以本报告为准。

（2）本报告以遗迹单位发表资料，便于读者阅读和利用。

（3）余家河墓群的探方分区域编号。墓葬从M1开始连续编号，陶窑从Y1开始连续编号，房址自F1起连续编号。

第二章 东周墓葬

共发现此时期的墓葬103座，均为长方形竖穴土坑墓。需要说明的是，有少数墓葬的年代可能至秦汉之际，如M79、M84等。

1. M2

位于A区T29、T30、T42和T43四个探方内，开口于第2层下，墓葬西部被M1打破。长方形竖穴土坑墓，墓向298°。墓室口大底小，墓口长420、宽310厘米，墓底长208、宽120厘米，墓底距墓口深324厘米。墓室填土呈黄褐色，土质坚硬，有夯筑迹象。墓室底部四周筑熟土二层台，由上往下有收分，二层台宽40～60、高80厘米。墓主为一成年男性，仰身直肢，头向西北，面朝上，人骨保存状况较差。头骨顶部有1块石头，头骨右侧出土1件骨笄（图六；图版九，1）。

骨笄　1件。标本M2：1，长条柱形，截面近圆形。残长11、直径0.4厘米（图版九，2）。

2. M3

位于A区T29和T42内，开口于第2层下，打破生土层，墓葬南部被M1打破。长方形竖穴土坑墓，墓向302°。墓室口大底小，墓口长440、宽340厘米，墓底长260、宽170厘米，墓底距墓口深322～340厘米。墓室填土呈黄褐色，夹杂红陶片，有夯筑迹象。墓室底部四周筑熟土二层台，由上往下有收分，二层台宽40～56、高92厘米。西北、东南处二层台底部分别有一道枕木凹槽，深16厘米。墓底发现棺板灰，人骨保存状况较差，墓主仰身直肢，头向西北，面向上，性别不详，成年人。随葬器物主要发现于枕木凹槽中，有陶豆4件、陶壶1件（图七；图版一〇，1）。

陶豆　4件。泥质灰褐陶。圆唇敞口，弧形盘，高柄，喇叭状底座。标本M3：1，豆柄较粗，底座较低。口径14、底径7.4、通高12.4厘米（图八，4）。标本M3：2，豆柄较细，底座较低。口径13、底径8.2、高13.2厘米（图八，2）。标本M3：3，豆柄细长，底座较高。口径12.4、底径7.6、通高13.4厘米（图八，3；图版一〇，2）。标本M3：4，豆柄较细，底座较低。口径13、底径7.5、高11厘米（图八，1）。

陶壶　1件。标本M3：5，泥质灰褐陶。喇叭口，长颈微弧曲，肩部微折，最大径在肩部，肩部饰两道凹弦纹，上腹部较直，下腹部弧形下收，假圈足，平底。口径10.8、腹径16、底径8.4、通高21.2厘米。盖为平顶斜壁，高2.8厘米（图八，5；图版一〇，3）。

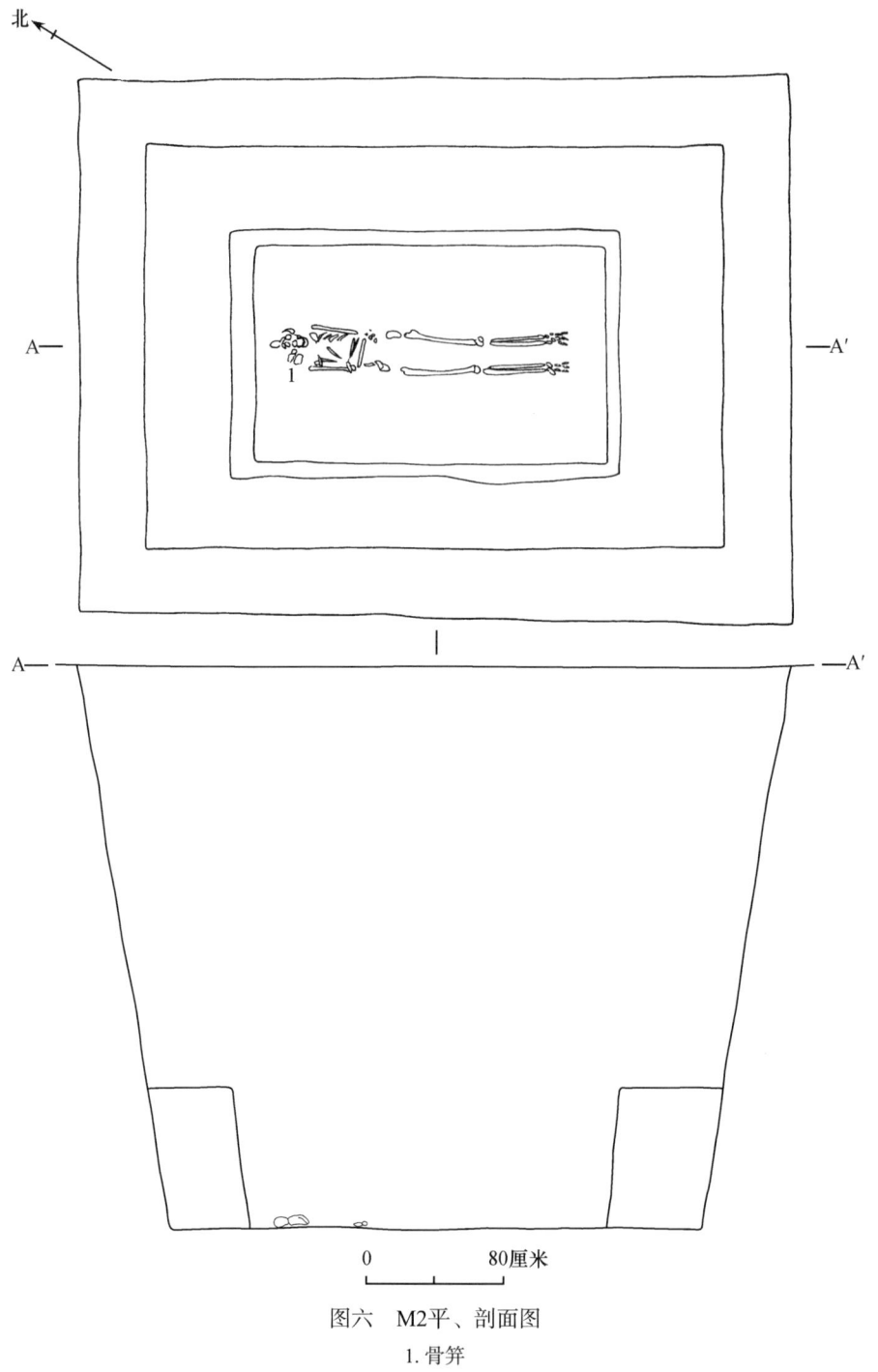

图六　M2平、剖面图
1. 骨笄

3. M4

位于A区T19和T29内，开口于第2层下，打破生土层。长方形竖穴土坑墓，墓向132°。墓室口大底小，墓口长367、宽248厘米，墓底长244、宽116厘米，墓底距墓口深352厘米。墓室填土呈黄褐色，有夯筑迹象。墓室底部四周筑熟土二层台，二层台宽20~56、高70厘米。葬具已朽，墓底发现棺板灰。墓主人骨保存状况较差，仰身直肢，头向东南，面向上，性别不详，成年人。在墓室东南角发现陶豆2件，在墓主左臂处发现铜剑1件（图九；图版一一，1）。

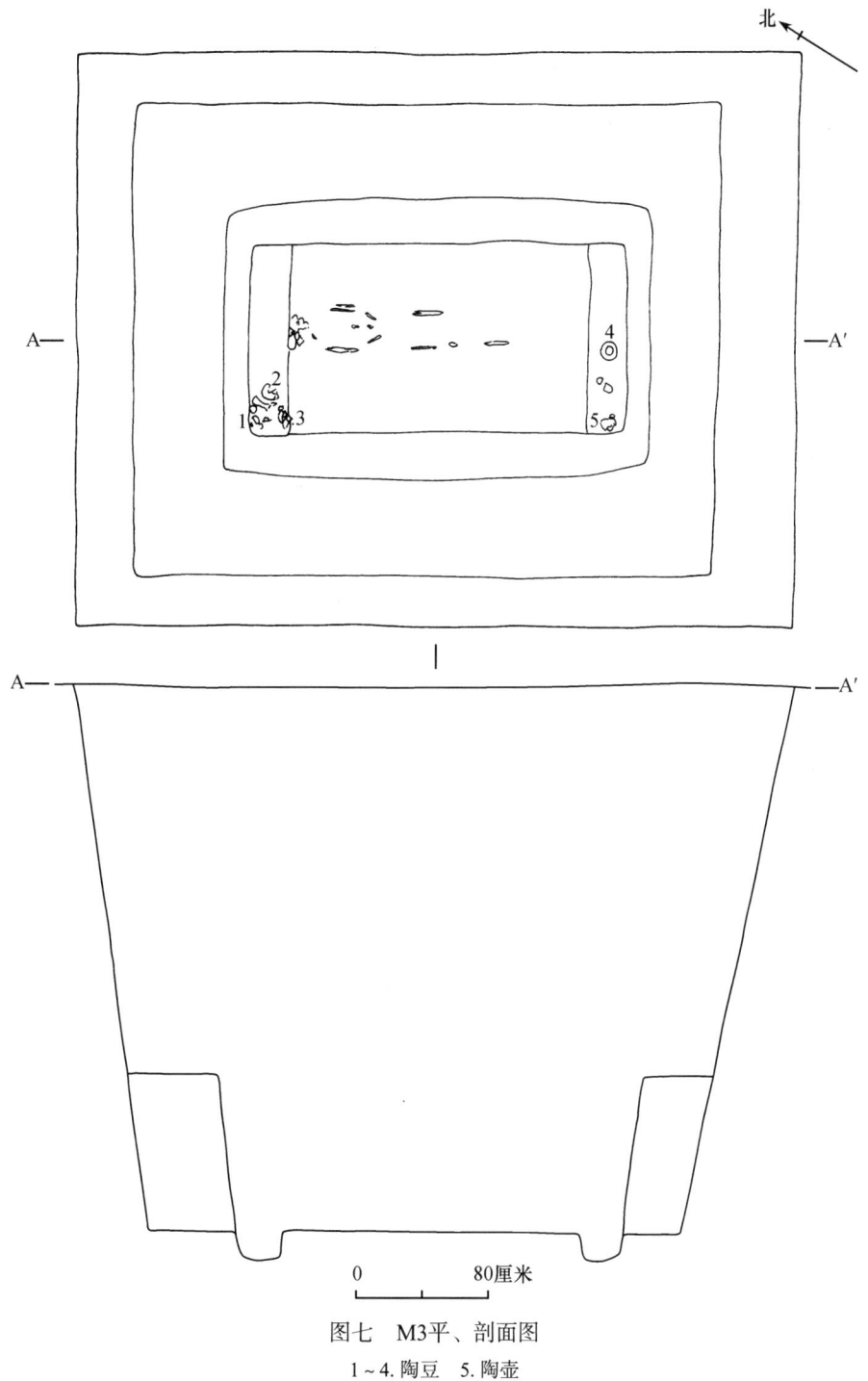

图七　M3平、剖面图
1~4.陶豆　5.陶壶

陶豆　2件。标本M4:1，夹砂灰褐陶。圆唇敞口，斜壁与豆盘相连处微折，浅盘，细高柄，喇叭状圈足，底座较低。口径13.2、底径7.2、高12厘米（图一〇，2）。标本M4:2，夹砂褐皮红胎陶。圆唇敞口，弧形盘，高柄稍粗，喇叭状底，底座较高。口径12.4、底径7.2、高10.8厘米（图一〇，1）。

铜剑　1件。标本M4:3，剑身较窄，中脊起棱，横断面呈菱形，圆柱柄，柄部中空透底，圆首无格。长35.2、最宽处4、脊厚0.8厘米（图一〇，3；图版一一，2）。

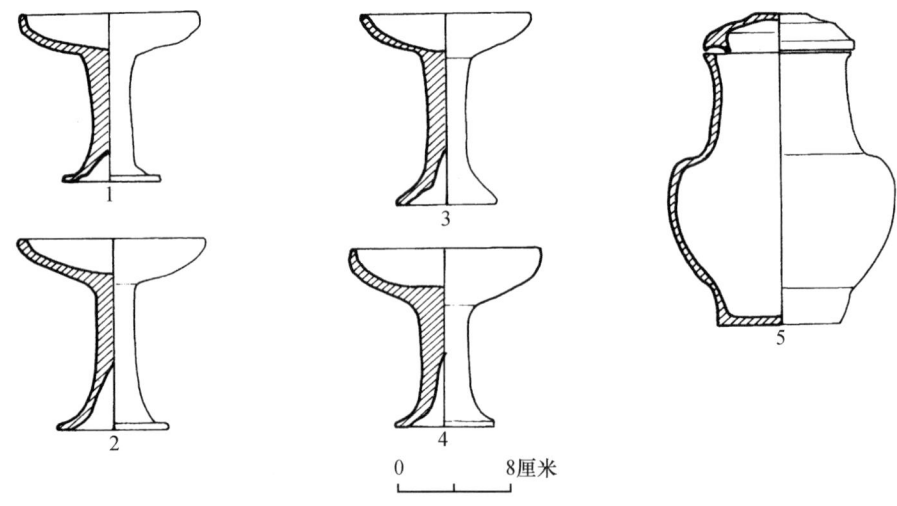

图八　M3出土陶器

1～4.豆（M3：4、M3：2、M3：3、M3：1）　5.壶（M3：5）

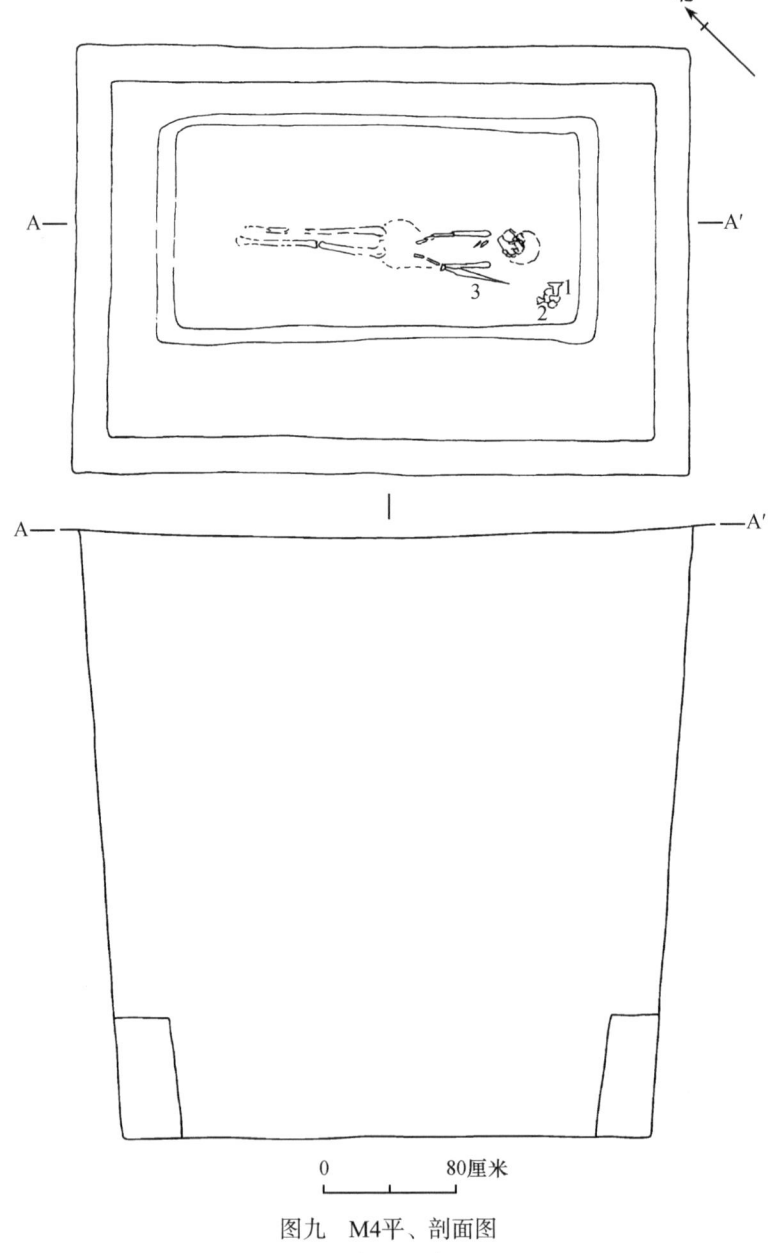

图九　M4平、剖面图

1、2.陶豆　3.铜剑

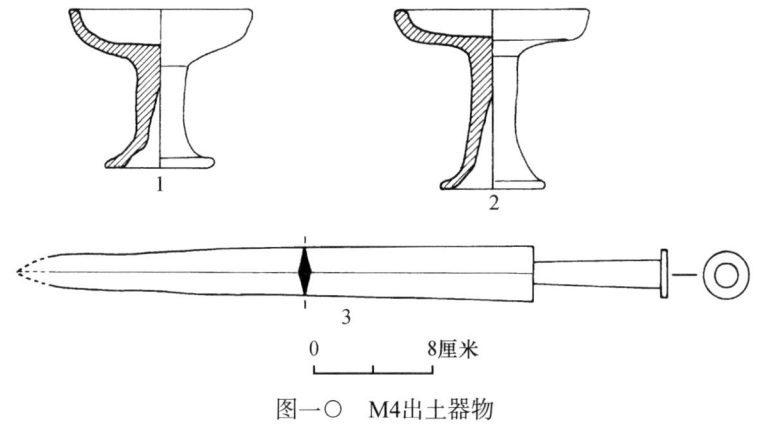

图一〇 M4出土器物
1、2. 陶豆（M4：2、M4：1） 3. 铜剑（M4：3）

4. M6

位于A区T43内，开口于第2层下。长方形竖穴土坑墓，墓向296°。墓室口大底小，墓口长360、宽252厘米，墓底长224、宽108厘米，墓底距墓口334厘米。墓室填土呈黄褐色，土质坚硬，有夯筑迹象。墓室底部四周筑熟土二层台，宽50、高62厘米，二层台由上往下有收分。人骨保存状况较差，墓主为一成年女性，仰身直肢，头向西北，面向上。未发现葬具。西南侧二层台上随葬陶豆1件（图一一；图版一二，1）。

陶豆 1件。标本M6：1，夹砂褐皮红胎陶。敞口，折盘，高柄较细，喇叭状圈足，圈足上有折棱。口径12.8、底径8、高9.6厘米（图一二；图版一三，1）。

5. M7

位于A区T20内，开口于第2层下。长方形竖穴土坑墓，被严重扰乱，墓向311°。墓室口底大小相同，残长221、宽132、残深36厘米。墓室填土呈黄褐色，土质较疏松。未发现葬具痕迹。墓主为一成年男性，仰身直肢，头向西北，面向上，骨盆及其以下骨架被破坏残失。在墓主头部左侧随葬铜矛1件（图一三；图版一二，2）。

铜矛 1件。标本M7：1，柳叶形矛，叶较宽，尖锋，弧刃，圆形高脊，中空至尖，骹略短，骹部两侧附半圆形环耳，残甚。通长18厘米（图一四；图版一三，2）。

6. M8

位于A区T10和T20内，开口于第2层下。长方形竖穴土坑墓，无墓道，墓向302°。墓室口大底小，墓壁竖直，墓口长270、宽120厘米，墓底长232、宽110厘米，墓底距墓口深158厘米。墓室填土呈浅褐色。墓室底部墓底西北一端和东北一侧筑有熟土二层台，高16厘米，分别宽28厘米和10厘米。墓主为一成年女性，仰身直肢，头向西北，面向东北，人骨保存状况一般。未发现葬具和随葬品（图一五）。

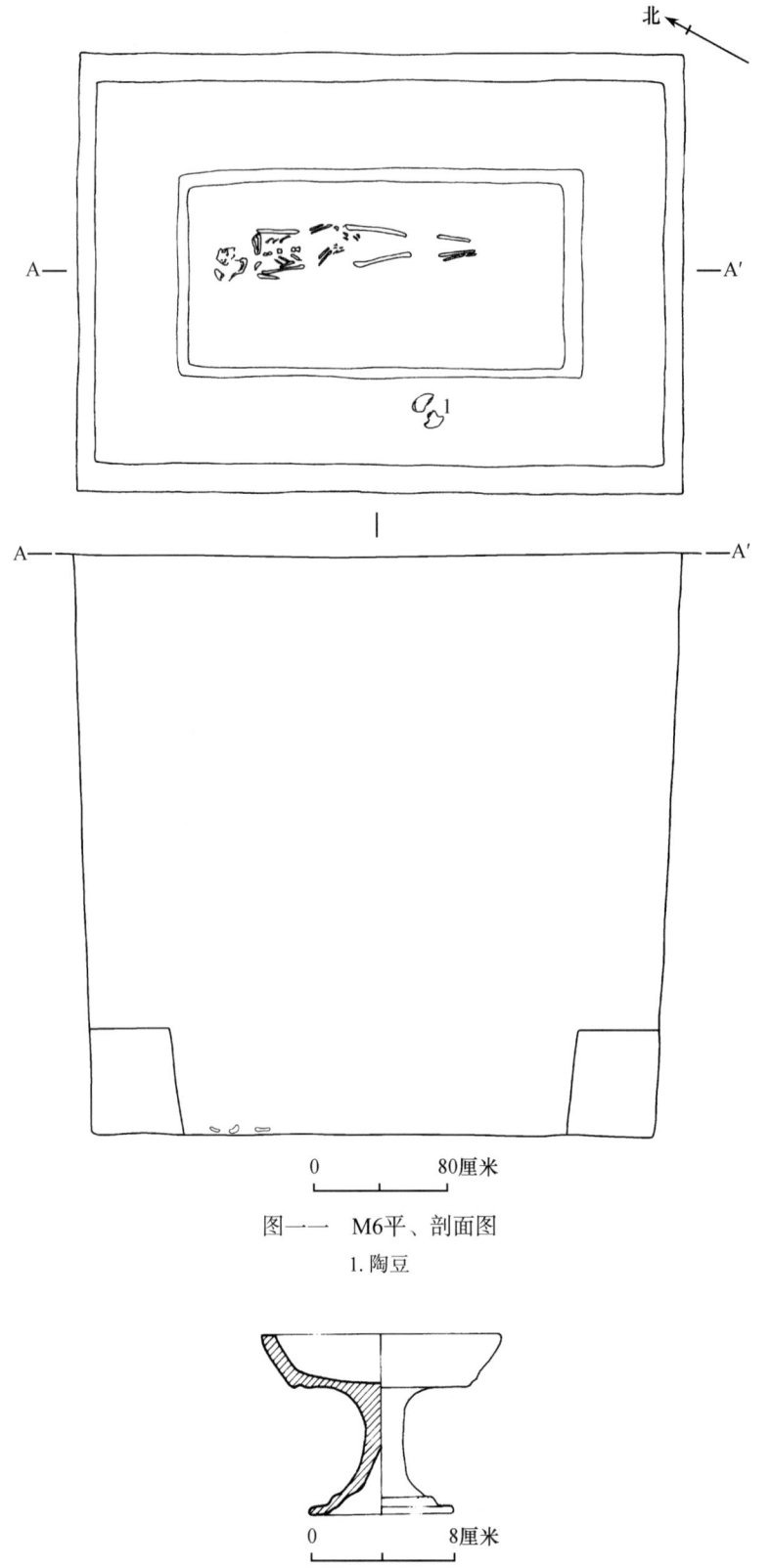

图一一　M6平、剖面图
1. 陶豆

图一二　M6出土陶豆（M6∶1）

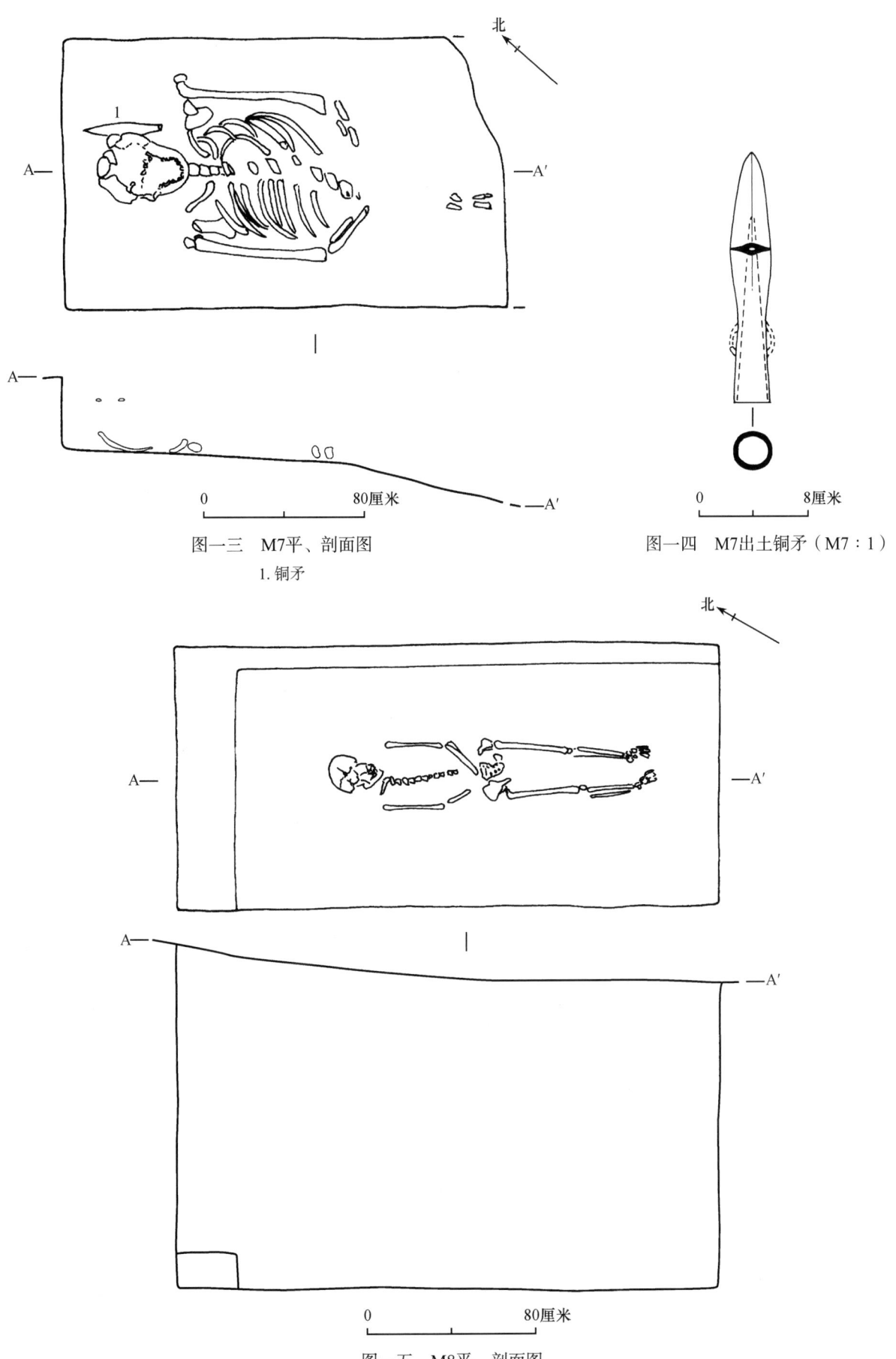

图一三 M7平、剖面图
1. 铜矛

图一四 M7出土铜矛（M7∶1）

图一五 M8平、剖面图

7. M9

位于A区T31内，开口于第2层下。长方形竖穴土坑墓，墓向298°。墓室口大底小，墓壁内收，墓口长270、宽160厘米，墓底长200～210、宽90～120厘米，墓底距墓口深130厘米。墓室填土呈黄褐色，有夯筑迹象。墓室底部四周筑熟土二层台，高14厘米。二层台东南端和西南端各伸出一斜形凹槽。未发现葬具痕迹。墓主人骨保存状况较好，仰身直肢，头向西北，面向西南，成年女性。在墓主腿部右侧随葬陶罐1件、陶钵1件、陶豆5件。在墓室东北角另置有一石块（图一六；图版一三，3）。

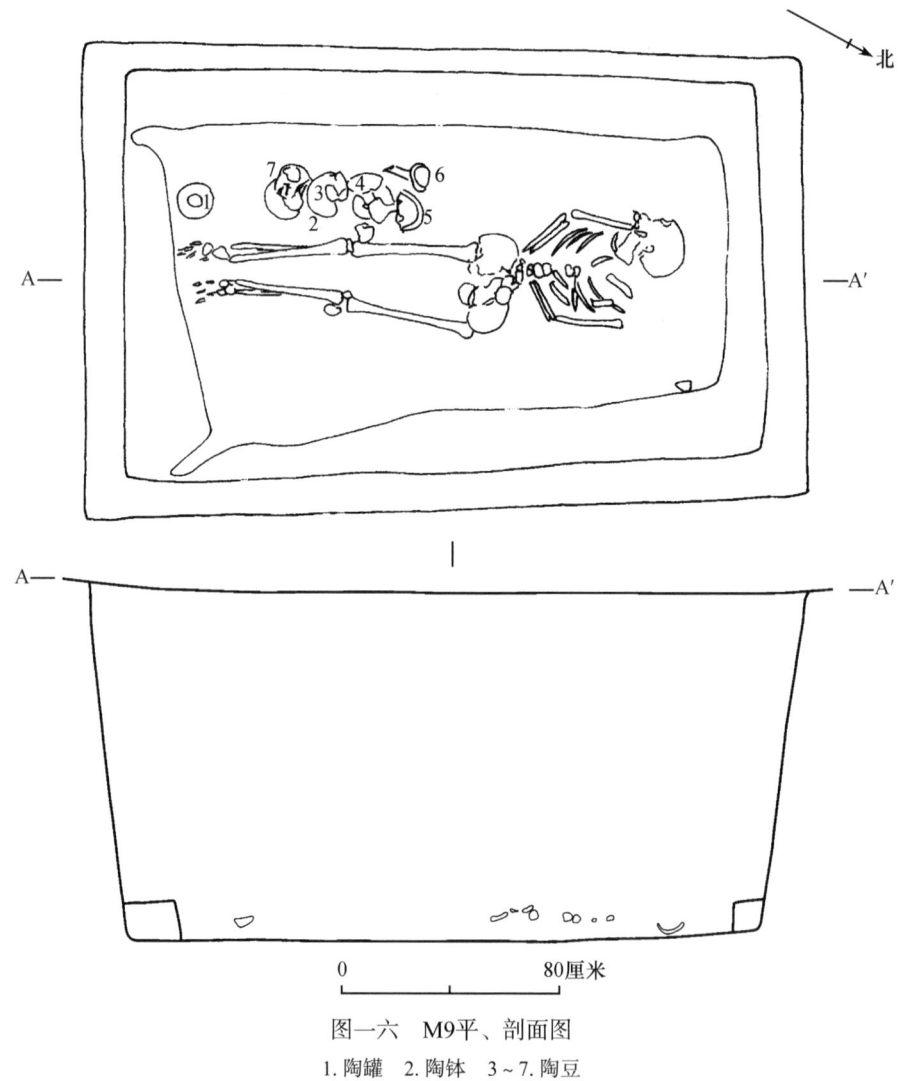

图一六　M9平、剖面图
1.陶罐　2.陶钵　3～7.陶豆

陶罐　1件。标本M9：1，泥质褐皮红胎陶。侈口，高领，溜肩，鼓腹斜收成平底。肩部饰两道弦纹。口径10.3、腹径14.6、底径9、高14厘米（图一七，5）。

陶钵　1件。标本M9：2，泥质褐皮红胎陶。尖圆唇，口微侈，上腹部较直，下腹弧收，平底。口径16.8、底径9.2、高7厘米（图一七，7）。

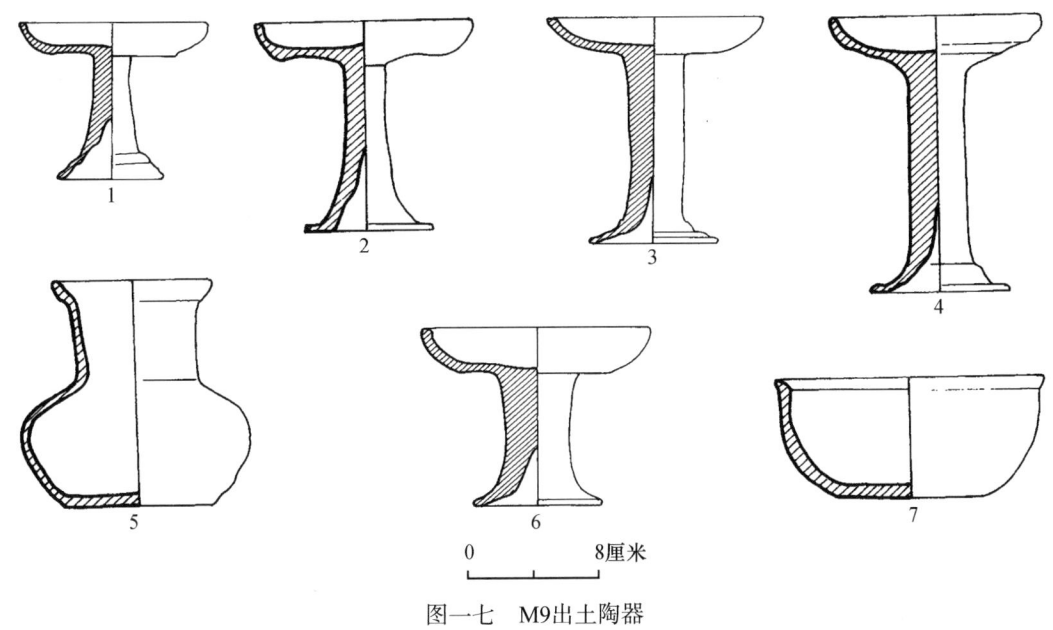

图一七 M9出土陶器

1~4、6.豆（M9：6、M9：4、M9：5、M9：7、M9：3） 5.罐（M9：1） 7.钵（M9：2）

陶豆 5件。标本M9：3，泥质褐皮红胎陶。圆唇敞口，豆盘较深，盘底略凹，柄较高较粗，喇叭状底，底座较低。口径14.4、底径8、通高10.7厘米（图一七，6）。标本M9：4，夹砂褐皮红胎陶。圆唇敞口，浅盘，盘壁斜直，细高柄，喇叭状底，底座较低。口径13.6、底径8、高12.6厘米（图一七，2）。标本M9：5，泥质褐皮红胎陶。尖圆唇敞口，弧形浅盘，高柄较细，喇叭状底，底座较低。口径13.2、底径8.1、通高13.3厘米（图一七，3）。标本M9：6，泥质红褐陶。方唇侈口，细柄较高，喇叭状底，底座较高。口径12、底径6.4、通高9厘米（图一七，1）。标本M9：7，泥质灰陶。尖圆唇敞口，弧形浅盘，高柄，喇叭状底，底座较低。口径13.4、底径9.2、通高16.2厘米（图一七，4）。

8. M10

位于A区T44和T59内，开口于第2层下，墓葬西部被M5打破。长方形竖穴土坑墓，墓向304°。墓室口大底小，墓口长368、宽270厘米，墓底长290、宽140厘米，墓底距墓口深218厘米。墓室填土呈黄褐色，有夯筑迹象。墓室底部四周筑熟土二层台，宽26~72、高76厘米。二层台西南一侧有一宽23~53厘米的台阶，高出墓底15厘米。二层台西南角上部有一不规则形的斜下部分，最宽处为20厘米，可能是二层台垮掉所致。未发现葬具。墓主人骨保存状况较差，仰身直肢，头向西北，面向上，性别男。东北侧二层台上随葬陶豆1件（图一八）。

陶豆 1件。标本M10：1，泥质褐陶。圆唇敞口，盘壁较斜直，折壁，盘底较平，细柄较矮，喇叭形圈足且座较高。口径12.6、底径7、高12.3厘米（图一九）。

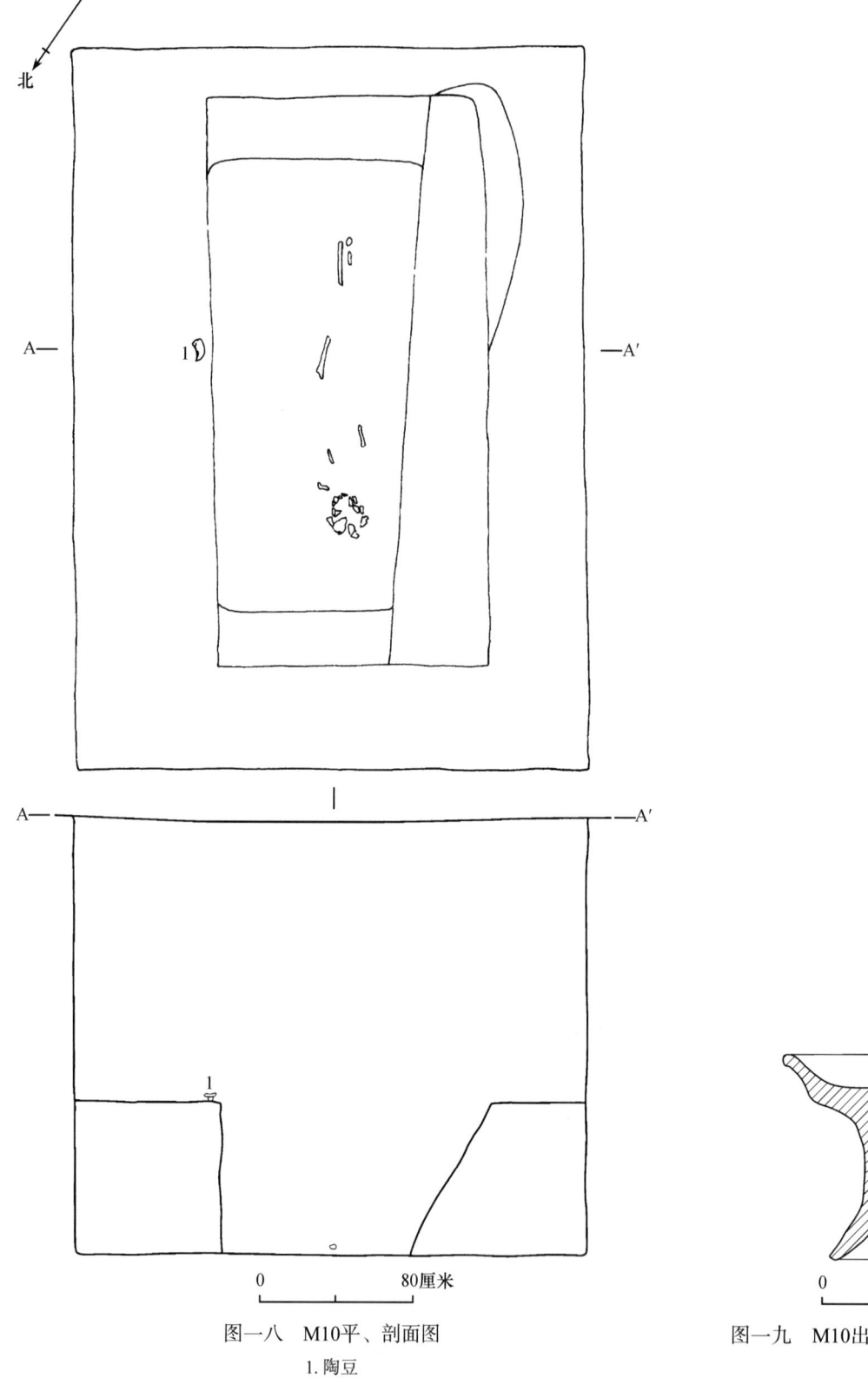

图一八　M10平、剖面图
1. 陶豆

图一九　M10出土陶豆（M10∶1）

9. M11

位于A区T31和T32内，开口于第2层下。长方形竖穴土坑墓，墓向293°。墓室口大底小，墓口长310、宽200厘米，墓底长210、宽110厘米，墓底距墓口深202厘米。墓室填土呈黄褐色，有夯筑迹象。墓壁竖直，墓室底部四周筑熟土二层台，宽40~50、高46厘米。人骨保存状况较好，墓主仰身直肢，头向西北，面向东北，女性，年龄30~40岁。未发现葬具和随葬品（图二〇）。

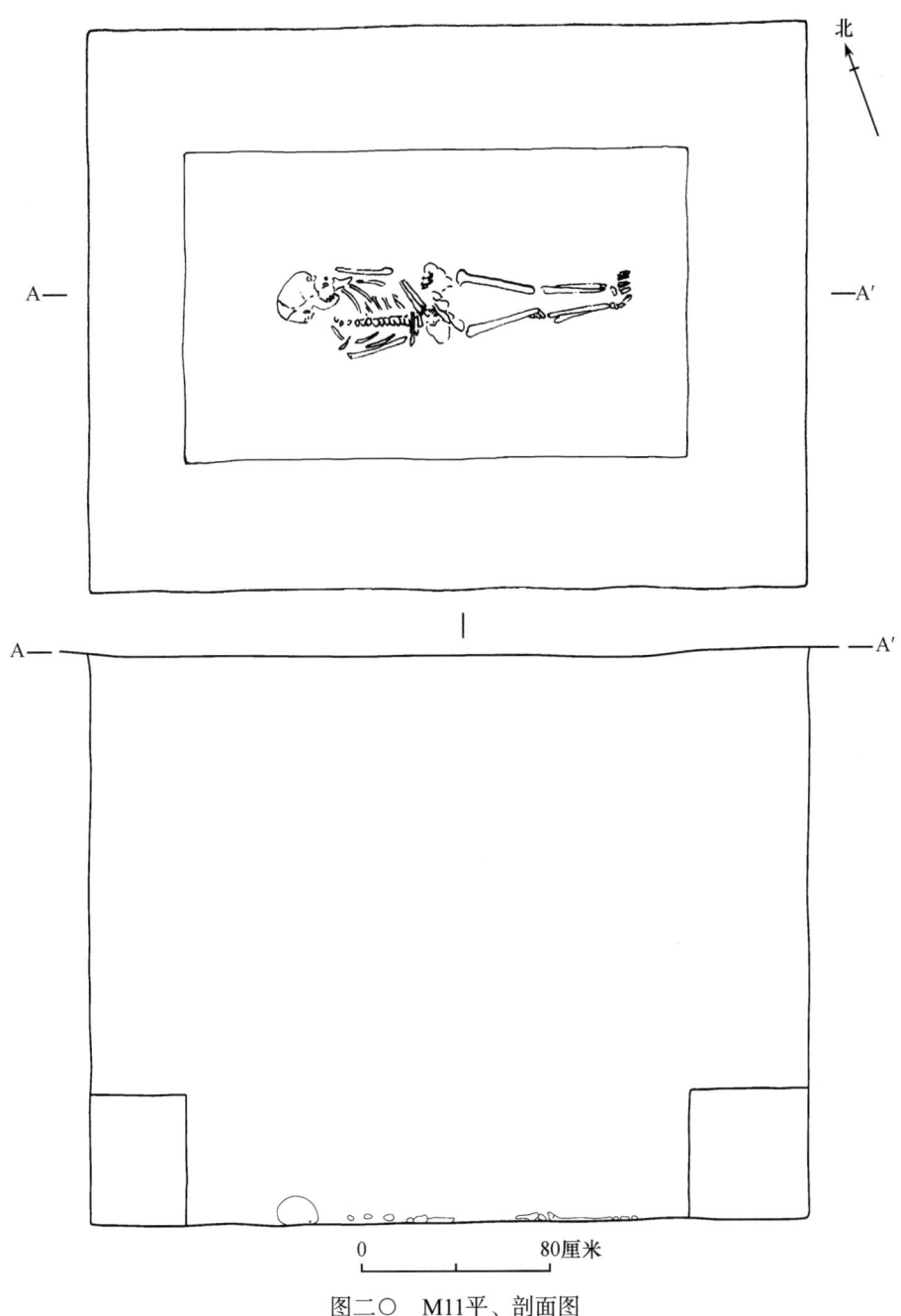

图二〇 M11平、剖面图

10. M12

位于A区T21内，开口于第2层下。长方形竖穴土坑墓，墓向310°。墓口尺寸略大于墓底，墓口长185、宽65厘米，墓底长180、宽65厘米，墓底距墓口深10～30厘米。墓室填土呈黄褐色。人骨保存状况较差，墓主仰身直肢，头向西北，面向西南，成年男性。未发现葬具和随葬品（图二一）。

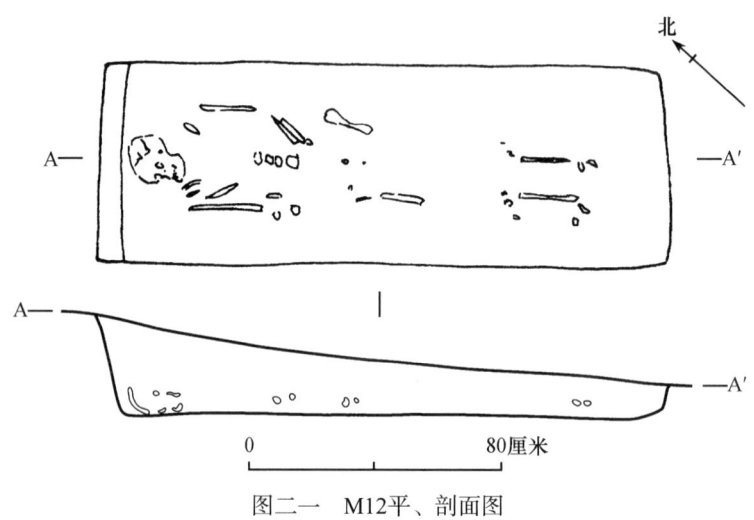

图二一 M12平、剖面图

11. M13

位于A区T20和T21内，开口于第2层下。长方形竖穴土坑墓，墓向313°。墓室口大底小，墓口长310、宽230厘米，墓底长256、宽160厘米，墓底距墓口深230～250厘米。墓室填土呈黄褐色，土质坚硬，有夯筑迹象。墓壁由上往下稍有收分，墓底四周筑有熟土二层台，宽14～20、高92厘米。墓主仰身直肢，头向西北，面向东北，女性，年龄在50岁左右。未发现葬具和随葬品（图二二）。

12. M14

位于A区T21和T31内，开口于第2层下。长方形竖穴土坑墓，墓向313°。墓室口大底小，墓口长330、宽215厘米，墓底长248、宽130厘米，墓底距墓口深240～280厘米。墓室填土呈黄褐色，有夯筑迹象。墓壁竖直，墓底四周筑有熟土二层台，宽40～48、高70厘米。人骨保存状况较好，墓主仰身直肢，头向西北，面向东北，女性，年龄40岁左右。未发现葬具和随葬品（图二三；图版一四，1）。

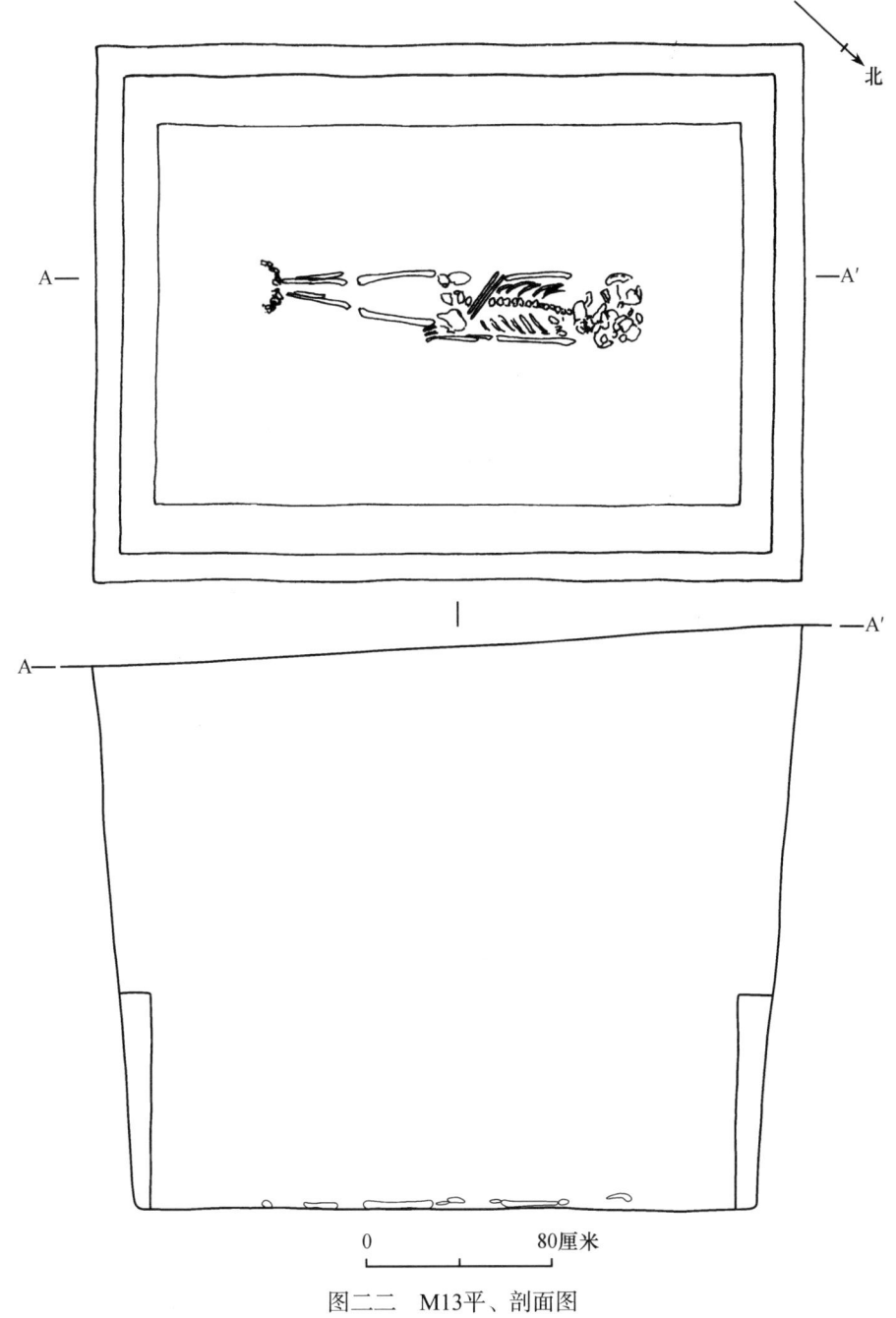

图二二　M13平、剖面图

13. M15

位于A区T11内，开口于第2层下。长方形竖穴土坑双人合葬墓，墓向318°。墓室口大底小，墓口长300、宽220厘米，墓底长230、宽148厘米，墓底距墓口深282厘米。墓室填土呈黄褐色，有夯筑迹象。墓壁竖直，墓底四周筑熟土二层台，宽20～40、高72厘米。除东北侧外，其余三侧二层台由上往下带有收分。发现人骨2具，编为1号和2号，保存状况一般。1号仰身直肢，头向东南，面向上，女性，年龄35～40岁；2号仰身直肢，头向西北，面向上，性别不详，年龄20岁左右。未发现葬具和随葬品（图二四；图版一四，2）。

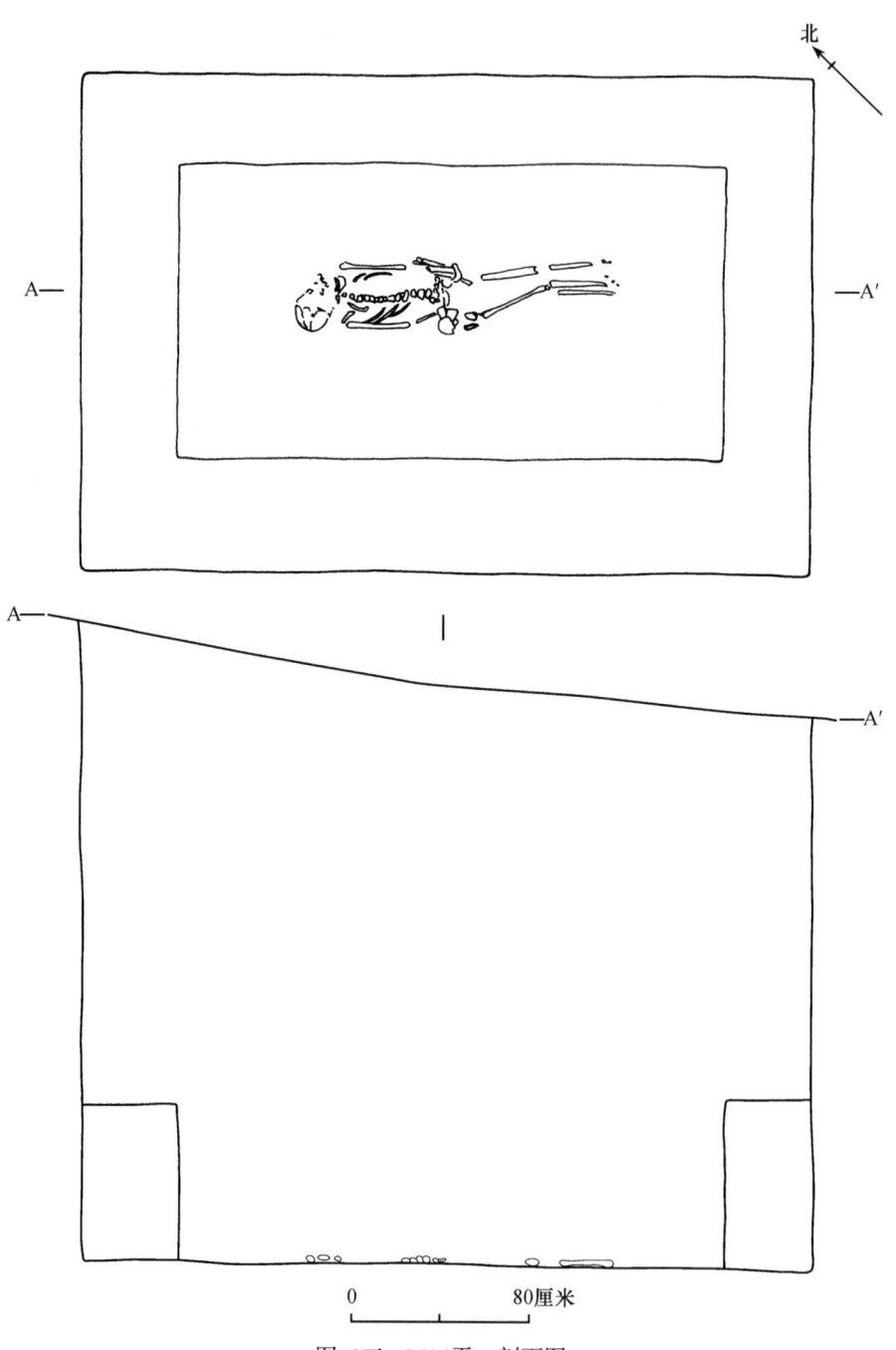

图二三　M14平、剖面图

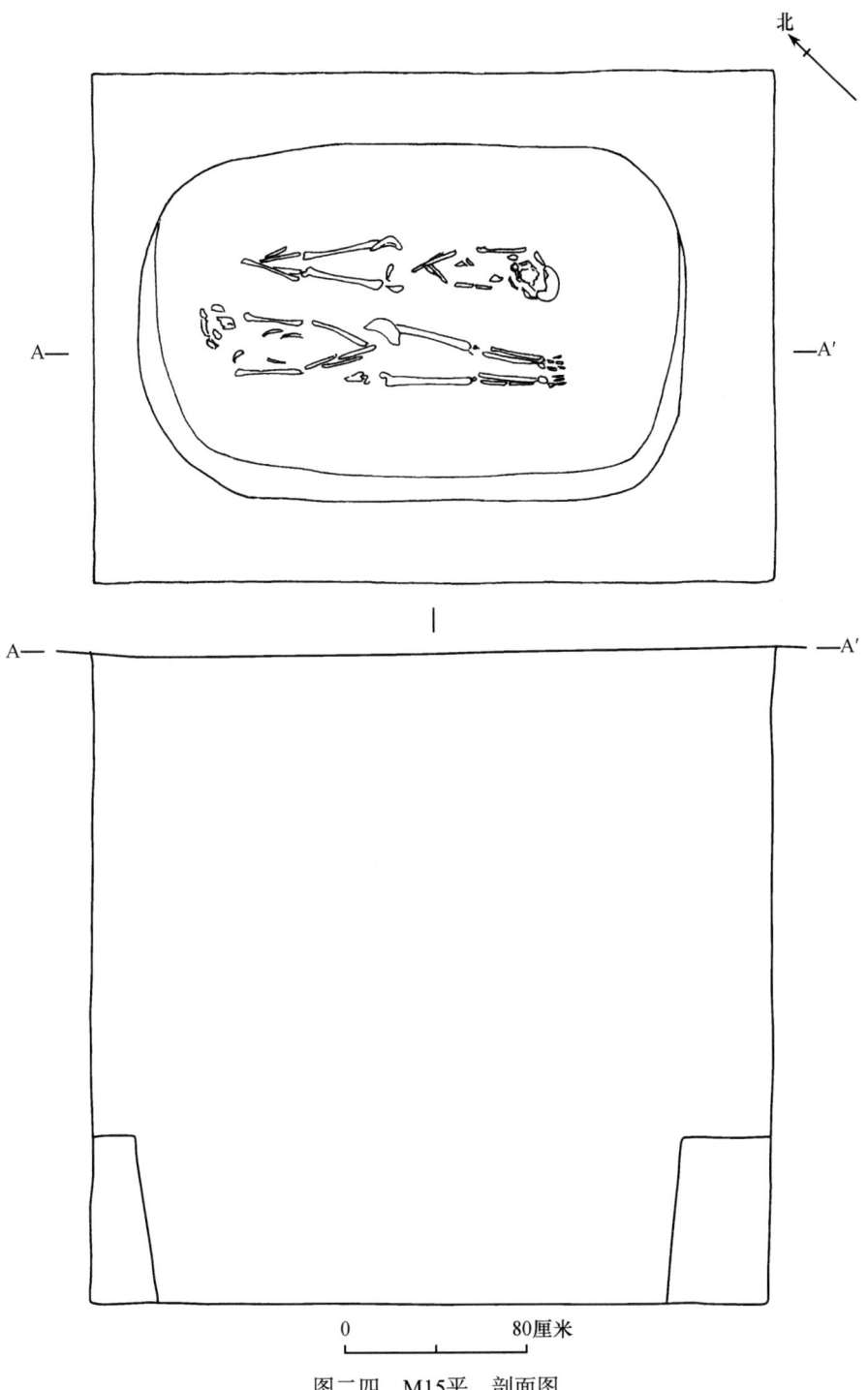

图二四 M15平、剖面图

14. M16

位于A区T3和T4内，开口于第2层下。长方形竖穴土坑墓，墓向313°。墓室口大底小，墓口长388、宽285厘米，墓底长268、宽160厘米，墓底距墓口深298厘米。墓壁由上往下有收分，墓室填土呈黄褐色，有夯筑迹象。墓底四周筑熟土二层台，宽50、高68厘米。人骨保存状况较差，墓主仰身直肢，头向西北，面向西南，女性，年龄40～45岁。未发现葬具和随葬品（图二五）。

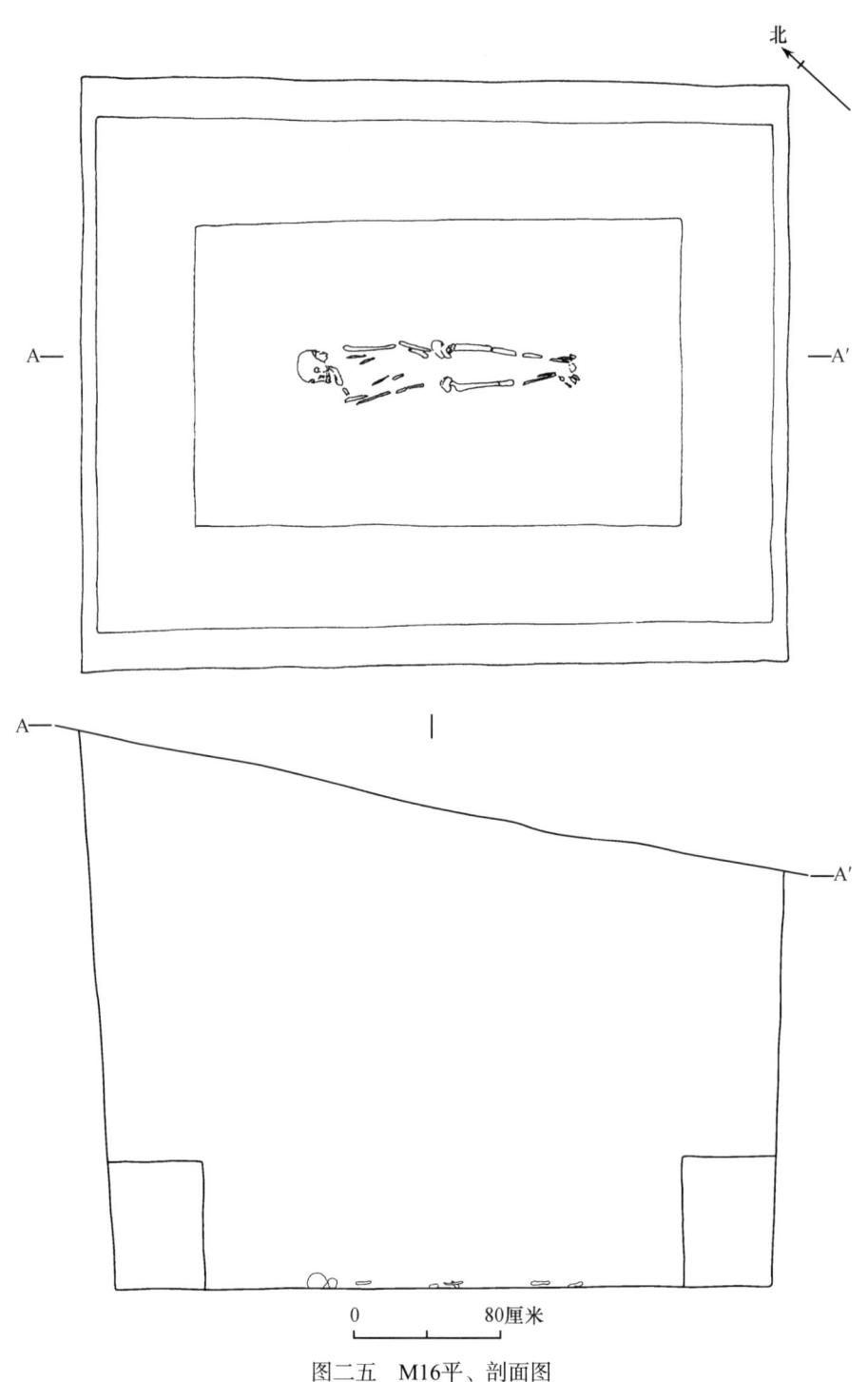

图二五　M16平、剖面图

15. M17

位于A区T10内,开口于第2层下。长方形竖穴土坑墓,墓向311°。墓室口大底小,墓口长350、宽280厘米,墓底长230、宽140厘米,墓底距墓口深320厘米。墓室填土呈红褐色,土质较松。墓壁由上往下有收分,墓底四周有熟土二层台,宽50、高60厘米。未发现人骨、葬具和随葬品(图二六)。

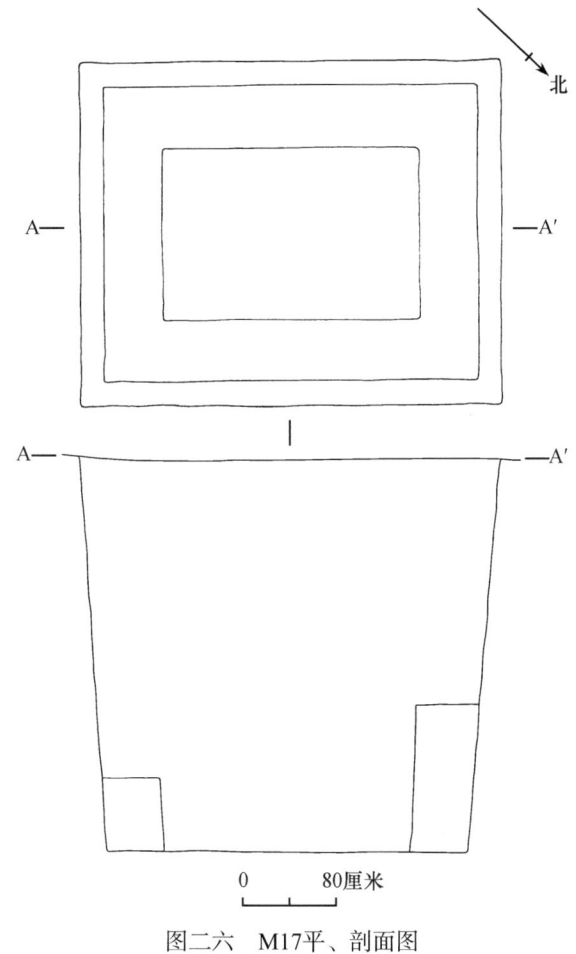

图二六 M17平、剖面图

16. M19

位于A区T66内,开口于第2层下,墓葬西北一端被M18打破。长方形竖穴土坑墓,墓向293°。墓室口大底小,墓壁由上往下有收分,墓口长310、宽220厘米,墓底长290、宽200厘米,墓底距墓口深170~180厘米。墓室填土呈黄褐色,有夯筑迹象。墓底西端和东端分别有一道横置枕木凹槽,均长158、宽16、深10厘米。人骨保存状况差,墓主仰身直肢,头向西北,疑为女性。未发现棺木痕迹。足端凹槽处发现陶豆2件(图二七)。

陶豆 2件。标本M19:1,泥质红褐陶。敞口,斜弧形盘较深,高柄,喇叭状底,底座较低。口径12.8、底径7.6、通高12厘米(图二八,1;图版一五,2)。标本M19:2,夹砂褐皮红胎陶。盘部残。残盘径8、底径7.2、残高8.4厘米(图二八,2)。

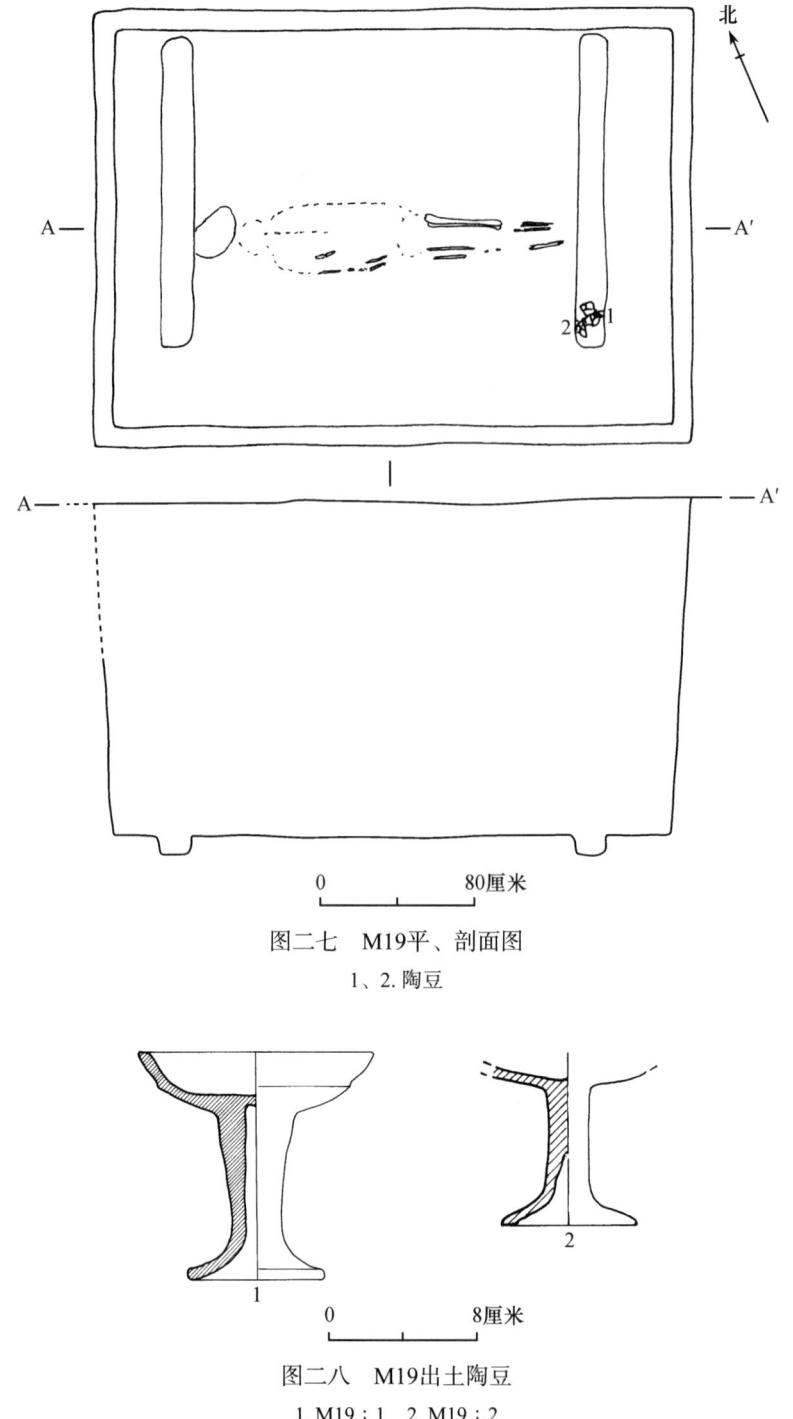

图二七　M19平、剖面图
1、2. 陶豆

图二八　M19出土陶豆
1. M19∶1　2. M19∶2

17. M20

位于A区T3内，开口于第2层下。长方形竖穴土坑墓，墓向326°。墓葬南半部被破坏严重，残长110、宽60、深26厘米。墓室填土呈黄褐色。人骨保存状况差，仅存头骨及部分肢骨、体骨，可辨头向为西北向。未发现葬具和随葬品（图二九）。

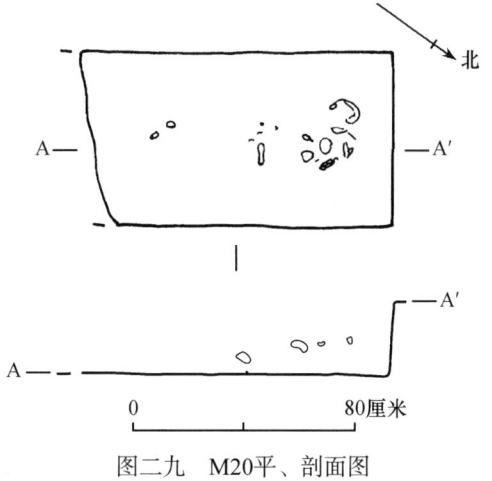

图二九　M20平、剖面图

18. M21

位于A区T45内，开口于第2层下。长方形竖穴土坑墓，墓向40°。墓室口大底小，墓口长270、宽120厘米，墓底长254、宽90厘米，墓底距墓口深80～95厘米。墓室填土呈黄褐色，有夯筑迹象。墓底东西两侧及北侧一端筑熟土二层台，宽15～20、高62厘米。墓室西南、东北两端发现脚箱和头箱，均宽36、深10厘米。人骨保存状况较好，肢、肋、趾骨及牙齿多呈黑色。墓主仰身直肢，头向东北，面向东南，男性，年龄为25岁左右。未发现葬具，随葬品主要发现于头箱处，有陶罐2件、陶豆1件、石锛1件。另有禽骨1具，与随葬器物置于一起（图三〇；图版一五，1）。

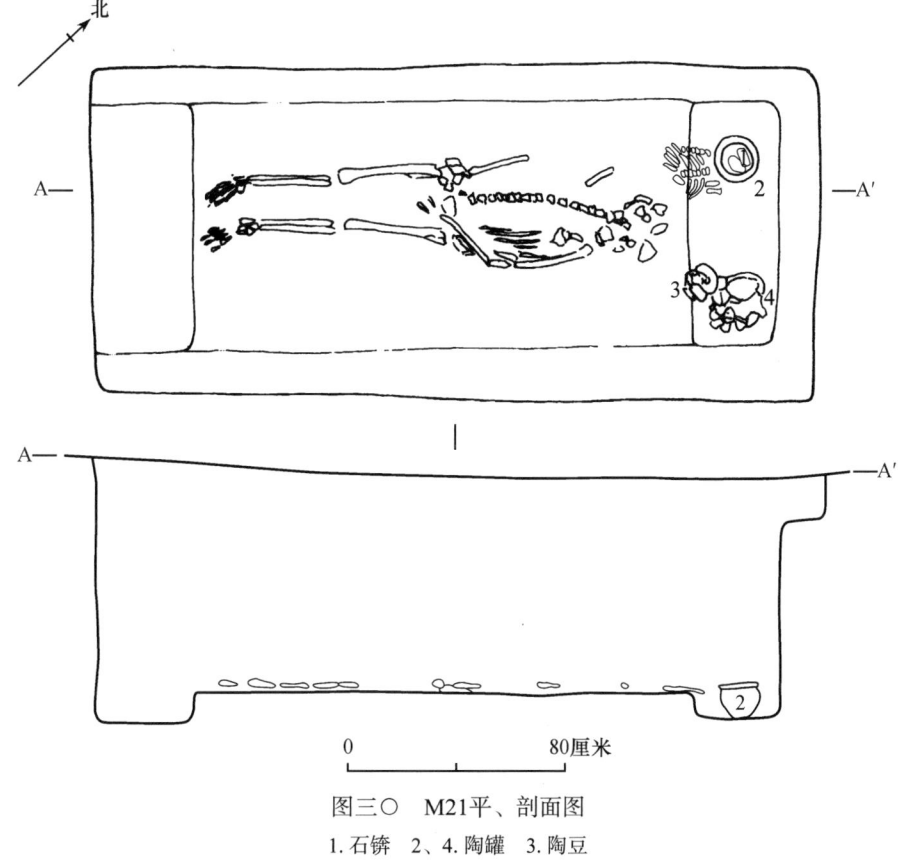

图三〇　M21平、剖面图
1. 石锛　2、4. 陶罐　3. 陶豆

石锛　1件。标本M21：1，平面近似长方形，尖刃，刃部较平，顶端有使用痕迹，素面。长5.8、刃宽3.5、厚0.6厘米（图三一，2；图版一五，3）。

陶罐　2件。标本M21：2，夹砂灰陶。圆唇，口微侈，平折沿，束颈稍长，肩部圆鼓，最大径在肩部，腹部弧收，平底。肩部饰弦纹，腹部及以下饰有纵向绳纹。口径13.2、最大径21、底径8、高14厘米（图三一，4）。标本M21：4，夹砂灰褐陶。方唇，侈口，领较高，溜肩，球形腹略扁，圜底。腹部及以下饰绳纹。口径14.5、腹径20、通高16厘米（图三一，3）。

陶豆　1件。标本M21：3，泥质灰褐陶。直口，矮柄较粗，盘壁较竖直，平底，喇叭形底且底座较浅。口径17、底径9、通高7.4厘米（图三一，1）。

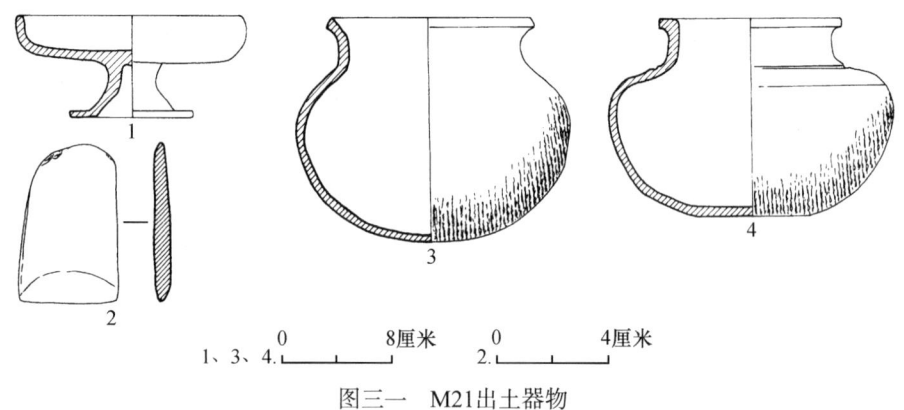

图三一　M21出土器物

1. 陶豆（M21：3）　2. 石锛（M21：1）　3、4. 陶罐（M21：4、M21：2）

19. M22

位于A区T45内，开口于第2层下，墓葬南部被M21打破。长方形竖穴土坑墓，墓向307°。墓室口大底小，墓口长280、宽160厘米，墓底长220、宽100厘米，墓底距墓口深180～220厘米。墓室填土呈黄褐色，有夯筑迹象。墓壁竖直，墓底四周有熟土二层台，宽30、高60厘米。人骨保存状况较好，墓主仰身直肢，头向西北，面朝西南，男性，年龄为50岁左右。未发现葬具和随葬品（图三二；图版一六，1）。

20. M23

位于A区T45和T60内，开口于第2层下。长方形竖穴土坑墓，墓向313°。墓室口大底小，墓口长300、宽144厘米，墓底长250、宽120～139厘米，墓底距墓口深128～170厘米。墓葬东北角有一个椭圆形洞直达墓底，疑为盗洞。墓室填土呈黄褐色，有夯筑迹象。人骨保存状况较好，墓主仰身直肢，头向西北，面向东北，女性，年龄为45～50岁。未发现葬具和随葬品（图三三；图版一六，2）。

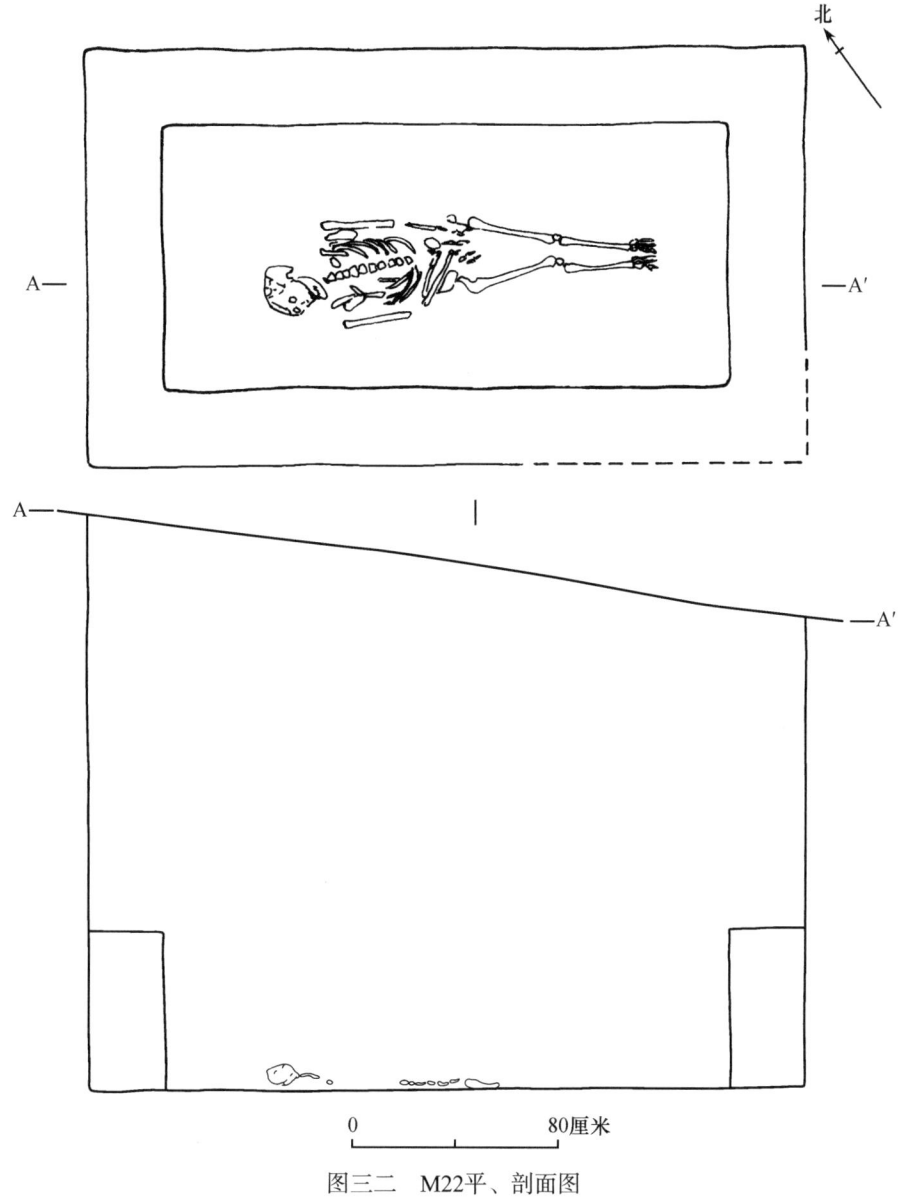

图三二　M22平、剖面图

21. M24

位于A区T68内，开口于第2层下。长方形竖穴土坑墓，墓向297°。墓室口大底小，墓口长296、宽147厘米，墓底长263、宽127厘米，墓底距墓口深106厘米。墓室填土呈黄褐色，有夯筑痕迹。人骨保存状况较好，墓主仰身直肢，头向西北，面向东北，女性，年龄为40～50岁。未发现葬具。随葬器物主要位于墓主腹部附近，有铜环1件、铜璜3件、铜铃1件、骨管1件、骨笄2件（图三四）。

铜环　1件。标本M24：1，圆形。直径3.1、孔径1.6厘米（图三五，4）。

铜璜　3件。拱曲状。素面。残。标本M24：2，残长7.5、肉宽1.7、厚0.11厘米（图三五，8）。标本M24：3，残长5.5、肉宽1.8、厚0.11厘米（图三五，7）。标本M24：4，残长3.5、肉宽1.7、厚0.11厘米（图三五，5）。

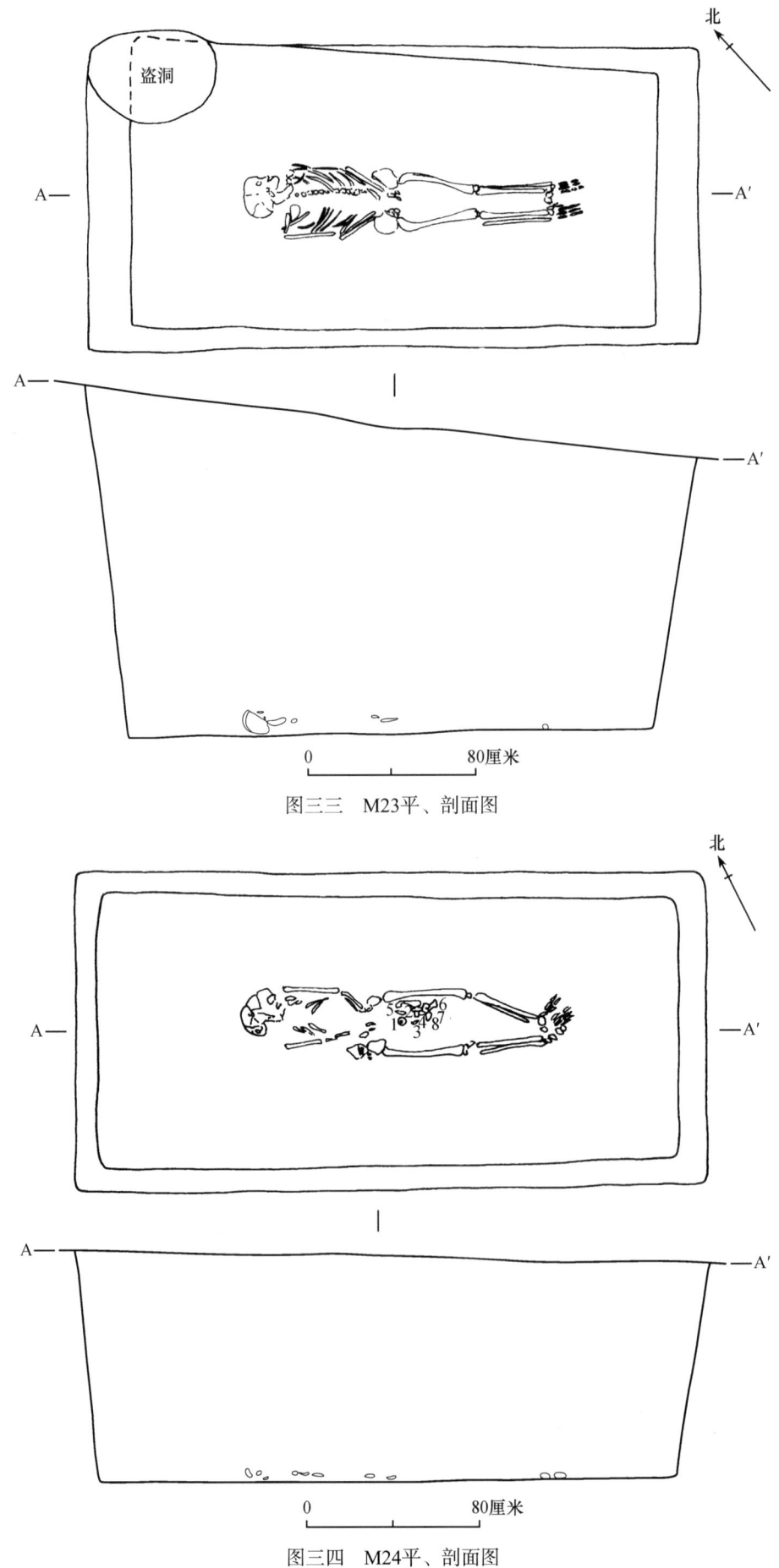

图三三 M23平、剖面图

图三四 M24平、剖面图
1. 铜环　2~4. 铜璜　5. 铜铃　6. 骨管　7、8. 骨笄

铜铃　1件。标本M24：5，椭圆筒形，腹部微鼓，口凹弧形，顶部较平，顶上有一桥形纽，铃面四周有4个半月形透孔。通高4、口部长径2.2厘米（图三五，3）。

骨管　1件。标本M24：6，圆柱体，有孔中通。直径0.7、孔径0.1、长1厘米（图三五，6）。

骨笄　2件。均为柱状体，一端圆头，一端尖圆。标本M24：7，长7.5、直径0.3厘米（图三五，1）。标本M24：8，长7.5、直径0.3厘米（图三五，2）。

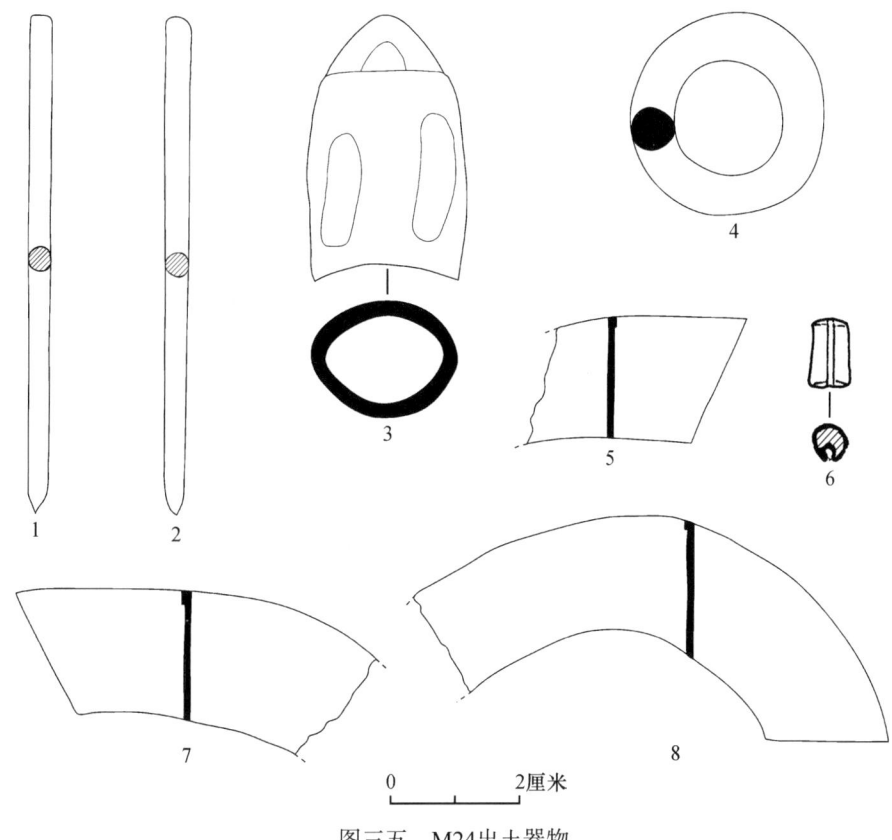

图三五　M24出土器物

1、2.骨笄（M24：7、M24：8）　3.铜铃（M24：5）　4.铜环（M24：1）　5、7、8.铜璜（M24：4、M24：3、M24：2）
6.骨管（M24：6）

22. M25

位于A区T45和T46内，开口于第2层下。长方形竖穴土坑墓，墓向307°。墓口与墓底大小相同，长260、宽105、深55厘米。墓室填土呈黄褐色，有夯筑痕迹。人骨保存状况较好，下肢骨呈现黑色。墓主仰身直肢，头向西北，面向上，男性，年龄为30～35岁。未发现葬具和随葬品（图三六）。

23. M26

位于A区T46内，开口于第2层下。长方形竖穴土坑墓，墓向314°。墓口与墓底大小相同，长280、宽120、深52厘米。墓室填土呈黄褐色，有夯筑迹象。人骨保存状况较差，墓主仰身直肢，头向西北，面向东北，女性，年龄为30岁左右。未发现葬具和随葬品（图三七）。

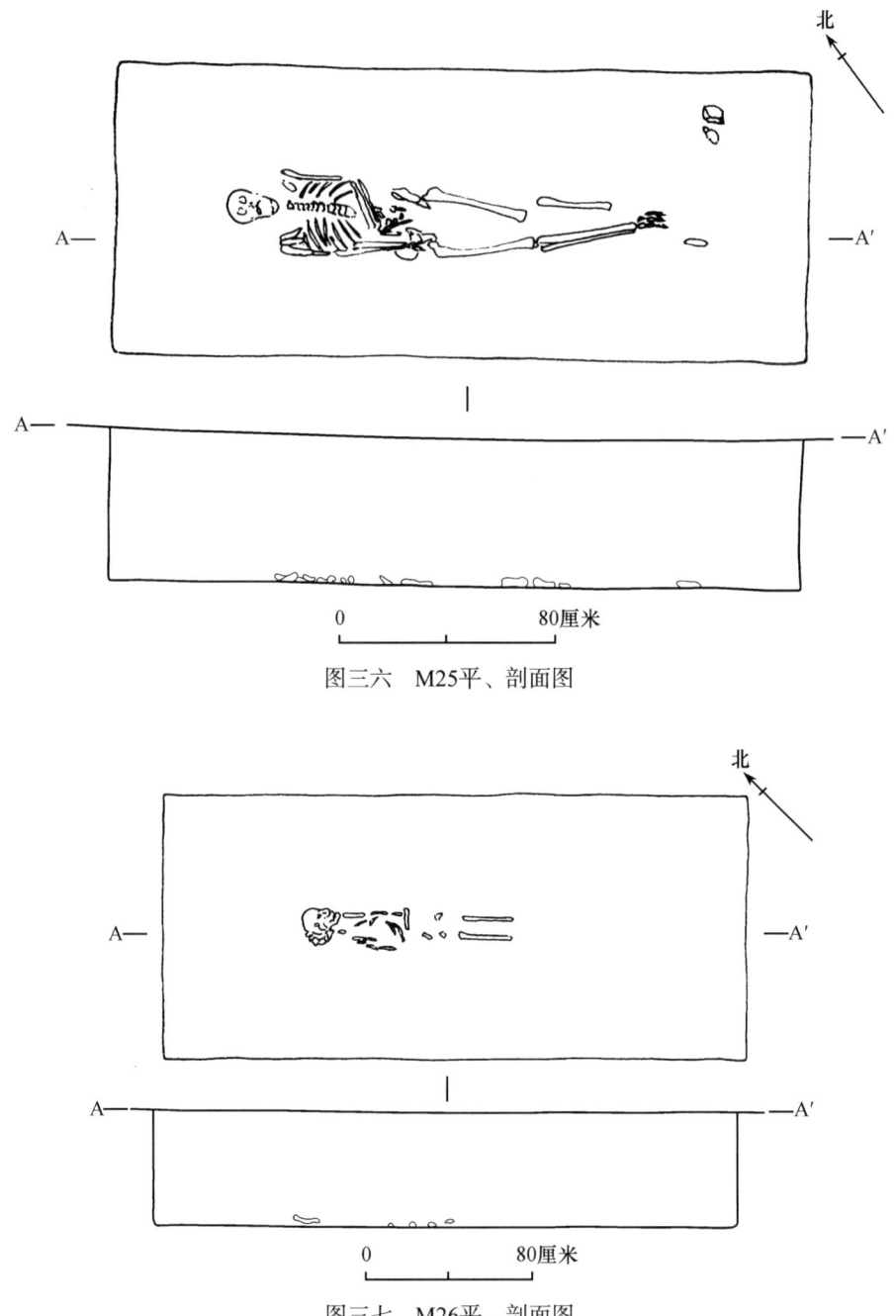

图三六　M25平、剖面图

图三七　M26平、剖面图

24. M27

位于A区T46和T61内，开口于第2层下，墓葬西部被M31打破。长方形竖穴土坑墓，墓向300°。墓壁竖直，墓口长260、宽104~116厘米，墓底长198、宽98厘米，墓底距墓口深75厘米。墓底四周筑有熟土二层台，宽5~34、高28厘米。墓室填土呈黄褐色，有夯筑痕迹。人骨保存状况较好，墓主仰身直肢，头向西北，面向上，性别男，年龄为35~40岁。未发现葬具和随葬品（图三八）。

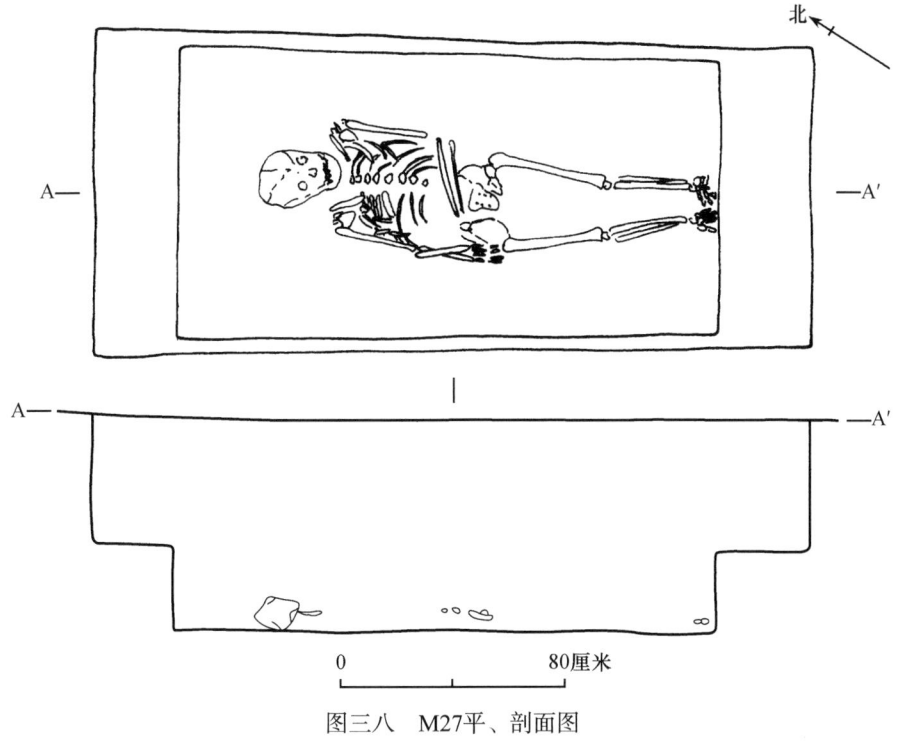

图三八　M27平、剖面图

25. M29

位于A区T67内，开口于第2层下。长方形竖穴土坑墓，墓向208°。墓葬口大底小，墓口长289、宽220厘米，墓底长268、宽195厘米，墓底距墓口深75~95厘米。墓室填土呈黄褐色，有夯筑迹象。人骨保存状况较差，墓主仰身直肢，头向西南，面向上，性别不明，年龄在30岁左右。未发现葬具。墓主头端发现陶豆1件（图三九）。

陶豆　1件。标本M29：1，泥质红褐陶。圆唇敞口，折壁，盘壁较斜直，盘底较平，高柄，喇叭形圈足。口径13.2、底径8、通高11.2厘米（图四〇）。

26. M30

位于A区T61内，开口于第2层下。长方形竖穴土坑墓，墓向299°。墓壁竖直，墓口西北小东南大，长248、宽110~125、深15~20厘米。墓室填土为黄褐色。人骨保存状况较好，骨骼凌乱，为二次葬。墓主头向西北，性别男，年龄为30~35岁。未发现葬具和随葬品（图四一）。

27. M32

位于A区T61内，开口于第2层下。长方形竖穴土坑墓，墓向为302°。墓壁竖直，长325、宽200厘米，墓口距墓底深170厘米。发现人骨2具，编号为1号和2号，均保存状况较好，仰身直肢。1号头向东南，面向西南，性别男，年龄为36~40岁；2号头向西北，面向东北，性别女，年龄为41~45岁。未发现葬具和随葬品（图四二）。

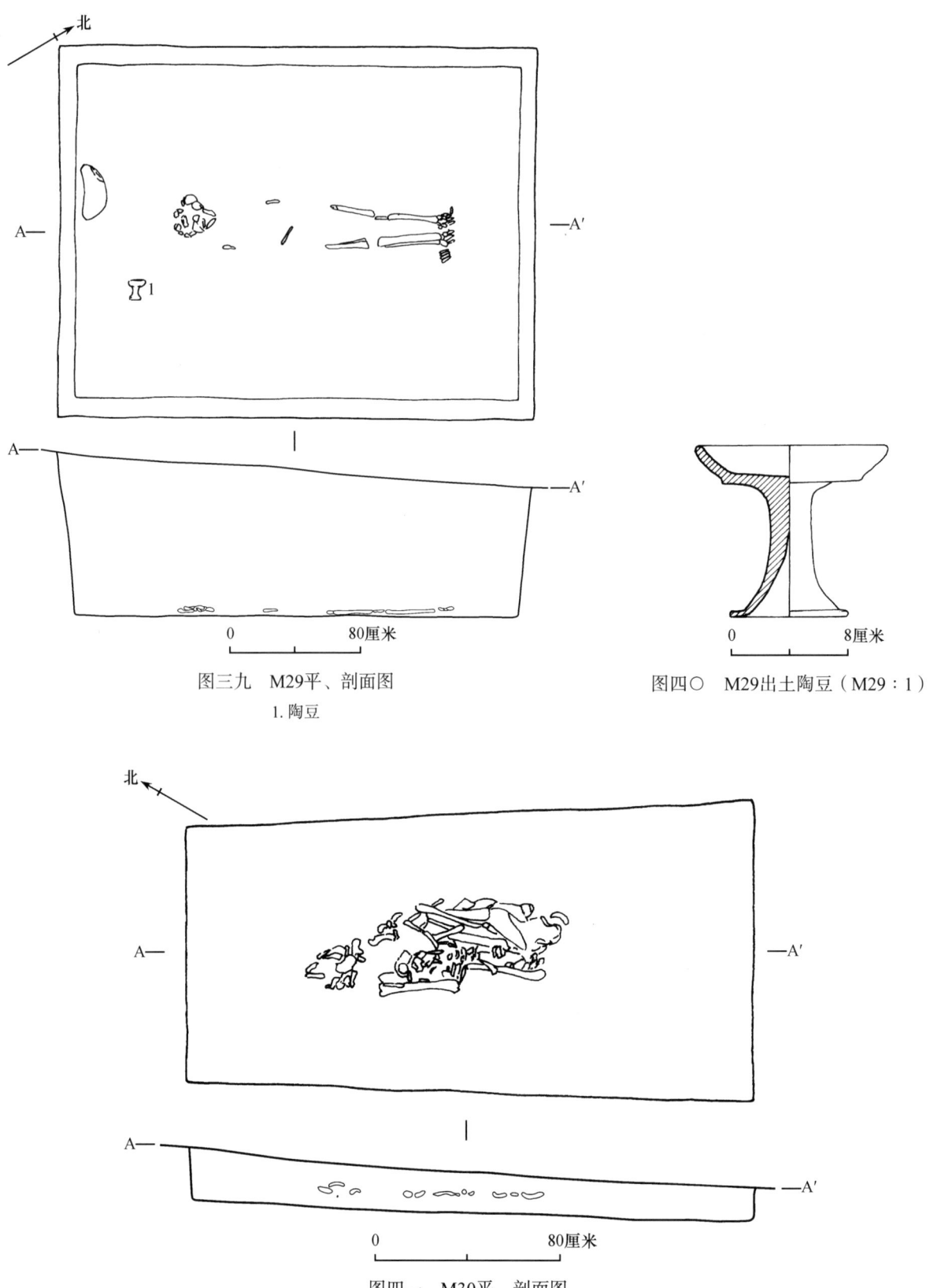

图三九　M29平、剖面图
1. 陶豆

图四〇　M29出土陶豆（M29∶1）

图四一　M30平、剖面图

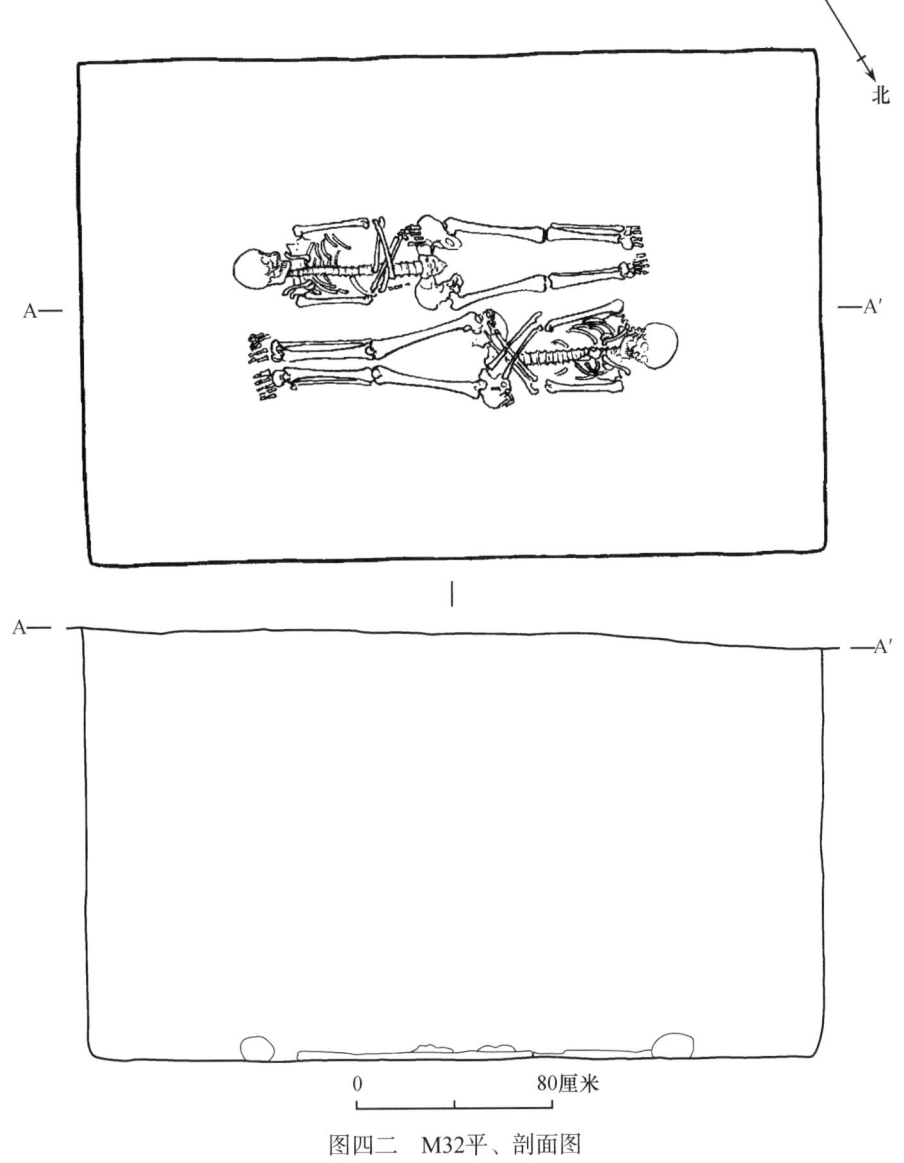

图四二　M32平、剖面图

28. M34

位于A区T68和T69内，开口于第1层下，被M33打破。长方形竖穴土坑墓，墓向为300°。墓室口大底小，墓壁稍有收分，墓口长340、宽270厘米，墓底长320、宽240厘米，墓口距墓底深140厘米。墓室填土为花土。人骨保存状况差，头向西北，葬式、面向、性别和年龄不明。未发现葬具和随葬品（图四三）。

29. M35

位于A区T46和T47内，开口于第1层下，被Y2打破。长方形竖穴土坑墓，墓向为258°。墓壁竖直，长335、宽165厘米，墓口距墓底深170厘米。墓室填土为花土。人骨保存状况差，仰身直肢，头向西南，面朝东南，性别和年龄不明。未发现葬具。发现铅器2件（图四四）。

铅器　2件。两端凸出，中间较直，略呈桥形，易碎。标本M35∶1，长7.7、宽3.6、中部厚0.4厘米（图四五，1）。标本M35∶2，长9.5、宽2.2、中部厚0.6厘米（图四五，2）。

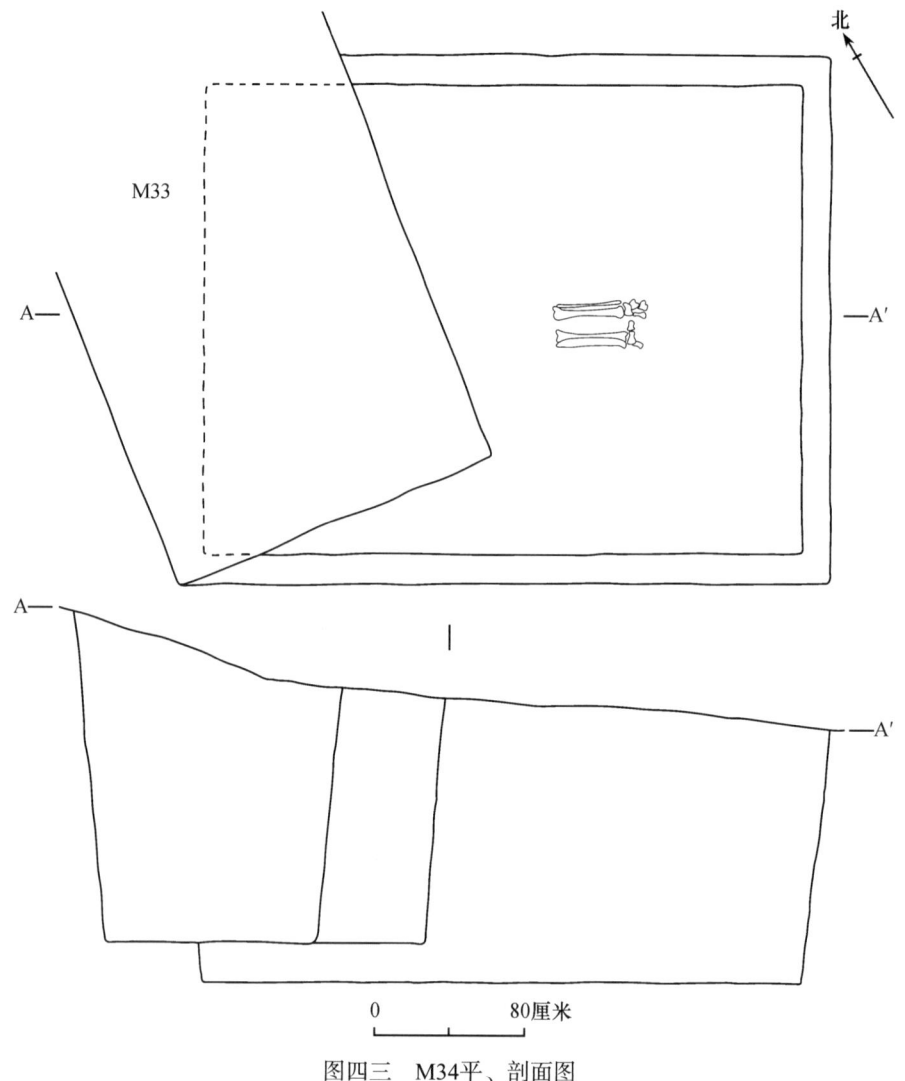

图四三　M34平、剖面图

30. M36

位于A区T61和T62内，开口于第1层下。长方形竖穴土坑墓，墓向为286°。墓壁竖直，墓口长362、宽180厘米，现墓口距墓底深147~200厘米。墓室填土为花土。人骨保存状况差，仰身直肢，头向西北，面向东北，女性，年龄为41~50岁。未发现葬具和随葬品（图四六）。

31. M37

位于A区T61和T62内，开口于第1层下。长方形竖穴土坑墓，墓向为295°。墓室口大底小，墓壁稍有收分，墓口长270、宽100厘米，墓底长260、宽92厘米，现墓口距墓底深100厘米。墓室填土为花土。人骨保存状况差，仰身直肢，头骨位于右胸部，头向西北，性别女，年龄31~35岁。未发现葬具和随葬品（图四七）。

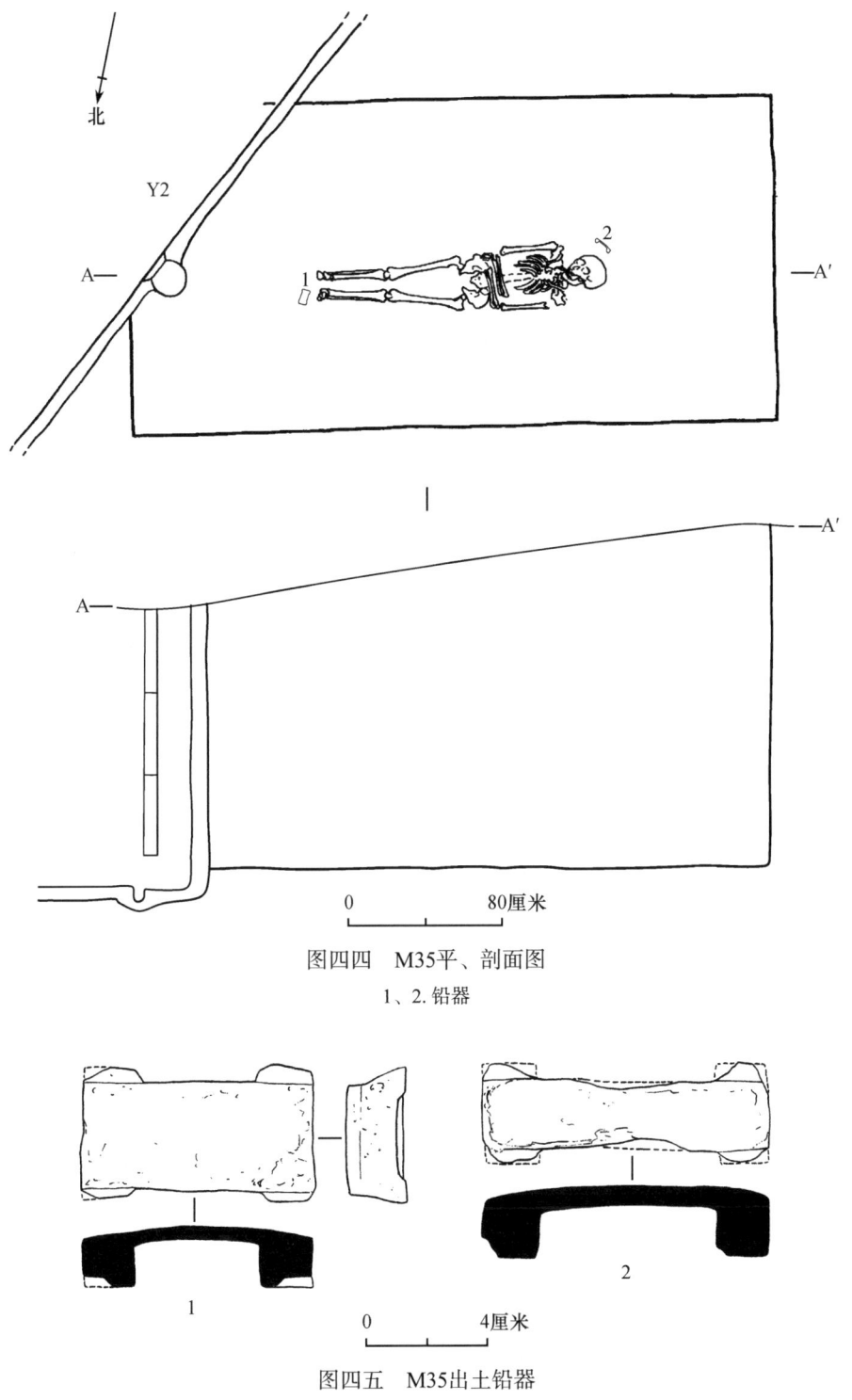

图四四　M35平、剖面图
1、2.铅器

图四五　M35出土铅器
1. M35∶1　2. M35∶2

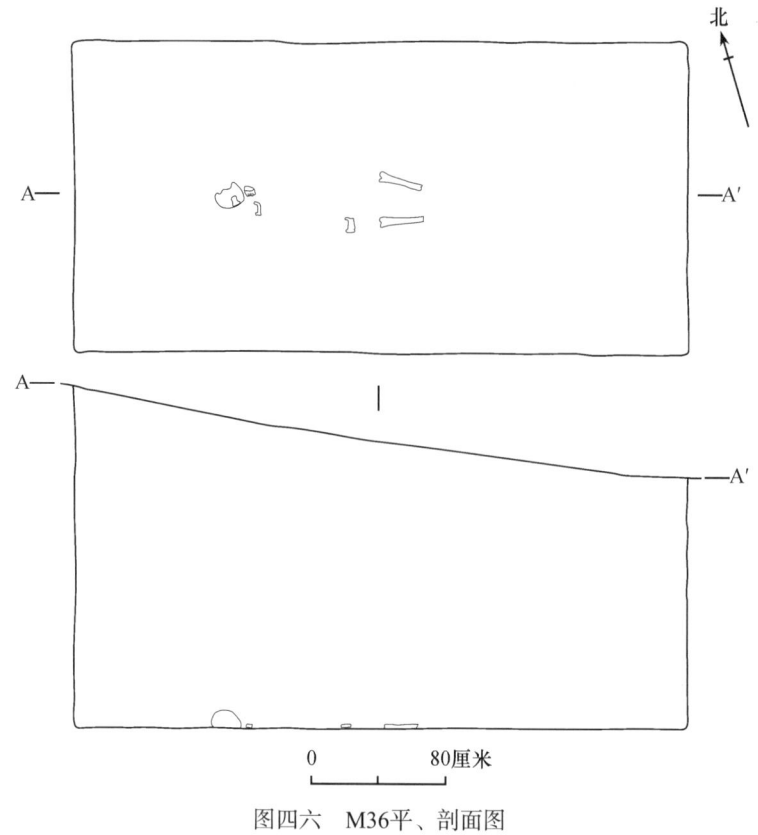

图四六 M36平、剖面图

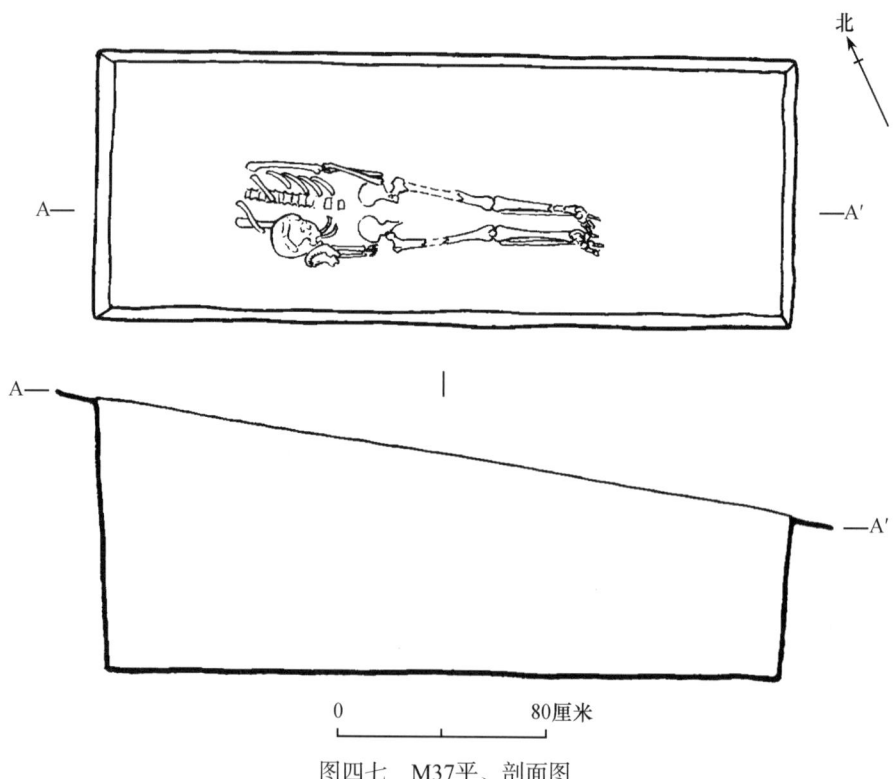

图四七 M37平、剖面图

32. M38

位于A区T80内，开口于第1层下，墓室上部被破坏严重。长方形竖穴土坑墓，墓向为200°。墓壁稍有收分，墓口长265、宽100厘米，墓底长265、宽100厘米，现墓口距墓底深108厘米。墓室填土为红褐色。人骨仰身直肢，头向西南，面向东南，双手交叉置于腹部，性别男，年龄为41~45岁。未发现葬具。随葬器物位于墓室南部，有陶豆4件、陶器盖1件、铜指环1件（图四八）。

陶豆　4件。均为泥质红褐陶，敞口，浅盘，高柄，喇叭形座。标本M38：1，弧腹。口径13.2、底径6.1、高13厘米（图四九，3）。标本M38：2，折腹。口径13.6、底径7.6、高12.8厘米（图四九，1）。标本M38：3，折腹。口径15.2、底径8.4、高12.5厘米（图四九，4）。标本M38：6，弧腹。口径13.6、底径8.8、高14.6厘米（图四九，2）。

陶器盖　1件。标本M38：5，泥质红褐色陶。平顶，斜壁。有数周宽凹弦纹。底径8.5、通高4厘米（图四九，5）。

铜指环　1件。标本M38：4，锈色青绿。环状，断面呈圆形。内径1.8、外径2.1厘米（图四九，6）。

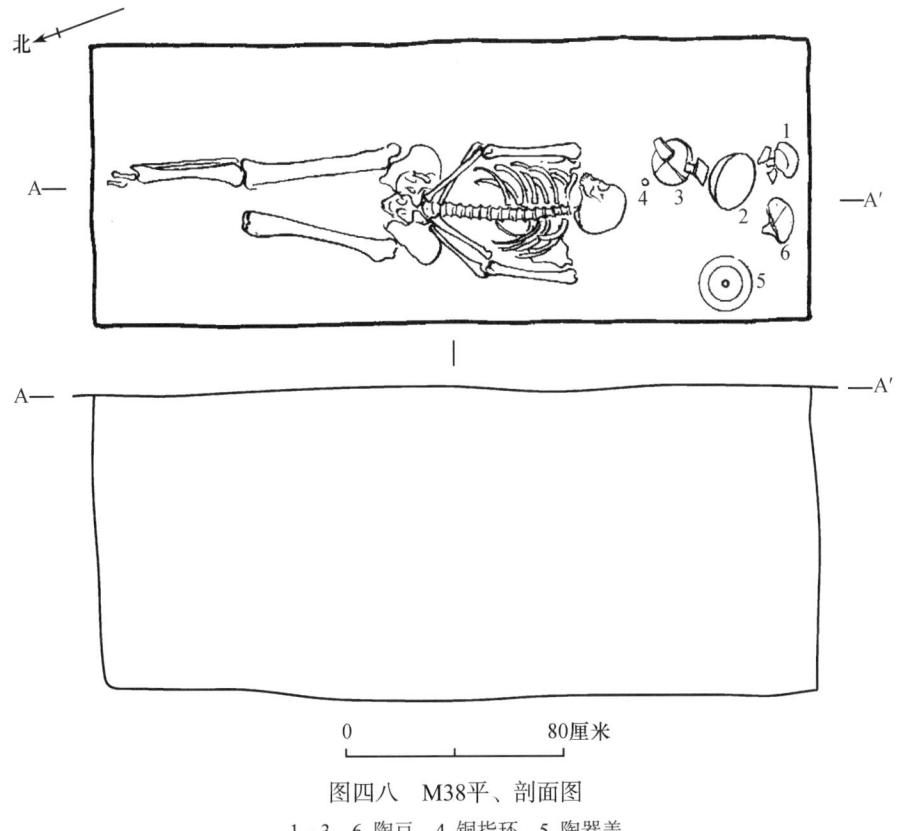

图四八　M38平、剖面图
1~3、6.陶豆　4.铜指环　5.陶器盖

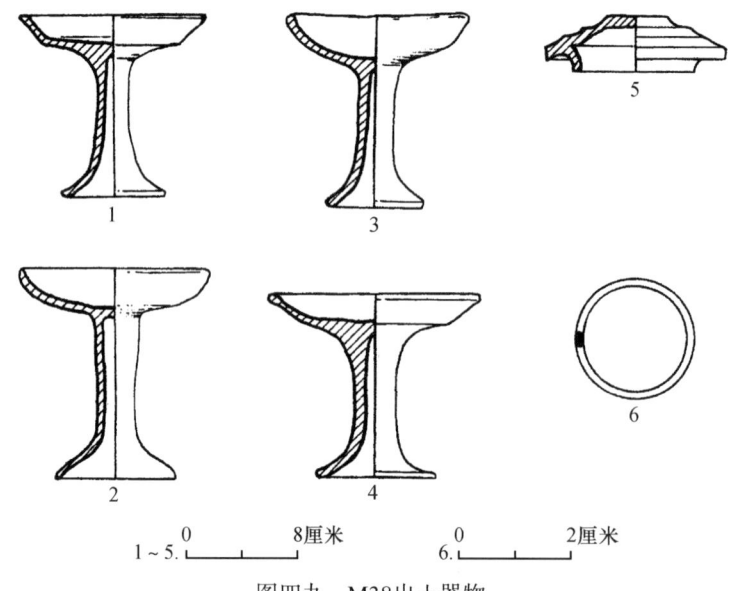

图四九　M38出土器物

1~4.陶豆（M38：2、M38：6、M38：1、M38：3）　5.陶器盖（M38：5）　6.铜指环（M38：4）

33. M44

位于A区T73内，开口于第2层下。长方形竖穴土坑墓，墓向为280°。墓室口大底小，墓壁由上往下有收分，墓口长340、宽188厘米，墓底长300、宽165厘米，墓底距墓口深175~200厘米。墓室填土为黄褐色，有夯筑迹象。人骨保存状况较差，墓主仰身直肢，头向西南，面向上，女性，年龄不明。未发现葬具和随葬品（图五〇）。

34. M45

位于A区T74内，开口于第2层下。长方形竖穴土坑墓，墓向为200°。墓室口底大小相同，长270、宽130~140厘米，墓底距墓口深91~128厘米。墓室填土为黄褐色，有夯筑迹象。人骨保存状况较差，墓主头向西南，面向西北，双手置于骨盆上方，性别女，葬式和年龄不明。未发现葬具。随葬品共2件，墓主颈部随葬玉玦1件，头龛放置陶罐1件（图五一；图版一七，1）。

玉玦　1件。标本M45：1，青灰色。圆形。素面。直径3.4、好径1.6、厚0.2厘米（图五二，2；图版一七，2）。

陶罐　1件。标本M45：2，泥质灰陶。侈口，卷沿，圆唇，长束颈，肩部圆鼓，下腹斜弧收，底部内凹。下腹部饰横向绳纹。口径13.2、腹径16.4、底径6.4、高18.8厘米（图五二，1；图版一七，3）。

35. M46

位于A区T74和T75内，开口于第2层下。长方形竖穴土坑墓，墓向为220°。墓壁由上往下稍有收分，墓口长250、宽140厘米，墓底长240、宽120厘米，墓底距墓口深93~125厘米。墓室填土为黄褐色，有夯筑迹象。人骨保存状况较好，墓主仰身直肢，头向西南，面向西北，性别女，年龄不明。未发现葬具，随葬器物共19件，有铜铃1件、铜瑗5件、料管1件、绿松石管

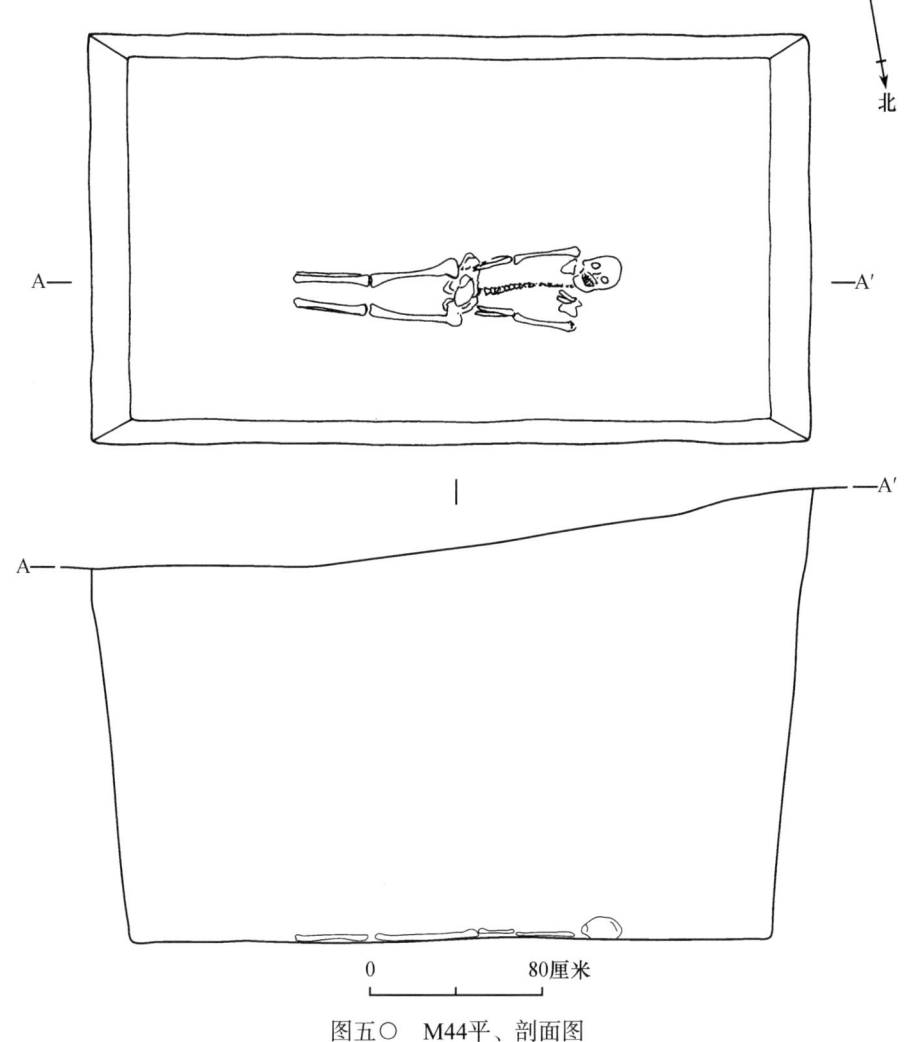

图五〇　M44平、剖面图

饰1件、骨管1件、料珠6件、骨饰2件,均发现于墓主右侧邻近,在墓主头部右侧还发现骨笄2件(图五三;图版一八,1、2)。

铜铃　1件。标本M46:1,筒形,器壁较斜直,口凹弧形,顶部较平,顶上有一桥形纽,铃面四周有4个半月形透孔。口部长2、通高3.5厘米(图五四,6;图版一八,4)。

铜璜　5件。根据拱曲状况可分为二型。

A型　1件。拱曲较甚,拱顶上部中央有一小孔。素面。标本M46:2,长9.4、肉宽1.7、厚0.11厘米(图五四,1)。

B型　4件。弧形片状,拱顶上部中央有一小孔。标本M46:3,残。素面。残长9、肉宽1.6、厚0.11厘米(图五四,2)。标本M46:4,残。肉部有一道弧形浅凸棱。残长8.2、肉宽1.7、厚0.11厘米(图五四,4)。标本M46:5,残。肉部有一道弧形浅凸棱。残长6、肉宽1.7、厚0.11厘米(图五四,5)。标本M46:6,残。肉部有一道弧形浅凸棱。残长7.7、肉宽1.7、厚0.11厘米(图五四,3;图版一八,3)。

料管　1件。标本M46:7,瘦长,中部微鼓,有孔中通。淡蓝白色。外径1.1、内径0.48、长2厘米(图五四,13;图版一九,2)。

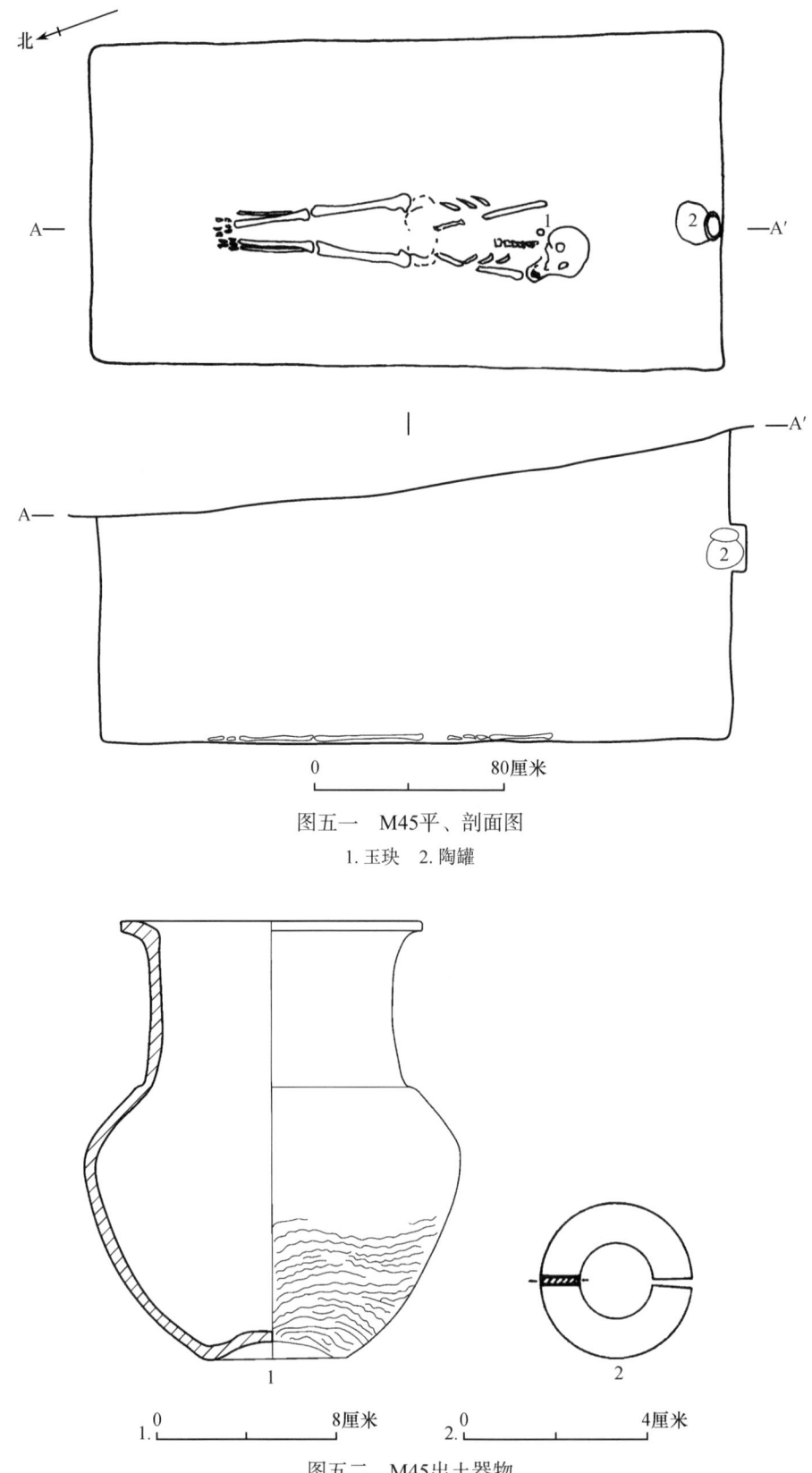

图五一　M45平、剖面图
1. 玉玦　2. 陶罐

图五二　M45出土器物
1. 陶罐（M45∶2）　2. 玉玦（M45∶1）

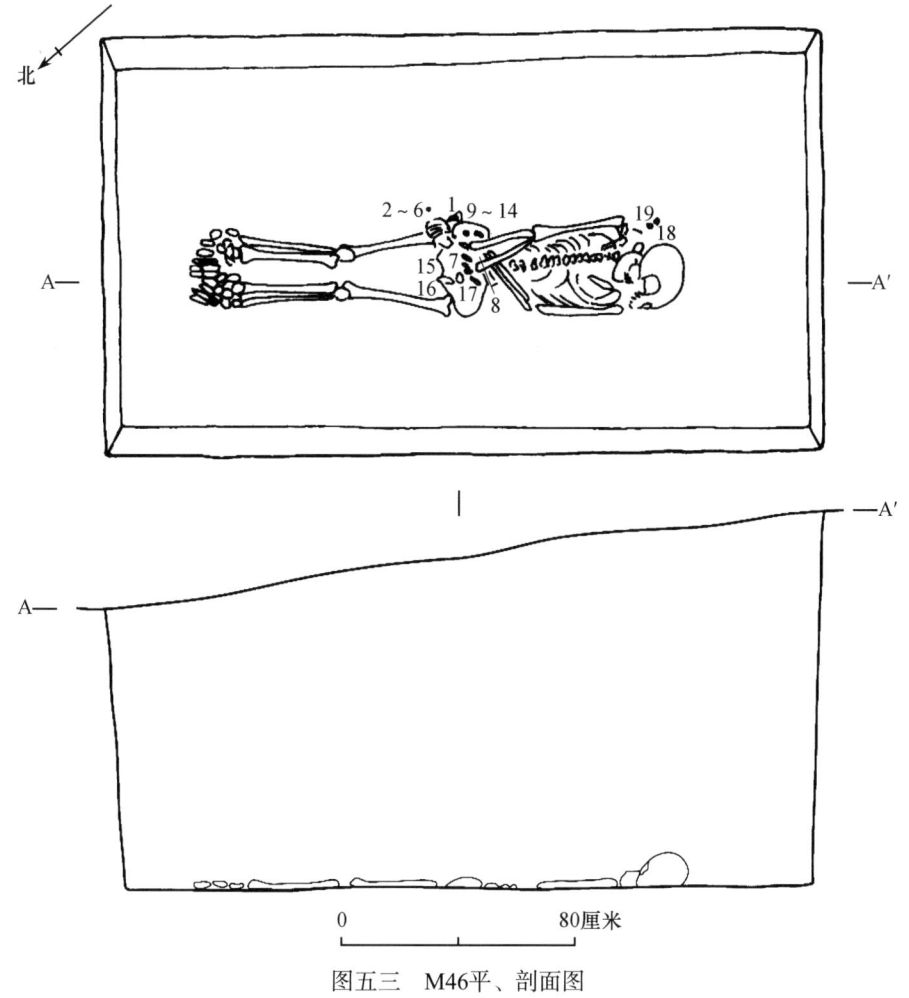

图五三 M46平、剖面图

1.铜铃 2~6.铜璜 7.料管 8.绿松石管饰 9.骨管 10~15.料珠 16、17.骨饰 18、19.骨笄

绿松石管饰 1件。标本M46:8，圆柱体，有孔中通。外径0.8、内径0.32、长1.4厘米（图五四，12；图版一九，2）。

骨管 1件。标本M46:9，柱体，有孔中通。外径0.7、内径0.25、长1.2厘米（图五四，7；图版一九，2）。

料珠 6件。标本M46:10、M46:15，色白。算盘珠形，中一圆孔。标本M46:10，外径1.05、内径0.3、高0.5厘米（图五四，14；图版一九，1）。标本M46:15，外径0.4、内径0.2、高0.3厘米（图五四，10）。标本M46:11、M46:12，淡蓝色，饰6个蜻蜓眼纹，每个蜻蜓眼由若干小白点构成。标本M46:11，边长0.95、孔径0.2厘米（图五四，8；图版一九，1）。标本M46:12，边长1、孔径0.3厘米（图五四，9；图版一九，1）。标本M46:13、M46:14，残碎。

骨饰 2件。标本M46:16，扁平形，如意状，两如意头的两面各刻划一个同心圆，并刻划圆心点。长1.8、宽0.7厘米（图五四，11）。标本M46:17，残碎。

骨笄 2件。标本M46:18、M46:19，牙黄色。整体呈圆柱状，残碎严重。

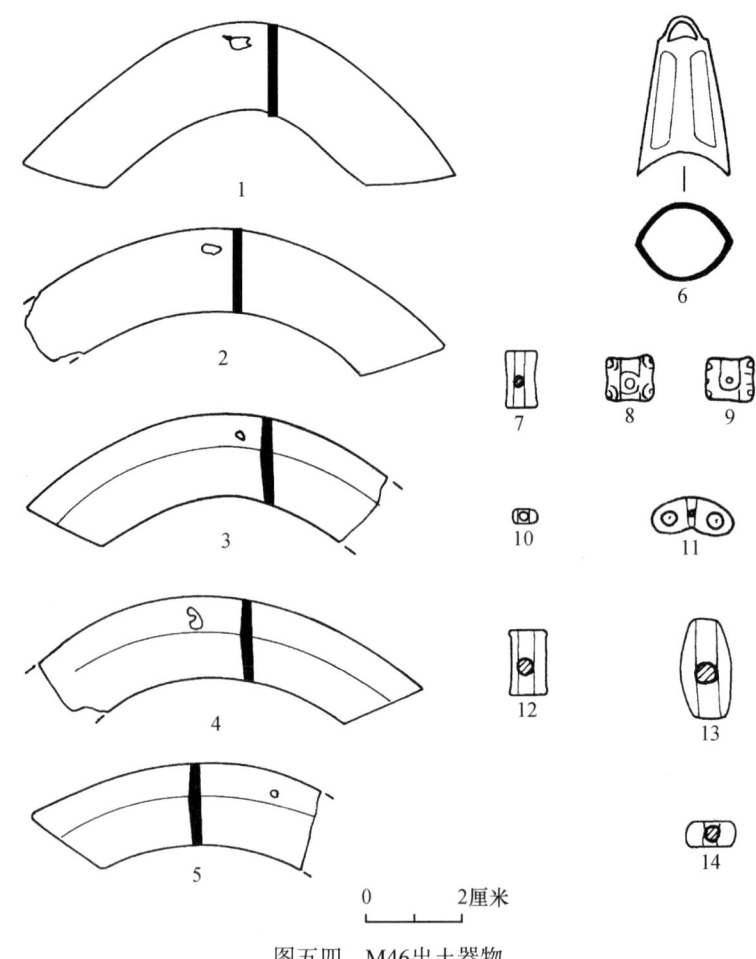

图五四 M46出土器物

1. A型铜璜（M46：2） 2~5. B型铜璜（M46：3、M46：6、M46：4、M46：5） 6. 铜铃（M46：1） 7. 骨管（M46：9） 8~10、14. 料珠（M46：11、M46：12、M46：15、M46：10） 11. 骨饰（M46：16） 12. 绿松石管饰（M46：8） 13. 料管（M46：7）

36. M48

位于A区T76和T82内，开口于第2层下。长方形竖穴土坑墓，墓向为30°。墓室口底大小相同，长300、宽170、深83~92厘米。墓室填土为黄褐色，有夯筑迹象。墓主仰身直肢，头向东北，面向东南，性别女，年龄不明。未发现葬具。随葬品共4件，主要位于墓室东北部，有铁锸1件、陶豆1件、陶罐1件、花石1件。陶豆内有小型兽骨（图五五；图版二〇，1）。

铁锸 1件。标本M48：1，锈蚀严重（图版二〇，2）。

花石 1件。标本M48：2，椭圆形扁平状砾石，布满白色矿物质斑点。长7、宽4.1、厚2.7厘米（图五六，2）。

陶豆 1件。标本M48：3，夹细砂灰陶。敛口，圆唇，斜弧腹，矮柄，圈足内底心外凸。素面。口径13、底径4.8、高4.7厘米（图五六，3）。

陶罐 1件。标本M48：4，泥质灰陶。侈口，束颈，广圆肩，扁弧腹，底内凹。肩部饰凹弦纹，下腹部饰斜向绳纹。口径14.2、腹径24、底径8、高15.4厘米（图五六，1；图版二〇，3）。

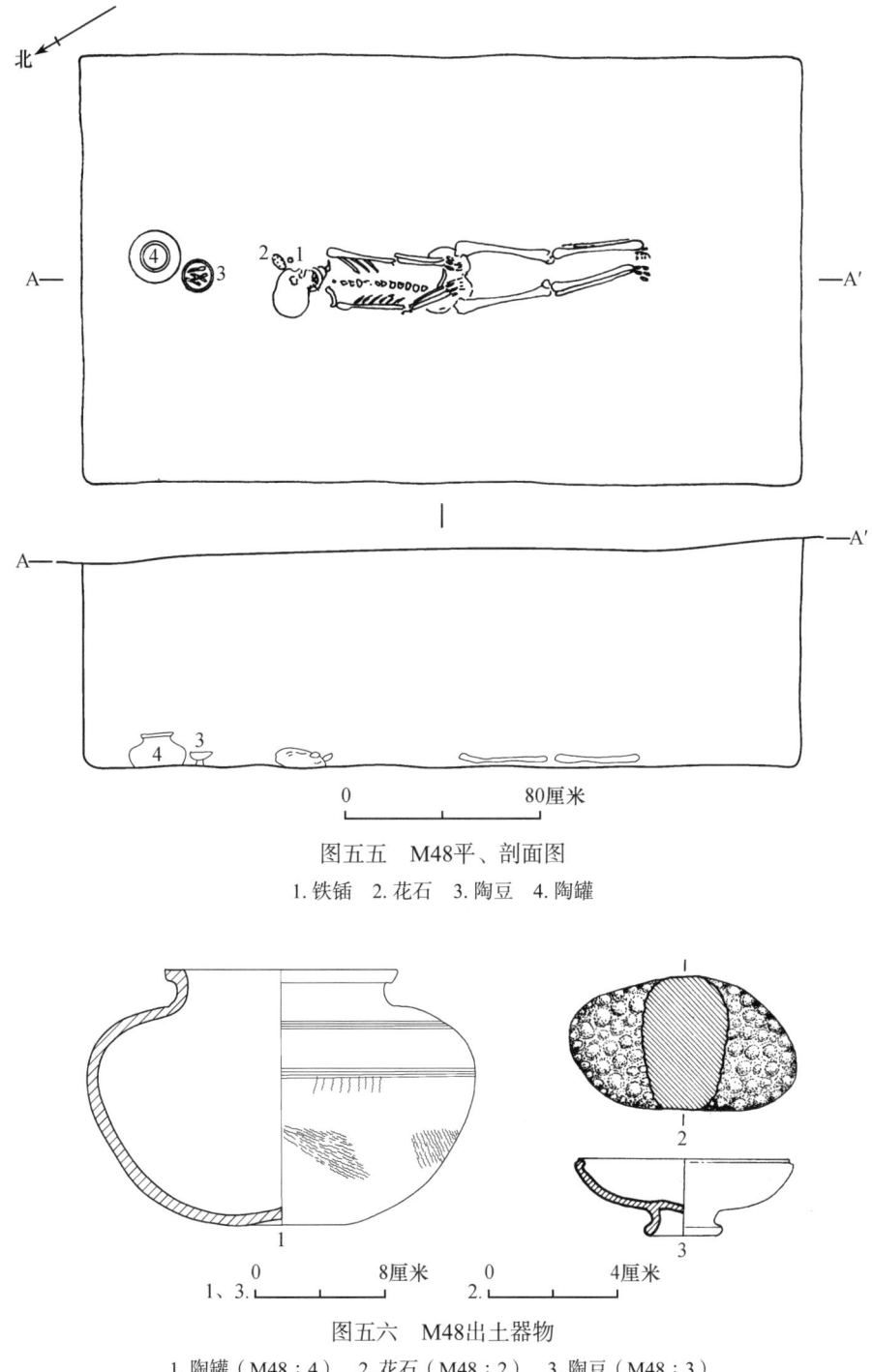

图五五 M48平、剖面图
1. 铁锸 2. 花石 3. 陶豆 4. 陶罐

图五六 M48出土器物
1. 陶罐（M48：4） 2. 花石（M48：2） 3. 陶豆（M48：3）

37. M50

位于A区T70和T77内，开口于第2层下。长方形竖穴土坑墓，墓向为308°。墓室口底大小相同，长302、宽172~183、深62~120厘米。墓室填土为黄褐色，土质较硬，有夯筑迹象。墓主仰身直肢，头向西北，面向西南，双手置于骨盆之上，性别男，年龄不明。未发现葬具。随葬品共发现13件，有铅器12件、铜剑1件。铜剑位于墓主左侧骨盆处，剑柄向西。铅器置于墓主头足部位，规律放置（图五七；图版二一、图版二二）。

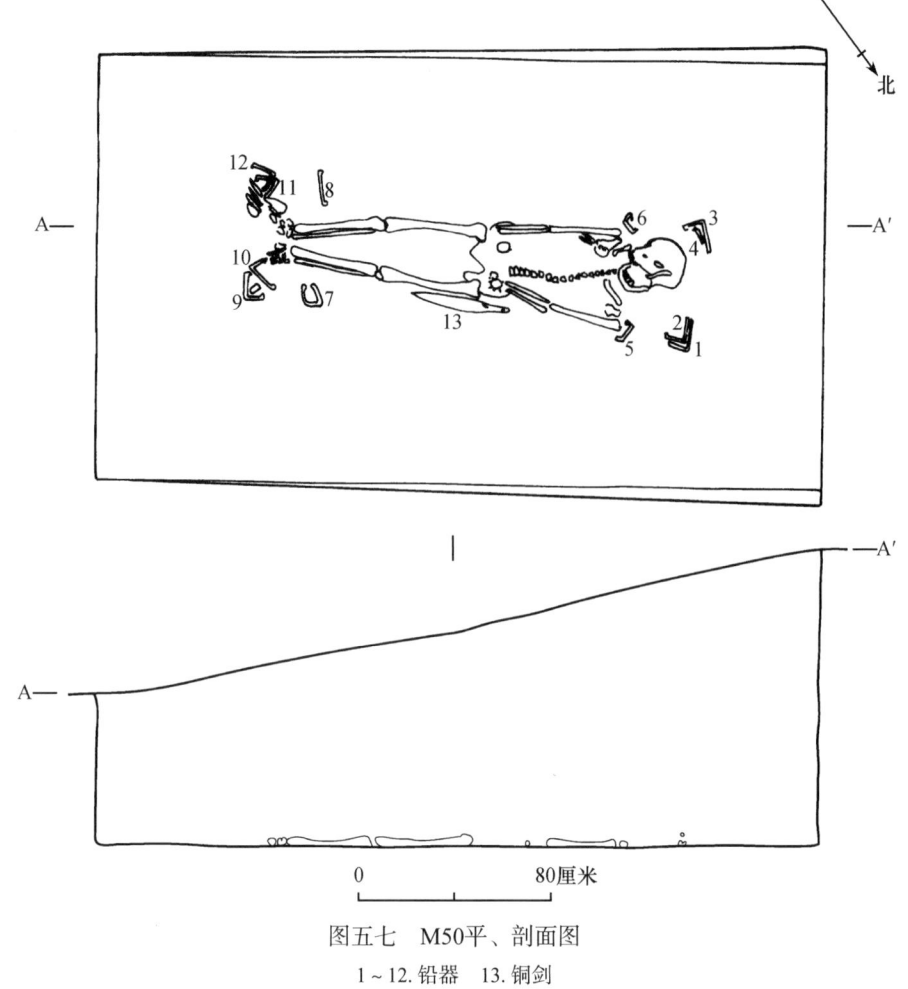

图五七　M50平、剖面图
1~12. 铅器　13. 铜剑

铅器　12件。器物两端呈方块状，易碎（图版二三，2~4）。依整体形状可分为二型。

A型　8件。为两边夹一角的折形。标本M50：1，两边平直，夹角约90°。长14.4、宽7、厚1.8厘米（图五八，4）。标本M50：10，两边平直，夹角略小于90°。长14.6、宽7.2、厚2厘米（图五九，4）。标本M50：2，两边平直，夹角约90°。长10、宽7.4、厚1.8厘米（图五九，6）。标本M50：3，一边平直，一边弧曲。长8.4、宽6、厚2.2厘米（图五八，3）。标本M50：5，两边平直，夹角约90°。长9.4、宽7、厚1.8厘米（图五九，3）。标本M50：11，两边平直，夹角约45°。长8.2、宽7.2、厚2.2厘米（图五八，6）。标本M50：6，两边平直，夹角略小于90°。长9.2、宽7.4、厚2厘米（图五八，1）。标本M50：12，两边平直，夹角略大于90°。长10.6、宽7.2、厚1.6厘米（图五八，2）。

B型　4件。三边，多呈"凹"字形。标本M50：8，残。长8.1、残宽1.8、厚1.8厘米（图五九，5）。标本M50：9，一边内折较甚。长7、宽6.4、厚2.2厘米（图五九，2）。标本M50：4，两边外撇。长13、宽6.6、厚1.8厘米（图五八，7）。标本M50：7，一边内折。长7.2、宽6.2、厚2厘米（图五八，5）。

铜剑　1件。标本M50：13，柳叶形，剑身有脊，断面呈菱形，脊延长为茎，茎宽而扁平，上有两孔。通长39.8、最宽3.8、柄长7.8厘米（图五九，1；图版二三，1）。

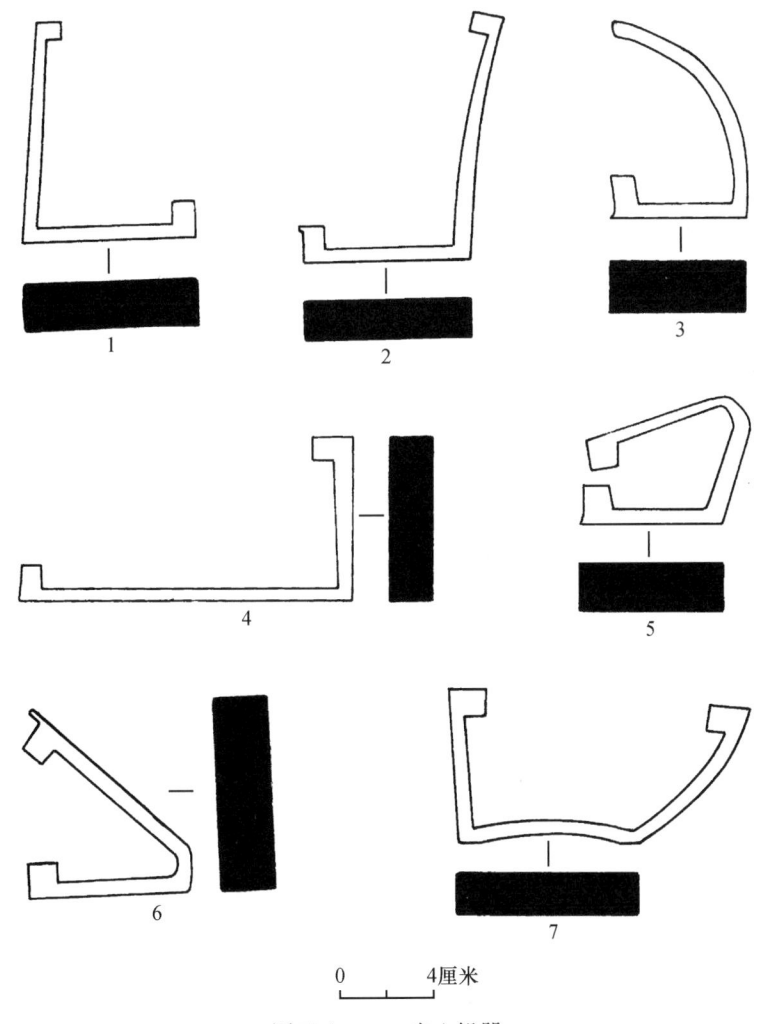

图五八　M50出土铅器

1~4、6. A型（M50：6、M50：12、M50：3、M50：1、M50：11）　5、7. B型（M50：7、M50：4）

38. M51

位于A区T76和T71内，开口于第2层下。长方形竖穴土坑墓，墓向为167°。墓室口大底小，墓口长330、宽208厘米，墓底长310、宽165厘米，墓底距墓口深160~170厘米。墓室填土为黄褐色，土质较硬，有夯筑迹象，填土中夹杂零星陶片。墓主位于墓室中部，仰身直肢，头向东南，面向西南，性别女，年龄不明。未发现葬具。随葬品共发现4件，位于墓室北端，有陶罐1件、陶豆3件。豆盘内放有小块兽骨（图六〇；图版二四，1）。

陶罐　1件。标本M51：1，泥质灰陶。敞口，折沿，束颈，斜折肩，弧腹，底微内凹。肩部饰两道凹弦纹，口颈以外满饰绳纹。口径14.4、腹径26.4、底径8、高17.6厘米（图六一，1；图版二四，2）。

陶豆　3件。皆为夹细砂黑皮红陶。标本M51：2，口微敛，圆唇，弧形盘较深，盘底较平，矮柄，喇叭形圈足。口径16、底径8.8、高7.2厘米（图六一，3；图版二四，3）。标本M51：3，口微敞，圆唇，弧形盘较深，盘底较平，矮柄，喇叭形圈足。口径16、底径8.8、高8厘米（图六一，4）。标本M51：4，口微敛，圆唇，弧形盘，矮柄，喇叭形圈足。口径16、底径8.8、高7.6厘米（图六一，2）。

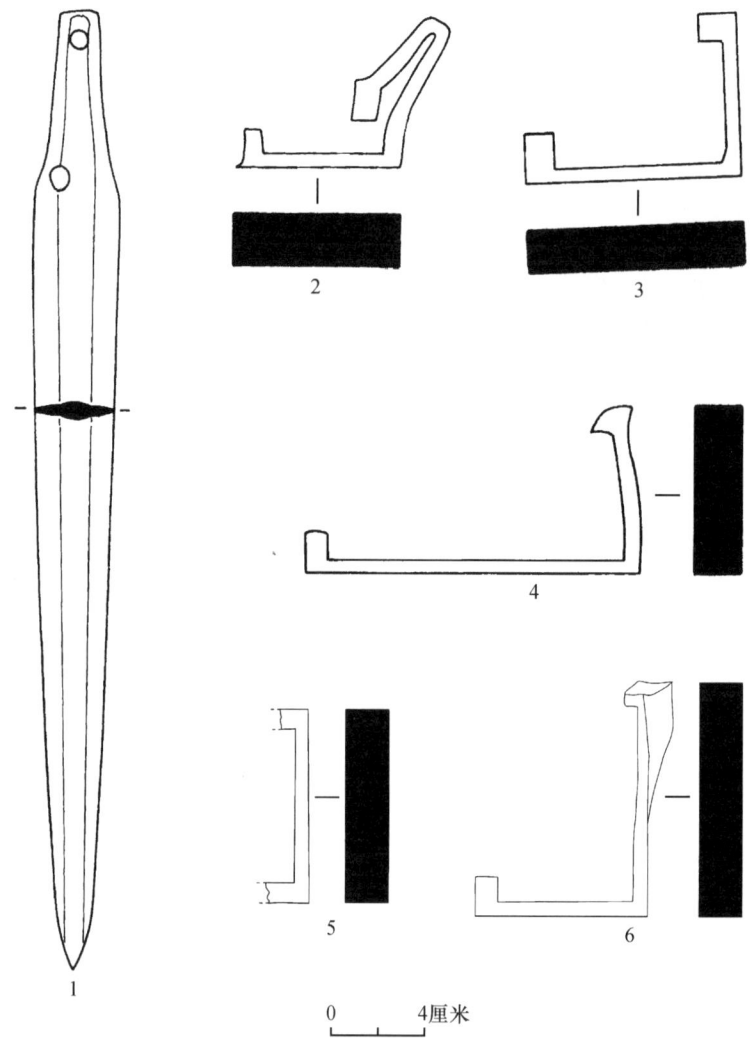

图五九　M50出土器物

1. 铜剑（M50∶13）　2、5. B型铅器（M50∶9、M50∶8）　3、4、6. A型铅器（M50∶5、M50∶10、M50∶2）

39. M56

位于A区T75内，开口于第2层下，被M55打破西北角。长方形竖穴土坑墓，墓向为356°。墓口长300、宽120厘米。墓壁竖直，墓底长190、宽60~68厘米，墓底距墓口深50厘米。有头箱和熟土二层台，头箱长96、宽90、残高8厘米，二层台宽20~30、高18厘米。墓室填土为黄褐色，土质较硬。墓主仰身直肢，头向北，面向东，性别女，年龄不明。未发现葬具痕迹。随葬器物发现于头箱内，有陶罐2件、陶豆1件（图六二）。

陶罐　2件。标本M56∶1和标本M56∶3，均残碎严重。

陶豆　1件。标本M56∶2，夹砂灰陶。敛口，圆唇，弧腹，矮柄，圈足内底心微外凸，短弧足。口径12.8、底径4.8、高5.6厘米（图六三）。

第二章 东周墓葬

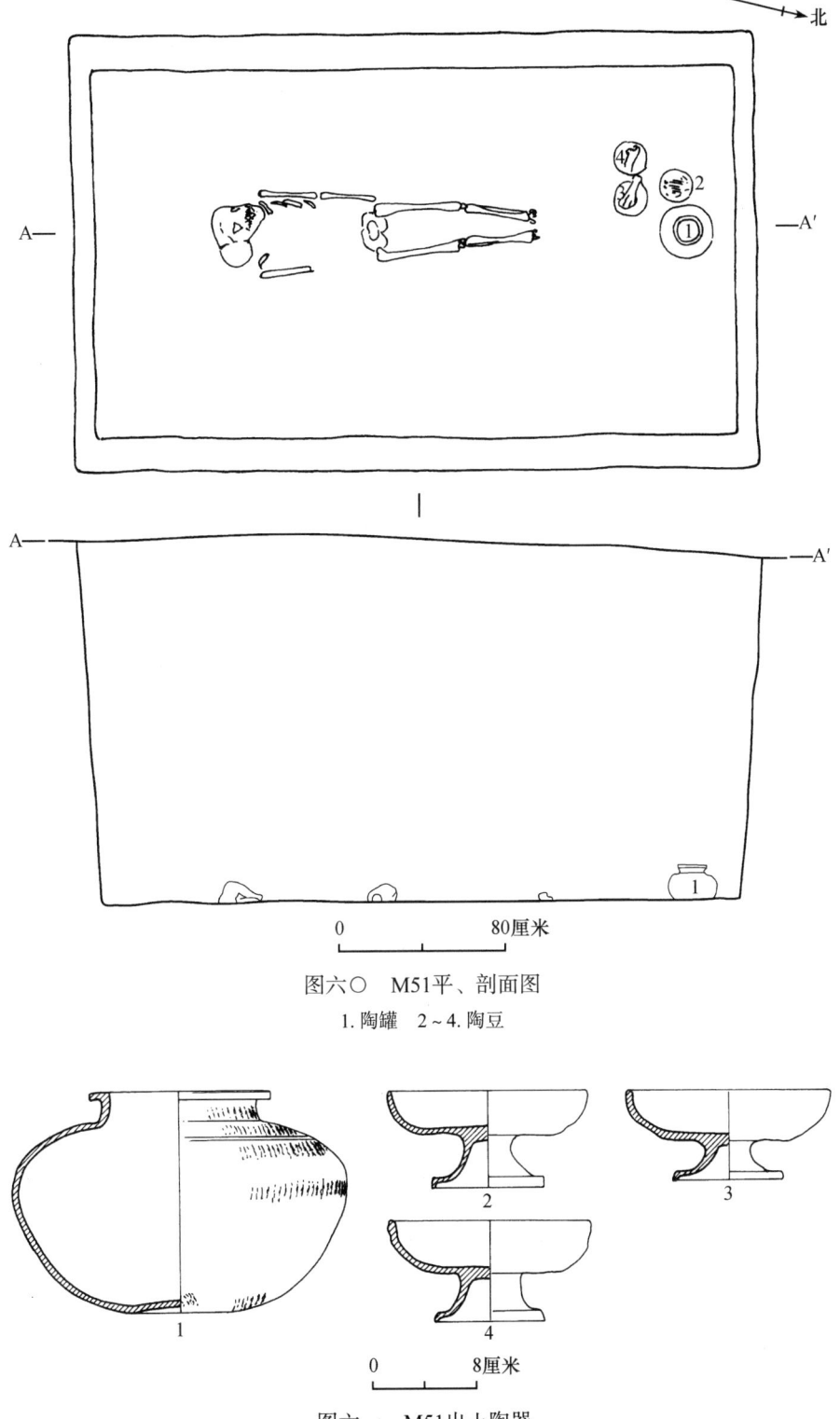

图六〇 M51平、剖面图
1.陶罐 2~4.陶豆

图六一 M51出土陶器
1.罐（M51∶1） 2~4.豆（M51∶4、M51∶2、M51∶3）

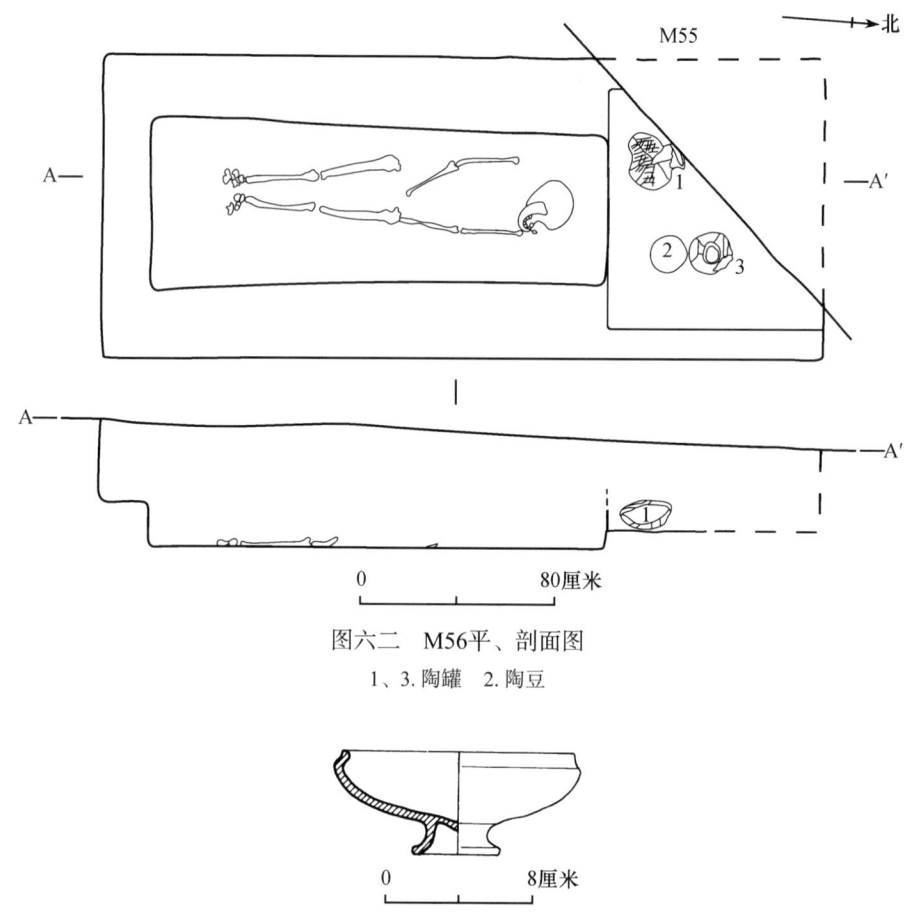

图六二　M56平、剖面图
1、3.陶罐　2.陶豆

图六三　M56出土陶豆（M56∶2）

40. M58

位于A区T69内，开口于第2层下。长方形竖穴土坑墓，墓向为302°。墓室口大底小，墓口长264～286、宽150厘米，墓底长252～260、宽120厘米，墓底距墓口深120～145厘米。墓室填土为褐色，土质较松软。人骨保存状况较好，骨架凌乱，为二次葬，墓主头向西北，性别男，年龄不明。未见葬具和随葬品（图六四）。

41. M59

位于A区T70内，开口于第2层下。长方形竖穴土坑墓，墓向为205°。墓室口大底小，墓口长340、宽190厘米，墓底长290、宽175厘米，墓底距墓口深130～160厘米。墓室填土为黄褐色，有夯筑迹象，土质较硬。人骨位于墓底中部，保存状况较好，墓主仰身直肢，头向西南，面向西北，性别男，年龄不明。未发现葬具。随葬品共2件，位于墓室南端，有陶豆1件、陶罐1件。豆盘内放有小型兽骨（图六五；图版二五，1）。

陶豆　1件。标本M59∶1，泥质黑皮红陶。口微敛，圆唇，口沿下有一周凹槽，弧腹，圈足内底心微外凸，矮柄，圈足微外撇。口径13.2、底径4.4、高5.2厘米（图六六，2；图版二五，2）。

陶罐　1件。标本M59∶2，夹细砂黑皮红胎。口微敞，方唇较厚，束颈，斜溜肩，垂

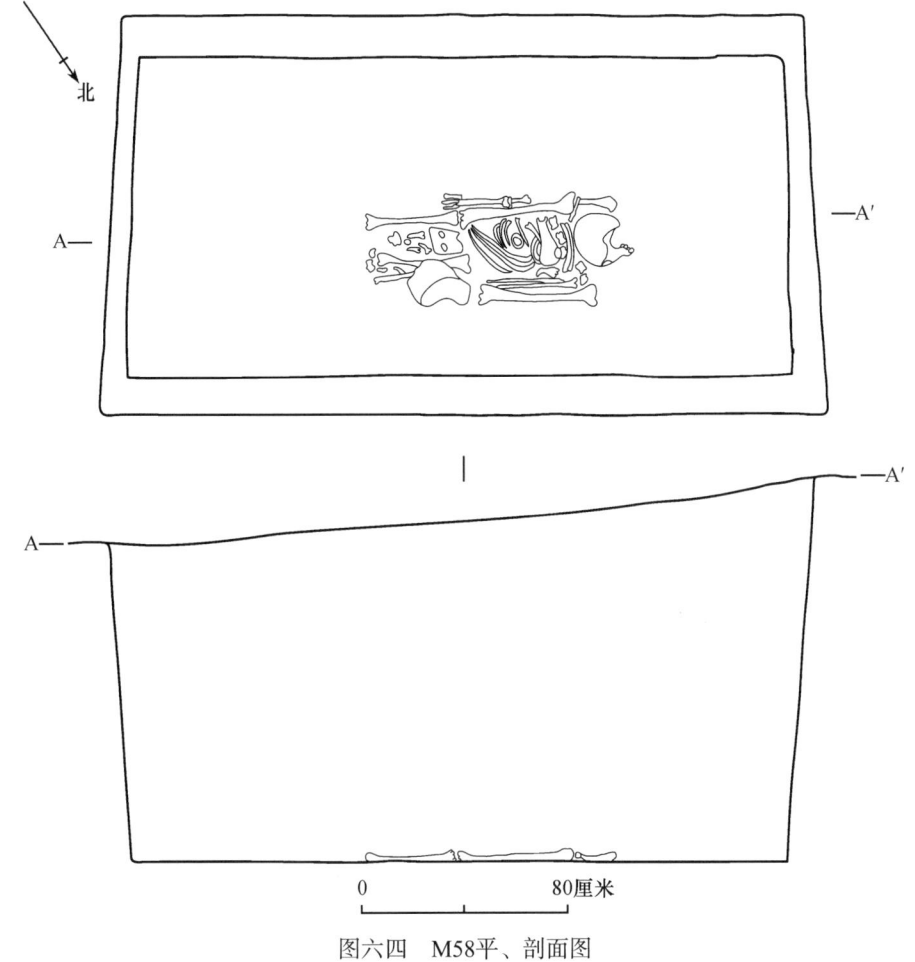

图六四　M58平、剖面图

腹，圜底。肩部以下饰竖向细绳纹。口径12、腹径25.6、高21.2厘米（图六六，1；图版二五，3）。

42. M60

位于A区T70内，开口于第2层下。长方形竖穴土坑墓，墓向为235°。墓室口大底小，墓壁稍带收分，墓口长260、宽150厘米，墓底长230、宽130厘米，墓底距墓口深113～152厘米。墓室填土为黄褐色，有夯筑迹象，土质较硬。人骨保存状况较好，墓主仰身直肢，头向西南，面向东南，性别男，年龄不明。未发现葬具。在墓室西端两侧各发现残豆柄1件（图六七；图版二六，1）。

陶豆　2件。标本M60：1、M60：2，残碎严重，仅存豆柄残部。

43. M61

位于A区T70内，开口于第2层下。长方形竖穴土坑墓，墓向为8°。墓壁竖直，长300～310、宽80～100厘米，墓底距墓口深50～80厘米。墓室填土为黄褐色，土质较硬。人骨保存状况较差，墓主仰身直肢，头向北，面向东，性别女，年龄不明。未发现葬具。随葬陶罐1件，位于墓室北部。墓室东北角中还发现由朱砂绘成的直径24厘米的圆面，但无法提取（图六八）。

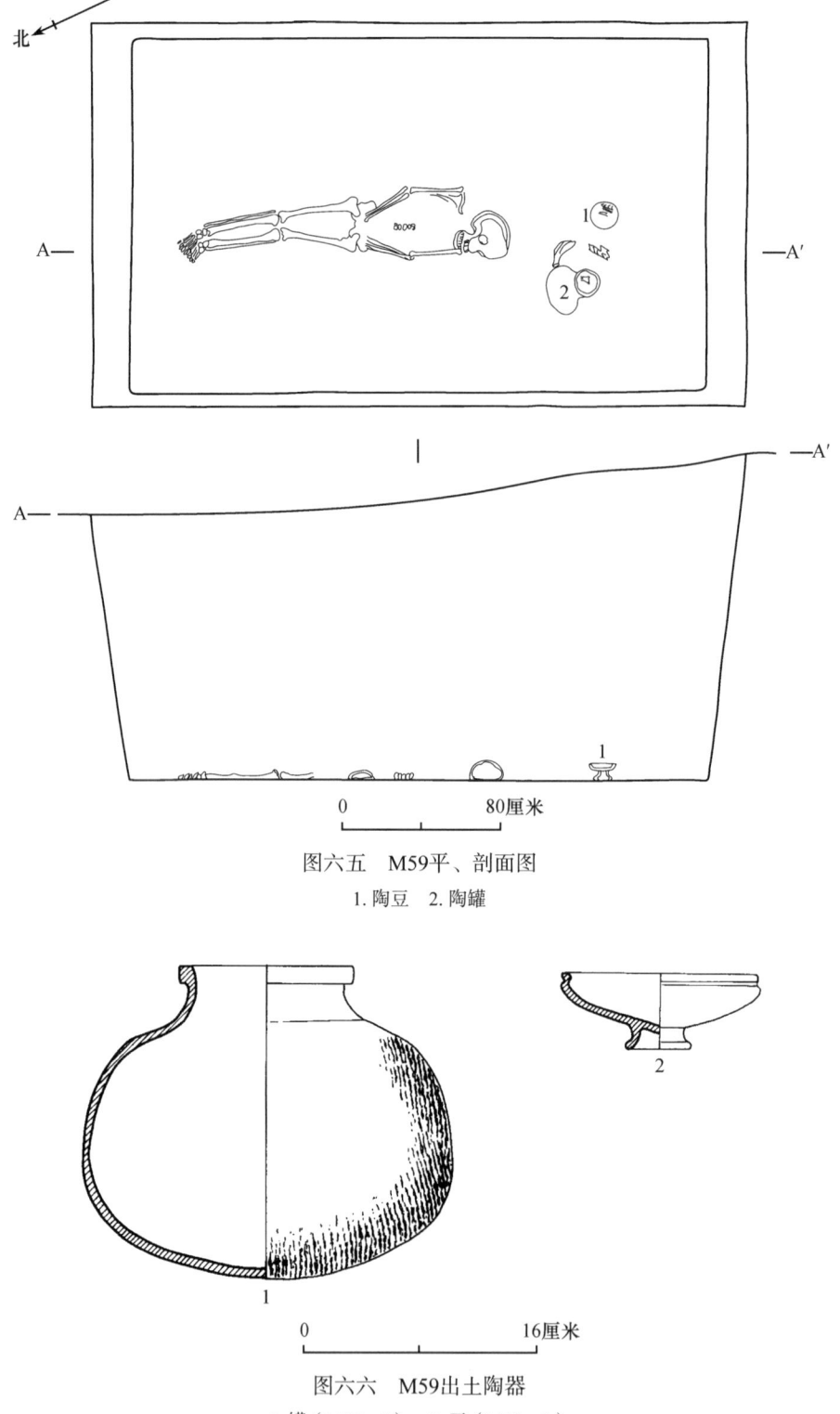

图六五　M59平、剖面图
1. 陶豆　2. 陶罐

图六六　M59出土陶器
1. 罐（M59∶2）　2. 豆（M59∶1）

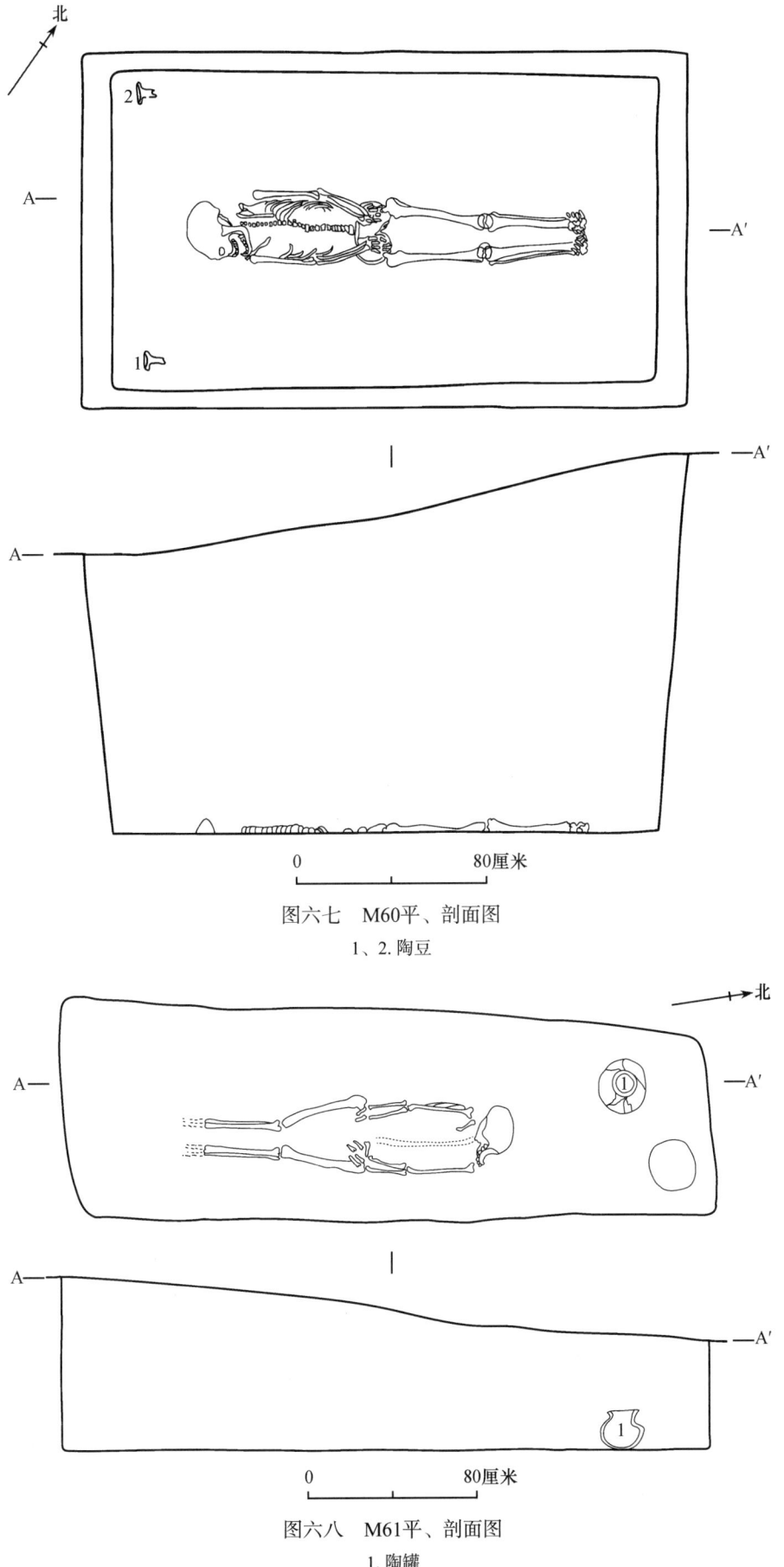

图六七　M60平、剖面图
1、2.陶豆

图六八　M61平、剖面图
1.陶罐

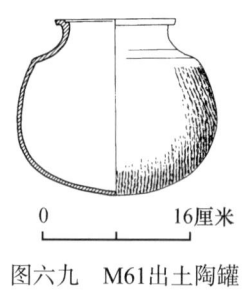

图六九　M61出土陶罐
（M61∶1）

陶罐　1件。标本M61∶1，夹细砂黑皮红陶。口微侈，折沿，方唇，束颈，斜折肩，鼓腹，圜底。肩中部饰一道细弦纹，肩腹交接处微折，肩下至底饰斜向绳纹。口径13.2、腹径22、高18.4厘米（图六九；图版二六，2）。

44. M62

位于A区T62和T63内，开口于第2层下。长方形竖穴土坑墓，墓向为275°。墓室口大底小，墓壁稍带收分，墓口长290、宽148～160厘米，墓底长268、宽135～140厘米，墓底距墓口深145～210厘米。墓室填土为黄褐色，有夯筑迹象，土质较硬。人骨保存状况较好，墓主仰身直肢，头向西，面向上，性别男，年龄不明。未发现葬具痕迹。随葬铅器2件，在墓主头足两端各发现1件（图七○；图版二七，1）。

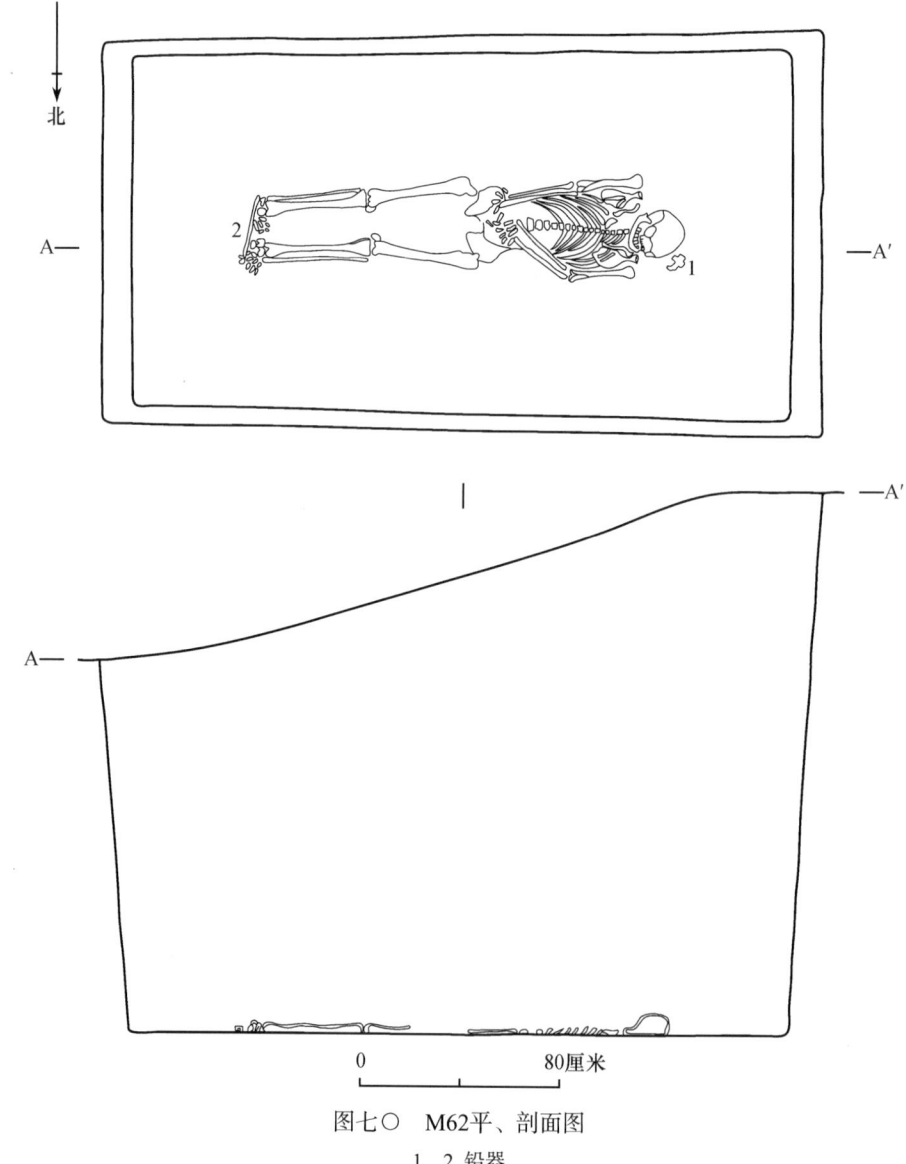

图七○　M62平、剖面图
1、2. 铅器

铅器　2件。标本M62：1，呈几何状，中部连接有铅片，易碎。通长10.2、厚1厘米（图七一，1；图版二七，2）。标本M62：2，条状，两端有方块形凸起，易碎。通长26.5、厚1厘米（图七一，2；图版二七，3）。

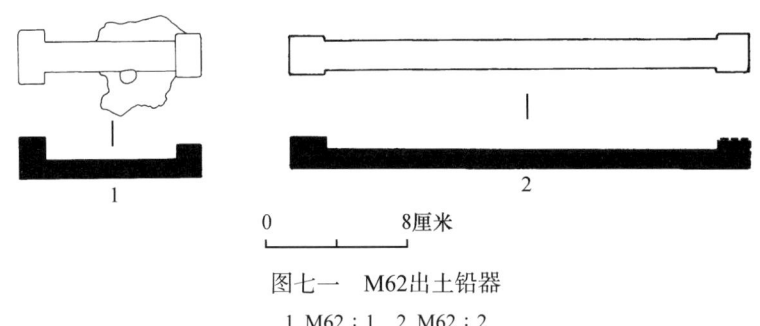

图七一　M62出土铅器
1. M62：1　2. M62：2

45. M63

位于A区T62内，开口于第2层下。长方形竖穴土坑墓，墓向为101°。墓室口大底小，墓壁稍带收分，墓口长260、宽132~140厘米，墓底长246、宽128~134厘米，墓底距墓口深61~106厘米。墓室填土为黄褐色，有夯筑迹象，土质较硬。人骨保存状况较好，墓主仰身直肢，头向东，头骨位于肋骨处，性别男，年龄不明。未发现葬具和随葬品（图七二）。

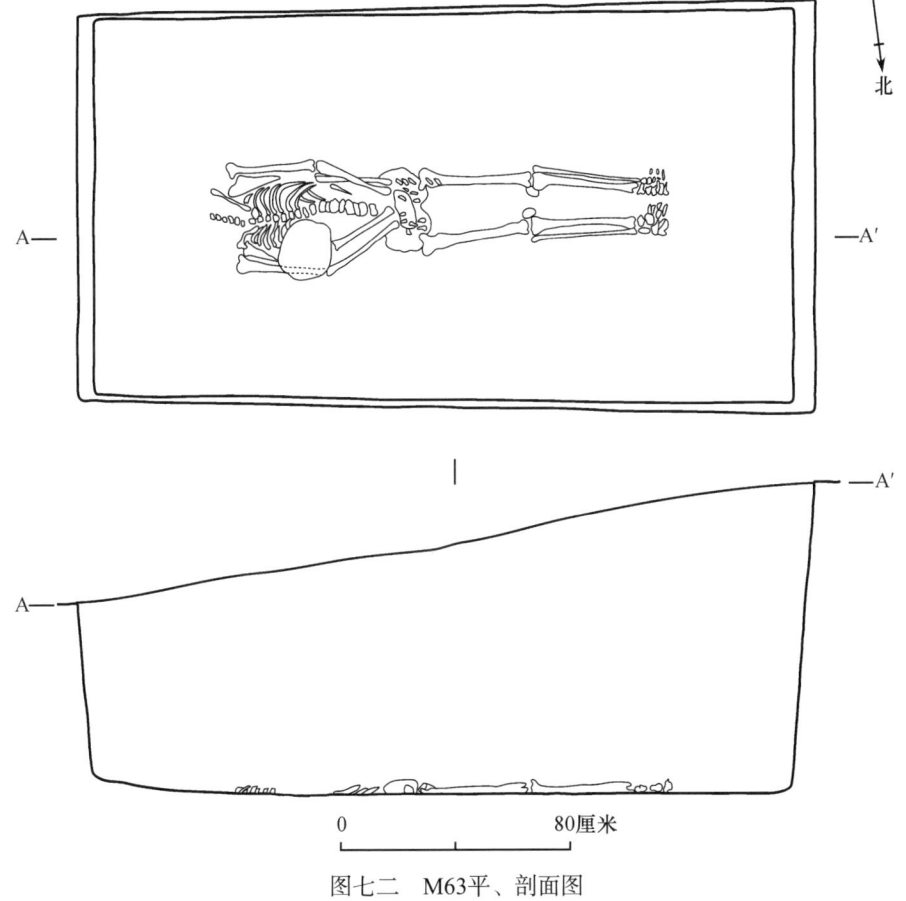

图七二　M63平、剖面图

46. M64

位于A区T46内,开口于第2层下。长方形竖穴土坑墓,墓向为270°。墓壁竖直,长254、宽120厘米,墓底距墓口深22～115厘米。墓室填土为黄褐色,土质较硬。墓室西半部因水土流失破坏严重。人骨保存状况较差,墓主仰身直肢,头向西,面向上,性别女,年龄不明。未发现葬具痕迹。随葬器物共2件,位于墓室西部,有陶罐1件、陶盂1件(图七三)。

陶罐 1件。标本M64:1,夹砂灰陶。侈口,圆唇,束颈,肩部有折棱,深鼓腹,平底。腹部饰斜向绳纹。口径12.4、腹径16、底径7.6、高15.8厘米(图七四,1;图版二八,1)。

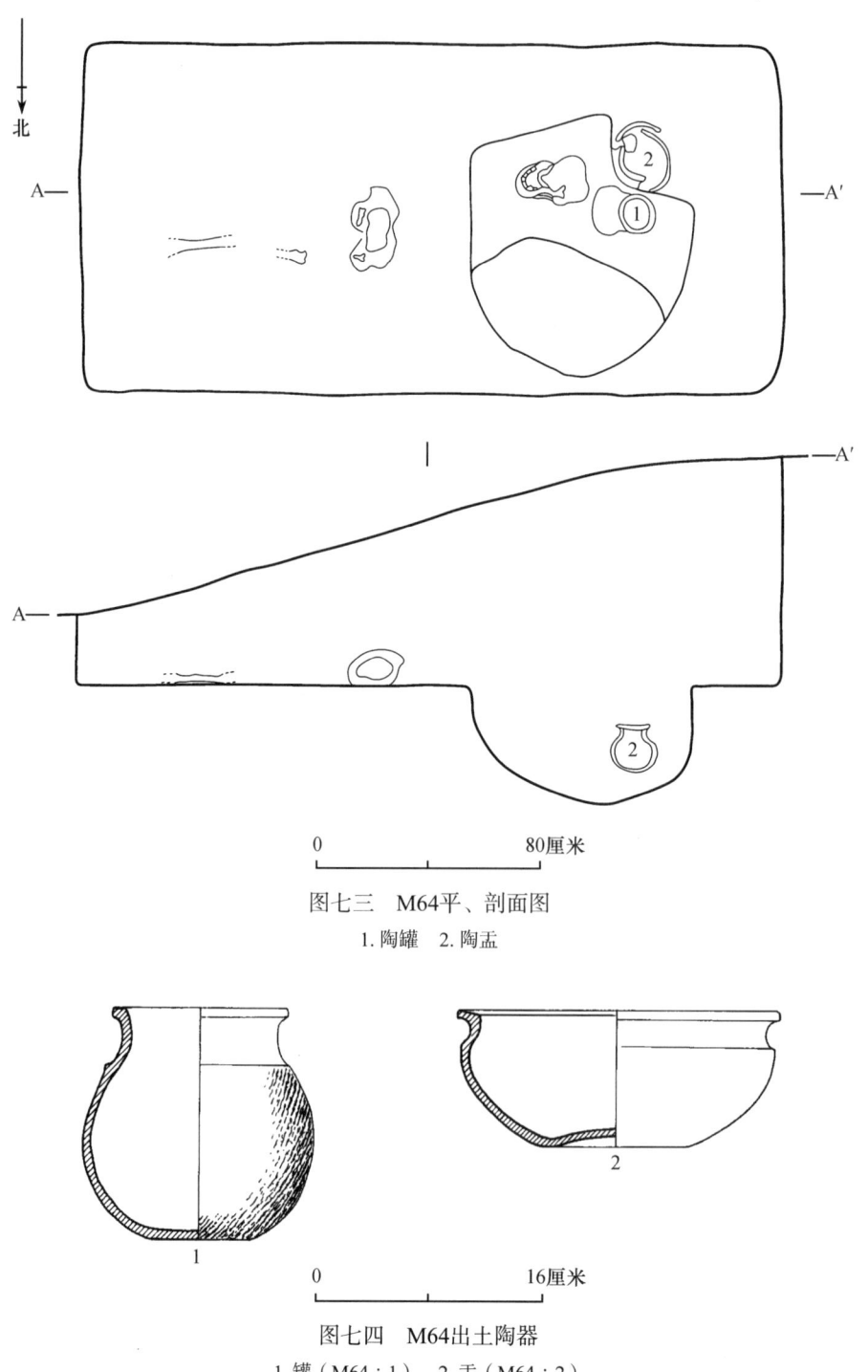

图七三 M64平、剖面图
1.陶罐 2.陶盂

图七四 M64出土陶器
1.罐(M64:1) 2.盂(M64:2)

陶盂　1件。标本M64：2，夹细砂灰陶。侈口，折沿，方唇，束颈，浅弧腹下收，底内凹。素面。口径22.4、肩径22、腹径20.4、底径11、高9.6厘米（图七四，2；图版二八，2）。

47. M65

位于A区T60内，开口于第2层下。长方形竖穴土坑墓，墓向为282°。墓壁由上往下带有收分，墓口长288、宽144厘米，墓底长258、宽126厘米，墓底距墓口深100～122厘米。墓室填土为黄褐色，有夯筑迹象，土质较硬。人骨保存状况较差，墓主仰身直肢，头向西北，面向东北，性别女，年龄不明。未发现葬具。随葬品共有11件，有铜璜8件、铜带钩1件、铜铃1件，均位于墓主腰腹附近，陶罐1件，位于墓主足端（图七五）。

陶罐　1件。标本M65：1，泥质红陶。敛口，圆鼓肩，弧腹，底近圜。肩饰两道弦纹。带盖，盖有纽。口径8、腹径18、通高12.5厘米（图七六，9）。

铜璜　8件。拱曲程度较甚。标本M65：2，中部及左侧各有一孔。长11、肉宽2.1、厚0.11厘米（图七六，2）。标本M65：3，中部及其略左各有一孔。长11、肉宽2、厚0.11厘米（图七六，3）。标本M65：4，中部有一孔。长11、肉宽2.1、厚0.11厘米（图七六，4）。标本M65：5，中部有一孔。长11、肉宽2、厚0.11厘米（图七六，5）。标本M65：6，中部有一孔。长11、肉宽2.1、厚0.11厘米（图七六，1）。标本M65：7，残，其上有三孔。残长7.7、肉宽2、厚0.11厘米（图七六，6）。标本M65：8，残，有一孔。残长8、肉宽2、厚0.11厘米

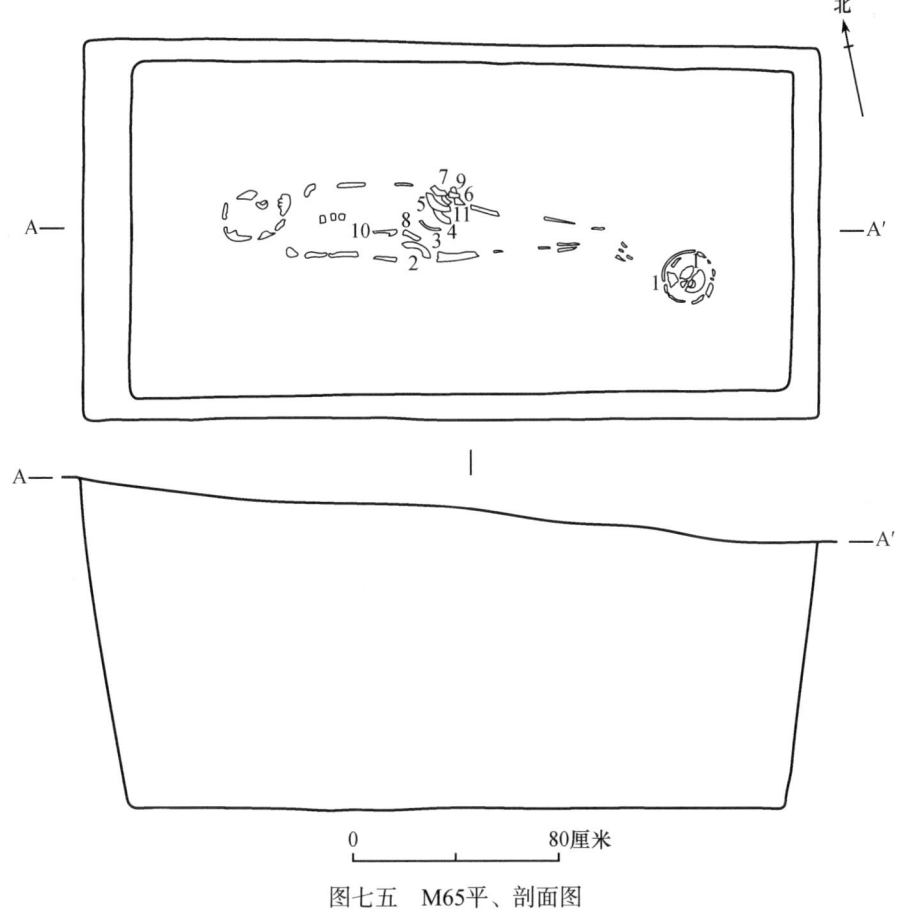

图七五　M65平、剖面图
1.陶罐　2~9.铜璜　10.铜带钩　11.铜铃

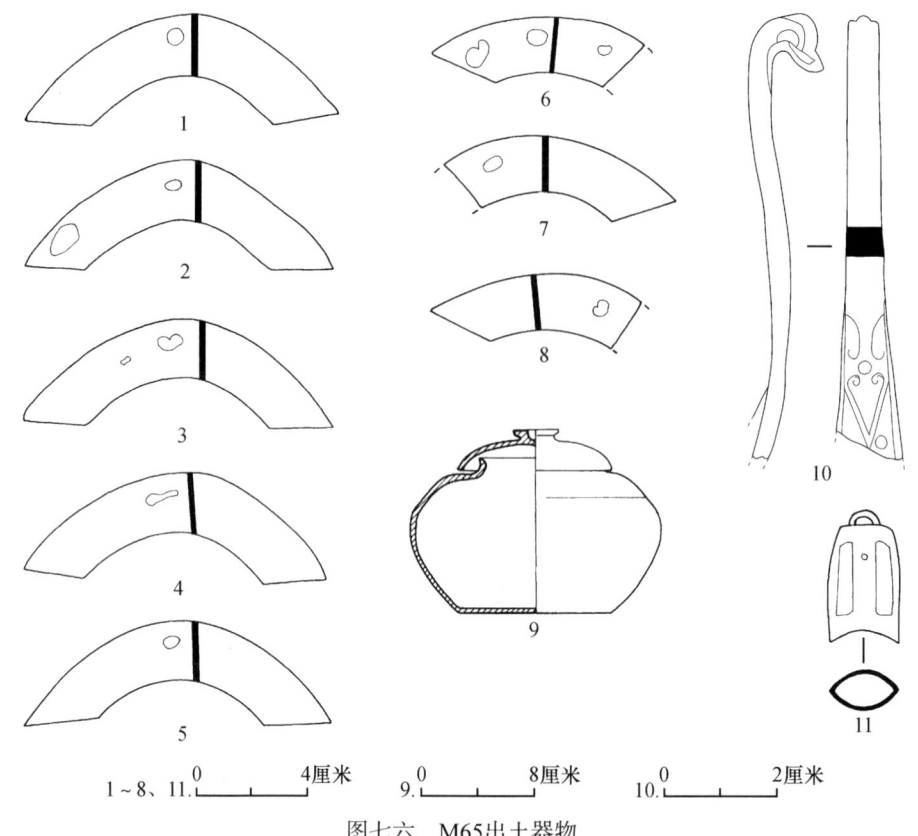

图七六　M65出土器物

1～8.铜璜（M65：6、M65：2、M65：3、M65：4、M65：5、M65：7、M65：8、M65：9）　9.陶罐（M65：1）
10.铜带钩（M65：10）　11.铜铃（M65：11）

（图七六，7）。标本M65：9，残，有一孔。残长7.8、肉宽2、厚0.11厘米（图七六，8；图版二八，3）。

铜带钩　1件。标本M65：10，鸟首状钩首，一端残，存留一段钩曲状，其上刻有几何纹饰，颈部横断面呈方形。残长7.7厘米（图七六，10；图版二八，5）。

铜铃　1件。标本M65：11，椭圆筒形，腹部微鼓，口凹弧形，顶部较平，顶上有一半环形纽，器身中部有一孔，铃面四周有4个半月形透孔。通高4.6、口部长径2.4厘米（图七六，11；图版二八，4）。

48. M67

位于A区T69内，开口于第2层下。长方形竖穴土坑墓，墓向为194°。墓壁竖直，墓口长320、宽180～192厘米，墓底长232、宽100厘米，墓底距墓口深120厘米。墓底四周筑有熟土二层台，二层台由上往下有收分，宽26～40、高30厘米。墓室填土为黄褐色，有夯筑迹象，土质较硬。人骨保存状况较好，墓主仰身直肢，头向西南，面向西北，性别男，年龄为35～40岁。未见葬具。墓主足端发现铅器1件（图七七）。

铅器　1件。标本M67：1，长6.5、宽4.5、厚1厘米（图七八）。

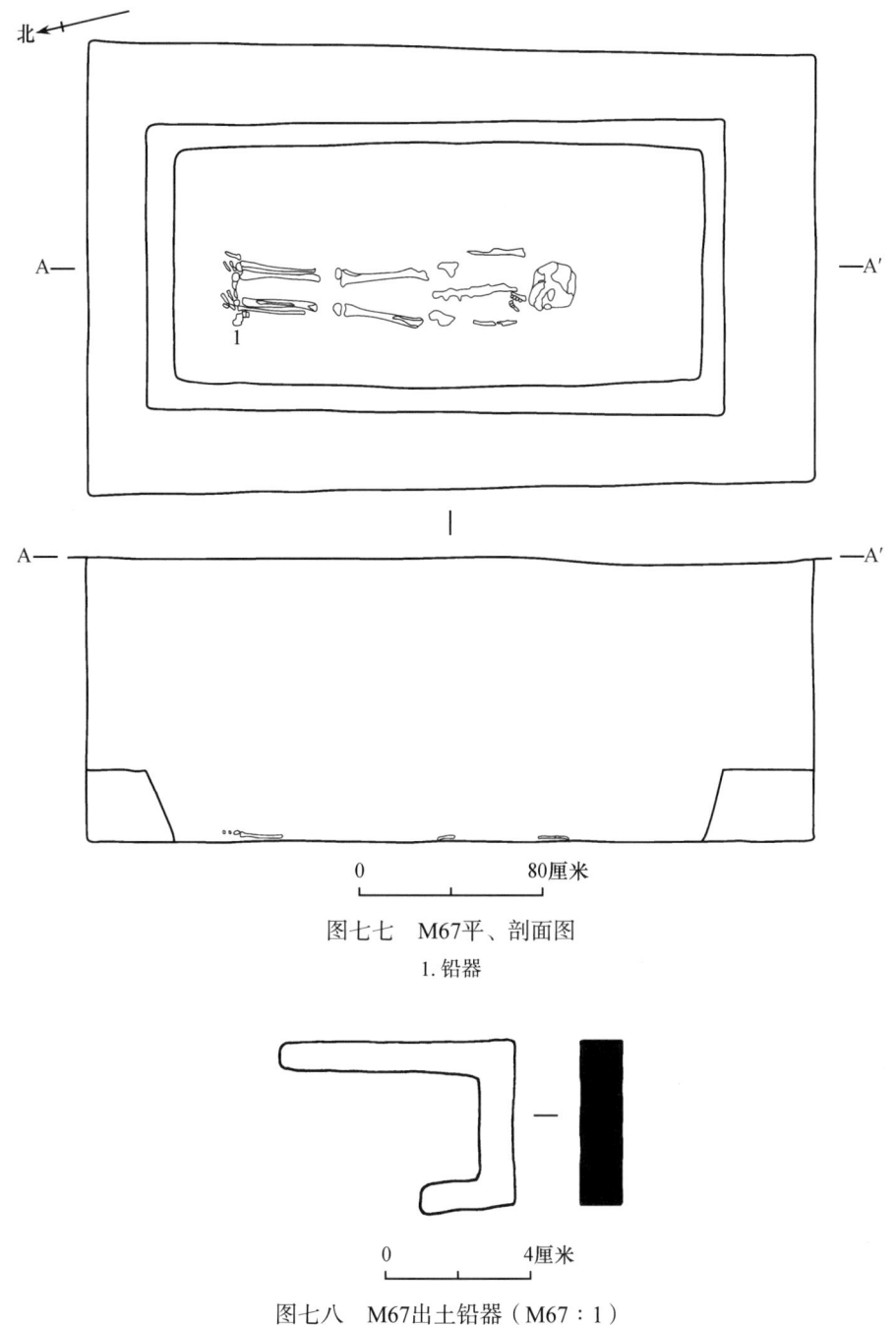

图七七　M67平、剖面图
1. 铅器

图七八　M67出土铅器（M67∶1）

49. M79

位于B区T16内，开口于第2层下。长方形竖穴土坑墓，墓向为212°。墓室口大底小，墓口长300、宽122厘米，墓底长240、宽64厘米，墓底距墓口深62厘米。墓室填土为黄褐色，土质较硬。墓底筑有熟土二层台，宽30、高12厘米。人骨保存状况较好，二次葬，仰身直肢，双手交叉放于腹部，头向西南，面向上，性别男，年龄不明。未发现葬具痕迹。在墓室南端随葬陶罐1件、陶豆2件（图七九；图版二九，1）。

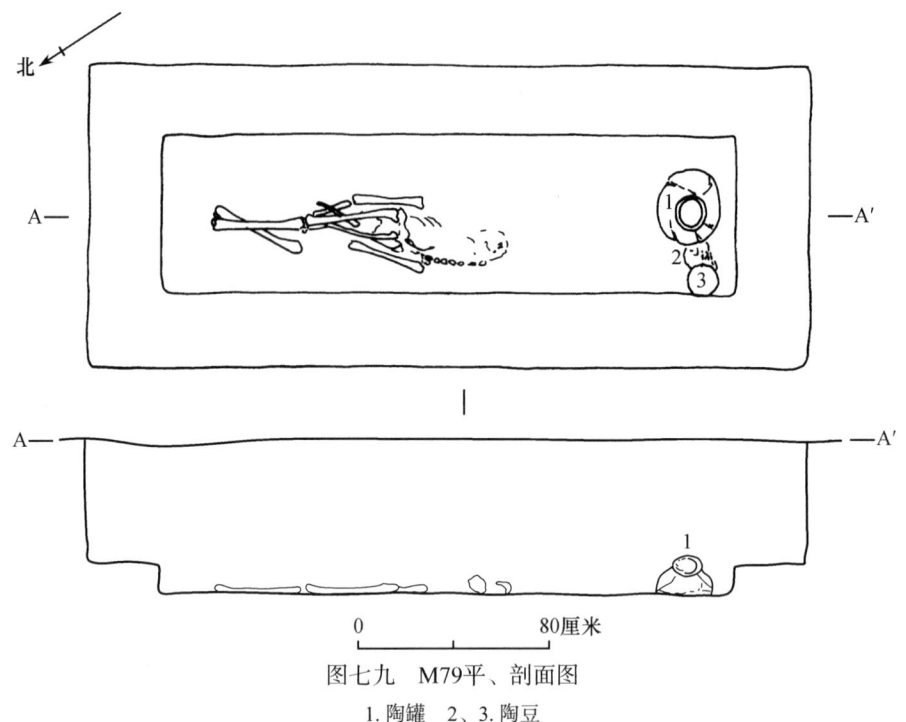

图七九　M79平、剖面图
1.陶罐　2、3.陶豆

陶罐　1件。标本M79:1，泥质灰褐陶。直口，平折沿，方唇，短束颈，圆肩，鼓腹，平底。上腹部饰数周凹弦纹。口径14.4、腹径24.8、底径8.4、高17.4厘米（图八〇，1；图版二九，2）。

陶豆　2件。标本M79:3，泥质灰陶。口微敛，浅弧盘，圜底，矮柄，矮圈足，圈足内底心外凸。口径11.8、底径4.2、高5厘米（图八〇，2；图版二九，3）。标本M79:2，残碎严重，无法修复。

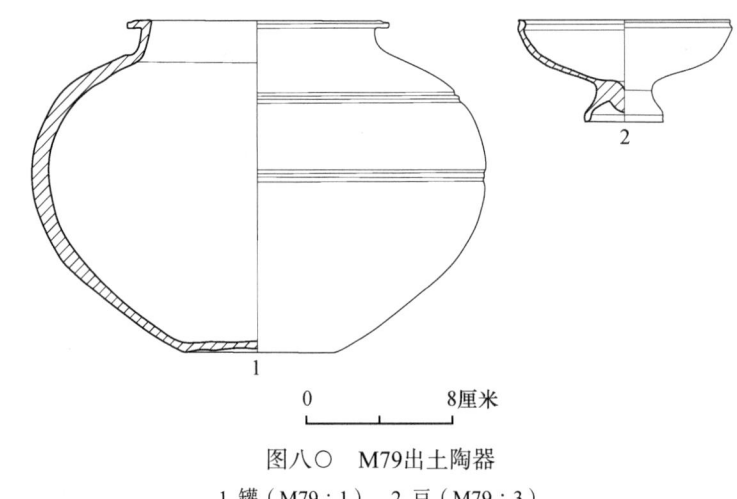

图八〇　M79出土陶器
1.罐（M79:1）　2.豆（M79:3）

50. M83

位于B区T15和T22内，开口于第2层下。长方形竖穴土坑墓，墓向为217°。墓壁竖直，墓室长254、宽112、深25～70厘米。墓室填土为黄色，土质较硬。人骨位于墓底中部，保存状况较好，仰身直肢，头向西南，面向东南，双手置于骨盆之上，性别男，年龄不明。未发现葬具痕迹。随葬品位于墓室南端，有陶豆2件、陶罐1件（图八一；图版三〇，1）。

陶豆　2件。敛口，浅弧盘，圜底，矮柄，矮圈足，圈足内底心外凸。标本M83:1，夹细砂灰褐陶。口径14、底径5.8、高5厘米（图八二，1；图版三〇，2）。标本M83:2，泥质灰陶。口径16.2、底径5、高5.1厘米（图八二，2；图版三〇，3）。

陶罐　1件。标本M83:3，残碎严重，无法修复。

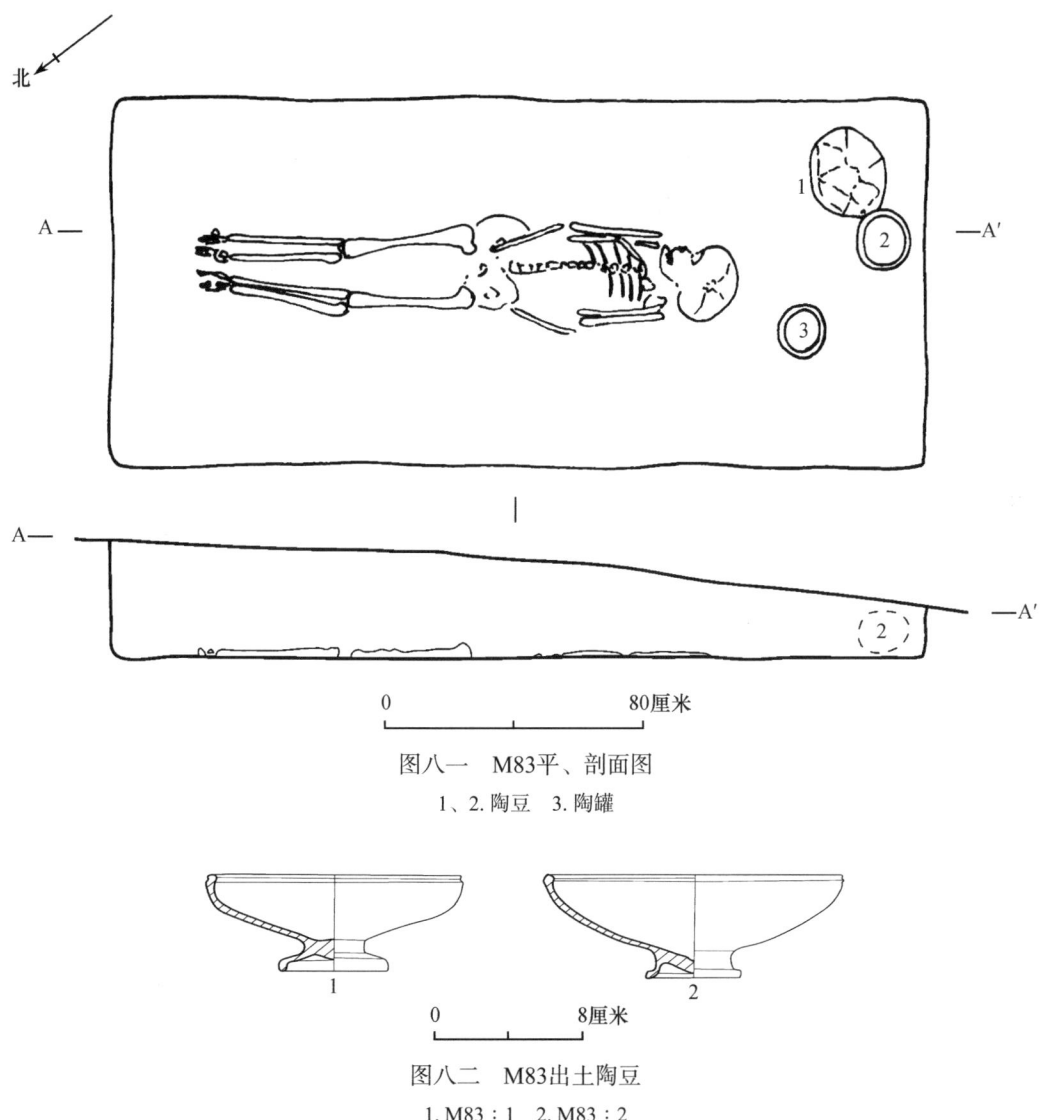

图八一　M83平、剖面图
1、2.陶豆　3.陶罐

图八二　M83出土陶豆
1. M83:1　2. M83:2

51. M84

位于B区T22和T23内，开口于第2层下。长方形竖穴土坑墓，墓向为37°。墓壁竖直，墓室长285、宽190、深30厘米。墓室填土为黄褐色花土。人骨保存状况较差，仰身直肢，头向东北，面向上，性别女，年龄不明。未发现葬具。随葬品主要置于墓主头端，有陶瓮、陶罐、陶豆、铜带钩、铁残片和铜璜等（图八三；图版三一，1）。

陶瓮 2件。标本M84∶1，泥质灰陶。直口，方唇，短束颈，圆鼓肩，弧腹内收，底微内凹。口径14.4、腹径22、底径6.8、高17.2厘米（图八四，1；图版三二，1）。标本M84∶5，夹细砂灰陶。侈口，圆唇，束颈，溜肩，上腹外鼓，下腹斜收，平底。肩部和上腹部的器壁较厚。口径12.6、腹径24.8、底径13.4、高24厘米（图八四，2；图版三二，2）。

陶罐 2件。标本M84∶3和M84∶4，残碎严重，均无法修复。

陶豆 2件。敛口，浅弧盘，圜底，矮柄，矮圈足外撇，圈足内底心外凸。标本M84∶2，泥质灰陶。口径13.6、底径5.2、高5.2厘米（图八四，3；图版三二，3）。标本M84∶6，夹细砂灰褐陶。口径13.6、底径5.2、高5.4厘米（图八四，4；图版三二，4）。

铜带钩 1件。标本M84∶7，整体作龇形，圆形柱钉。长4.3厘米（图八四，5；图版三一，3）。

铜璜 3件。"U"形片状，拱曲程度较大，均残。肉部饰浅凸棱"S"纹或弧线纹。标本M84∶9-1，长8.2、肉宽1.8、厚0.11厘米（图八四，8）。标本M84∶9-2，复原长度11.3、肉宽2.6、厚0.12厘米（图八四，6；图版三一，2）。标本M84∶9-3，复原长度12.2、肉宽1.85、厚0.11厘米（图八四，7）。

铁残片 标本M84∶8，锈蚀严重。

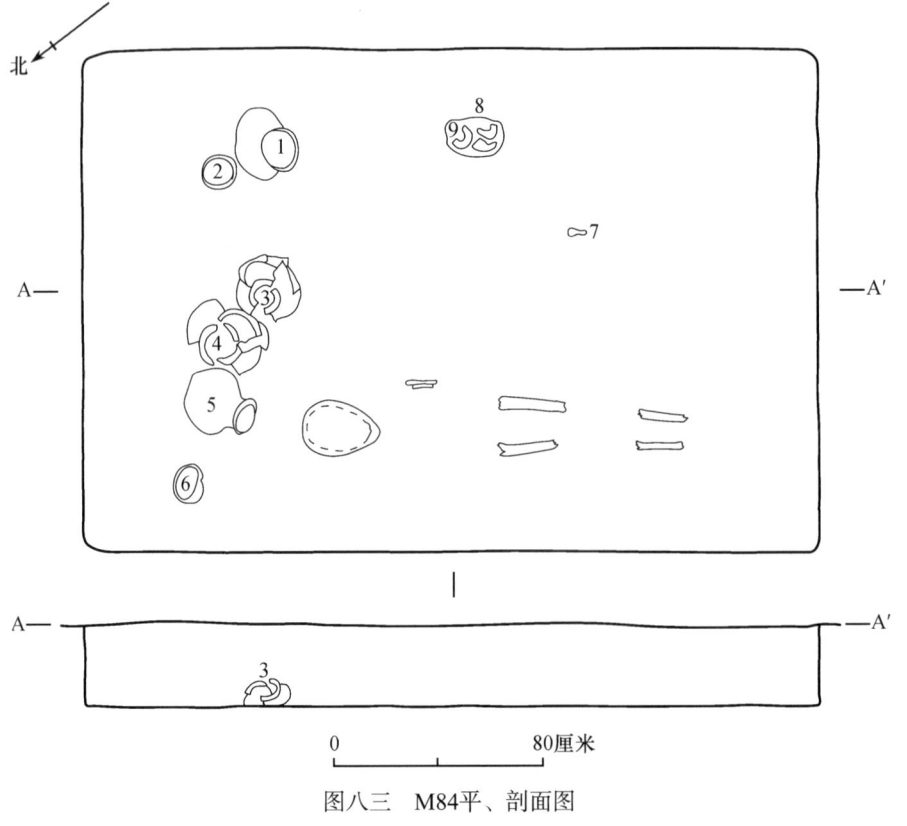

图八三 M84平、剖面图

1、5.陶瓮 2、6.陶豆 3、4.陶罐 7.铜带钩 8.铁残片 9.铜璜

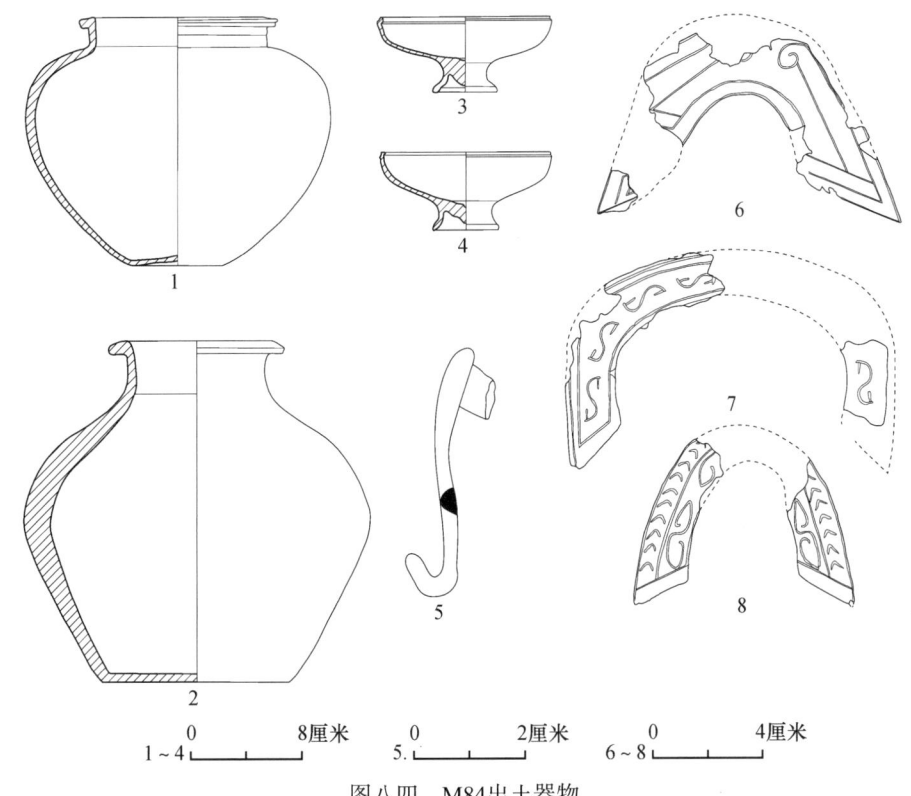

图八四　M84出土器物

1、2.陶瓮（M84∶1、M84∶5）　3、4.陶豆（M84∶2、M84∶6）　5.铜带钩（M84∶7）　6~8.铜璜（M84∶9-2、M84∶9-3、M84∶9-1）

52. M85

位于A区T35和T36内，开口于第2层下。长方形竖穴土坑墓，墓向为300°。墓壁由上往下有收分，墓口长460、宽350厘米，墓底长310、宽162厘米，墓底距墓口深270~290厘米。墓室填土为黄褐色，有夯筑迹象。墓底四周筑有熟土二层台，北宽30、南宽40、西宽46、东宽50厘米，高52~72厘米，由上到下略有收分。人骨保存状况较好，仰身直肢，头向西北，面向上，性别男，年龄不明。未发现葬具痕迹。在西南侧的二层台下随葬陶豆3件，在头骨西北角约30厘米处发现双耳铜矛1件（图八五；图版三三，1）。

铜矛　1件。标本M85∶1，矛身细长，叶面较宽，高脊凸起，骹较长，骹中部两侧附弓形双耳，双耳间饰虎纹，銎口呈圆形。通长22、銎径2厘米（图八六，4；图版三三，2）。

陶豆　3件。泥质褐陶。口微敞，圆唇，浅盘，盘壁微折，圜底或底近平，高柄，喇叭形座。标本M85∶2，口径12、底径7.6、高11厘米（图八六，1）。标本M85∶3，口径12、底径8、高10.3厘米（图八六，2）。标本M85∶4，口径13、底径8、高13厘米（图八六，3；图版三三，3）。

53. M86

位于A区T51、T36内，开口于第2层下。长方形竖穴土坑墓，墓向为285°。墓壁由上往下稍带收分，墓口长367、宽210~220厘米，墓底长263、宽120厘米，墓底距墓口深209厘米。墓室填土为黄褐色，土质较硬。人骨保存状况较好，仰身直肢，头向西北，面向上，双手交叉置于腹部，性别男，年龄不明。未发现葬具痕迹。随葬陶壶1件，位于墓主头顶（图八七；图版

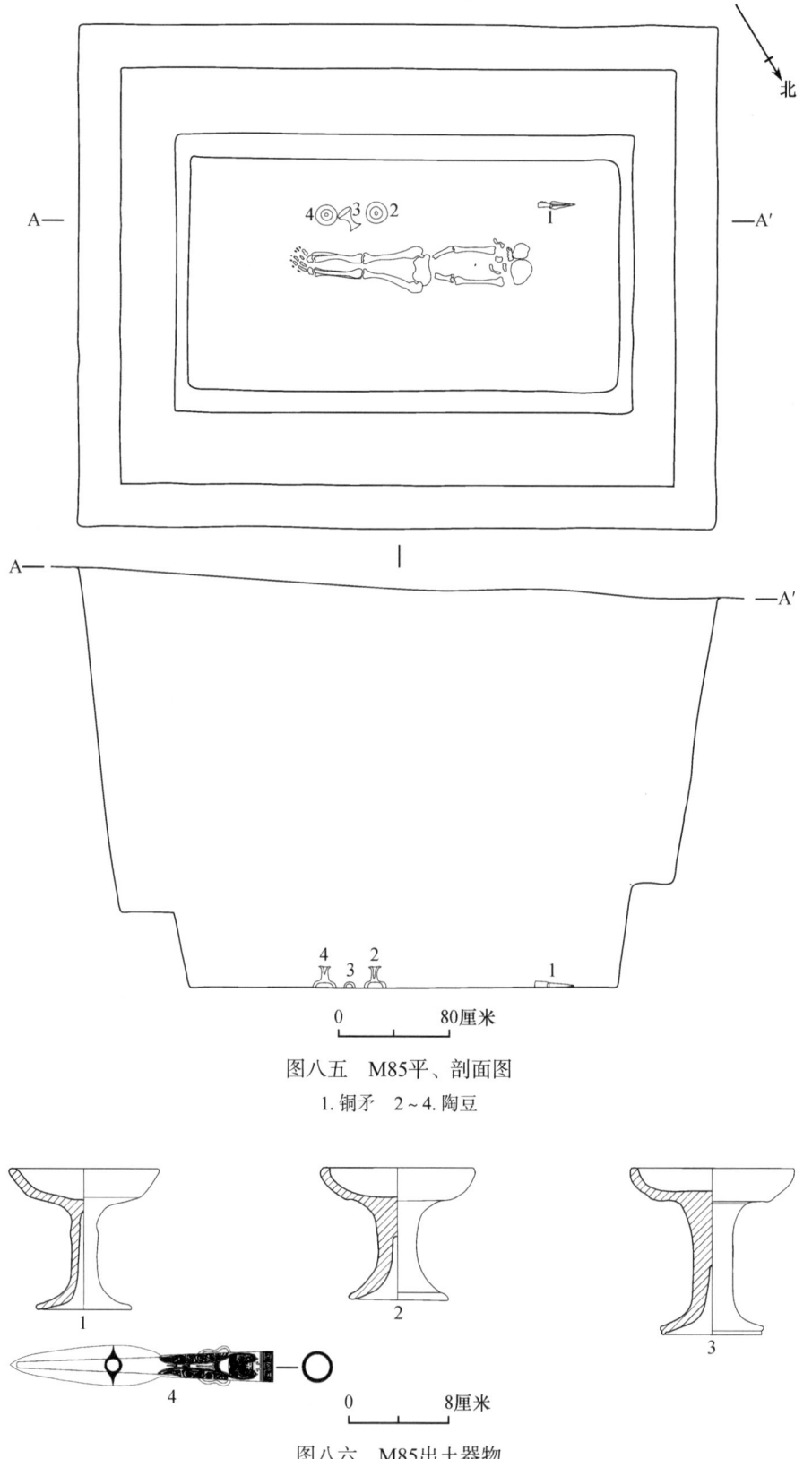

图八五　M85平、剖面图
1. 铜矛　2~4. 陶豆

图八六　M85出土器物
1~3. 陶豆（M85∶2、M85∶3、M85∶4）　4. 铜矛（M85∶1）

三四，1）。

陶壶 1件。标本M86∶1，泥质灰陶。口微敞，平沿，长束颈，鼓肩，深弧腹，假圈足。肩部有两道凸棱。口径11.2、腹径15.6、底径9.6、通高19.7厘米（图八八；图版三四，2、3）。

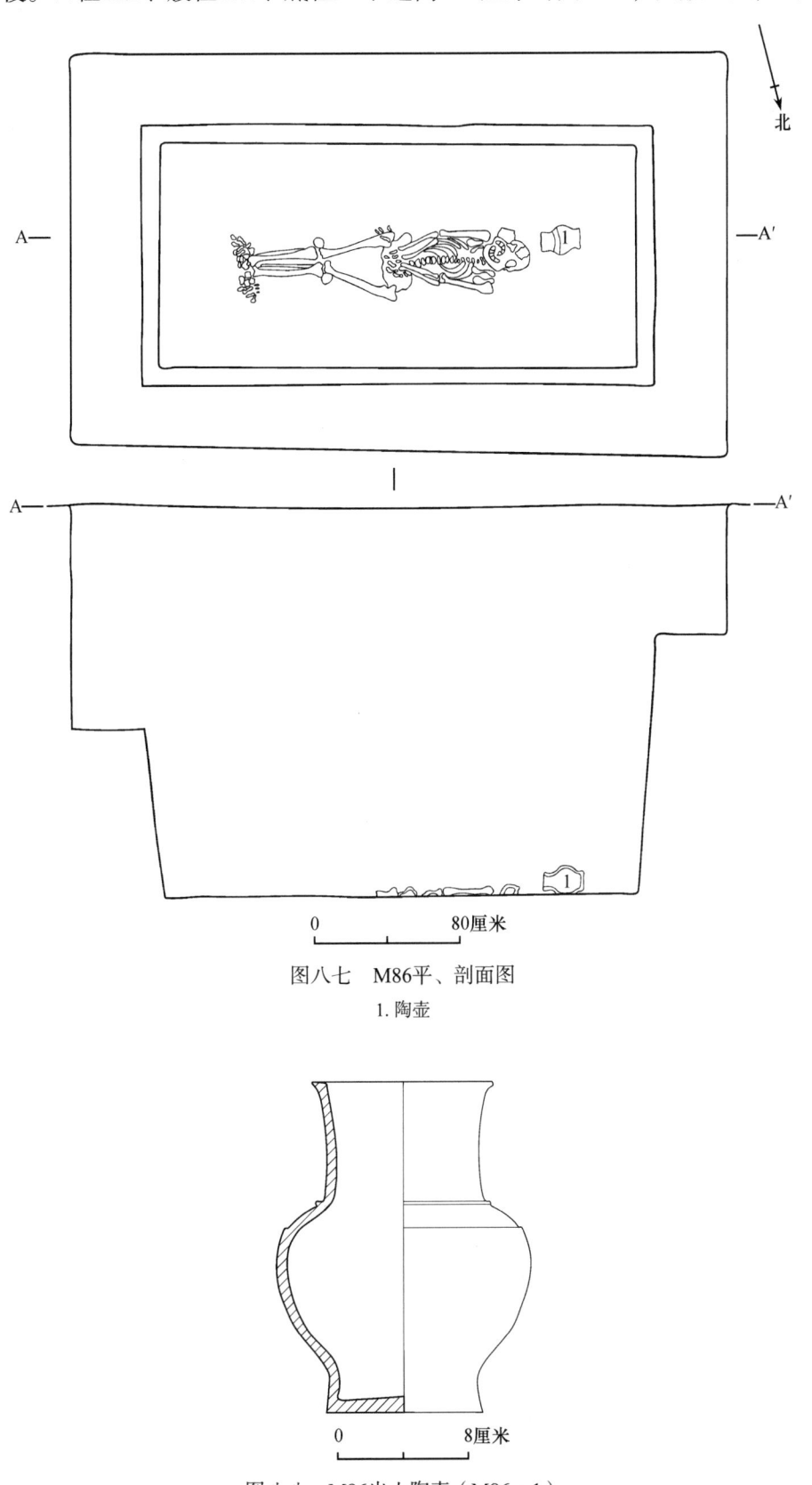

图八七 M86平、剖面图
1.陶壶

图八八 M86出土陶壶（M86∶1）

54. M87

位于A区T51、T52内,开口于第2层下。长方形竖穴土坑墓,墓向为290°。墓壁由上往下有收分,墓口长555、宽465厘米,墓底长258、宽160厘米,墓底距墓口深560~568厘米。墓室填土为黄色,有夯筑迹象。墓底筑有熟土二层台,宽50~60、高170厘米,二层台由上往下有收分。墓底有两道横置枕木凹槽,长160、宽32、深8厘米。人骨保存状况较好,仰身,两腿交叉,二次葬,头向西北,面向东北,性别女,年龄不明。在墓主头端的枕木凹槽内发现铜带钩1件(图八九;图版三五,1)。

铜带钩　1件。标本M87:1,鸭头形钩首,钩体细长,一端稍圆,上饰蝉纹,圆纽。通长4.65、纽径0.8厘米(图九〇;图版三五,2)。

55. M89

位于A区T41内,开口于第2层下,被M88打破。长方形竖穴土坑墓,墓向为305°。墓壁由上往下略有收分,墓口长368、宽270厘米,墓底长250、宽140厘米,墓底距墓口深230厘米。墓室填土为黄褐色花土。墓底筑有熟土二层台,宽40~50、高34厘米,二层台由上往下稍有收分。人骨保存状况较好,仰身直肢,头向西北,面朝上,性别女,年龄不明。未发现葬具和随葬品(图九一)。

56. M90

位于A区T7和T17内,开口于第2层下,被M41打破。长方形竖穴土坑墓,墓向为315°。墓壁由上往下有收分,墓口长365、宽260厘米,墓底长262、宽140厘米,墓底距墓口深180~275厘米。墓室填土为黄褐色花土。墓底筑有熟土二层台,宽30、高60厘米,二层台由上往下略有收分。墓底有两道横置枕木凹槽,长136、宽24、深5厘米。人骨保存状况较好,仰身直肢,头向西北,面向东北,性别男,年龄不明。未发现葬具痕迹。在东北侧的二层台上随葬陶豆2件,墓主左臂附近随葬铜剑1件(图九二;图版三六,1)。

铜剑　1件。标本M90:1,剑身薄而较宽,中有宽脊,无格无首,扁茎较宽,茎有双孔。通长28.3厘米(图九三,1;图版三六,2)。

陶豆　2件。泥质褐陶。敞口,圆唇,浅盘,盘壁微折,底近平,高柄,喇叭形座。标本M90:2,柄较粗。口径12.4、底径7.6、高12厘米(图九三,2;图版三六,3)。标本M90:3,口径12.4、底径7.6、高9.5厘米(图九三,3)。

57. M91

位于A区T39内,开口于第2层下。长方形竖穴土坑墓,墓向为301°。墓壁由上往下稍有收分,墓口长310、宽150厘米,墓底长294、宽142厘米,墓底距墓口深100厘米。墓室填土为黑色花土,土质较硬。未发现葬具和人骨。发现陶罐1件(图九四)。

陶罐　1件。标本M91:1,残碎严重,无法修复。

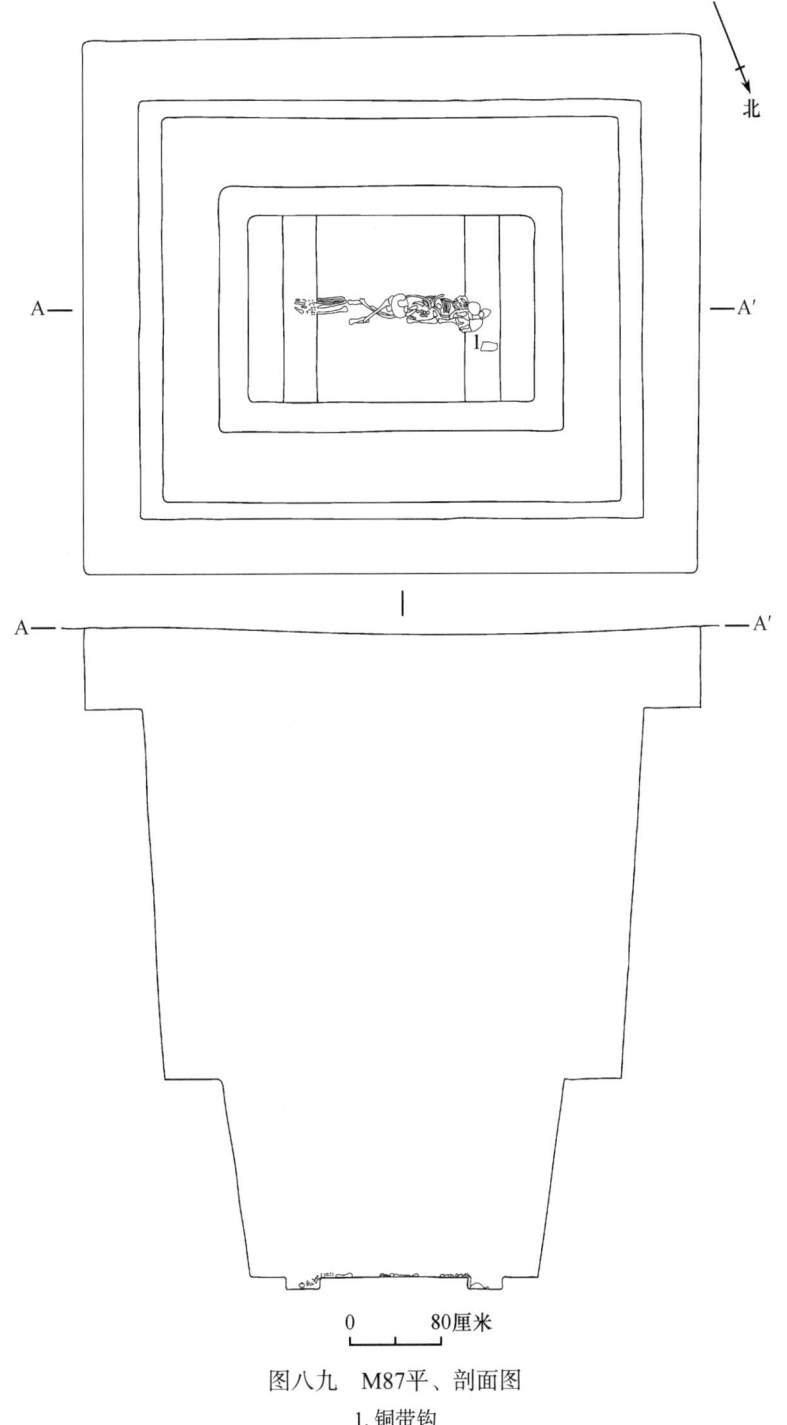

图八九　M87平、剖面图
1. 铜带钩

58. M92

位于A区T18、T28内，开口于第2层下。长方形竖穴土坑墓，墓向为280°。墓壁由上往下有收分，墓口长280、宽104厘米，墓底长250、宽80厘米，墓底距墓口深160厘米。墓室填土为红褐色花土，土质较硬。人骨保存状况较好，侧身直肢，头向西北，面向北，性别男，年龄不明。未发现葬具和随葬品（图九五）。

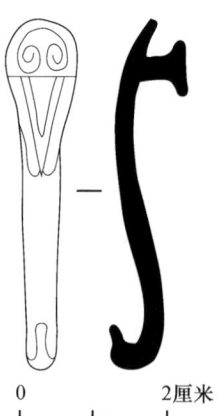

图九〇　M87出土铜带钩（M87∶1）

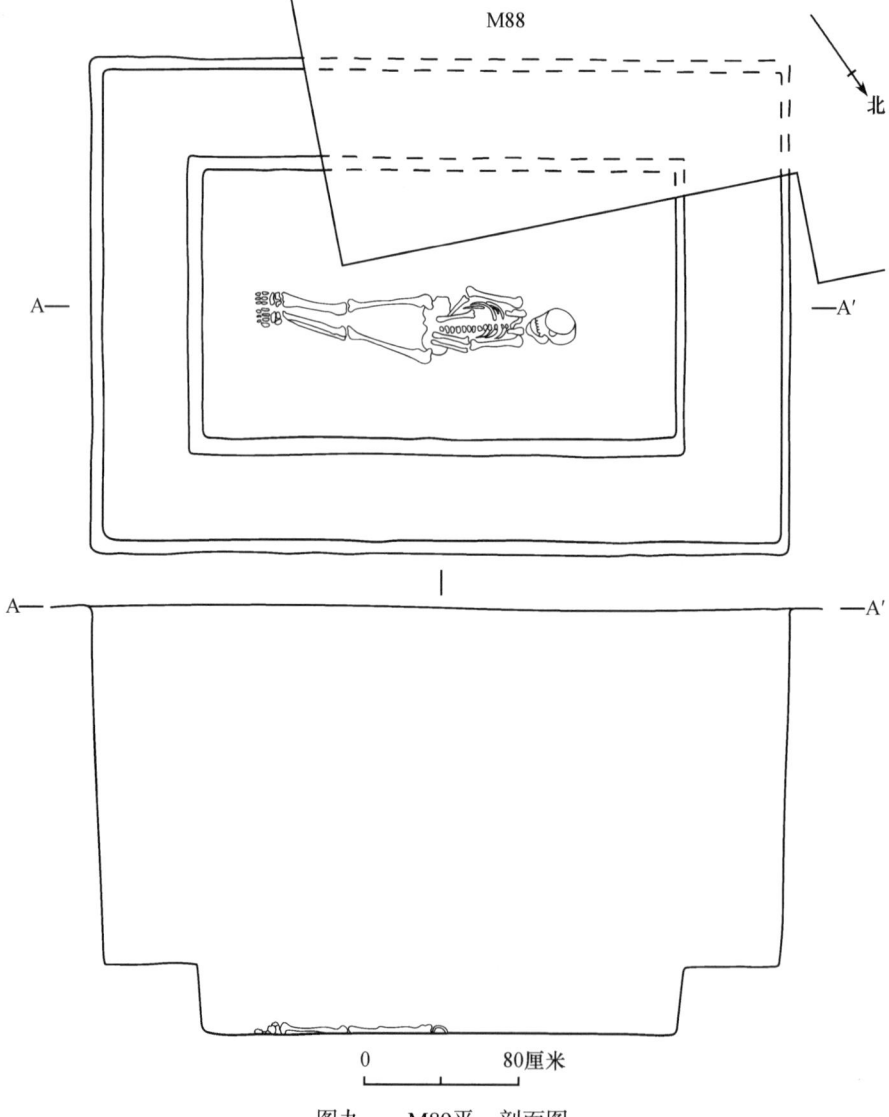

图九一　M89平、剖面图

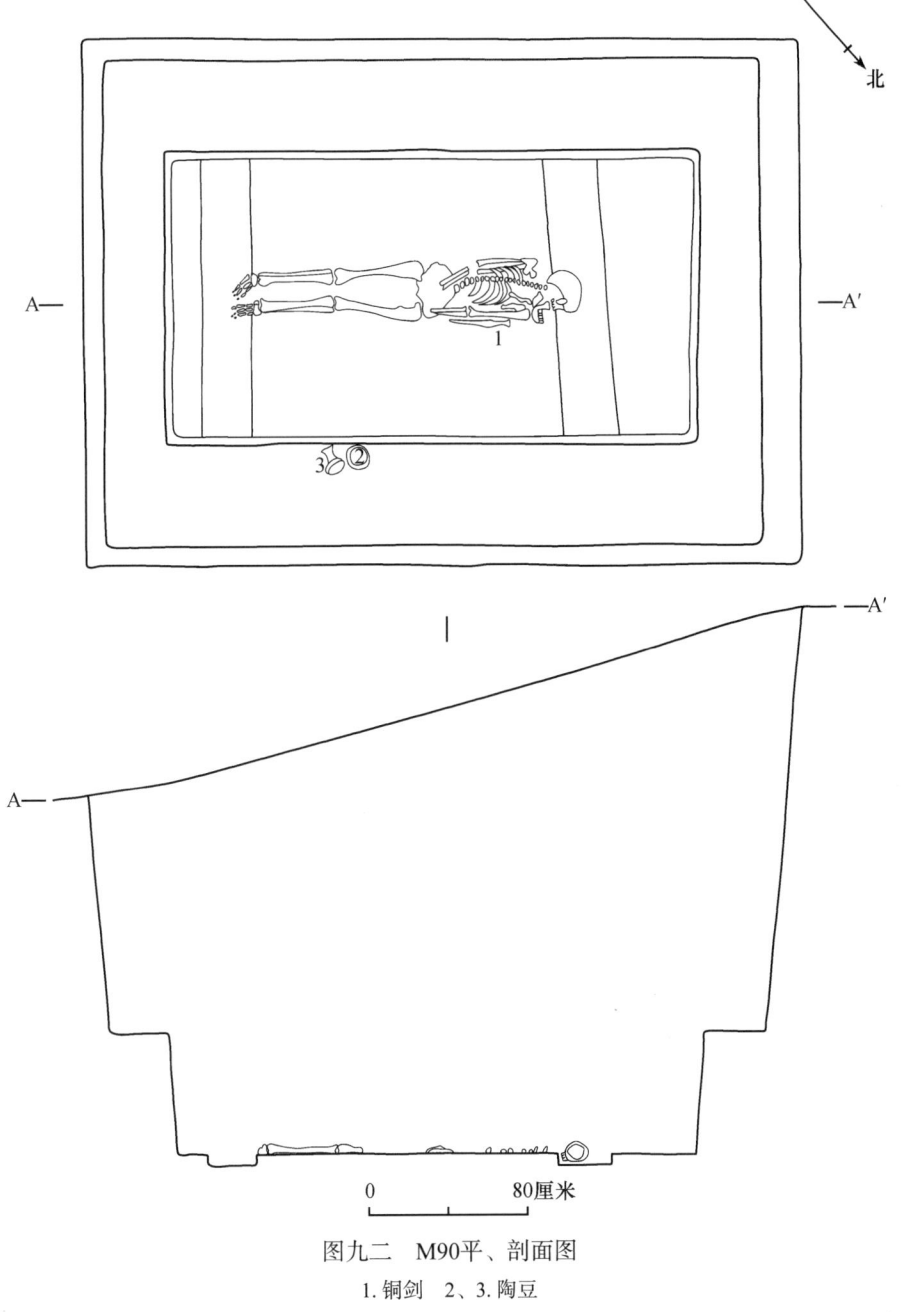

图九二　M90平、剖面图
1. 铜剑　2、3. 陶豆

59. M93

位于A区T28内，开口于第2层下。长方形竖穴土坑墓，墓向为305°。墓壁由上往下稍有收分，墓口长302、宽138厘米，墓底长230、宽120厘米，墓底距墓口深140厘米。墓室填土为红褐色花土，土质较硬。墓底东西两端筑有熟土二层台，宽28、高20~32厘米。人骨保存状况较好，仰身直肢，头向西北，面向西南，性别男，年龄不明。未发现葬具和随葬品（图九六）。

60. M94

位于A区T28内，开口于第2层下。长方形竖穴土坑墓，墓向为300°。墓壁竖直，长330、宽148、深160~220厘米。墓室填土为黄褐色，土质较硬。人骨保存状况较好，侧身直肢，头向西北，面向西南，双手置于腹部，性别男，年龄不明。未发现葬具和随葬品（图九七）。

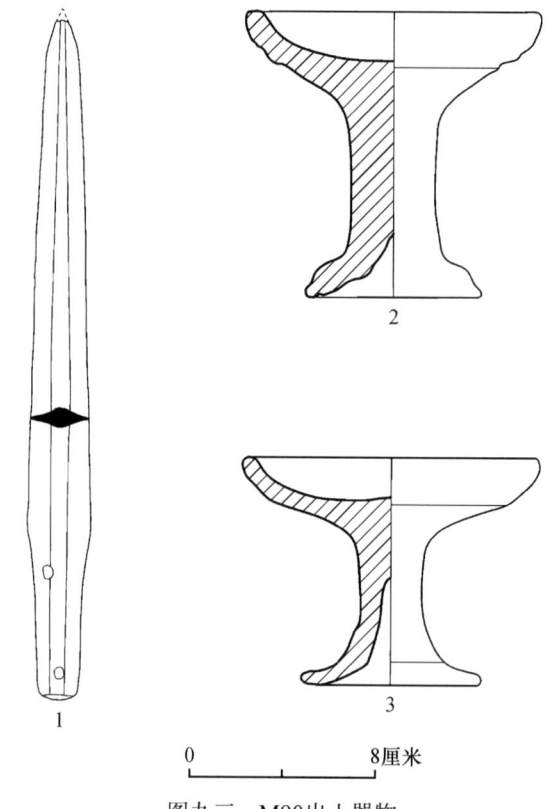

图九三　M90出土器物
1. 铜剑（M90∶1）　2、3. 陶豆（M90∶2、M90∶3）

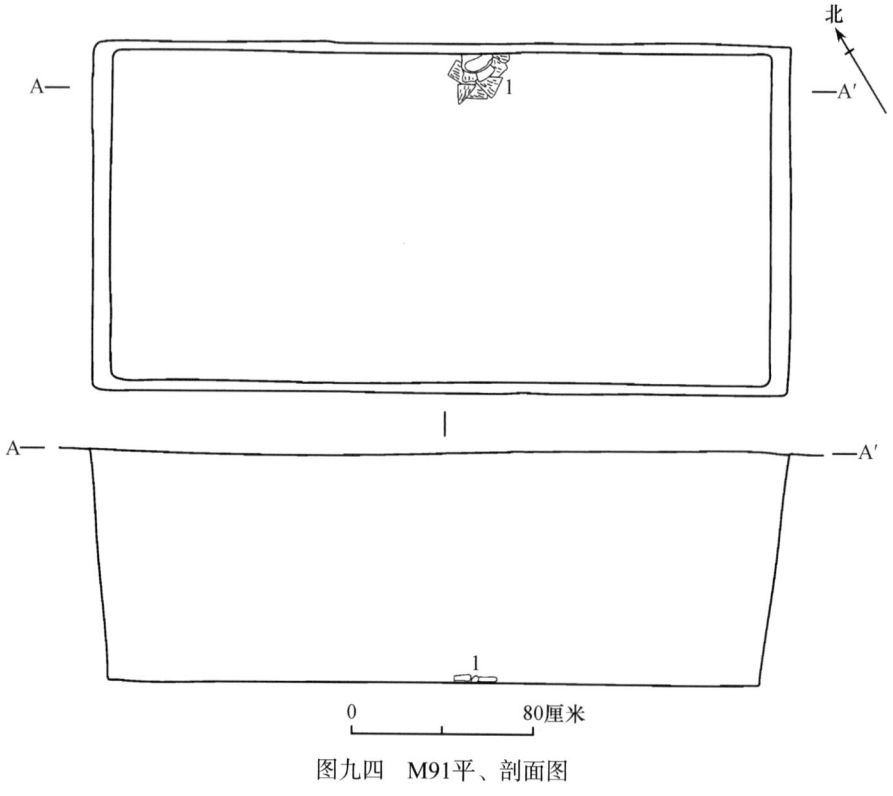

图九四　M91平、剖面图
1. 陶罐

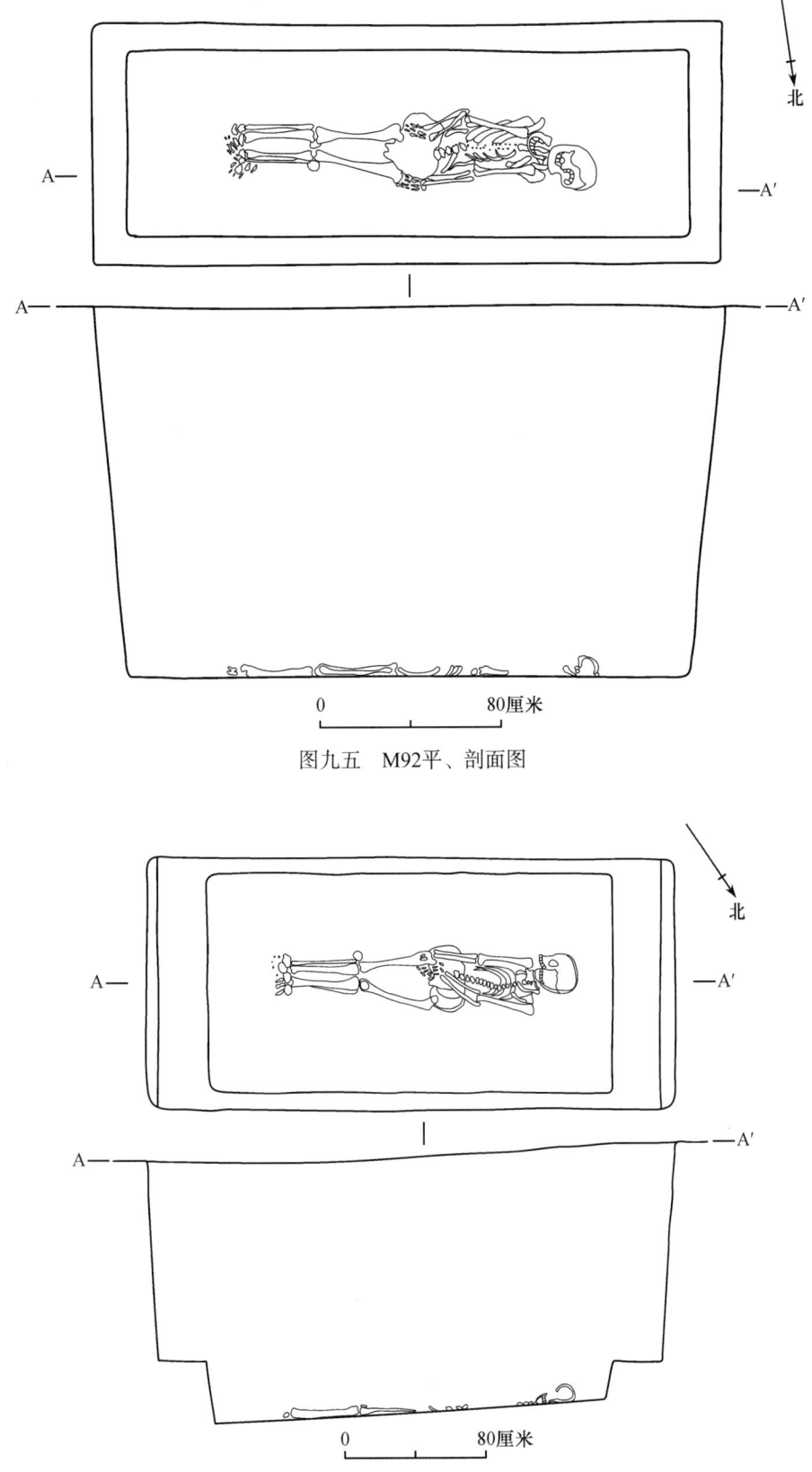

图九五　M92平、剖面图

图九六　M93平、剖面图

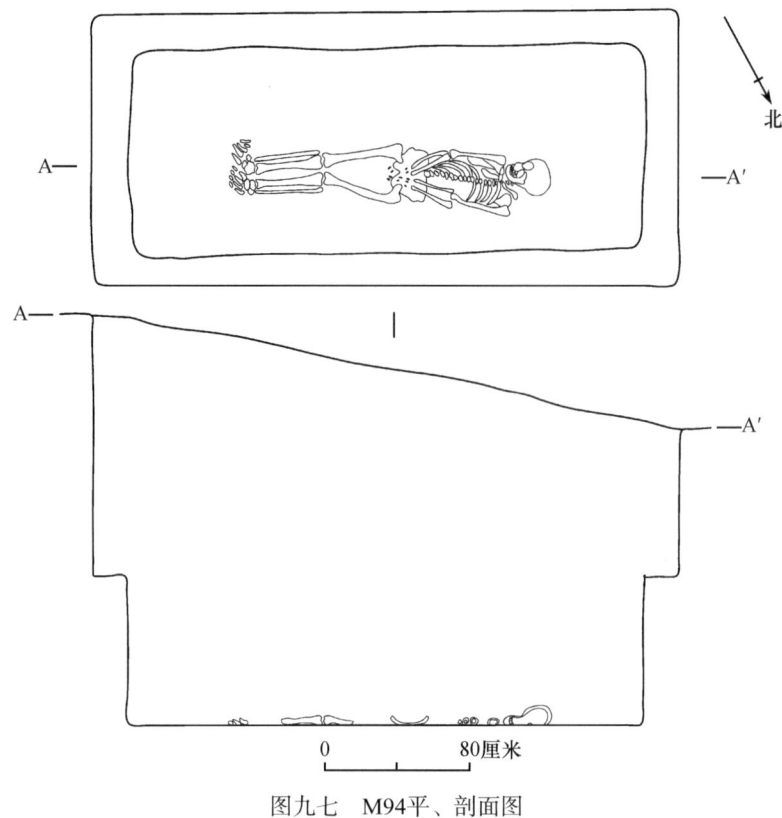

图九七 M94平、剖面图

61. M95

位于A区T41内,开口于第2层下。长方形竖穴土坑墓,墓向为95°。墓壁由上往下稍有收分,墓口长370、宽270厘米,墓底长250、宽148厘米,墓底距墓口深190～306厘米。墓室填土为黄褐色花土,有夯筑迹象。墓底四周筑有熟土二层台,宽40～50、高44厘米,二层台由上往下略有收分。墓底有两道横置枕木凹槽,长132、宽16、深6厘米。人骨保存状况较好,仰身直肢,头向东,面向上,双手交叉置于腹部,性别女,年龄不明。未发现葬具痕迹。在墓主头骨左侧发现石环1件(图九八;图版三七,1)。

石环　1件。标本M95∶1,灰白色。圆形。残。直径3.2、内径1.6、厚0.2厘米(图九九)。

62. M96

位于A区T41和T56内,开口于第2层下。长方形竖穴土坑墓,墓向为310°。墓壁光滑,由上往下带有收分,墓口长460、宽353厘米,墓底长250、宽140厘米,墓底距墓口深358～363厘米。墓室填土为黄褐色花土,土质较硬,有夯筑迹象。墓底四周筑有熟土二层台,宽52～70、高75厘米。墓底有两道横置枕木凹槽,长140、宽20、深8厘米。人骨保存状况较好,侧身直肢,头向西北,面向西南,性别男,年龄不明。未发现葬具和随葬品(图一〇〇;图版三七,2)。

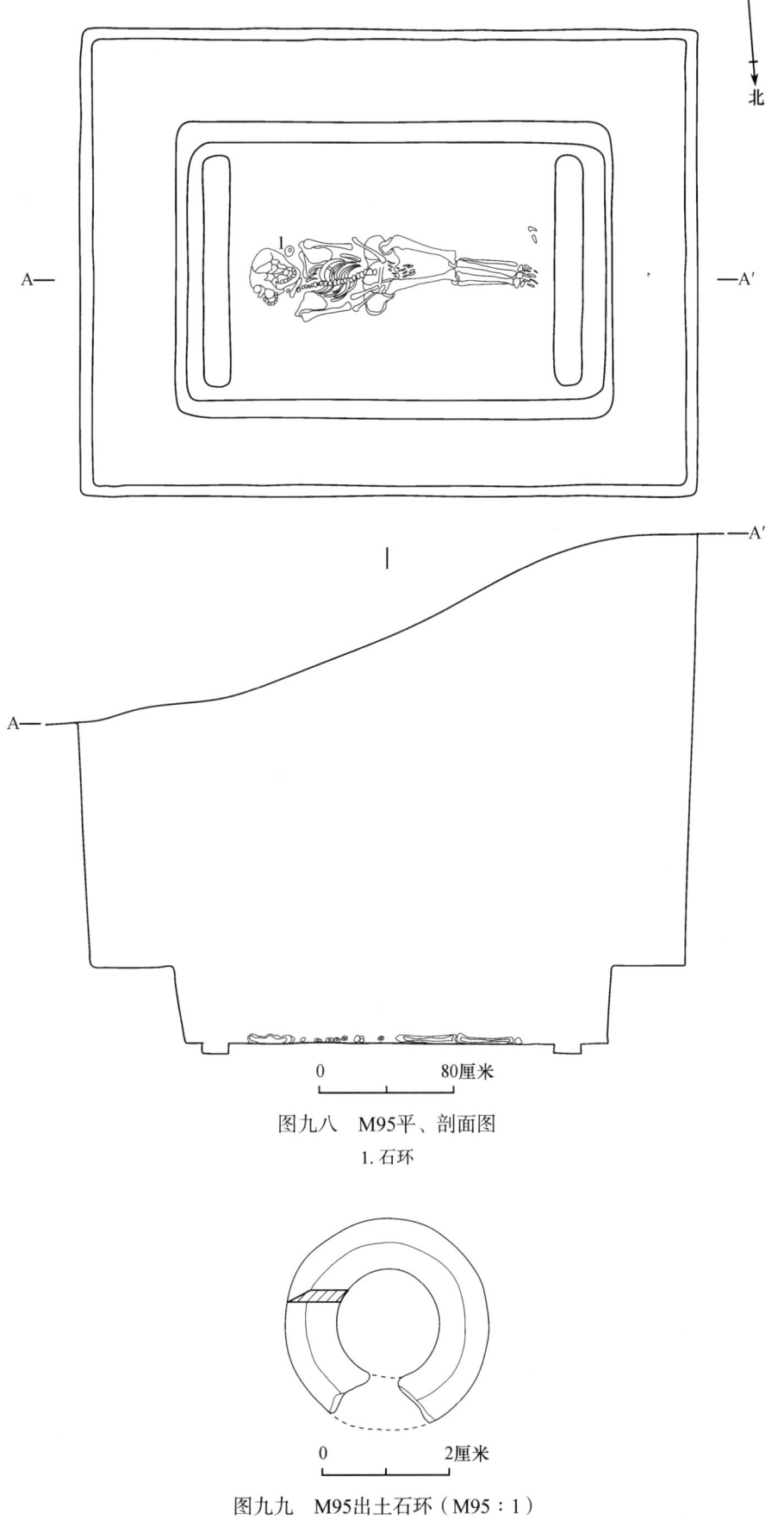

图九八　M95平、剖面图
1. 石环

图九九　M95出土石环（M95∶1）

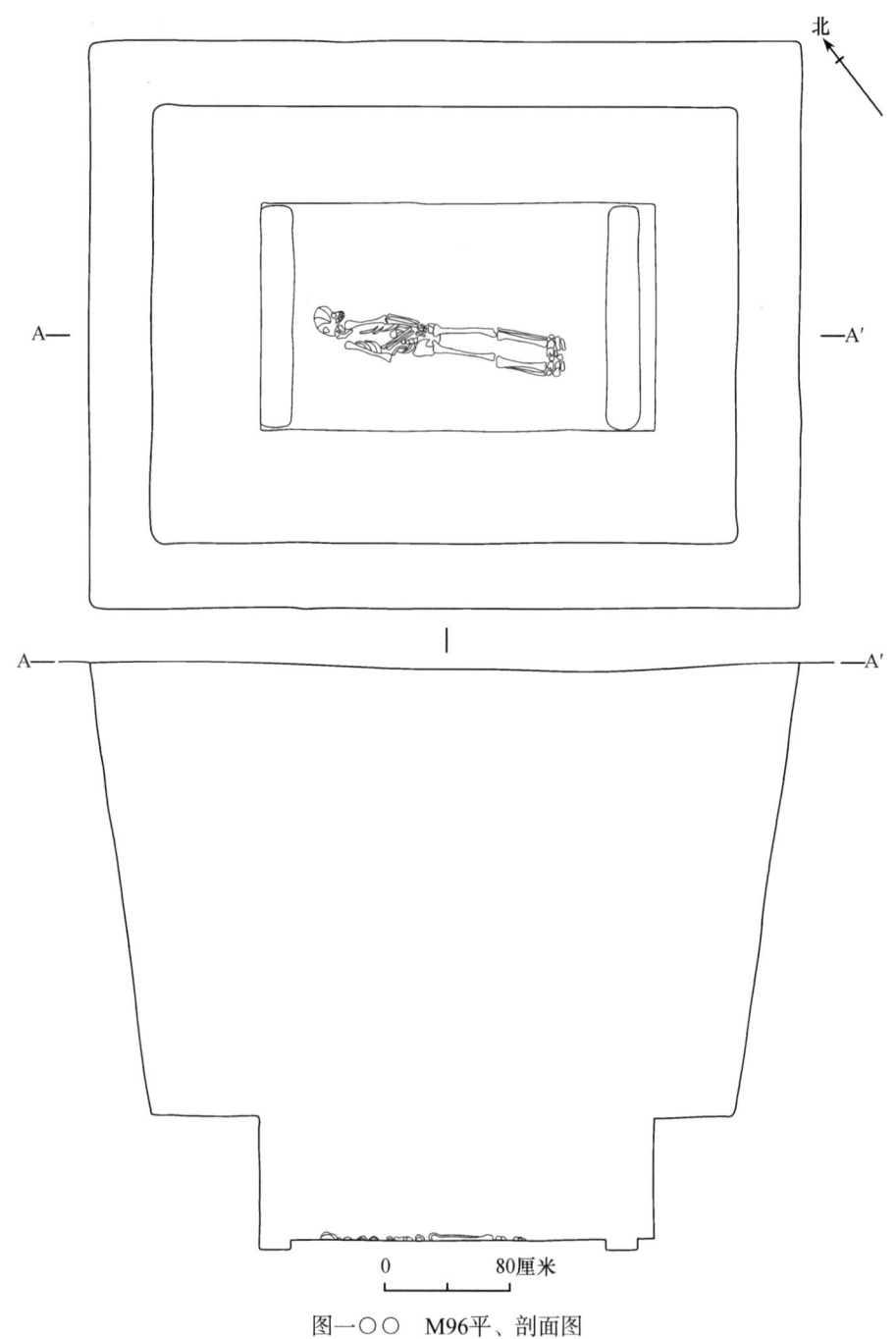

图一〇〇　M96平、剖面图

63. M97

位于A区T8和T18内，开口于第2层下。长方形竖穴土坑墓，墓向为315°。墓壁由上往下带有收分，墓口长370、宽270厘米，墓底长261、宽150厘米，墓底距墓口深570～574厘米。墓室填土为黄褐色花土，有夯筑迹象。墓底筑有熟土二层台，宽40、高60厘米，由上往下略有收分。墓底有两道横置枕木凹槽，各长150、宽30、深4厘米。人骨保存状况较好，仰身直肢，头向西北，面向西南，性别男，年龄不明。未发现葬具痕迹。墓室前端随葬石璧1件（图一〇一）。

石璧　1件。标本M97：1，灰白色。圆形。阴刻谷纹。直径8.3、孔径3.8、厚0.5厘米（图一〇二；图版三七，3）。

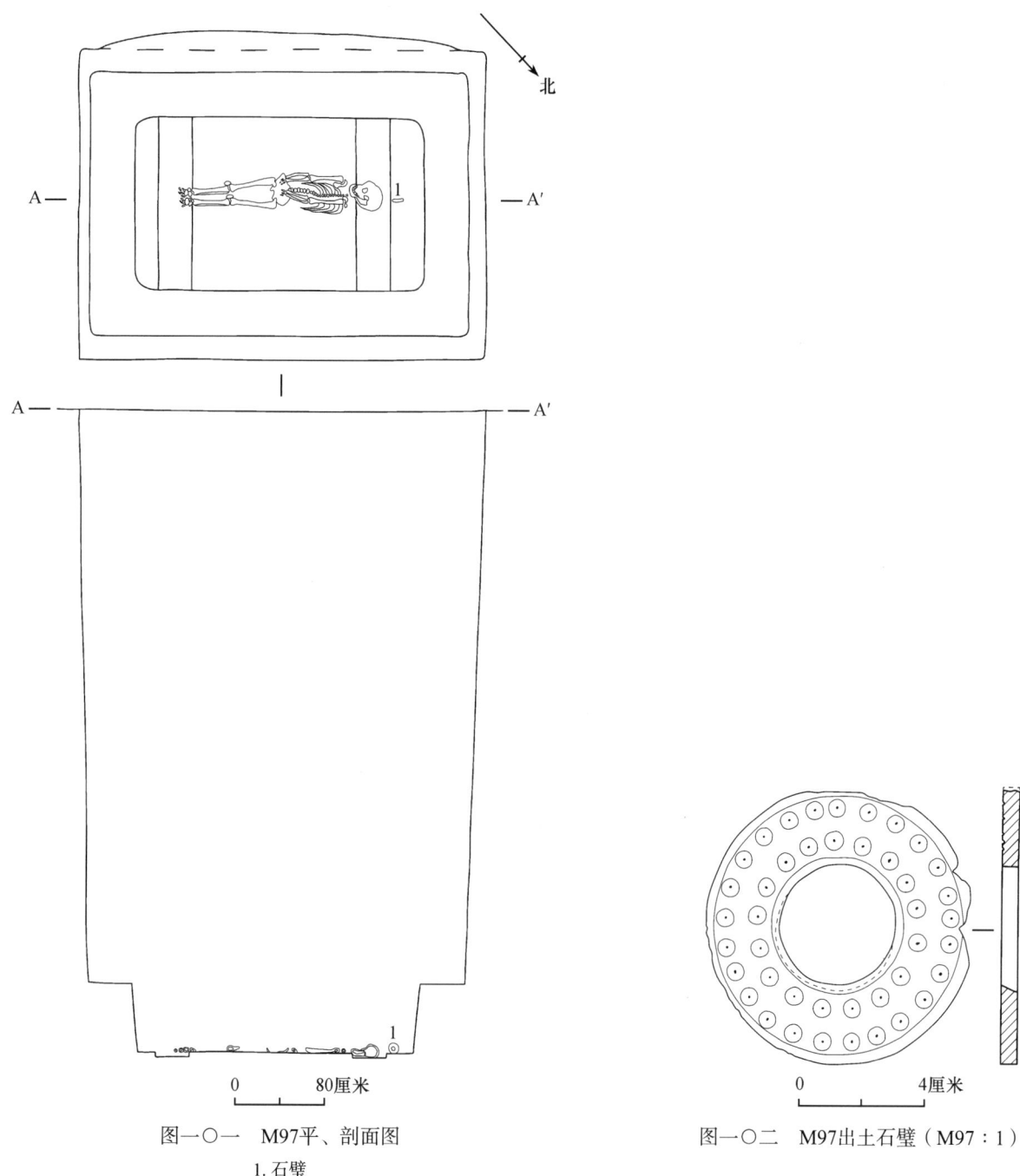

图一〇一　M97平、剖面图
1. 石璧

图一〇二　M97出土石璧（M97：1）

64. M98

位于A区T18和T19内，开口于第2层下。长方形竖穴土坑墓，墓向为310°。墓壁由上往下带有收分，墓口长400、宽310厘米，墓底长280、宽140厘米，墓底距墓口深690~733厘米。墓室填土为黄褐色，有夯筑迹象。墓底筑有熟土二层台，宽20~36、高40厘米。人骨保存状况较好，仰身直肢，头向西北，面向上，性别女，年龄不明。未发现葬具痕迹。随葬品主要位于墓室前端，有铜铃、料珠、铜銮铃、铜璜等（图一〇三；图版三八，1）。

铜铃　15件。特征相似。筒形，腹部微鼓或腹壁斜直，口凹弧形，铃体横截面呈扁圆形，顶部较平，顶上有一桥形纽，铃面四周有4个半月形透孔。标本M98：1，通高6.8、口部长

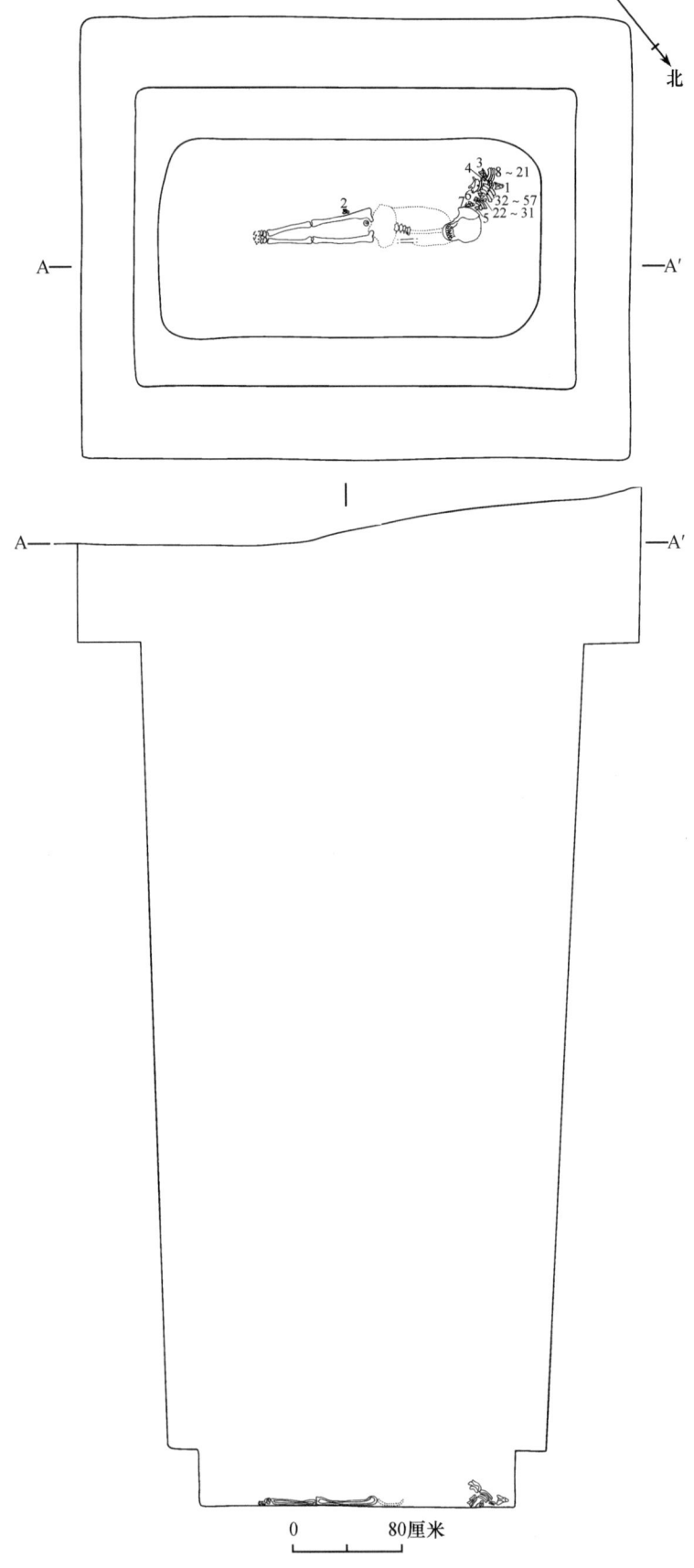

图一〇三　M98平、剖面图

1、3、4、6、7、22～31.铜铃　2.料珠　5.铜銮铃　8～21、32～57.铜璜

径3.8厘米（图一〇四，1）。标本M98：3，通高5.75、口部长径3厘米（图一〇四，3；图版三八，3）。标本M98：4，通高4.35、口部长径2.8厘米（图一〇四，4）。标本M98：6，通高4.2、口部长径2.7厘米（图一〇四，5）。标本M98：7，通高6.3、口部长径3.6厘米（图一〇四，2）。标本M98：22，通高3.2、口部长径2.4厘米（图一〇四，6；图版三九，3）。

铜銮铃　1件。标本M98：5，铃铛主体扁圆形，有橘瓣状分布的镂孔，顶部有桥形饰，下部有銎，銎口为圆形。通高6.8、銎口直径1.8厘米（图一〇四，8；图版三八，2）。

铜璜　40件。依据形制可分为三型。

A型　19件。双兽首桥形片状（图版四〇，1）。标本M98：9，用浅凸棱勾勒出兽目、鼻子、嘴巴，拱顶部饰以卷云纹，有拱顶小孔。长13、肉最宽4.25、厚0.11厘米（图一〇五，1）。标本M98：10，用浅凸棱勾勒出兽目、鼻子、嘴巴，拱顶部饰以"S"纹，有拱顶小孔。长13.3、肉最宽3.65、厚0.12厘米（图一〇五，2；图版三九，1）。标本M98：11，拱顶小孔。长9.3、肉最宽1.9、厚0.11厘米（图一〇五，3）。

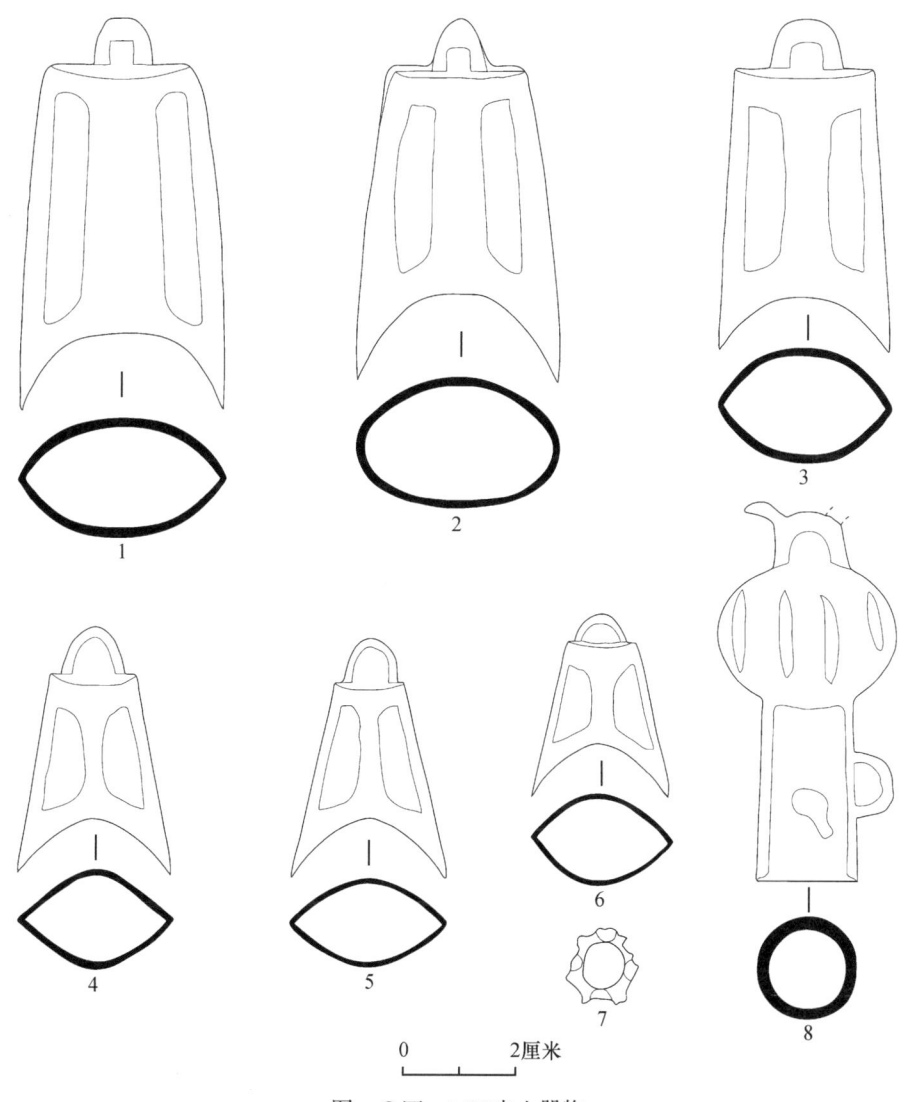

图一〇四　M98出土器物

1~6. 铜铃（M98：1、M98：7、M98：3、M98：4、M98：6、M98：22）　7. 料珠（M98：2）　8. 铜銮铃（M98：5）

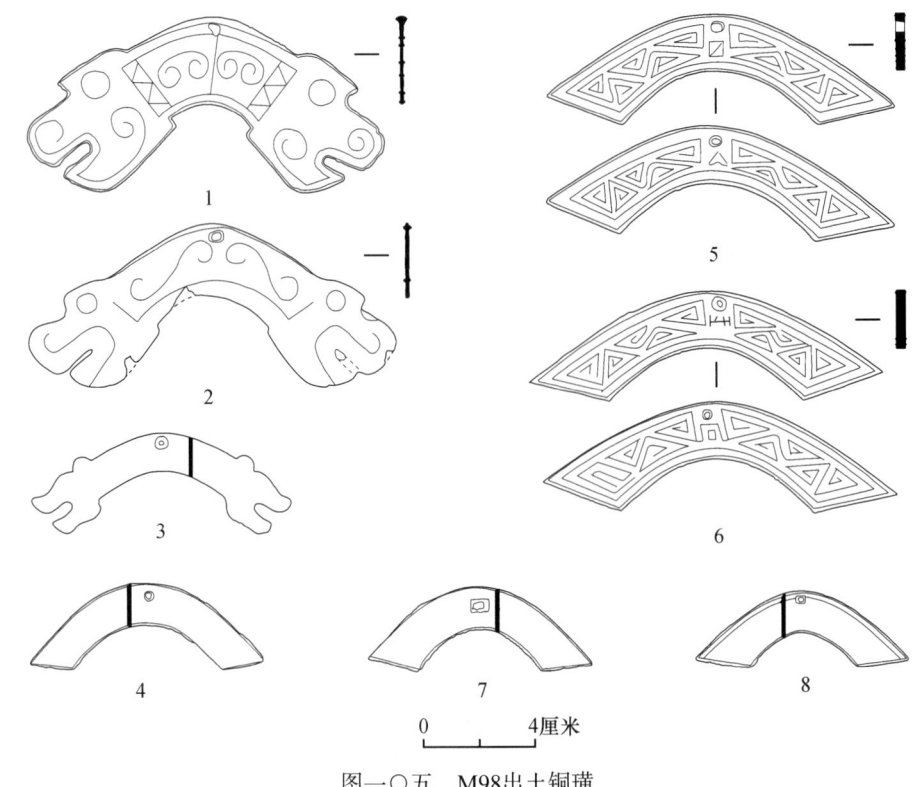

图一〇五　M98出土铜璜

1~3.A型（M98：9、M98：10、M98：11）　4、7、8.C型（M98：46、M98：48、M98：52）　5、6.B型（M98：16、M98：14）

B型　8件。饰三角勾连雷纹。标本M98：16，弧形片状，肉部两面周边为凸棱，内填勾连三角云纹，拱顶小孔有圆形浅凸棱外圈。长12.4、肉宽2、厚0.11厘米（图一〇五，5）。标本M98：14，弧形片状，肉部两面周边为凸棱，内填勾连三角云纹，拱顶小孔有圆形浅凸棱外圈，一面拱顶小孔下方有类似"玉"字纹样。长12.6、肉宽2.05、厚0.12厘米（图一〇五，6；图版三九，2）。

C型　13件（图版四〇，2）。素面，部分器物拱顶小孔有圆形或方形浅凸棱外圈。标本M98：46，长8.5、肉宽1.4、厚0.12厘米（图一〇五，4）。标本M98：48，长8.1、肉宽1.5、厚0.12厘米（图一〇五，7）。标本M98：52，长7.6、肉宽1.5、厚0.12厘米（图一〇五，8）。

料珠　1件。标本M98：2，蓝色。瓜棱形扁珠，珠体有六纵棱，珠体有孔中通。外径1.25、内径0.7厘米、高0.7厘米（图一〇四，7；图版三九，4）。

65. M99

位于A区T27和T28内，开口于第2层下。长方形竖穴土坑墓，墓向为290°。墓壁由上往下带有收分，墓口长440、宽362厘米，墓底长236、宽120厘米，墓底距墓口深354厘米。墓室填土为黄褐色花土，土质较硬。墓底筑有熟土二层台，宽26~60、高74厘米，由上往下略有收分。人骨保存状况较好，仰身直肢，头向西北，面向东北，性别男，年龄不明。未发现葬具和随葬品（图一〇六）。

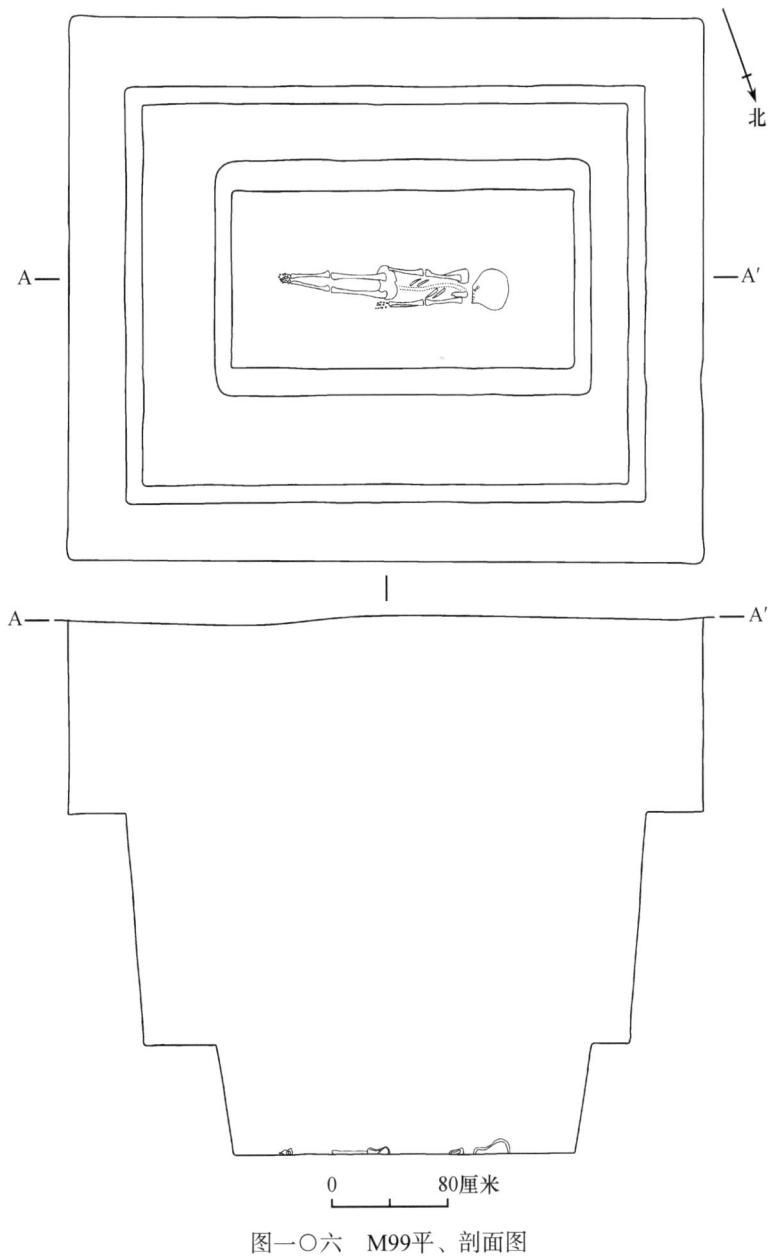

图一〇六　M99平、剖面图

66. M100

位于A区T27和T40内，开口于第2层下。长方形竖穴土坑墓，墓向为315°。墓壁平整光滑，由上往下带有收分，墓口长430、宽300厘米，墓底长250、宽180厘米，墓底距墓口深370厘米。墓室填土为黄褐色，土质较硬，有夯筑迹象。墓底四周筑有熟土二层台，宽36~60、高90厘米。人骨保存状况较好，仰身直肢，头向西北，面向西南，性别女，年龄不明。未发现葬具和随葬品（图一〇七）。

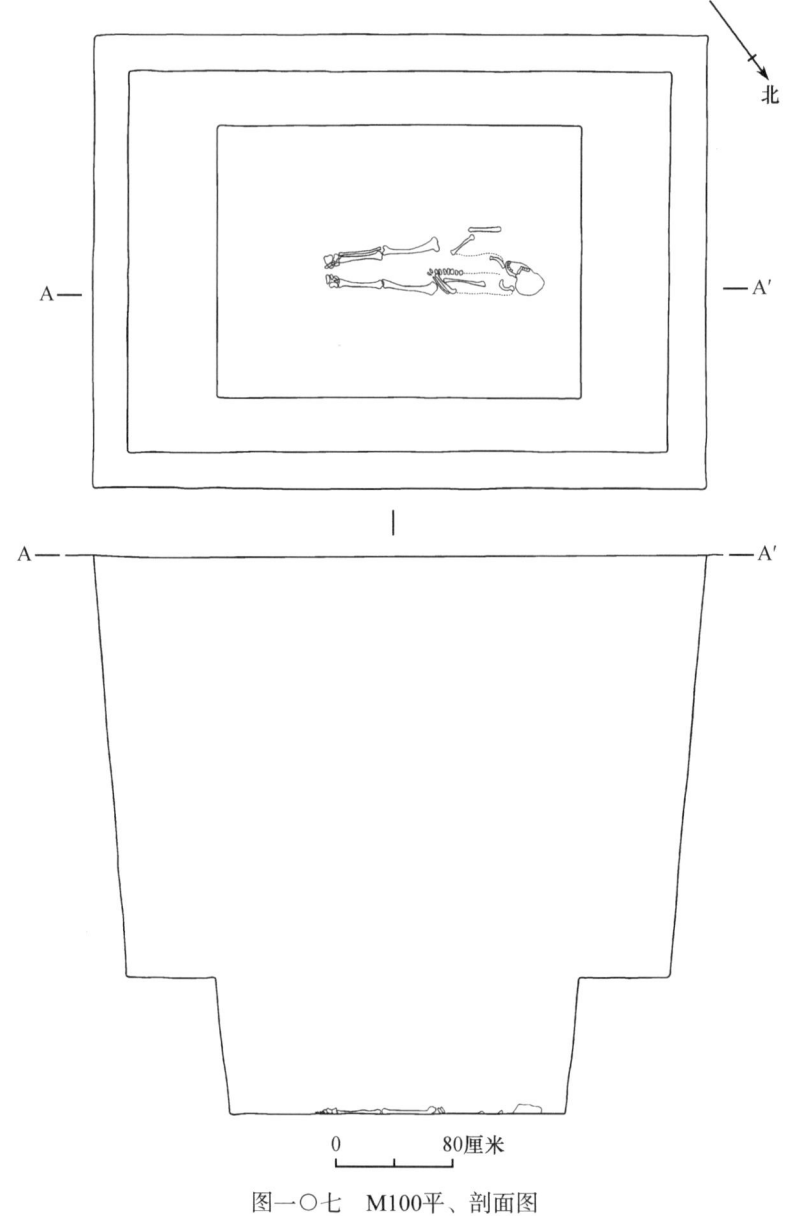

图一〇七　M100平、剖面图

67. M103

位于A区T52内，开口于第2层下。长方形竖穴土坑墓，墓向为255°。墓壁由上往下稍带收分，墓口长246、宽100厘米，墓底长230、宽80厘米，墓底距墓口深110厘米。墓室填土为黄褐色，土质较硬。人骨保存状况较好，仰身直肢，头向西南，面向东北，双手交叉置于骨盆之上，性别男，年龄不明。未发现葬具和随葬品（图一〇八）。

68. M104

位于A区T23、T24、T13和T14内，开口于第2层下，南部被现代坑扰乱。长方形竖穴土坑墓，墓向为167°。墓壁由上往下有收分，墓口长352、宽255厘米，墓底长240、宽153厘米，墓底距墓口深146～152厘米。墓室填土为黄褐色，土质较硬，有夯筑迹象。墓底筑有熟土二层台，宽24～34、高50厘米。墓底有两道横置枕木凹槽，长110、宽20、深6厘米。人骨保存状况较好，仰身直肢，头向东南，面向西南，性别女，年龄不明。未发现葬具和随葬品（图一〇九）。

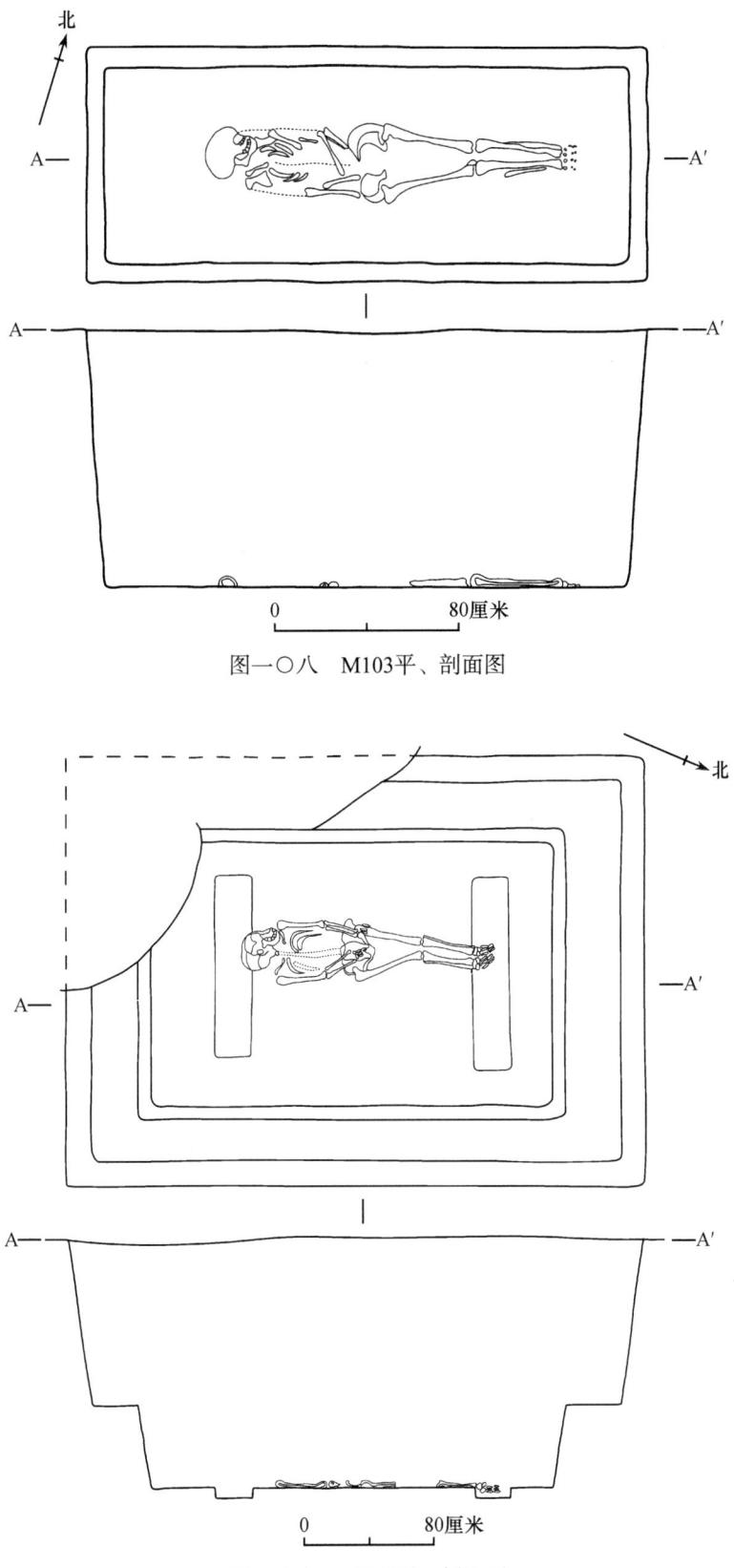

图一〇八 M103平、剖面图

图一〇九 M104平、剖面图

69. M105

位于A区T36和T37内,开口于第2层下。长方形竖穴土坑墓,墓向为260°。墓壁竖直,墓长250、宽90、深26厘米。墓室填土为黄褐色,土质较硬,有夯筑迹象。人骨保存状况较好,仰身直肢,头向西南,面向上,性别男,年龄不明。未发现葬具和随葬品(图一一〇)。

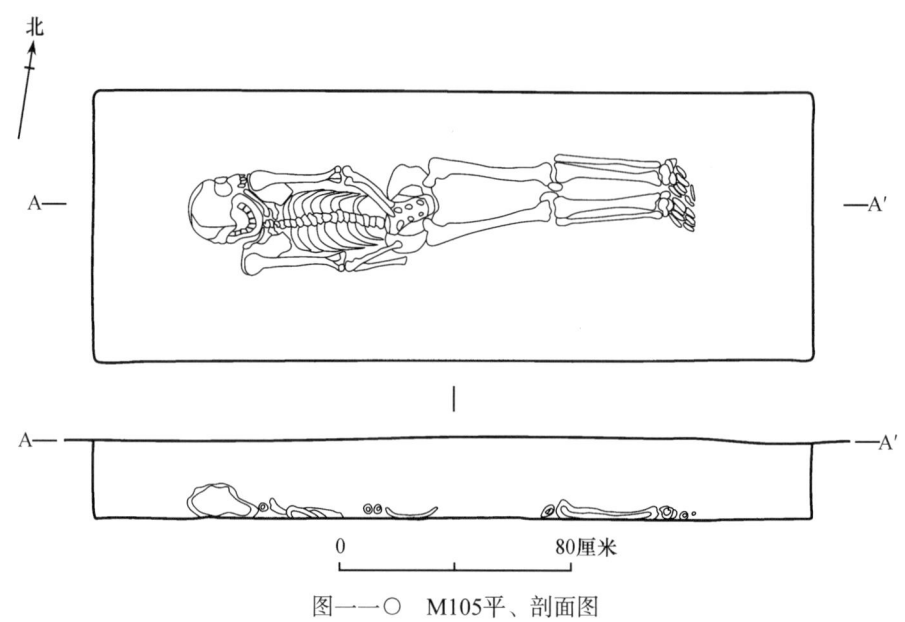

图一一〇 M105平、剖面图

70. M106

位于A区T24内,开口于第2层下。长方形竖穴土坑墓,墓向为345°。墓壁由上往下稍有收分,墓口长335、宽230~252厘米,墓底长305、宽200~220厘米,墓深100~108厘米。墓室填土为黄褐色,有夯筑迹象。墓底有两道横置枕木凹槽,长190、宽20、深8厘米。人骨仰身直肢,头向西北,面向东北,性别男,成年。未发现葬具。在墓室东北角发现1件锈蚀严重的铁锸(图一一一)。

71. M107

位于A区T37内,开口于第2层下。长方形竖穴土坑墓,墓向为300°。墓壁由上往下稍有收分,墓口长270、宽110厘米,墓底长250、宽100厘米,墓深61~86厘米。墓室填土为黄褐色,有夯筑迹象。人骨保存状况较差,仰身直肢,头向西北,面向上,左腿骨置于骨盆之上,性别女。未发现葬具和随葬品。该墓为二次葬(图一一二)。

72. M108

位于A区T37内,开口于第2层下。长方形竖穴土坑墓,墓向为300°。墓壁由上往下稍有收分,墓口长260、宽110厘米,墓底长230、宽92厘米,墓底距墓口深120厘米。墓室填土为黄褐色,有夯筑迹象。人骨保存状况差,多呈粉状,可判断头向西北,性别疑为男性。未发现葬具和随葬品(图一一三)。

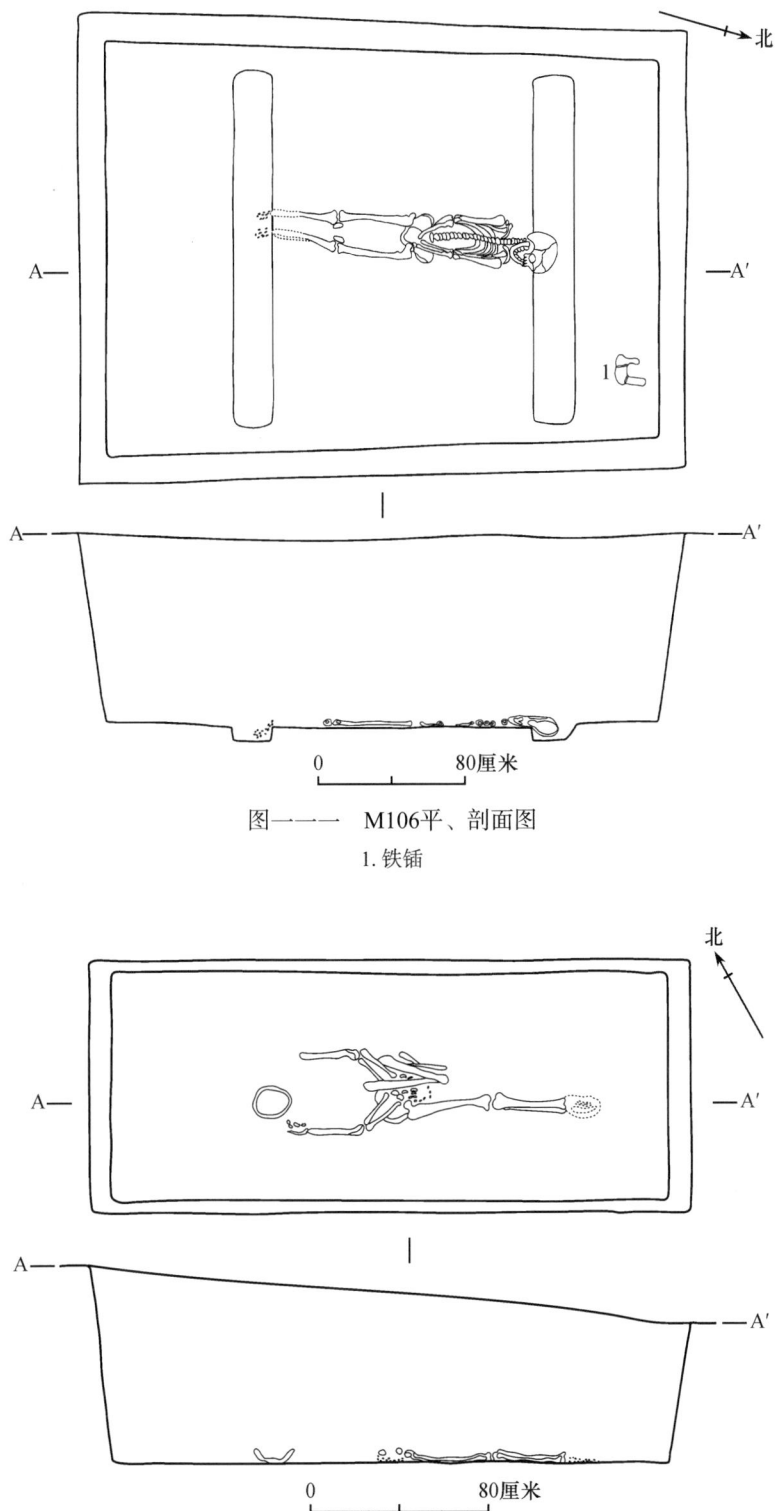

图一一一　M106平、剖面图
1. 铁锸

图一一二　M107平、剖面图

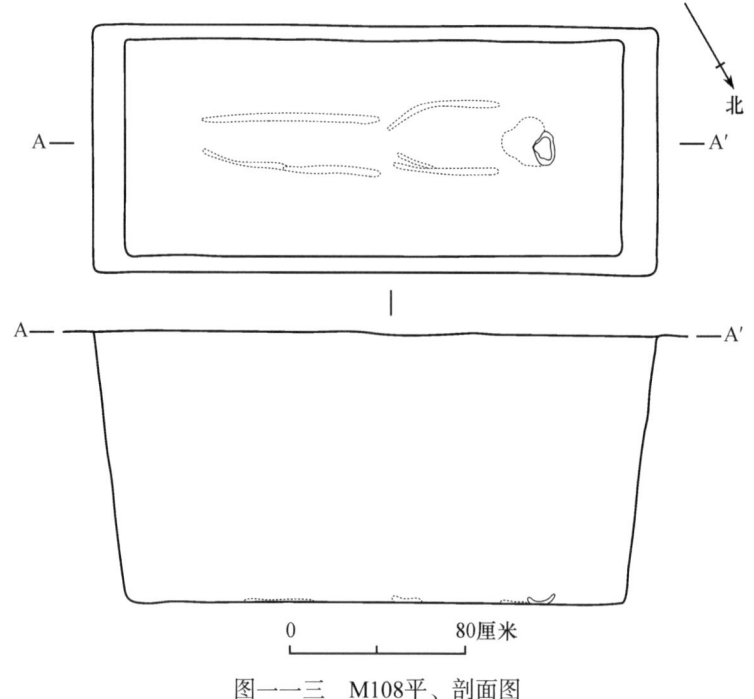

图一一三　M108平、剖面图

73. M109

位于A区T24和T25内，开口于第2层下。长方形竖穴土坑墓，墓向为300°。墓口长240、宽120厘米，墓底长215、宽80厘米，墓底距墓口深60～70厘米。墓壁竖直，墓底筑有熟土二层台，宽8～20、高24～34厘米。人骨保存状况好，仰身直肢，头向西北，面向东北，性别男，年龄不明。未发现葬具痕迹。在墓室东端随葬陶罐1件（图一一四；图版四一，1）。

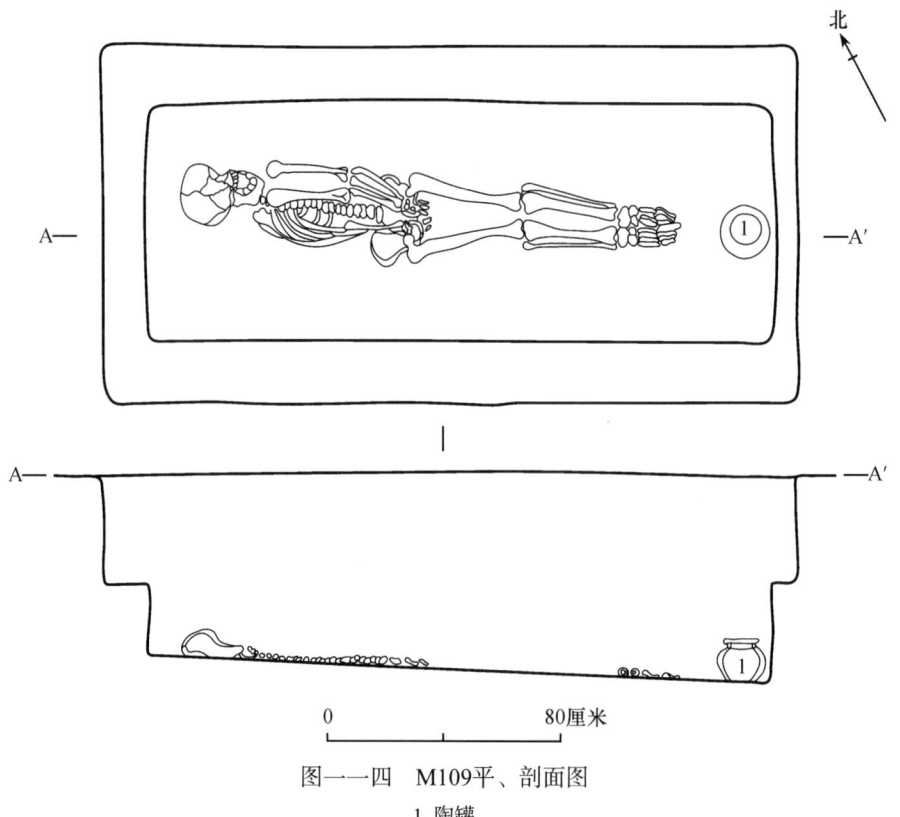

图一一四　M109平、剖面图

1. 陶罐

陶罐　1件。标本M109：1，泥质灰褐陶。侈口，短折沿，方唇，垂腹，下腹部圆鼓，底内凹。肩部和上腹部饰竖向绳纹，下腹部饰横向绳纹。口径11.2、底径6.8、高14厘米（图一一五；图版四一，2）。

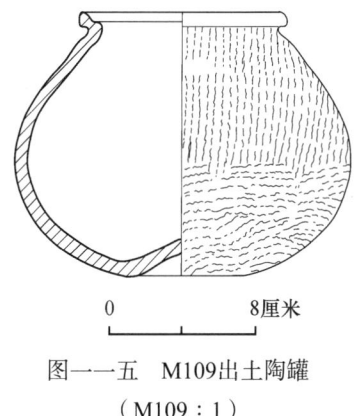

图一一五　M109出土陶罐（M109：1）

74. M110

位于A区T37和T38内，开口于第2层下。长方形竖穴土坑墓，墓向为225°。墓壁由上往下稍有收分，墓口长320、宽210厘米，墓底长290、宽160厘米，墓底距墓口深220～226厘米。墓室填土为黄褐色，有夯筑迹象。墓底有两道横置枕木凹槽，长140、宽20、深6厘米。人骨保存状况差，墓主仰身直肢，头向西南，面向东南，性别男，成年。未发现葬具和随葬品（图一一六）。

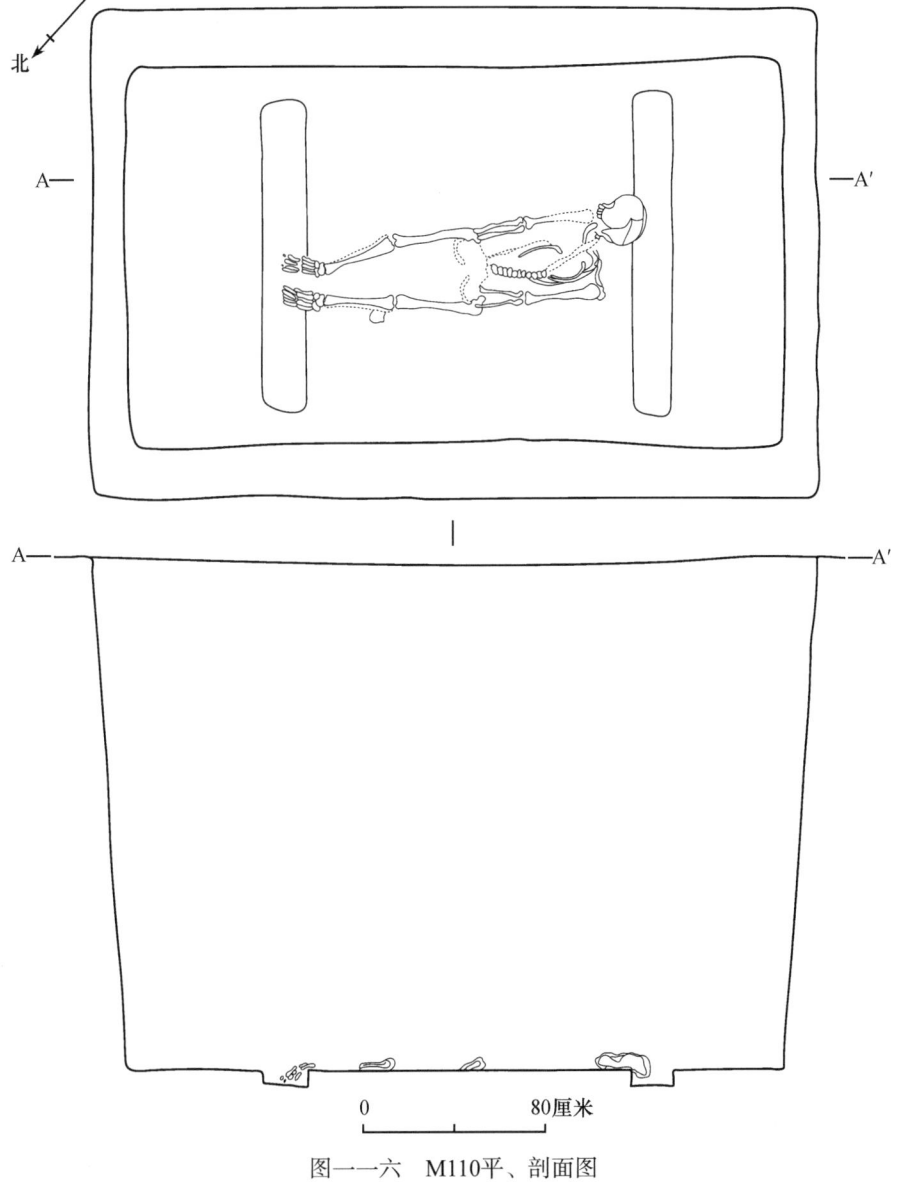

图一一六　M110平、剖面图

75. M111

位于A区T25内，开口于第2层下。长方形竖穴土坑墓，墓向为315°。墓壁由上往下稍有收分，墓口长325、宽200～218厘米，墓底长310、宽138～195厘米，墓底距墓口深96厘米。墓室填土为黄褐色，土质较硬，有夯筑迹象。人骨仰身直肢，头向西北，面向上，性别男，年龄不明。未发现葬具和随葬品（图一一七）。

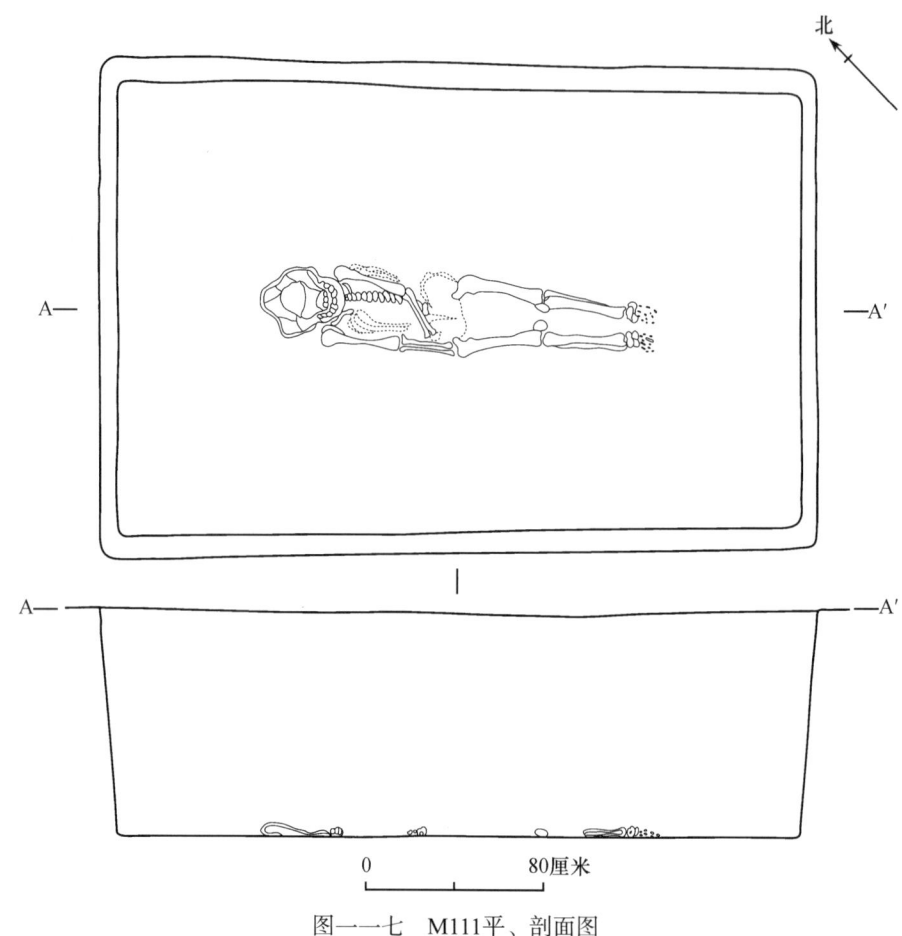

图一一七　M111平、剖面图

76. M112

位于A区T38内，开口于第2层下。长方形竖穴土坑墓，墓向为280°。墓壁由上往下稍有收分，墓口长230、宽96厘米，墓底长220、宽80厘米，墓底距墓口深60厘米。墓室填土为黄褐色，有夯筑迹象。人骨凌乱，保存状况差，头向西北，葬式、面部朝向、性别和年龄等均不明，疑为二次葬。未发现葬具和随葬品（图一一八）。

77. M113

位于A区T15、T16、T26内，开口于第2层下。长方形竖穴土坑墓，墓向为315°。墓壁由上往下稍有收分，墓口长325、宽170厘米，墓底长240、宽96厘米，墓底距墓口深150厘米。墓室填土为黄褐色，有夯筑迹象。墓底筑有熟土二层台，宽22、高40厘米，由上往下有收分。人骨保存状况较好，仰身直肢，头向西北，面向上，性别男，成年。未发现葬具和随葬品（图一一九）。

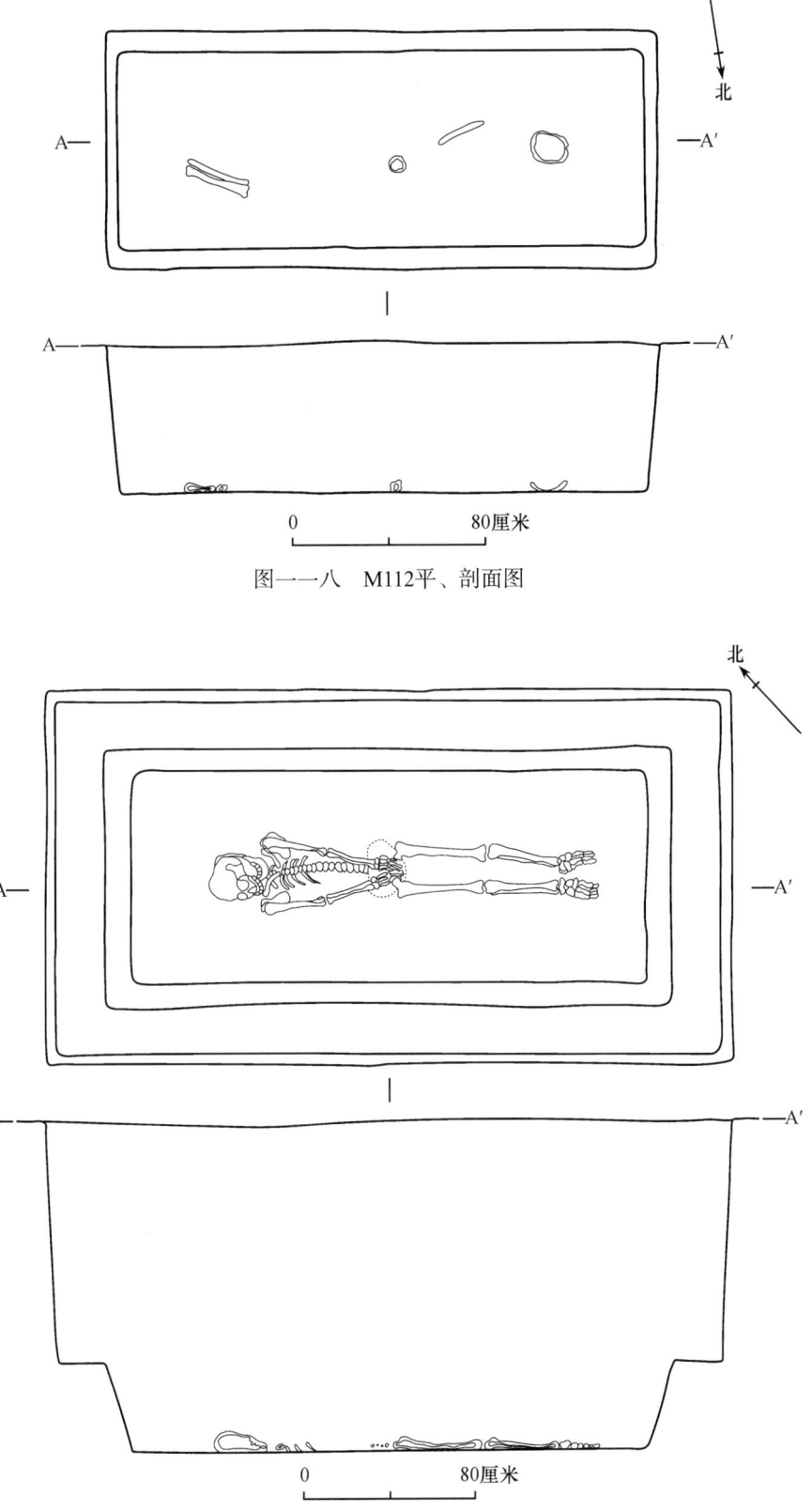

图一一八　M112平、剖面图

图一一九　M113平、剖面图

78. M114

位于A区T26内,开口于第2层下。长方形竖穴土坑墓,墓向为300°。墓壁由上往下有收分,墓口长340、宽250厘米,墓底长220、宽130厘米,墓底距墓口深256~262厘米。墓室填土为黄褐色,有夯筑迹象。墓底四周筑有熟土二层台,宽26、高46厘米。墓底有两道横置枕木凹槽,头端凹槽长100、宽16、深6厘米,足端凹槽长112、宽10、深6厘米。人骨保存状况较好,仰身直肢,头向西北,面向上,性别男,年龄不明。未发现葬具痕迹。在墓主腰部左侧发现陶豆1件(图一二〇)。

陶豆 1件。标本M114:1,泥质褐陶。侈口,尖圆唇,浅弧腹,圜底,高柄,喇叭形底,底座较高。口径13.2、底径7.2、高12.6厘米(图一二一)。

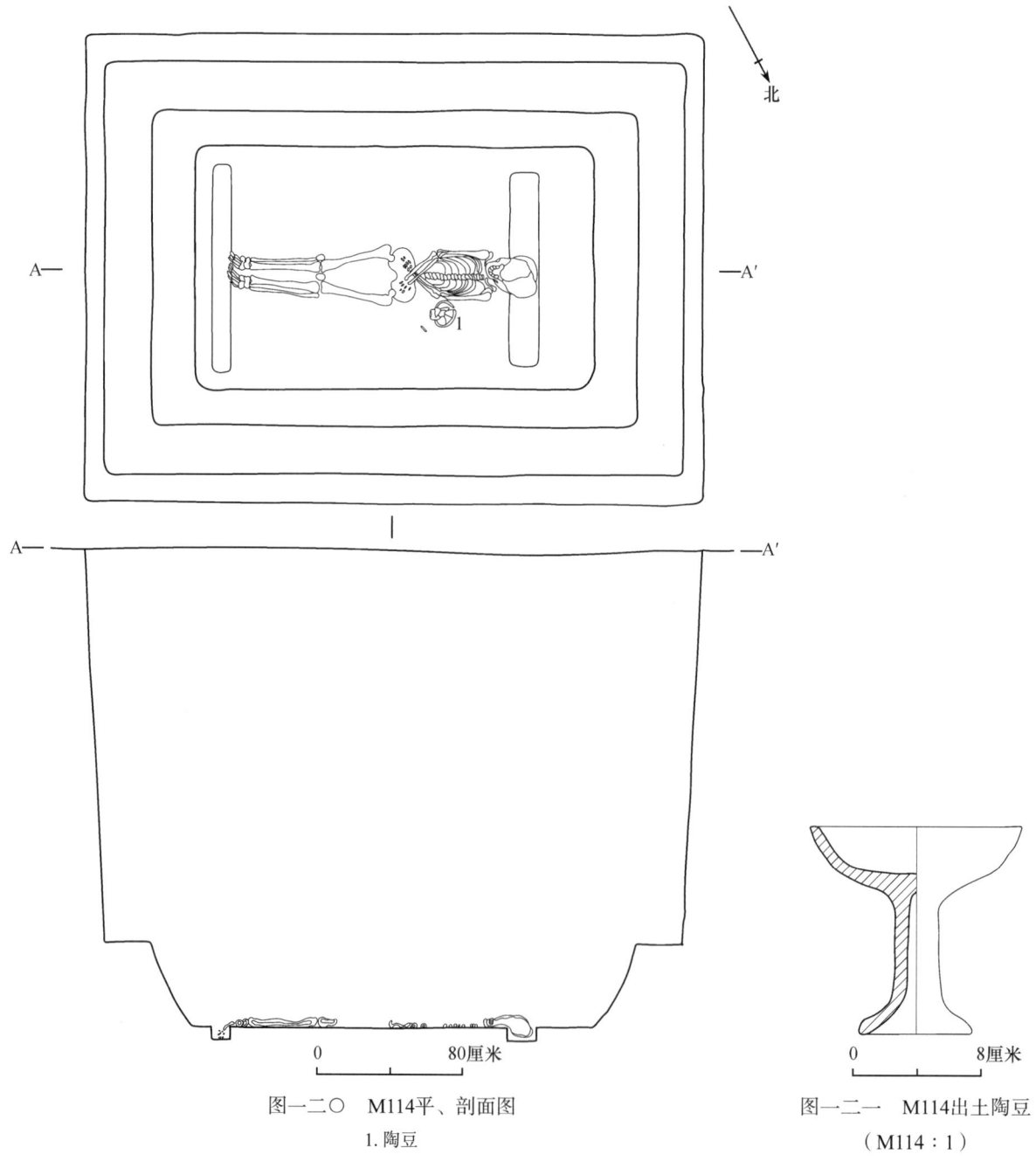

图一二〇 M114平、剖面图
1.陶豆

图一二一 M114出土陶豆
(M114:1)

79. M115

位于A区T39内,开口于第2层下。长方形竖穴土坑墓,墓向为300°。墓壁由上往下有收分,墓口长320、宽200厘米,墓底长230、宽118厘米,墓底距墓口深170~178厘米。墓室填土为黄褐色,土质较硬,有夯筑迹象。墓底四周筑有熟土二层台,宽28、高30厘米,由上往下有收分。墓底有两道横置枕木凹槽,宽16、深8厘米。人骨保存状况较好,仰身直肢,头向西北,面向上,性别男,年龄不明。未发现葬具痕迹。在墓室东南角发现陶豆1件(图一二二;图版四一,3)。

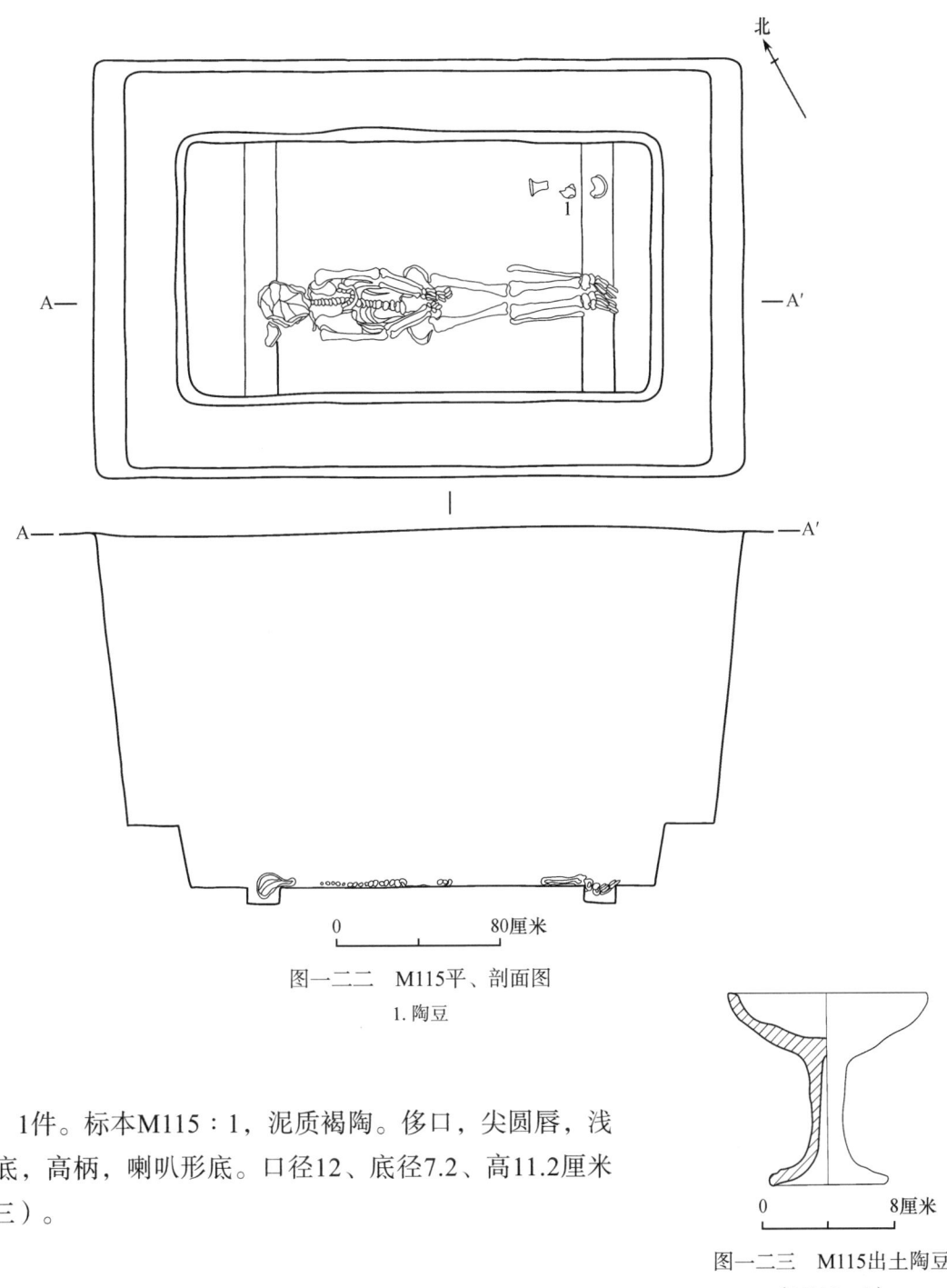

图一二二　M115平、剖面图
1. 陶豆

陶豆　1件。标本M115:1,泥质褐陶。侈口,尖圆唇,浅弧腹,圜底,高柄,喇叭形底。口径12、底径7.2、高11.2厘米(图一二三)。

图一二三　M115出土陶豆
(M115:1)

80. M116

位于A区T16内，开口于第2层下。长方形竖穴土坑墓，墓向为328°。墓壁竖直，墓口长230、宽90厘米，墓底长204、宽60厘米，墓底距墓口深18~66厘米。墓室填土为黄褐色，有夯筑迹象。墓底四周筑有熟土二层台，宽12、高6~16厘米。人骨保存状况较好，仰身直肢，头向西北，面向上，性别男，年龄不明。未发现葬具和随葬品（图一二四）。

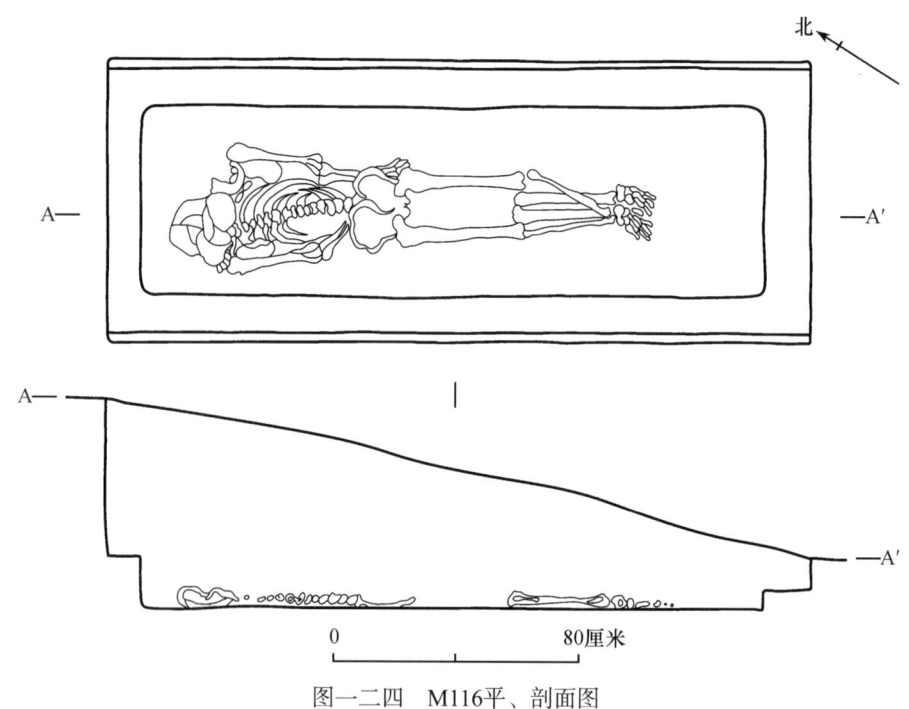

图一二四　M116平、剖面图

81. M117

位于A区T26内，开口于第2层下。长方形竖穴土坑墓，墓向为300°。墓壁由上往下有收分，墓壁平整光滑，墓口长324、宽200厘米，墓底长254、宽130厘米，墓底距墓口深110厘米。墓室填土为黄褐色，有夯筑迹象。墓底四周筑有熟土二层台，宽20~30、高20厘米。墓底有两道横置枕木凹槽，宽18、深6厘米。人骨保存状况较好，仰身直肢，头向西北，面向上，性别男。未发现葬具和随葬品（图一二五）。

82. M118

位于A区T26和T27内，开口于第2层下。长方形竖穴土坑墓，墓向为304°。墓壁由上往下有收分，墓口长380、宽260~280厘米，墓底长270、宽140~160厘米，墓底距墓口深140~148厘米。墓室填土为黄褐色，有夯筑迹象。墓底四周筑有熟土二层台，宽36~50、高20厘米。墓底有两道横置枕木凹槽，宽18、深8厘米。人骨置于墓室靠南一侧，保存状况较好，侧身，左腿微屈，头向西北，性别男。未发现葬具和随葬品（图一二六）。

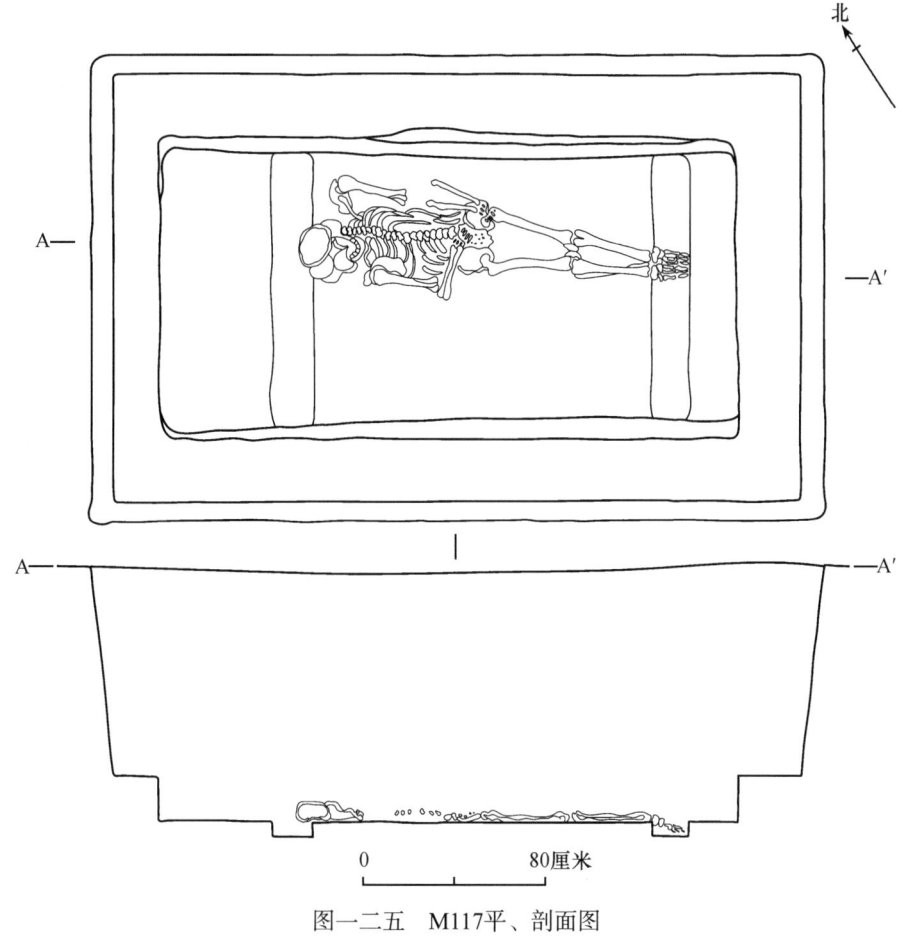

图一二五　M117平、剖面图

83. M119

位于A区T17、T27内，开口于第2层下。长方形竖穴土坑墓，墓室中部被扰坑打破，墓向为325°。墓壁由上往下有收分，墓口长248、宽100厘米，墓底长225、宽86厘米，墓底距墓口深75厘米。墓室填土为黄褐色，有夯筑迹象。人骨保存状况差，直肢，头向西北，性别疑为女性。未发现葬具和随葬品（图一二七）。

84. M120

位于A区T7和T8内，开口于第2层下。长方形竖穴土坑墓，墓向为235°，因近人平整土地致墓葬东南部被破坏。墓壁竖直，残长210、宽220、残深12厘米。墓室填土为黄褐色。人骨上半身被破坏，下半身保存状况较好，直肢，头向西南，性别男。未发现葬具和随葬品（图一二八）。

85. M121

位于A区T23内，开口于第2层下。长方形竖穴土坑墓，墓向为310°。墓壁由上往下有收分，墓口长300、宽150厘米，墓底长230、宽80厘米，墓底距墓口深120厘米。墓室填土为黄褐色，有夯筑迹象。墓底有熟土二层台，宽30~36、高20厘米。人骨保存状况较好，仰身直肢，头向西北，面向东北，性别男，年龄不明。未发现葬具和随葬品（图一二九）。

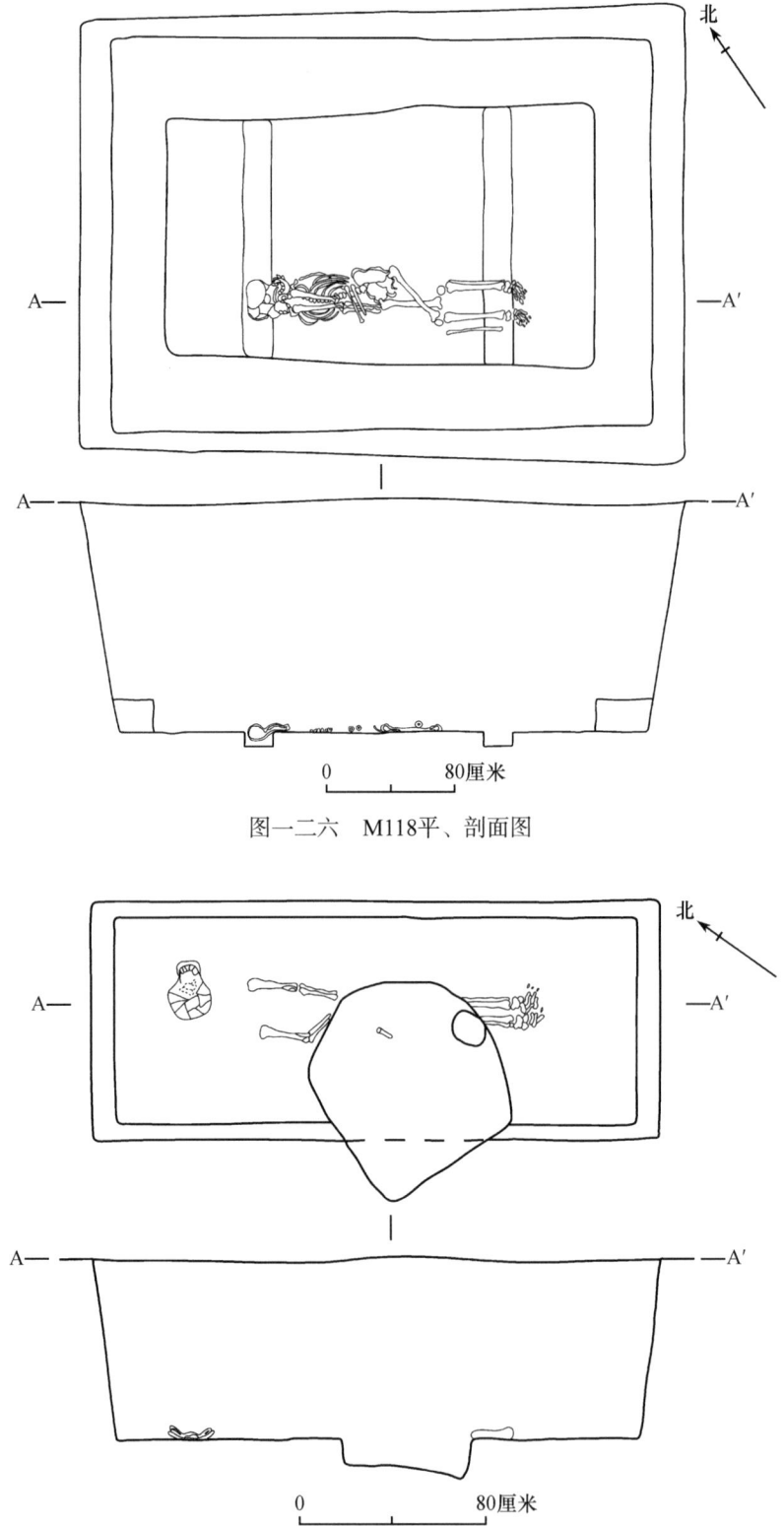

图一二六　M118平、剖面图

图一二七　M119平、剖面图

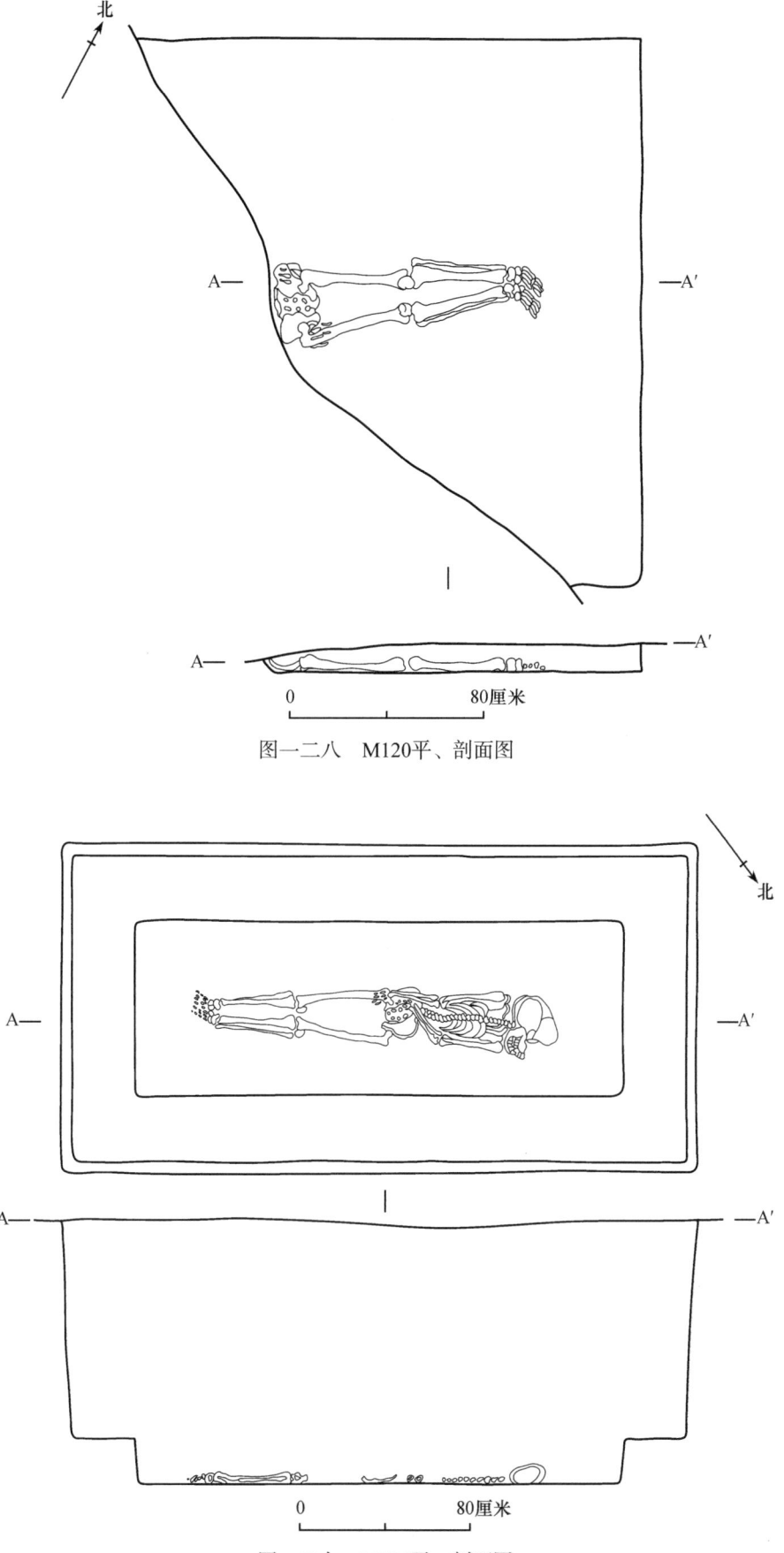

图一二八　M120平、剖面图

图一二九　M121平、剖面图

86. M122

位于A区T34和T35内,开口于第2层下。长方形竖穴土坑墓,墓向为310°。墓壁由上往下稍有收分,墓口长260、宽120厘米,墓底长240、宽100厘米,墓底距墓口深80~90厘米。墓室填土为黄褐色。人骨保存状况差,残存零星骨骼。未见葬具痕迹。在墓室东南端人骨附近发现铜镞1件(图一三〇)。

铜镞 1件。标本M122:1,中脊隆起,两侧有浅凹槽,后锋较长,短圆关,近三角形长铤。通长4.35、刃长2.65、铤长1.8厘米(图一三一)。

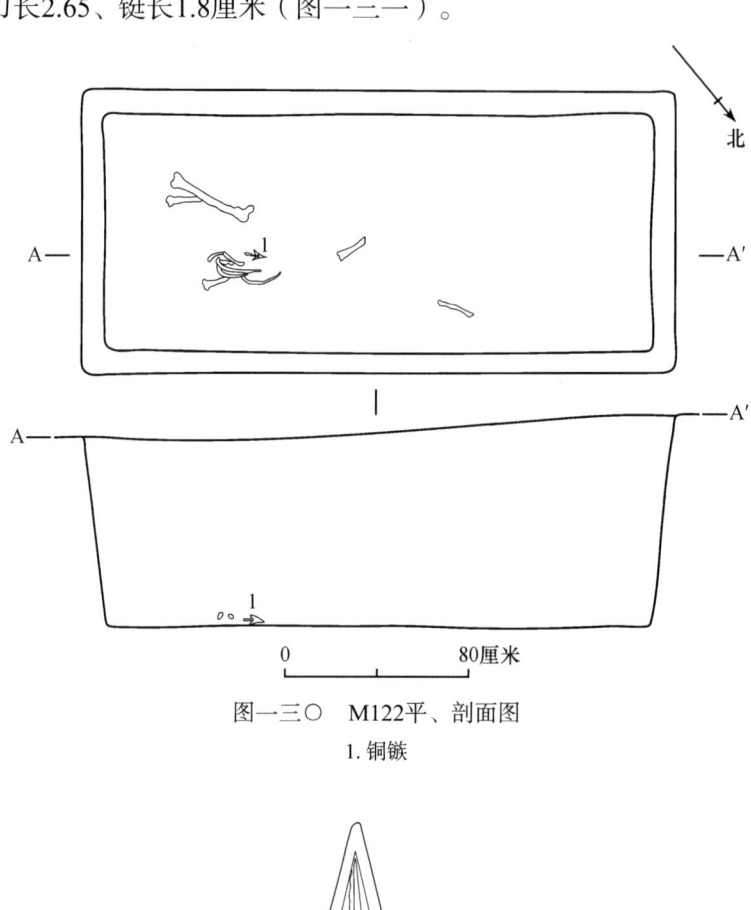

图一三〇 M122平、剖面图
1.铜镞

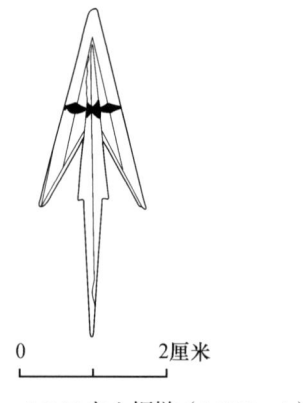

图一三一 M122出土铜镞(M122:1)

87. M124

位于A区T57和T64内,开口于第2层下。长方形竖穴土坑墓,墓向为292°。墓壁由上往下有收分,墓口长310、宽220厘米,墓底长210、宽140厘米,墓底距墓口深160厘米。墓室填土为黄褐色,土质较硬,有夯筑迹象。墓底四周筑有熟土二层台,宽30～36、高60厘米。人骨保存状况较好,仰身屈肢,头向西北,面向西南,性别男。未发现葬具痕迹。在墓主右腿骨附近发现陶豆2件(图一三二;图版四二,1)。

陶豆 2件。泥质褐陶。侈口,尖圆唇,浅弧腹,圜底,高柄,喇叭形底,底座较高。标本M124:1,口径11.8、底径7.2、高9.6厘米(图一三三,1;图版四二,2)。标本M124:2,口径12.8、底径7.4、高10厘米(图一三三,2;图版四二,3)。

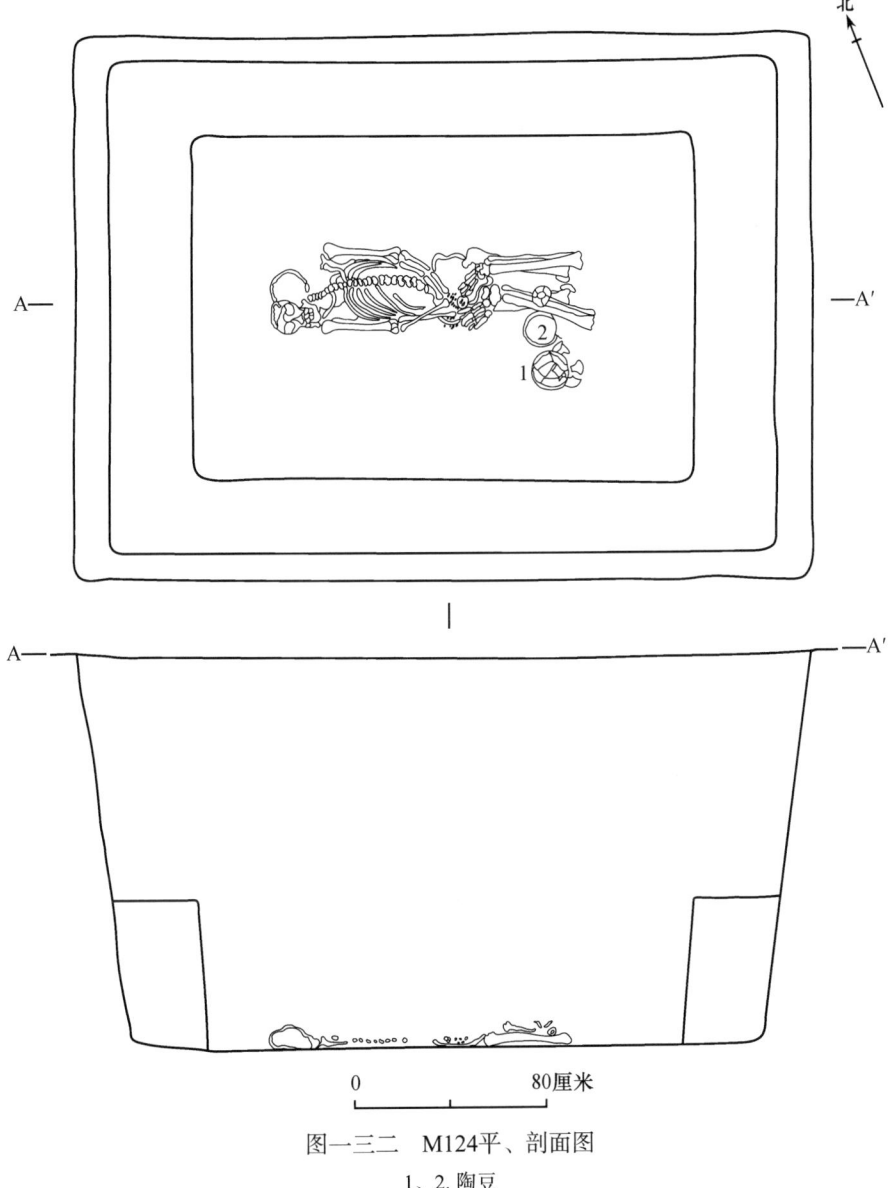

图一三二 M124平、剖面图
1、2.陶豆

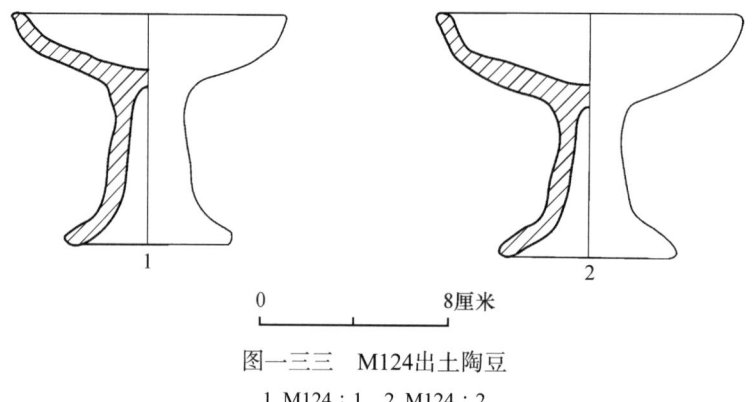

图一三三　M124出土陶豆
1. M124:1　2. M124:2

88. M125

位于A区T64、T65内，开口于第2层下。长方形竖穴土坑墓，墓向为240°。墓壁由上往下稍有收分，墓口长355、宽250厘米，墓底长332、宽204厘米，墓底距墓口深120～134厘米。墓室填土为黄褐色，土质较硬，有夯筑迹象。墓底有两道横置枕木凹槽，宽20、深4厘米。人骨仰身直肢，头向西南，面向上，性别女，年龄为50～55岁。未见葬具痕迹。发现料管1件、铅器4件，其中墓主头端附近有2件铅器，其余器物位于墓主足端附近（图一三四）。

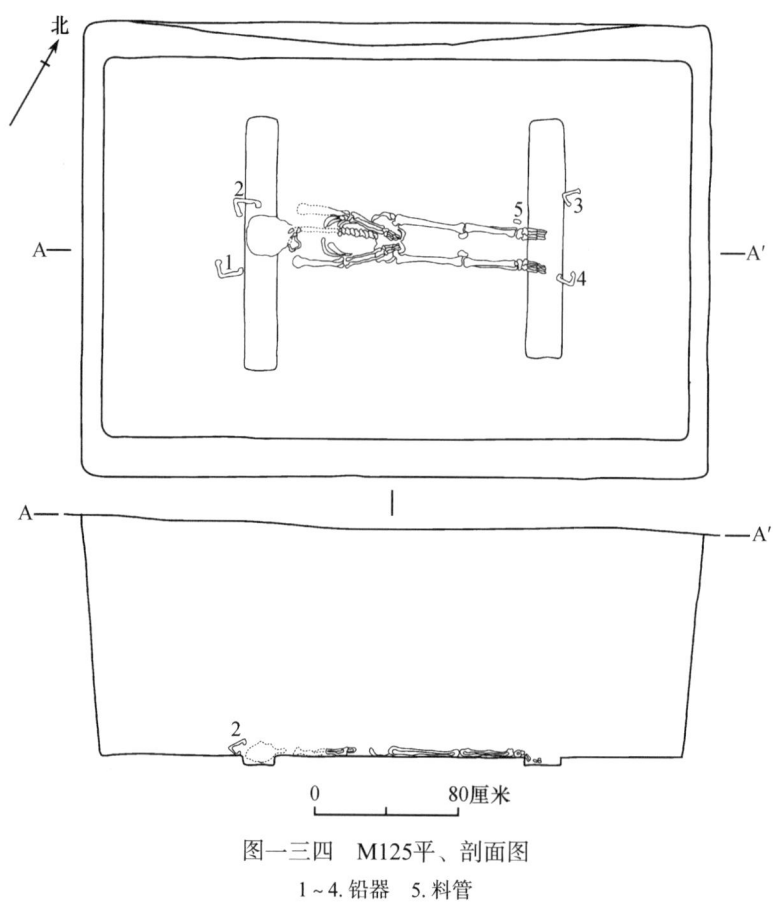

图一三四　M125平、剖面图
1～4. 铅器　5. 料管

铅器　4件。器物两端呈方块状，两边平直，夹角约90°，易碎。标本M125：1，长13、宽6.6、厚1.3厘米（图一三五，1）。标本M125：2，长16、宽7、厚1.2厘米（图一三五，2）。标本M125：3，一端残。残长12、宽7、厚1厘米（图一三五，3）。标本M125：4，长11.2、宽7、厚1厘米（图一三五，4）。

料管　1件。标本M125：5，黄色。管状，中有圆形穿孔。直径0.8、孔径0.3、长1.75厘米（图一三五，5）。

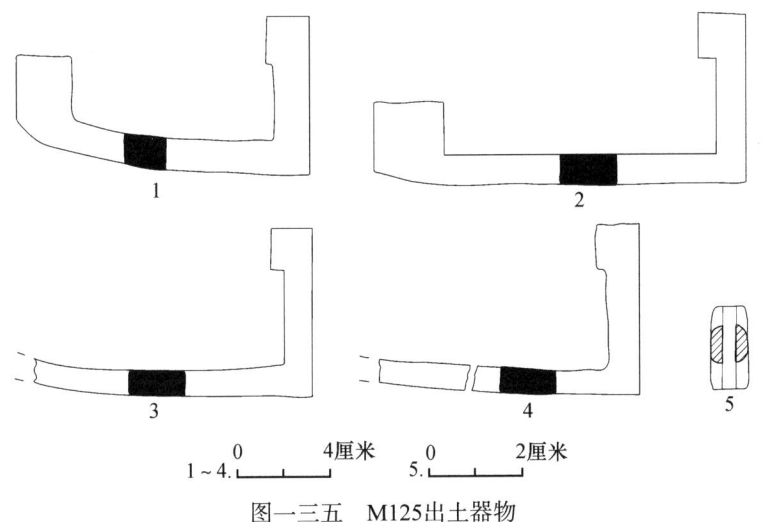

图一三五　M125出土器物

1~4. 铅器（M125：1、M125：2、M125：3、M125：4）　5. 料管（M125：5）

89. M126

位于A区T58、T65和T66内，开口于第2层下。长方形竖穴土坑墓，墓向为290°。墓壁竖直，墓口长300、宽140厘米，墓底长233、宽92厘米，墓底距墓口深84厘米。墓室填土为黄褐色，有夯筑迹象。墓底四周筑有熟土二层台，宽20~34、高44厘米。人骨保存状况较好，墓主仰身直肢，头向西北，面向上，性别女，年龄为50岁左右。未发现葬具和随葬品（图一三六）。

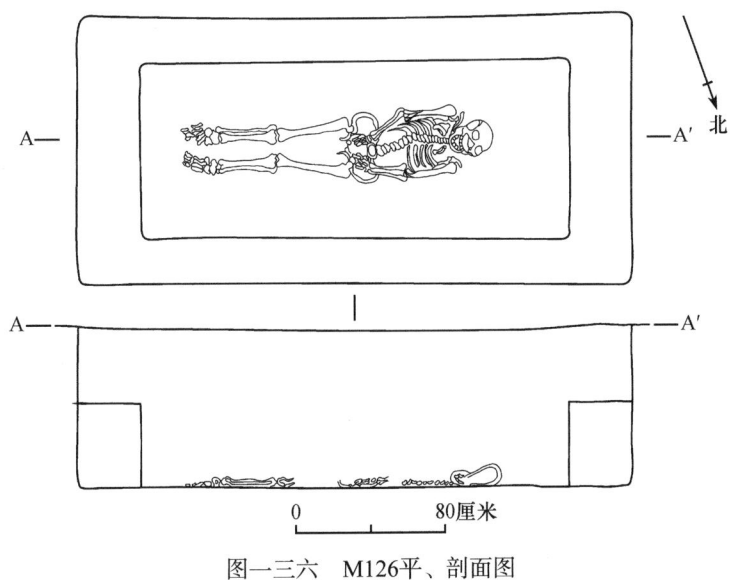

图一三六　M126平、剖面图

90. M127

位于A区T42内,开口于第2层下。长方形竖穴土坑墓,墓向为290°。墓壁由上往下有收分,墓口长405、宽304厘米,墓底长200、宽120厘米,墓底距墓口深274厘米。墓室填土为黄褐色,土质较硬,有夯筑迹象。墓底四周筑有熟土二层台,宽60~70、高30厘米。人骨保存状况一般,墓主仰身直肢,头向西北,面向东北,性别男,年龄在60岁左右。未发现葬具和随葬品(图一三七)。

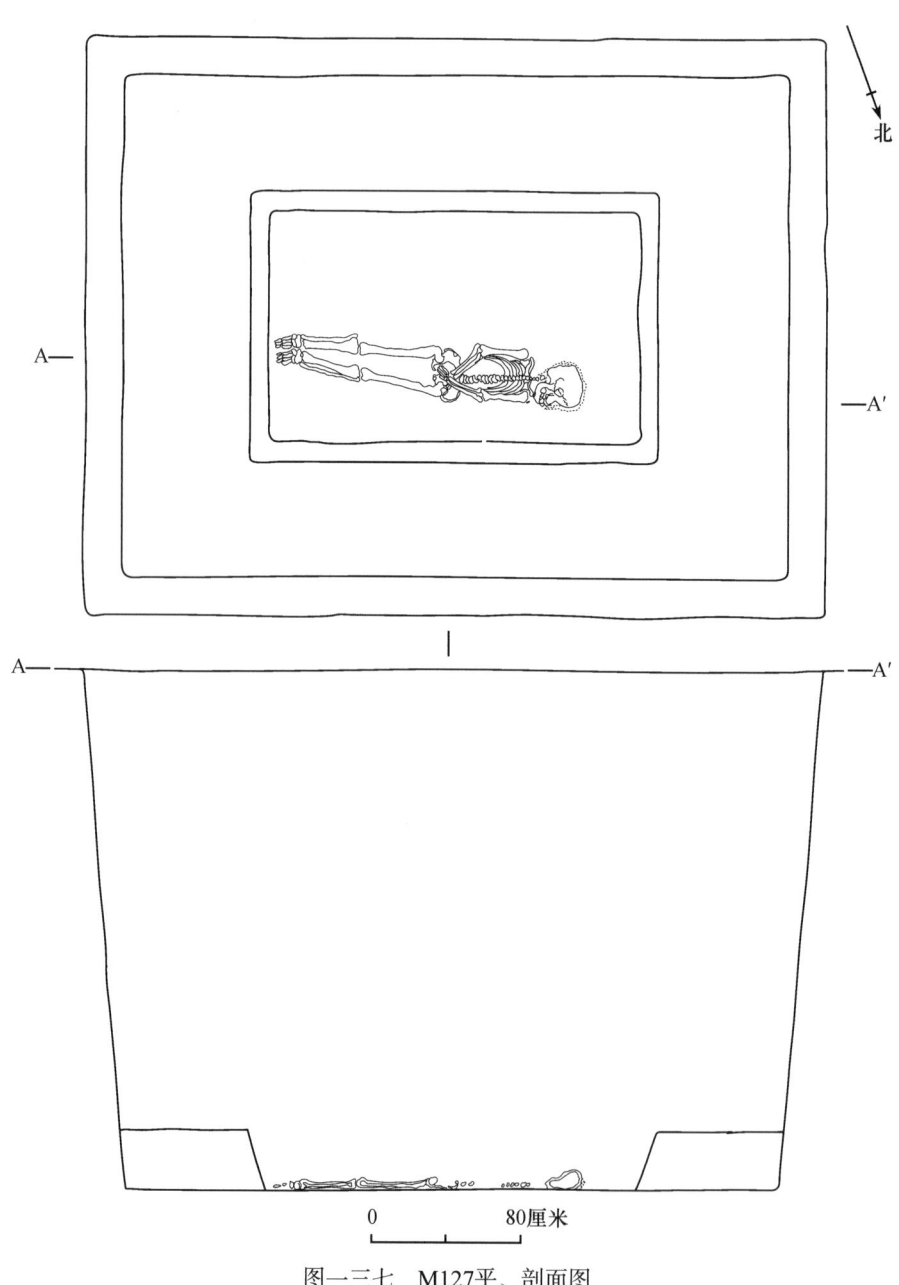

图一三七 M127平、剖面图

91. M128

位于A区T57和T64内，开口于第2层下。长方形竖穴土坑墓，墓向为280°。墓壁由上往下稍有收分，墓口长300、宽200厘米，墓底长280、宽180厘米，墓底距墓口深200厘米。墓室填土为黄褐色，有夯筑迹象。人骨侧身直肢，头向西，面向上，性别男，年龄40岁左右。未发现葬具和随葬品（图一三八）。

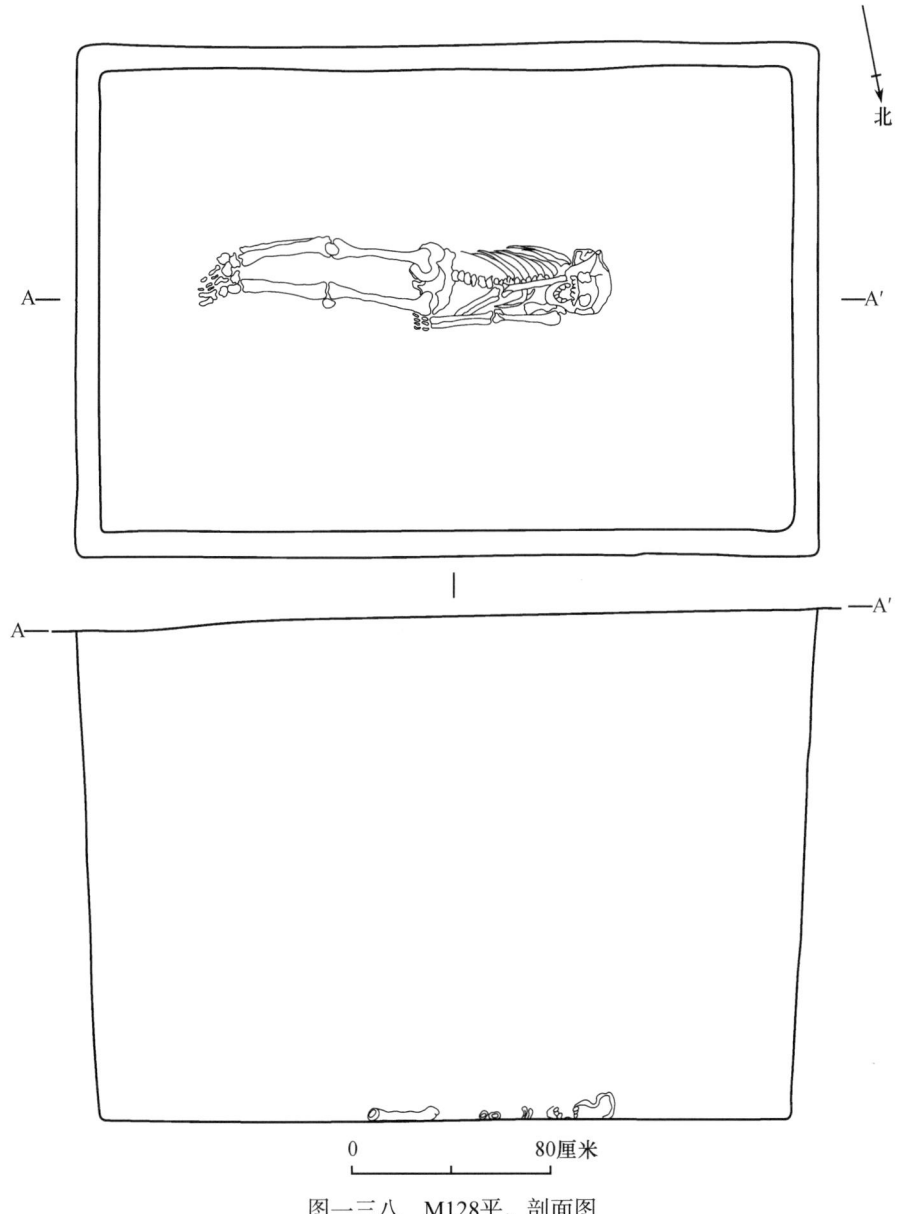

图一三八　M128平、剖面图

92. M129

位于A区T58和T65内,开口于第2层下。长方形竖穴土坑墓,墓向为300°。墓壁由上往下有收分,墓口长350、宽230厘米,墓底长250、宽150厘米,墓底距墓口深310厘米。墓室填土为黄褐色,土质较硬,有夯筑迹象。墓底四周筑有熟土二层台,宽24~40、高40~50厘米。人骨保存状况差,墓主仰身直肢,头向西北,面向上,性别男。未发现葬具。随葬陶豆7件,其中6件位于墓室西南角,1件位于墓主头骨右侧(图一三九)。

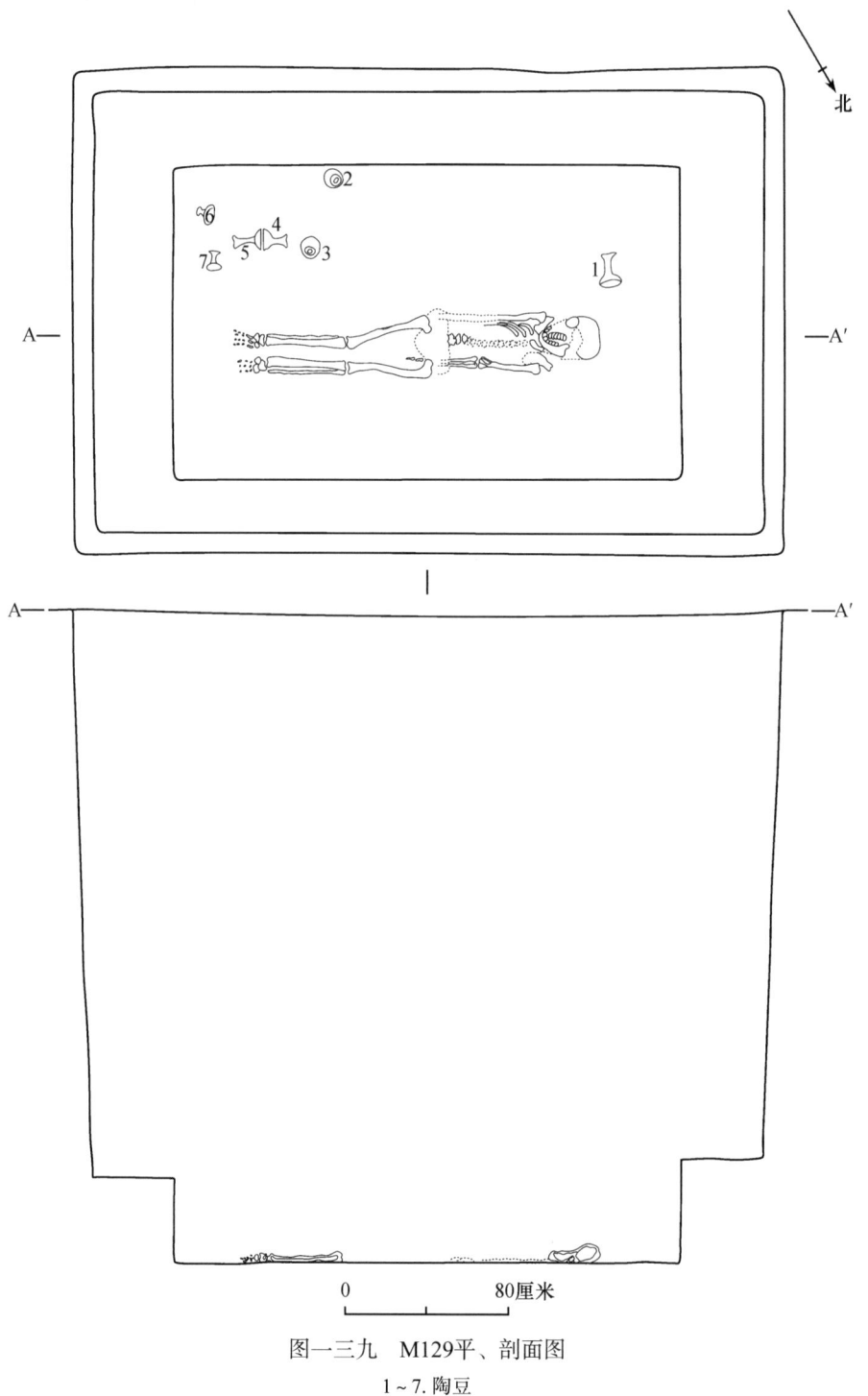

图一三九　M129平、剖面图

1~7.陶豆

陶豆　7件。敞口，圆唇，浅盘，盘壁微折，圜底或底近平，高柄，喇叭形座。标本M129：1，泥质灰陶。口径12.6、底径7.4、高12.6厘米（图一四〇，1）。标本M129：2，泥质褐陶。口径12.8、底径8.8、高11.2厘米（图一四〇，4；图版四三，2）。标本M129：3，泥质褐陶。口径12.4、底径7.2、高12.6厘米（图一四〇，2；图版四三，3）。标本M129：4，泥质灰陶。口径13.2、底径8、高12厘米（图一四〇，5；图版四三，1）。标本M129：5，泥质灰褐陶。口径13、底径7.4、高11.8厘米（图一四〇，3）。标本M129：6，泥质褐陶。口径13、底径7.6、高12.6厘米（图一四〇，6）。标本M129：7，泥质灰陶。口径11.4、底径7.2、高9.2厘米（图一四〇，7；图版四三，4）。

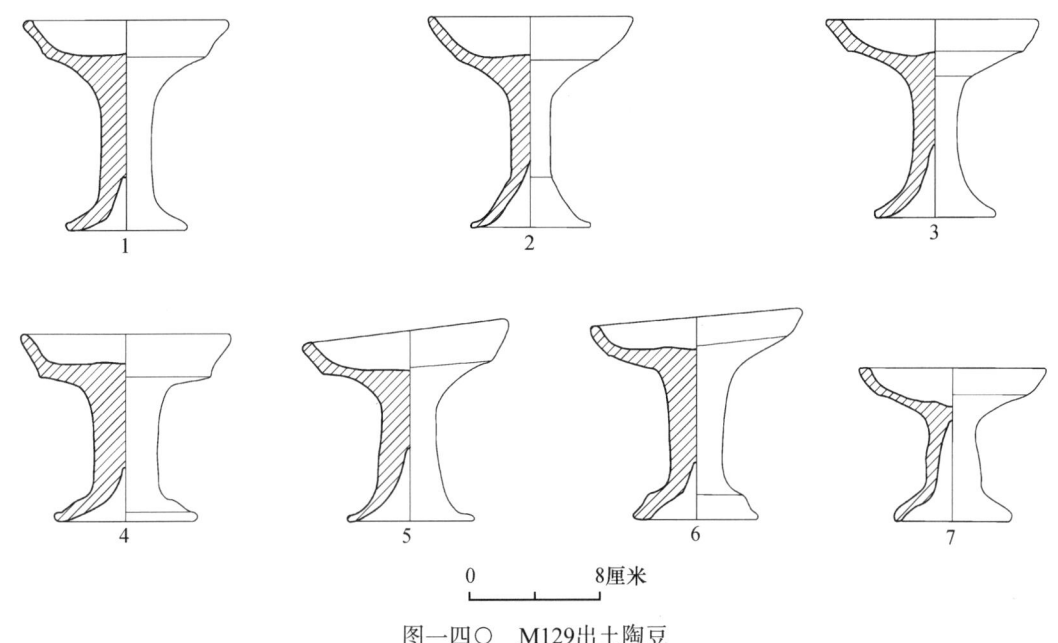

图一四〇　M129出土陶豆
1. M129：1　2. M129：3　3. M129：5　4. M129：2　5. M129：4　6. M129：6　7. M129：7

93. M130

位于A区T57内，开口于第2层下。长方形竖穴土坑墓，墓向为260°。墓壁由上往下有收分，墓口长320、宽210厘米，墓底长230、宽100厘米，墓底距墓口深210厘米。墓室填土为黄褐色，有夯筑迹象。墓底四周筑有熟土二层台，宽34、高40厘米。墓底有两道横置枕木凹槽，均宽16、深6厘米。人骨仰身直肢，头向西，面朝上，性别女。未发现葬具和随葬品（图一四一）。

94. M131

位于A区T43、T58内，开口于第2层下。长方形竖穴土坑墓，墓向为300°。墓壁由上往下有收分，墓口长350、宽230厘米，墓底长266、宽150厘米，墓底距墓口深154厘米。墓室填土为黄褐色，有夯筑迹象。墓底四周筑有熟土二层台，宽30、高44厘米。人骨凌乱，为二次葬，头向西北，性别男。未发现葬具和随葬品（图一四二）。

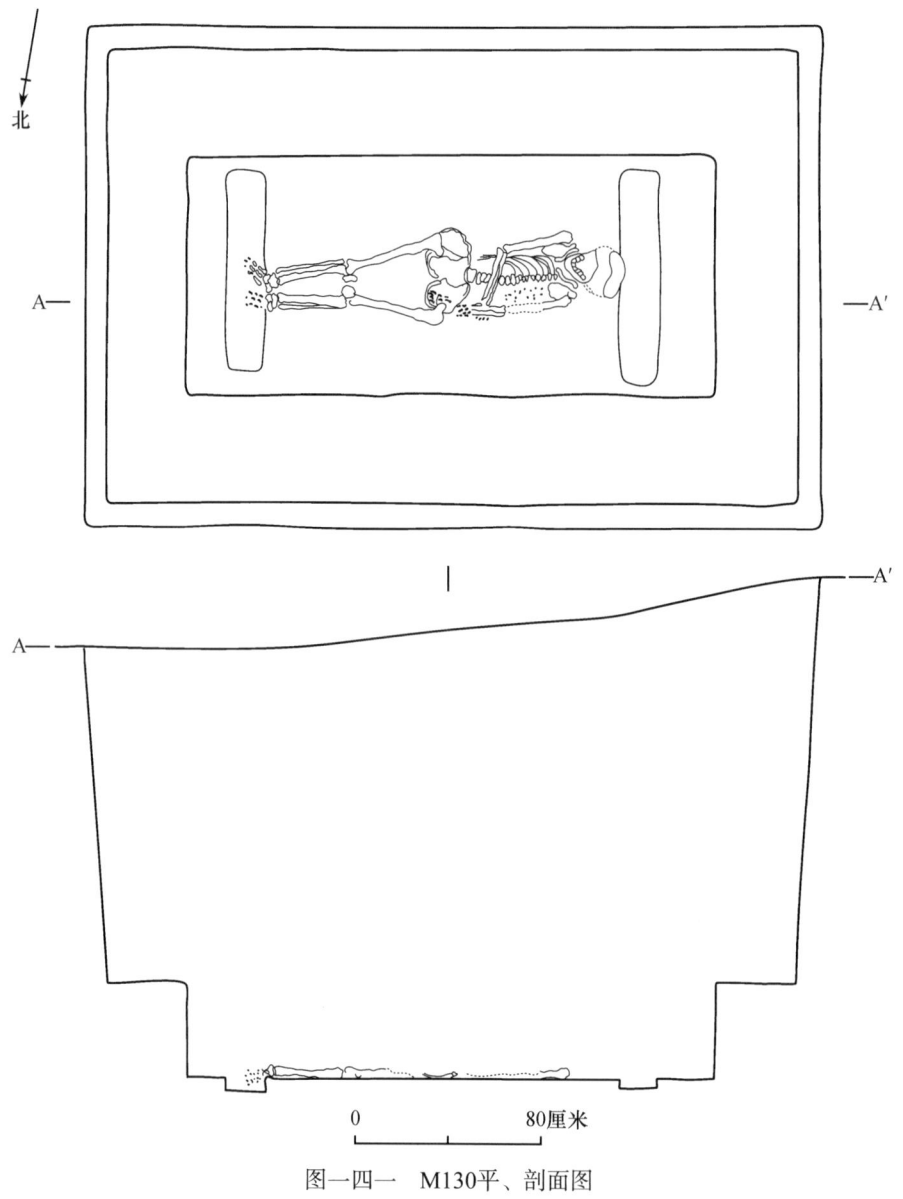

图一四一　M130平、剖面图

95. M133

位于C区T16内，开口于第2层下，墓葬东北部被M132打破。长方形竖穴土坑墓，墓向为320°。墓壁由上往下有收分，口长448、宽240厘米，底长395、宽190厘米，墓底距墓口深220厘米。填土呈黄褐色，有夯筑迹象。未见人骨和随葬品，有棺木痕迹（图一四三）。

96. M134

位于C区T16和T22内，开口于第2层下。长方形竖穴土坑墓，墓向为232°。墓壁较直，南壁略有收分，口长310、宽180厘米，底长302、宽180厘米，墓底距墓口深50~59厘米。填土呈黄褐色，有夯筑迹象。墓底有两道横置枕木凹槽。人骨保存状况差，墓主仰身直肢，头向西南，面向北。未见葬具痕迹。在头端凹槽和墓室东北部各发现铅器1件（图一四四）。

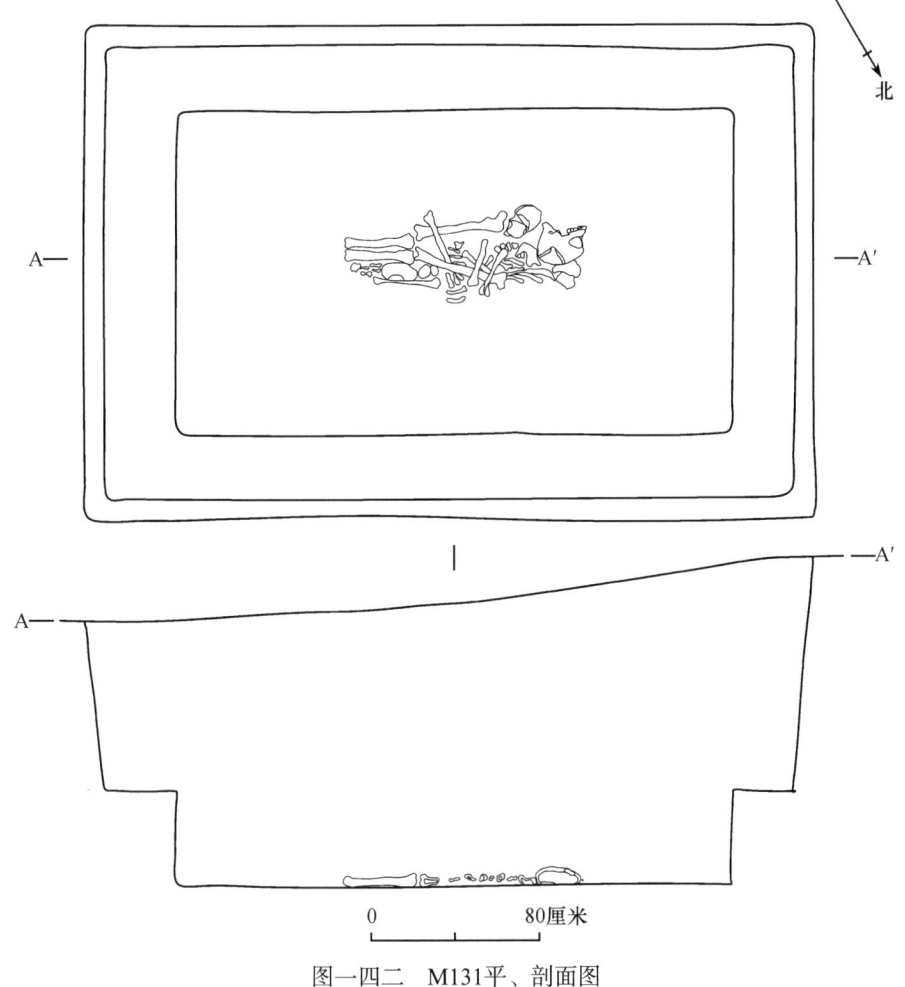

图一四二　M131平、剖面图

铅器　2件。桥形，易碎。标本M134：1，长6.3、宽2、两端厚2、中间厚0.8厘米（图一四五，1）。标本M134：2，长6、宽1.8、两端厚2、中间厚0.8厘米（图一四五，2）。

97. M143

位于C区T23内，开口于第2层下。长方形竖穴土坑墓，墓向为317°。墓壁由上往下带有收分，口长380、宽220厘米，底长350、宽190厘米，墓底距墓口深112厘米。填土呈黄褐色。墓底有两道横置枕木凹槽，长190、宽22~30、深10厘米。未见人骨和葬具痕迹。在墓室中部和东侧共发现3件铅器，但残碎严重（图一四六）。

98. M146

位于C区T15和T21内，开口于第2层下。长方形竖穴土坑墓，墓向为125°。墓壁由上往下带有收分，口长324、宽240厘米，底长282、宽190厘米，墓底距墓口深190~196厘米。填土呈黄褐色，土质较硬。墓底有两道横置枕木凹槽，长180、宽16、深6厘米。人骨位于墓室中部，保存状况差，可辨头向东南，面向上。未见葬具和随葬品（图一四七）。

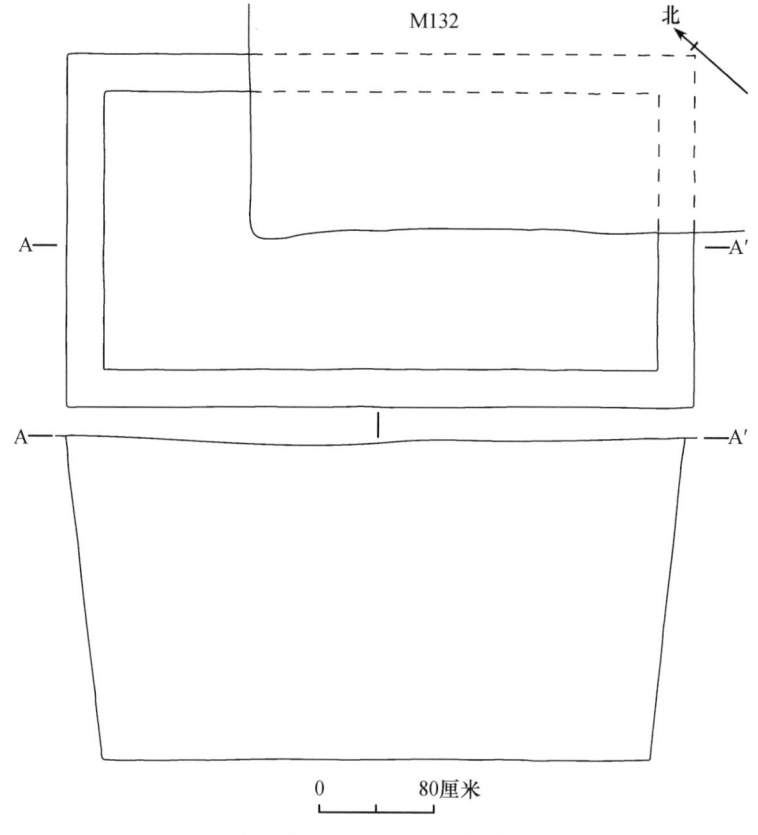

图一四三　M133平、剖面图

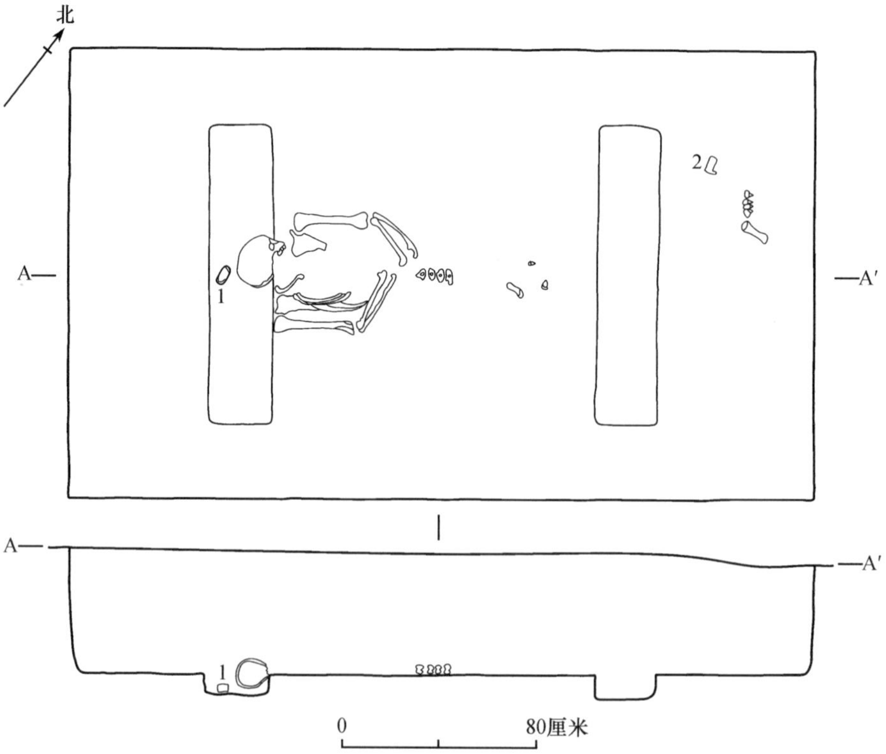

图一四四　M134平、剖面图
1、2. 铅器

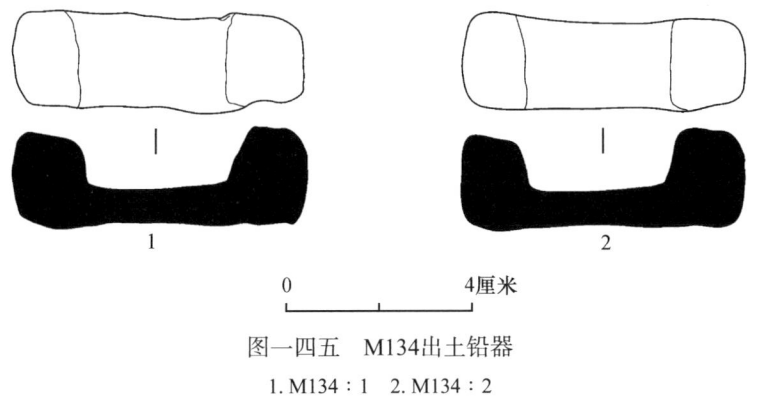

图一四五　M134出土铅器
1. M134∶1　2. M134∶2

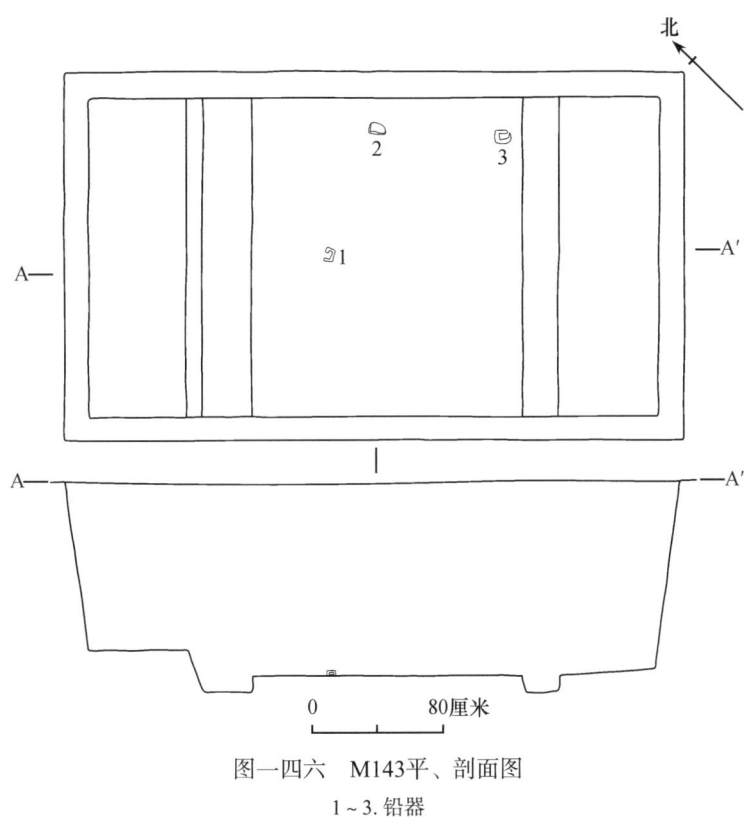

图一四六　M143平、剖面图
1~3. 铅器

99. M147

位于C区T21和T22内，开口于第2层下。长方形竖穴土坑墓，墓向为254°。墓壁由上往下有收分，口长335、宽200~212厘米，底长292、宽180~192厘米，墓底距墓口深220~230厘米。填土呈黄褐色，有夯筑迹象。墓底有两道横置枕木凹槽，长170、宽34、深10厘米。人骨位于墓室中部，保存状况差。墓主仰身直肢，头向西南，面向上，性别与年龄不明。有板灰痕迹。随葬品共4件。随葬品主要发现于头端凹槽内及墓室西端，有陶豆2件、陶盂1件、陶罐1件（图一四八；图版四四，1）。

陶豆　2件。标本M147∶2，泥质黄褐陶。敞口，圆唇，浅盘，微折壁，高柄，喇叭状底座，底座较高。口径13.6、底径7.2、通高12.4厘米（图一四九，1；图版四四，2）。标本M147∶4，泥质黄褐陶。敞口，圆唇，弧形浅盘，高柄，喇叭状底座且底座较高。口径15.6、

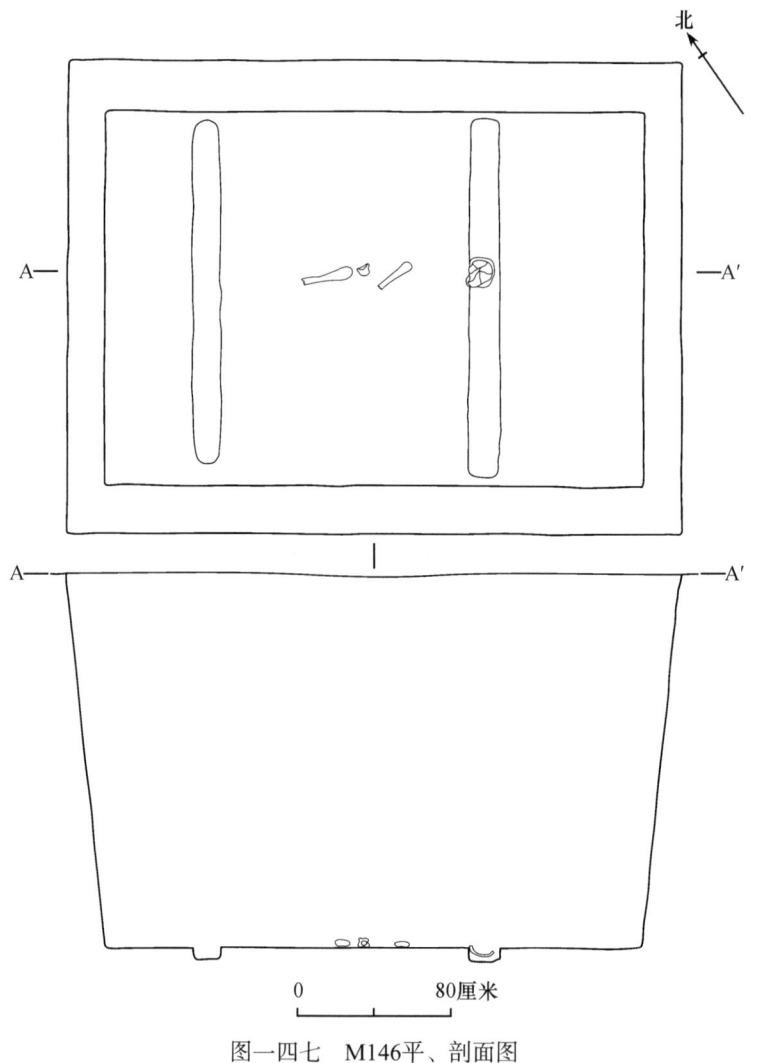

图一四七 M146平、剖面图

底径8.4、通高12.6厘米（图一四九，3；图版四四，3）。

陶盂　1件。标本M147：3，泥质褐陶。侈口，圆唇，折沿，束颈，浅弧腹，小平底。素面。口径21.2、底径4、高10厘米（图一四九，2；图版四四，4）。

陶罐　1件。标本M147：1，残碎严重。

100. M150

位于C区T22内，开口于第2层下，被盗扰严重。长方形竖穴土坑墓，墓向为342°。墓壁由上往下带有收分，墓口长364、宽260厘米，底长325、宽220厘米，墓底距墓口深180～186厘米。填土呈黄褐色，有夯筑迹象。墓底有横置枕木凹槽，长170、宽16、深6厘米。人骨、葬具、随葬品等均不明（图一五〇）。

101. M153

位于D区T11和T12内，开口于第2层下，墓葬南部被盗洞打破。长方形竖穴土坑墓，墓向为13°。墓壁略有收分，墓口长420、宽320厘米，底长360、宽260厘米，墓底距墓口深300～310厘米。填土呈黄褐色，有夯筑迹象。墓底有两道横置枕木凹槽，长248、宽40、深10

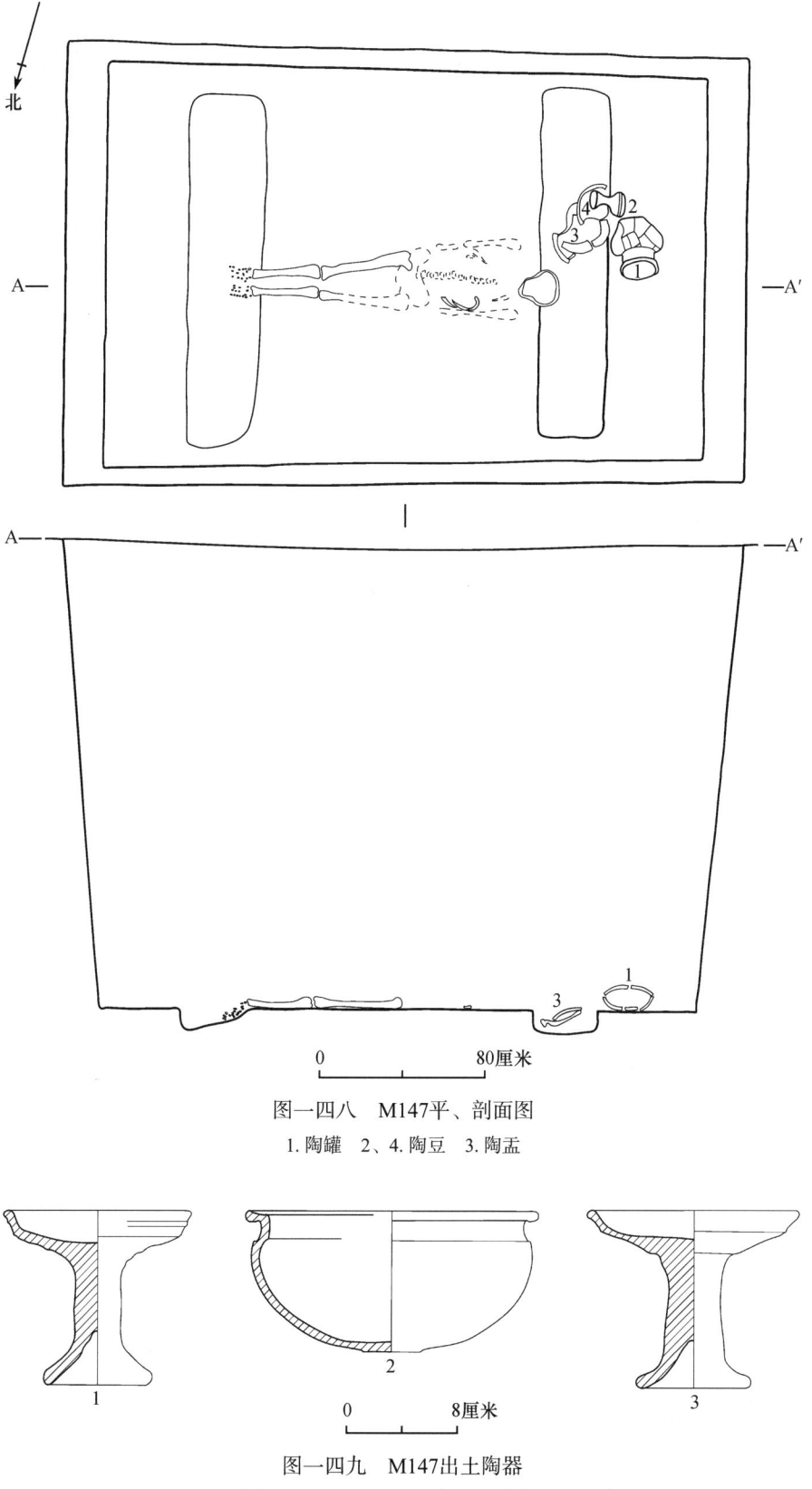

图一四八　M147平、剖面图
1.陶罐　2、4.陶豆　3.陶盂

图一四九　M147出土陶器
1、3.豆（M147∶2、M147∶4）　2.盂（M147∶3）

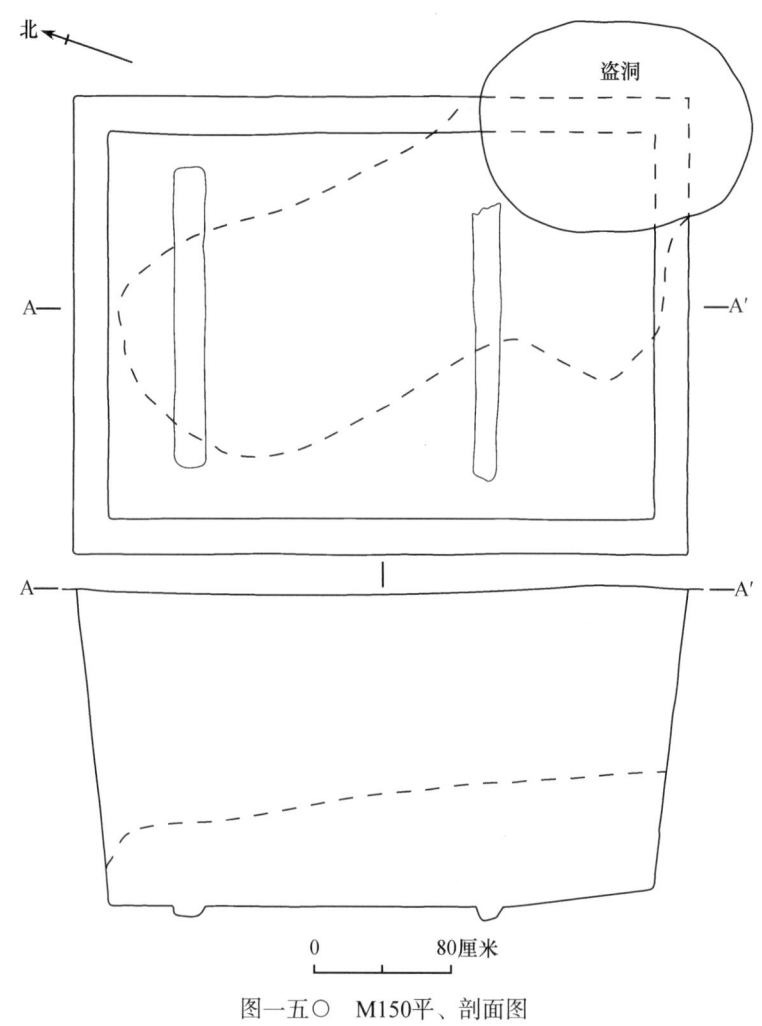

图一五〇　M150平、剖面图

厘米。人骨位于墓室中部，保存状况差。墓主仰身直肢，头向东北，面向上。有棺木痕迹。随葬品共13件。除1件铜矛位于墓主右侧，1件铜铃发现于头端枕木凹槽，其余均位于墓主左侧，包括陶鼎、陶壶、陶豆、陶敦、铜剑等（图一五一；图版四五，1）。

陶鼎　2件。标本M153：4，泥质褐陶。子母口，浅腹，腹壁较直，平底。对称竖耳，扁棱形三足，腹中部有一道凸棱，鼎腿上部有动物头像，盖顶近平。口径17.2、通高20.5厘米（图一五二，1；图版四九，1、2）。标本M153：6，泥质褐陶。子母口，浅腹，腹壁微鼓，平底。对称竖耳，扁棱形三足，腹中部有一道凸棱，鼎腿上部有动物头像，盖顶近平，顶上一立纽，附一衔环。口径17.2、通高21厘米（图一五二，4；图版四八，1、2）。

陶壶　2件。标本M153：7，泥质褐陶。敞口，长颈，鼓腹，矮圈足外撇。腹部两侧各有一衔环铺首，弧形盖。通体素面。口径9、腹径20.8、底径10.8、通高28厘米（图一五二，7；图版四七，4）。标本M153：8，泥质褐陶。敞口，长颈，鼓腹，矮圈足外撇。腹部两侧各有一衔环兽首铺首，盖近平。通体素面。口径9、腹径18.8、底径10、通高21厘米（图一五二，8；图版四七，3）。

陶豆　4件。标本M153：5，泥质褐陶。口微敞，高领，折肩，弧腹，圜底。豆盘呈壶形，高柄，喇叭形圈足座，有盖，盖顶近平。口径7、底径8、通高20.6厘米（图一五二，2；图版四六，3）。标本M153：9，泥质褐陶。口微敛，腹壁较直，平底。细长柄，喇叭形圈

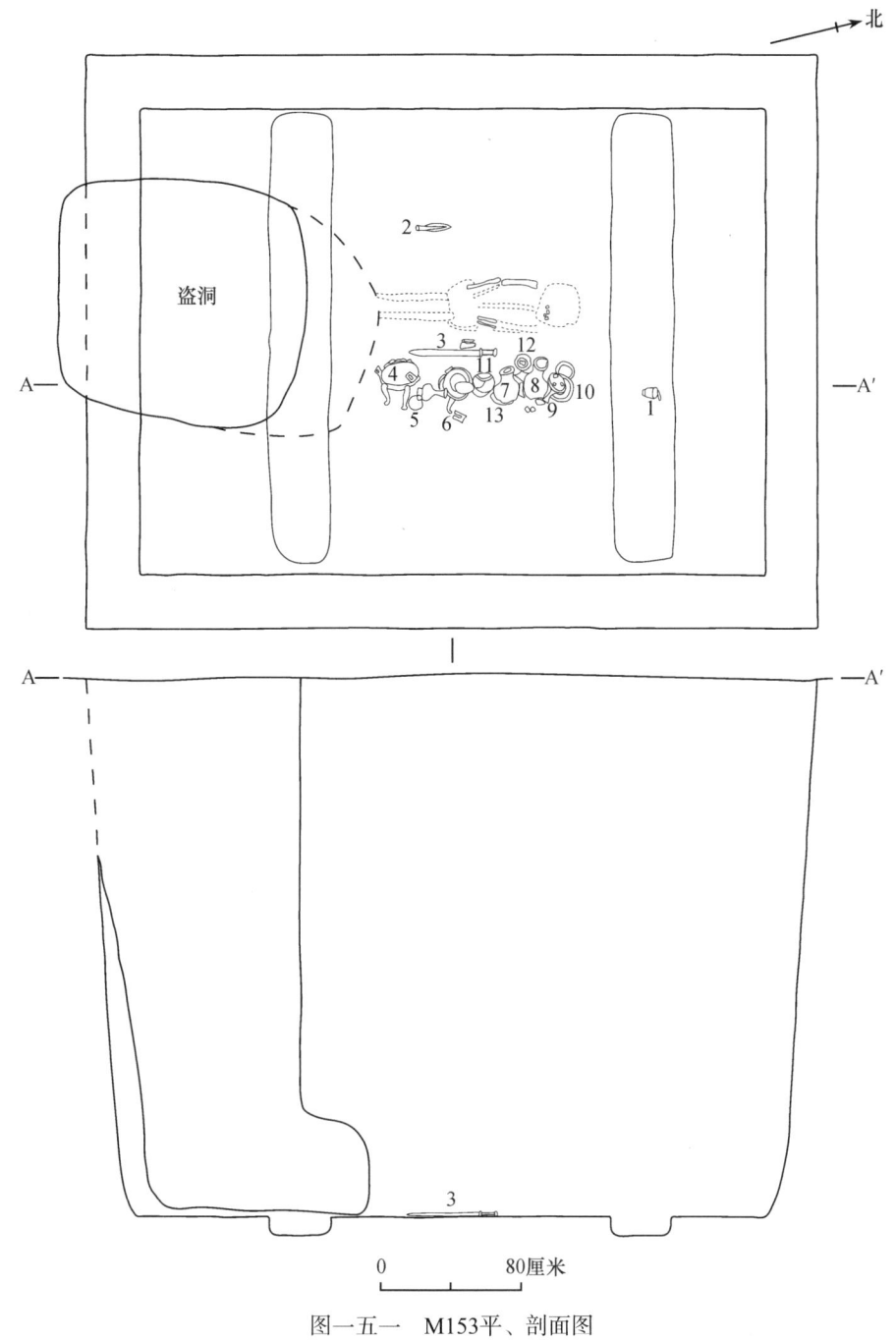

图一五一　M153平、剖面图
1.铜铃　2.铜矛　3.铜剑　4、6.陶鼎　5、9、11、12.陶豆　7、8.陶壶　10、13.陶敦

足座，有盖，盖顶近平，顶上有三个曲折立纽。口径12、底径9.2、通高21厘米（图一五二，3；图版四七，2）。标本M153：11，泥质褐陶。口微敛，腹壁较直，圈底近平。细长柄，喇叭形圈足座，有盖，盖顶近平，顶上有三个曲折立纽。口径11.3、底径9.2、通高21厘米（图一五二，6；图版四七，1）。标本M153：12，泥质褐陶。敞口，高领，折肩，弧腹，圈底。豆盘呈壶形，高柄，喇叭形圈足座，有盖，盖为弧形。口径6、最大腹径11.6、底径9.2、高20.8厘米（图一五二，5；图版四六，4）。

陶敦　2件。标本M153：10，泥质褐陶。圆球形，上下各有三个动物形立纽。腹径18、通高24厘米（图一五三，3；图版四六，1）。标本M153：13，泥质褐陶。圆球形，上下有

图一五二 M153出土器物

1、4.陶鼎（M153：4、M153：6） 2、3、5、6.陶豆（M153：5、M153：9、M153：12、M153：11） 7、8.陶壶（M153：7、M153：8） 9.铜铃（M153：1）

三个动物形立纽，有两足残。器身饰六道弦纹。腹径18、通高22厘米（图一五三，4；图版四六，2）。

铜铃　1件。标本M153：1，筒形，口微凹弧，纽残，顶平。素面。残高5厘米（图一五二，9；图版四九，3）。

铜矛　1件。标本M153：2，柳叶形矛叶，圆脊，骹较短，圆銎，双弓形耳。通长18.3厘米（图一五三，2；图版四五，3）。

铜剑　1件。标本M153：3，剑身断面呈菱形，中脊隆起，有格，柱状柄中空，圆形剑首。通长46厘米（图一五三，1；图版四五，2）。

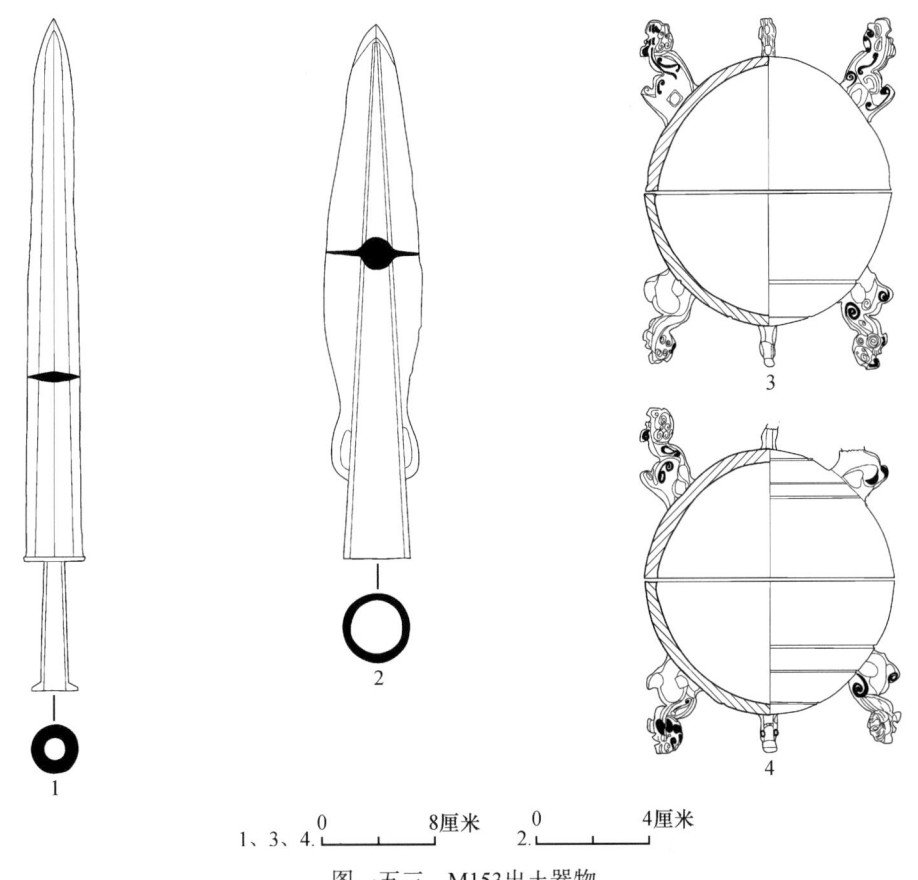

图一五三　M153出土器物
1. 铜剑（M153∶3）　2. 铜矛（M153∶2）　3、4. 陶敦（M153∶10、M153∶13）

102. M154

位于D区T1和T10内，开口于第2层下。长方形竖穴土坑墓，墓向为113°。墓葬口大底小，墓壁由上往下有收分，口长300、宽160厘米，底长280、宽150厘米，墓底距墓口深115～125厘米。填土呈黄褐色，有夯筑迹象。墓底有两道横置枕木凹槽，头端凹槽长146、宽30、深10厘米，足端凹槽长122、宽20、深8厘米。人骨位于墓室中部，保存状况较好，仰身直肢，头向东南，面向北。有棺木痕迹。共有3件随葬品，其中1件陶罐发现于足端凹槽内，紧邻足端凹槽的墓室西端有陶罐1件和陶盂1件（图一五四；图版五〇，1）。

陶罐　2件。标本M154∶1，泥质灰陶。敞口，束颈，高领，圆鼓肩，腹弧收，平底。肩饰弦纹。口径12、腹径17.6、底径9.6、高15.4厘米（图一五五，1；图版五〇，2）。标本M154∶2，泥质褐陶。侈口，平沿，方唇，束颈，高领，鼓肩，深腹弧收，平底。肩饰两道凹弦纹。口径10、腹径13.2、底径7.6、高14厘米（图一五五，2）。

陶盂　1件。标本M154∶3，泥质黄褐陶。侈口，束颈，肩微鼓，弧腹，底内凹。器身仅底处饰有绳纹。口径20.4、底径9.2、高11.2厘米（图一五五，3；图版五〇，3）。

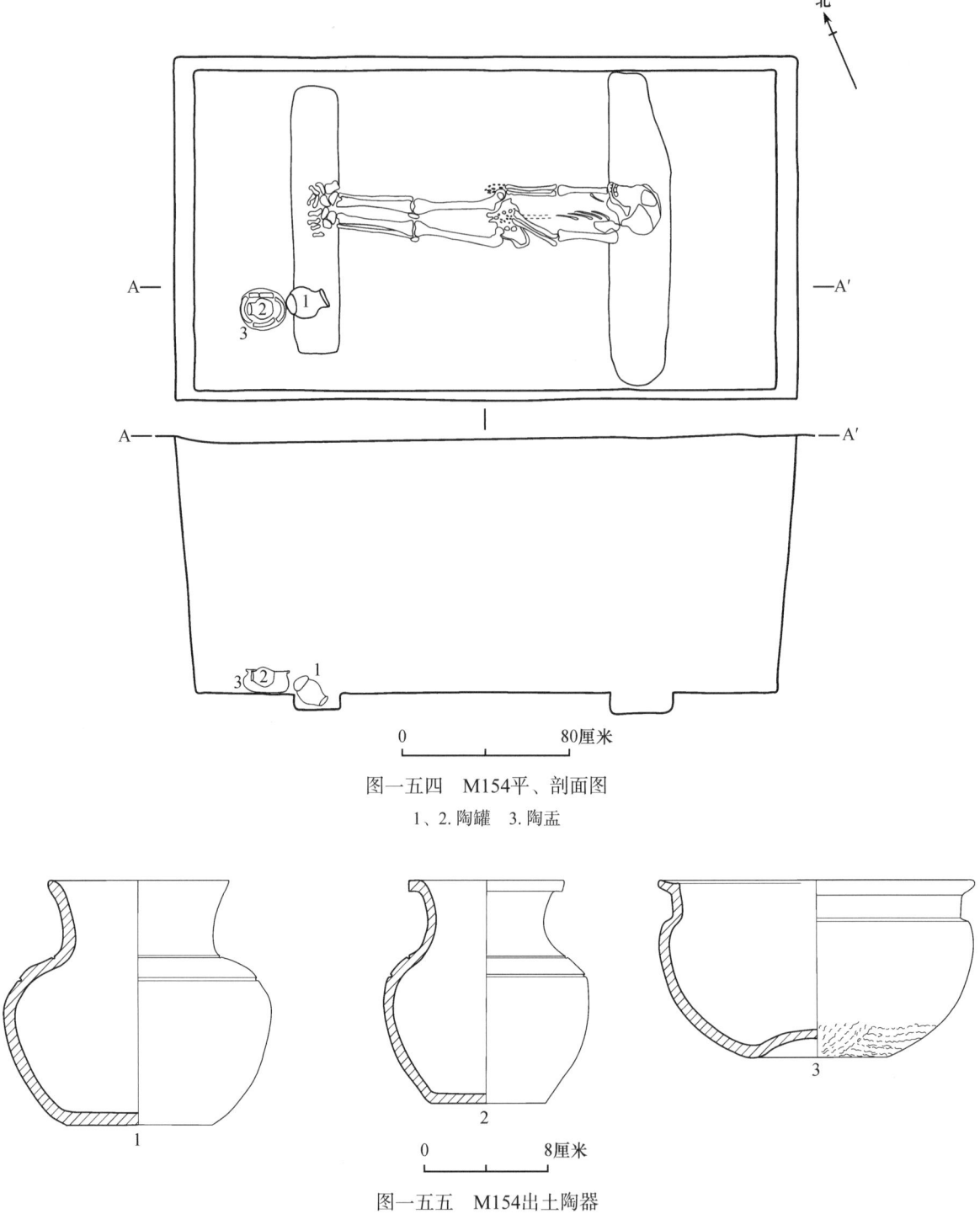

图一五四　M154 平、剖面图
1、2. 陶罐　3. 陶盂

图一五五　M154 出土陶器
1、2. 罐（M154∶1、M154∶2）　3. 盂（M154∶3）

103. M155

位于D区T13、T19内,开口于第2层下。长方形竖穴土坑墓,墓向为305°。墓壁由上往下收分较大,口长350、宽257厘米,底长276、宽190厘米,墓底距墓口深220~288厘米。填土呈黄褐色,土质稍硬,有夯筑迹象。墓底有两道横置枕木凹槽,长168、宽24、深8厘米。人骨头向西北,面向东北,侧身直肢。未见棺木痕迹。无随葬器物(图一五六)。

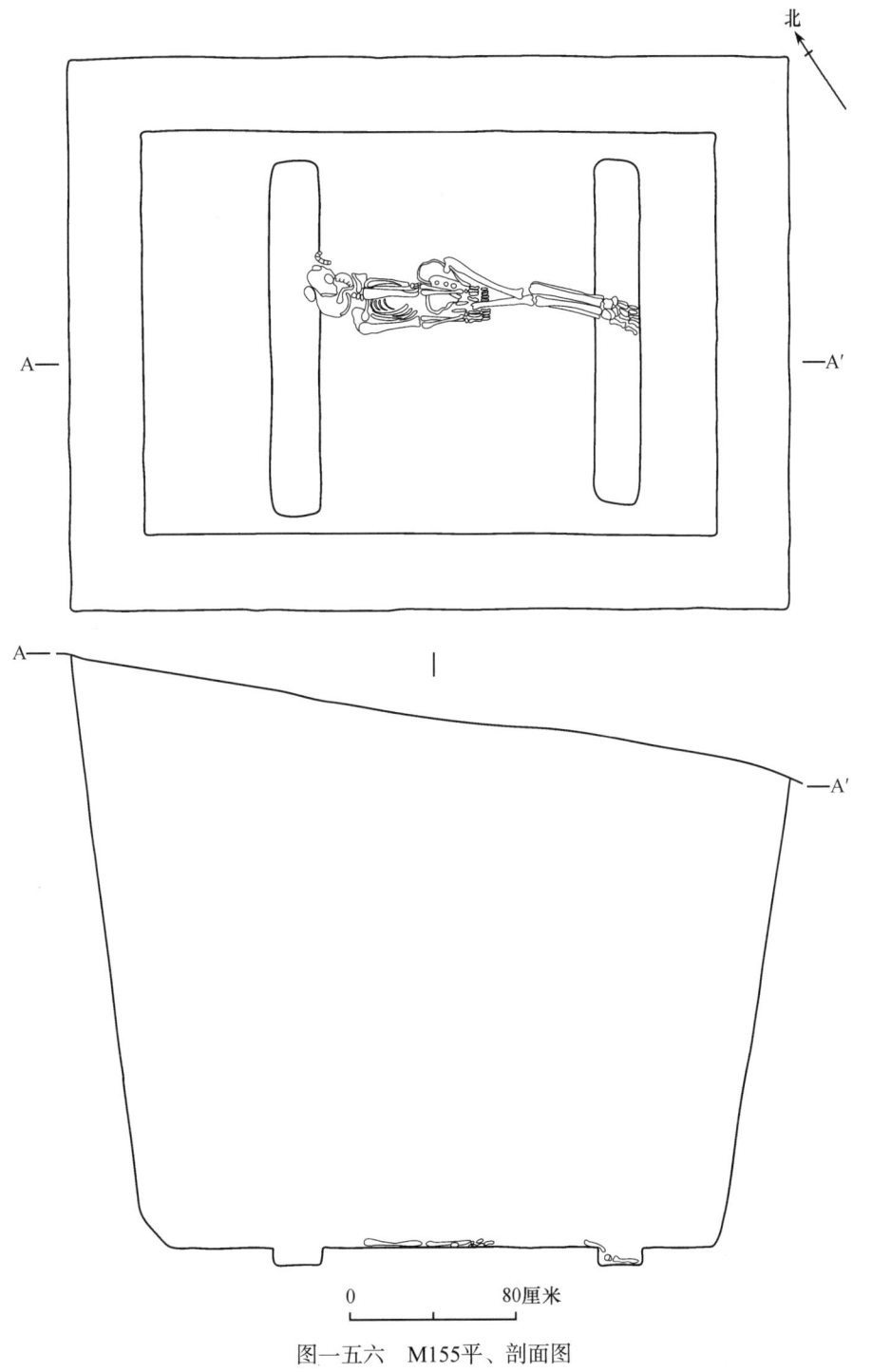

图一五六　M155平、剖面图

第三章 汉代墓葬

共发现此时期的墓葬29座，土坑墓27座、砖室墓2座。

第一节 土 坑 墓

1. M18

位于A区T65、T66、T72和T73内，开口于第2层下，打破生土层，打破M19的西北角。长方形竖穴土坑墓，墓向129°。墓室口底大小相同，长440、宽360厘米，墓底距墓口深230～262厘米。墓室填土呈黄褐色，土质较坚硬，有夯筑迹象。发现4具人骨，保存状况差，皆为仰身直肢，头向东南，面部朝向、性别与年龄等情况均不明。有棺木痕迹。墓底中心部位有一道西北—东南向的土坎，截面略呈圆角三角状，高6～8厘米。该土坎将四具骨架分为两组，每组两具。墓底人骨架之下，有一层厚23～36厘米的填土，四周筑深15～20厘米的凹槽，四角及西北、东南两边正中处各有深51～62厘米的柱洞，共6个，当为模仿建筑的构造形式。墓室底层有踩踏层，表面平整，有木棒痕迹，半径约6厘米，东西向规则排列。随葬品多分布于墓室四周，其中又以东北角和东南角最为集中。随葬品种类丰富，数量众多，组合较为完整，包括铜钫、铜鍪、铜鉴、铜洗、陶俑、陶动物模型、陶楼、陶囷、陶甗、陶灯、陶釜、陶罐、陶盆、陶碗、陶三叉形器、釉陶鍪、釉陶盆、釉陶三足炉、釉陶勺、釉陶灯、釉陶钵、釉陶博山炉盖、釉陶杯、釉陶魁、釉陶壶、铜耳杯扣、银指环、银镯、铜五铢、铁剑、铁锥、铁釜等，还发现残碎的鸡蛋壳（图一五七；图版五一，1、2；图版五二，1～3）。

铜钫　1件。标本M18：1，盘口，束颈，肩两侧有兽面铺首衔环，方腰弧面向下内收，方圈足。口径11.2、腹径23.5、底径15.2、高34.2厘米（图一五八，1）。

铜鍪　1件。标本M18：2，侈口，束颈，折肩，颈肩两侧各有一环形耳，斜弧腹，圜底。腹部饰两道弦纹。口径28、腹径30、高23厘米（图一五八，4；图版五三，1）。

铜鉴　1件。标本M18：3，侈口，沿近折，腹壁较直，平底。腹部饰凸弦纹三道。口径28、底径14、高12厘米（图一五八，2；图版五三，2）。

铜洗　1件。标本M18：4，侈口，沿近平，束颈，弧腹，平底。腹部饰数道弦纹。口径26.2、腹径25.8、底径15.8、高12厘米（图一五八，3；图版五三，3）。

铜耳杯扣　4对。为漆木耳杯上的扣饰，平面为月牙形，剖面为"⌐"形。标本

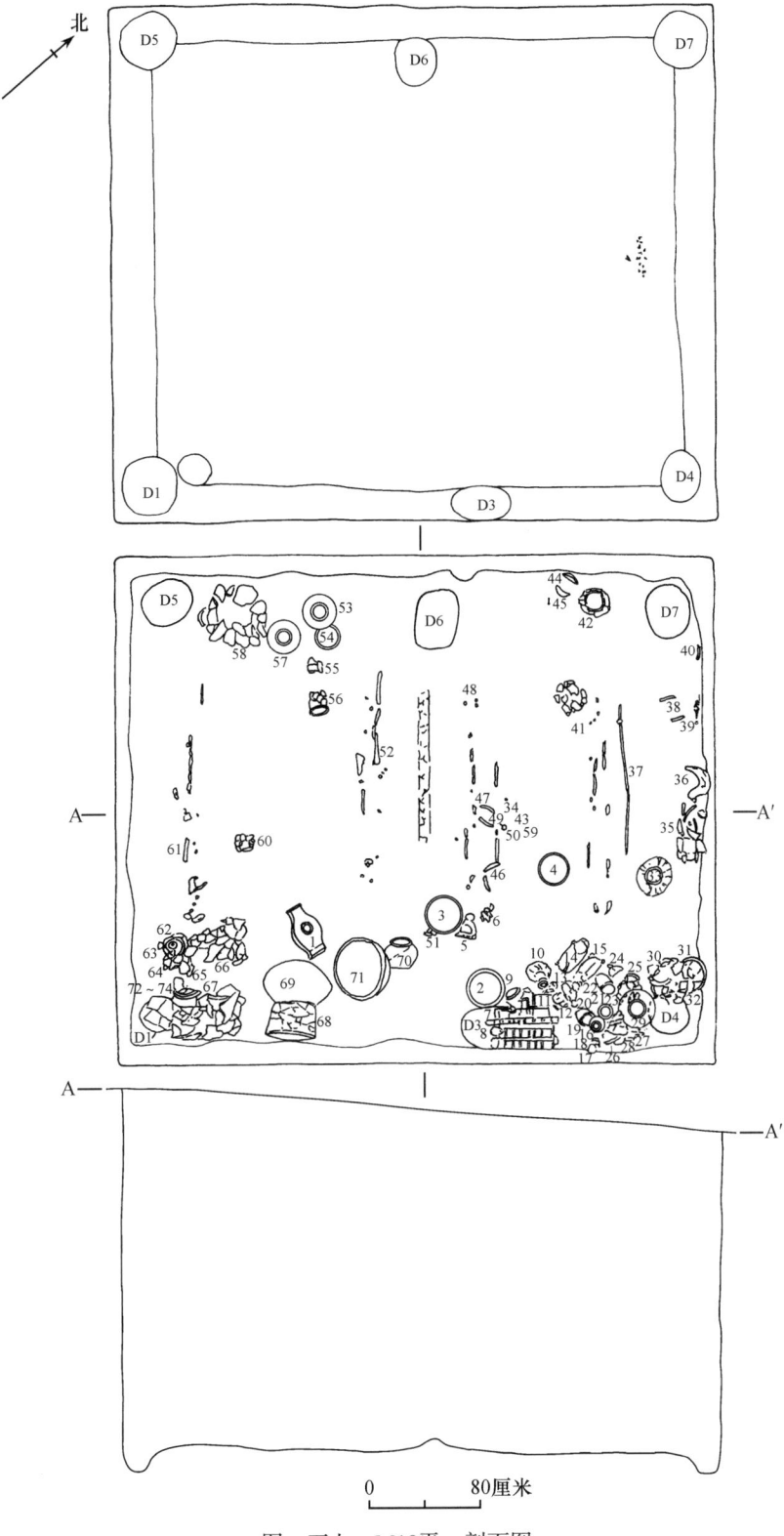

图一五七　M18平、剖面图

1.铜钫　2.铜鍪　3.铜鉴　4.铜洗　5、9～13、51.陶俑　6、36.陶鸡　7、8.陶楼　14.陶狗　15.陶猪　16.釉陶鍪　17.釉陶杯　18.陶三叉形器　19～22、31、42、56、58、67.陶囷　23、68.陶甑　24.釉陶博山炉盖　25.陶灯　26、54.釉陶盆　27.釉陶钵　28、30.陶釜　29、32、33、35、53、57、65、70.陶罐　34、43、59.银指环　37、40.铁剑　38、44、46、47.铜耳杯扣　39、41、48、52、61.铜五铢　45.铁锥　49、50.银镯　55.陶动物模型　60.釉陶三足炉　62.釉陶勺　63.釉陶魁　64.釉陶灯　66.釉陶壶　69.铁釜　71.陶盆　72～74.陶碗

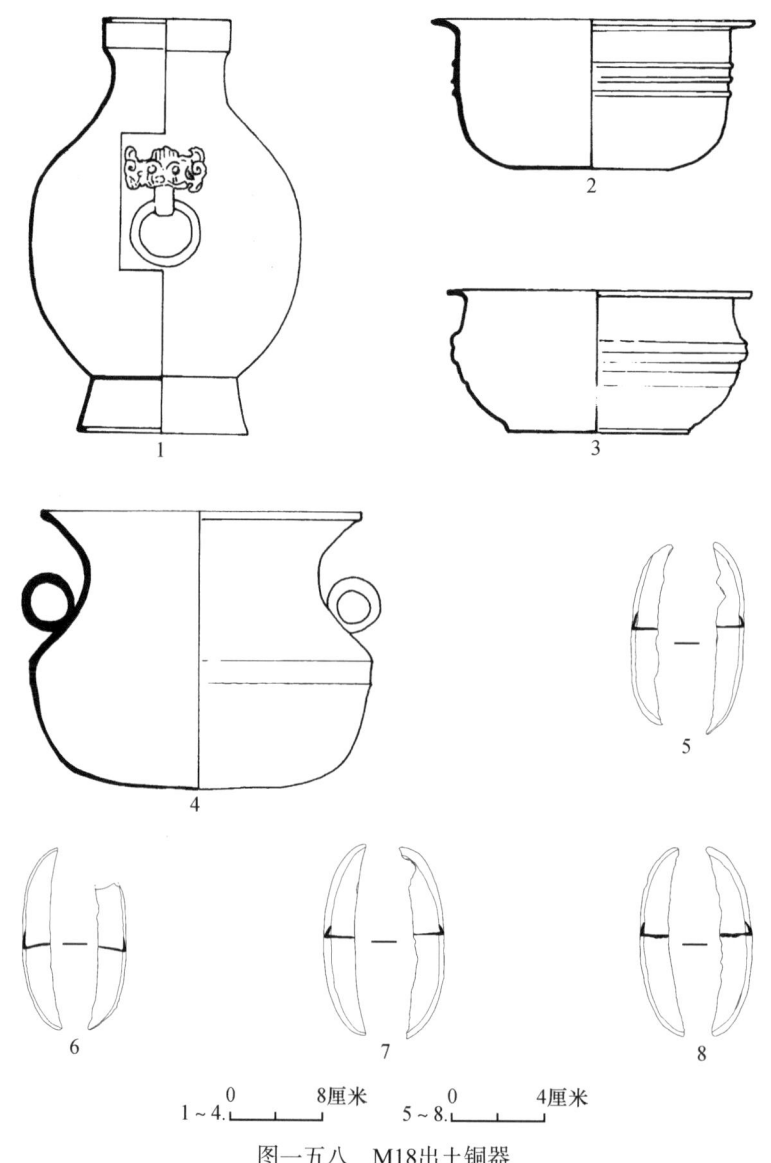

图一五八 M18出土铜器

1. 钫（M18：1） 2. 鉴（M18：3） 3. 洗（M18：4） 4. 鍪（M18：2） 5~8. 耳杯扣（M18：38、M18：44、M18：46、M18：47）

M18：38、M18：44、M18：46，外侧有鎏金，内侧有朽木质残留。标本M18：47，外侧有鎏金，内侧有朽木质残留，其中一个内侧朽木上保留红色颜料画的菱形图案。器物均通长8厘米（图一五八，5~8；图版五三，6）。

陶俑　7件。皆为泥质红陶。标本M18：5，抚琴俑。面部表情丰富，线条明显，身着交领长袍，头饰不清，跽坐抚琴，琴置于膝上，左手置琴上，右手微抬，似刚拨动一弦。模制。通高19.8厘米（图一五九，1；图版五七，1）。标本M18：9，舞俑。残，双高髻，面目不清，身着右衽广袖长裙，裙摆有方格图案，左手抚腰，右手高举，做舞蹈状。模制。通高25.2厘米（图一五九，4；图版五七，4）。标本M18：10，击鼓俑。残，头戴平顶方头冠，身着交领宽袖长袍，面目清晰，表情祥和，右手上举似做拍击状。模制。通高18.8厘米（图一五九，2；图版五七，2）。标本M18：11，头戴平顶方冠，面目丰颐，身着交领宽袖长袍，内有高领衬衣，双手伸展，下肢残损。模制。通高17.8厘米（图一五九，3）。标本M18：12，拱手立俑。

头戴冠，身着交领宽袖长袍，内有高领衬衣，袍裙着地，面目和润，双手抱持于胸前，拢于袖中，表情肃穆。模制。通高22厘米（图一五九，5；图版五七，3）。标本M18：13，歌俑。头戴冠，身着交领宽袖长袍，内有衬衣，束腰带，跪坐，面目不清，头部向左前方微微仰起，左手置于膝上，右手上举至肩部。模制。通高18.8厘米（图一五九，6）。标本M18：51，残碎严重，无法修复。

陶鸡　2件。皆为泥质红陶。标本M18：6，该件仅残留鸡腹部。模制。残长16、残高8.8厘

图一五九　M18出土陶器

1~6.俑（M18：5、M18：10、M18：11、M18：9、M18：12、M18：13）　7、9.鸡（M18：6、M18：36）
8.三叉形器（M18：18）　10.狗（M18：14）　11.猪（M18：15）

米（图一五九，7）。标本M18：36，立身，仰头，翘尾，身体略显肥硕，羽翼可辨。模制。长19.6、通高21.6厘米（图一五九，9；图版五六，1）。

陶狗　1件。标本M18：14，泥质红陶。立身，伸颈，仰首，怒目张口，做狂吠状，脖与前肢间系带，四肢粗壮有力，后肢后蹬，尾巴向上卷起贴于臀部。模制。长28、通高21.2厘米（图一五九，10；图版五八，1）。

陶猪　1件。标本M18：15，泥质红陶。眼睛圆睁，猪嘴前凸、微上翘，两耳竖立，鼻孔扩张，背鬃竖起，身体肥硕，四肢分立、短而粗壮。模制。长23、通高13.6厘米（图一五九，11；图版五八，2）。

陶三叉形器　1件。标本M18：18，泥质红陶。整体呈三叉形，似牛首，无纹饰。通高10.4厘米（图一五九，8）。

陶动物模型　1件。标本M18：55，泥质红陶。残碎严重。

陶楼　2件。皆为泥质灰陶。标本M18：7，屋顶较平，前侧有七道瓦垄，屋顶起脊，后部较平，屋脊两端微翘。屋前墙下伸，前檐下有两根立柱，其上各承一斗三升多层斗拱，门下有三层阶基。面阔44、进深20、通高37厘米（图一六〇，1；图版五四，1）。标本M18：8，为箱形带顶带露台式楼房，顶微弧，顶前侧有八道瓦垄，顶正中有长条形屋脊隆起，屋脊两端微翘。顶下为一横长方形房檐板，檐下有五根方形梁头，前檐下立柱三根，两边侧柱各承一斗，中柱承一斗三升。面阔两间，房子下部为露台式结构，呈横长方形，正面有三列横长方形槽

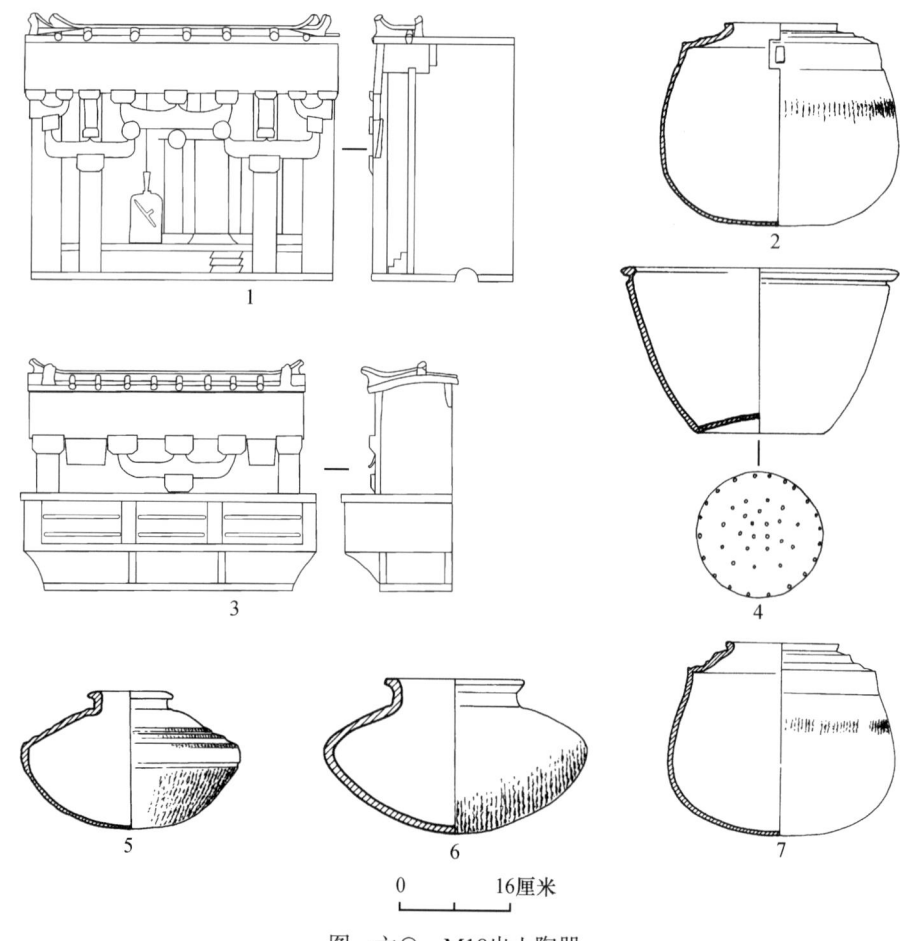

图一六〇　M18出土陶器

1、3.楼（M18：7、M18：8）　2、7.囷（M18：58、M18：67）　4.甑（M18：68）　5、6.圜底罐（M18：35、M18：53）

孔。面阔42、房体部进深10、露台部进深6、通高32厘米（图一六〇，3；图版五四，2）。

陶囷 9件。皆为泥质灰陶。标本M18：19，带盖，盖顶下凹，子母口，口微侈，凹肩，上腹壁微弧，下腹弧壁下收，底内凹。口径8.8、腹径14、底径10.4、通高14.6厘米（图一六一，1）。标本M18：20，盖顶稍平，盖壁斜弧，子母口，口微敛，圆唇，折肩，弧腹下收，平底。腹部饰凹弦纹一道。口径11、腹径14、底径9.2、通高16厘米（图一六一，4）。标本M18：21，子母口，腹微鼓，下腹斜收，平底。口径14、腹径22、底径17、通高16厘米（图一六一，7）。标本M18：22，弧盖，子母口，口微敛，圆唇，斜折肩，上腹略束，下腹鼓壁下收，平底。腹部饰凹弦纹一道。口径11、腹径14、底径9.6、通高18厘米（图一六一，5；图版五五，5）。标本M18：31，口微敞，斜折肩，深鼓腹，圜底。肩上部饰凸弦纹两道，肩下部饰网格纹。口径11.5、腹径29、高26厘米（图一六一，8）。标本M18：42，子母口，口微侈，折肩，弧腹下收，平底。口径10、腹径15.2、底径12、高14厘米（图一六一，6）。标本M18：56，口微敛，微折肩，深腹微弧，平底。口径11.2、腹径15、底径10.4、高13.2厘米（图一六一，2）。标本M18：58，口微敞，斜折肩，鼓腹下垂，底近圜。肩部饰凸弦纹，有

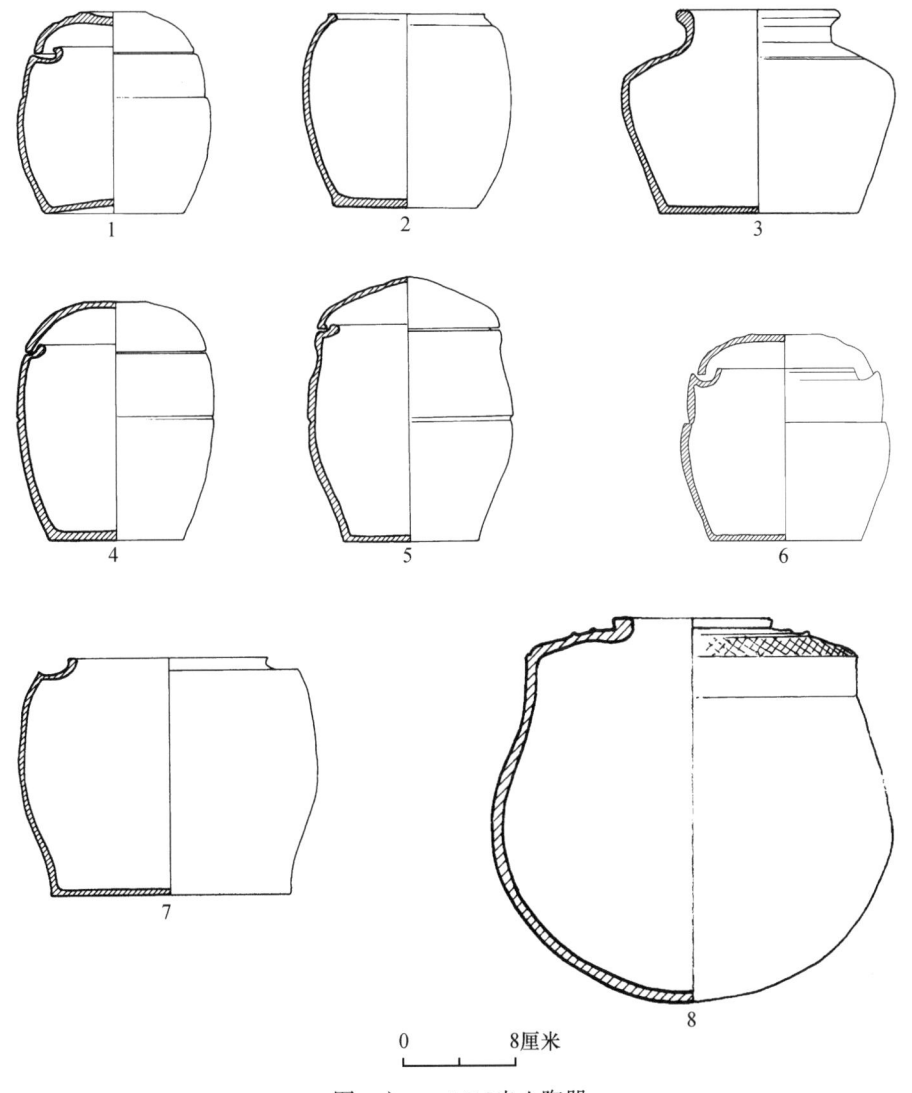

图一六一 M18出土陶器

1、2、4~8.囷（M18：19、M18：56、M18：20、M18：22、M18：42、M18：21、M18：31） 3.平底罐（M18：70）

长方形戳印，为"左阳侯"，腹部饰绳纹。口径16、腹径34.4、高28.2厘米（图一六〇，2）。标本M18：67，子母口，鼓腹，圜底。肩部曲折，饰凸弦纹。口径16、腹径32、高28厘米（图一六〇，7）。

陶甑　2件。标本M18：23，泥质红陶。侈口，厚唇，折沿，直颈，弧腹，平底，底部有七个圆形小孔。口径14.4、底径5.2、高6厘米（图一六二，2；图版五六，2上）。标本M18：68，泥质灰陶。口略敛，折沿，斜腹微弧，底内凹，底部有数十个圆形小孔。口径40、底径18、高23厘米（图一六〇，4）。

陶灯　1件。标本M18：25，泥质红陶。豆形。侈口，束柄，高弧座。素面。口径9.6、底径10.8、高10.2厘米（图一六二，5）。

陶平底罐　2件。标本M18：33，泥质灰陶。侈口，卷沿，圆唇，束颈，斜折肩，弧腹下收，平底。肩部及腹部饰凹弦纹，肩部戳印三角纹。口径10.8、腹径17.5、底径9、高12厘米（图一六二，3）。标本M18：70，泥质灰陶。侈口，卷沿，圆唇，束颈，斜折肩，腹下收，平底。肩部饰凹弦纹。口径11.7、腹径20、底径14、高14厘米（图一六一，3）。

陶圜底罐　6件。标本M18：29，泥质灰陶。口微敞，卷沿，短束颈，广肩，扁鼓腹，圜底。上腹部饰凹弦纹，下腹部拍印绳纹。口径8、腹径27、高15.4厘米（图一六二，13；图版五五，3）。标本M18：32，泥质灰陶。口微敛，卷沿，束颈，广折肩，扁壶腹，圜底。下腹部拍印绳纹。口径10.8、腹径20、高10.4厘米（图一六二，6）。标本M18：35，泥质灰陶。口微敞，圆唇，束颈，广斜肩，弧腹，圜底。上腹部饰凹弦纹，下腹部拍印绳纹。口径12、腹径32、高19.6厘米（图一六〇，5）。标本M18：53，泥质灰陶。口微侈，卷沿，束颈，浅腹斜收，尖圜底。上腹部饰弦纹，下腹部饰竖向绳纹。口径20.3、腹径38.4、高21.3厘米（图一六〇，6）。标本M18：57，泥质灰陶。口微敛，宽平沿，广肩，弧腹下收较甚，尖圜底。下腹部饰竖向绳纹。口径10.4、腹径19.2、高10.8厘米（图一六二，9）。标本M18：65，泥质红陶。口微敛，圆唇，束颈，广斜肩，扁弧腹，圜底。腹饰竖向绳纹。口径10.8、腹径20、高10.2厘米（图一六二，11）。

陶釜　2件。标本M18：28，泥质红陶。敞口，高领，方唇，鼓腹，下腹斜收，平底。素面。口径10.5、腹径12、底径6、高7厘米（图一六二，8；图版五六，2下）。标本M18：30，泥质红陶。大侈口，圆唇，束颈较长，垂腹，尖圜底。腹部拍印竖向绳纹。口径24、腹径30、高20厘米（图一六二，12；图版五五，2）。

陶盆　1件。标本M18：71，泥质灰陶。口微敛，折沿，上腹稍直，下腹斜收，平底。上腹部饰凸弦纹一道。口径18、底径9.9、高10.5厘米（图一六二，1；图版五五，4）。

陶碗　3件。均为泥质灰陶。敞口，弧腹，平底。标本M18：72，口径16、底径6、高6厘米（图一六三，7）。标本M18：73，口径18.4、底径7.2、高7.2厘米（图一六三，8）。标本M18：74，口径16、底径7.2、高7厘米（图一六三，9）。

釉陶钵　1件。标本M18：27，泥质红陶，施橙红釉。口微敞，弧壁，平底。腹壁有多道弦纹。口径15、底径6、高6厘米（图一六二，10）。

釉陶博山炉盖　1件。标本M18：24，泥质红陶。盖纵剖面呈三角形，高而尖。表面为微凸的火焰状堆纹。施橙红釉。底径10、高6厘米（图一六三，10）。

图一六二 M18出土器物

1. 陶盆（M18:71） 2. 陶甑（M18:23） 3. 陶平底罐（M18:33） 4. 釉陶三足炉（M18:60） 5. 陶灯（M18:25）
6、9、11、13. 陶圜底罐（M18:32、M18:57、M18:65、M18:29） 7. 釉陶鍪（M18:16） 8、12. 陶釜（M18:28、M18:30） 10. 釉陶钵（M18:27）

釉陶鍪　1件。标本M18:16，泥质红陶，施绿色釉。侈口，束颈，鼓腹，平底。腹部饰弦纹，颈部有凸棱。口径10.4、腹径11.6、底径4、高8.2厘米（图一六二，7）。

釉陶杯　1件。标本M18:17，泥质红陶，施橙色釉。直口圆唇，壁较直，平底。腹部附单耳。口径7.2、底径5、高7.2厘米（图一六三，11）。

釉陶三足炉　1件。标本M18:60，泥质红陶，通体施橙褐色釉。侈口，半环形竖耳外撇，束颈，釜形鼎身，腹扁圆，圜底，扁形三足内曲。腹部有两道弦纹。口径13.4、通高12.6厘米（图一六二，4；图版五五，1）。

釉陶勺　1件。标本M18∶62，泥质红陶，施橙红色釉。口微侈，圜底，呈碗形，口沿上侧有一细长斜柄，呈钩曲形。素面。勺口径4.2、通长10.6、通高6.6厘米（图一六三，5）。

釉陶魁　1件。标本M18∶63，泥质红陶，施橙褐色釉。口微敛，弧壁，平底，腹部带有一柄，柄微上斜。器腹饰弦纹两道。口径15.2、底径6、高6.2、柄长5厘米（图一六三，4）。

釉陶灯　1件。标本M18∶64，泥质红陶，施橙褐色釉。豆形，圆唇，盘口，束柄，弧座，素面，上下对置。上半部口径11.2、上半部底径9、下半部口径10、底径11.2、通高16.5厘米（图一六三，1）。

釉陶壶　1件。标本M18∶66，泥质红陶，施橙褐色釉。带盖，盖顶有一环形纽，纽上端略残，盖壁有四个三角凸。子母口，口微敛，长束颈，鼓腹下收，圈足。颈部饰弦纹数道，腹部有一对兽面衔环铺首。口径14.4、腹径24、底径15.7、通高33.2厘米（图一六三，6；图版五六，3）。

釉陶盆　2件。皆为橙红釉，泥质红陶。标本M18∶26，敞口，折沿，斜弧腹。腹部饰凸弦纹一道。口径17.1、底径6、高5.8厘米（图一六三，2）。标本M18∶54，敞口，折沿，弧腹。腹部饰凹弦纹两道。口径16.4、底径6、高6厘米（图一六三，3；图版五五，6）。

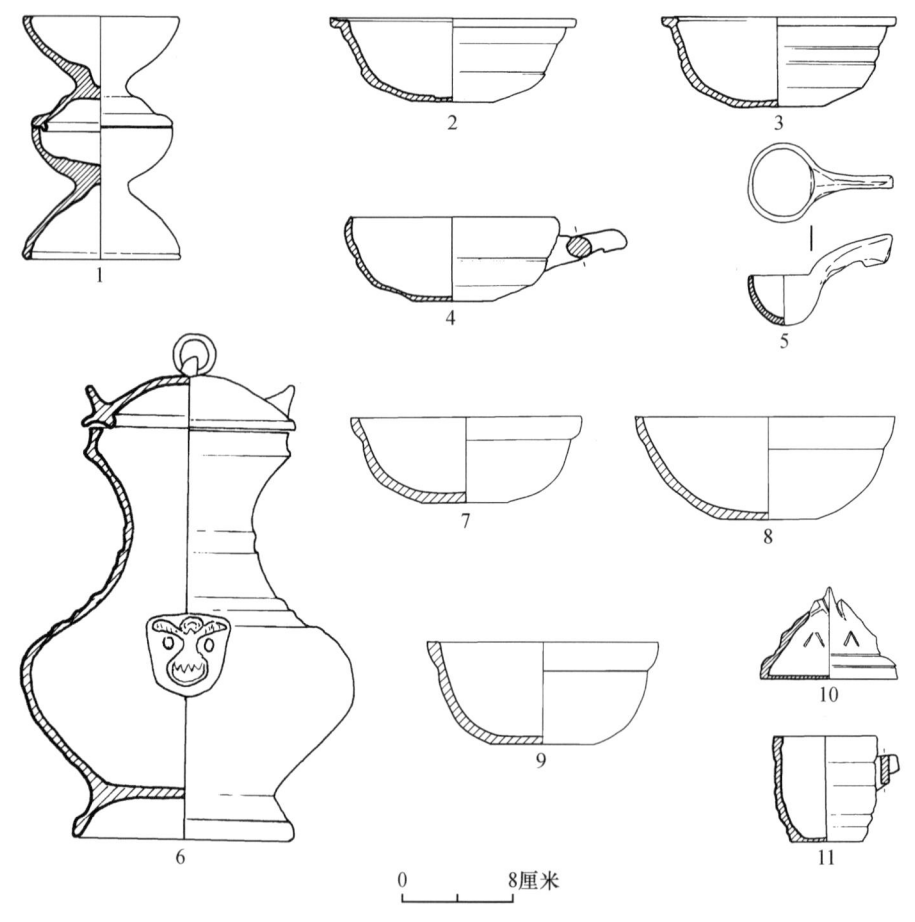

图一六三　M18出土器物

1.釉陶灯（M18∶64）　2、3.釉陶盆（M18∶26、M18∶54）　4.釉陶魁（M18∶63）　5.釉陶勺（M18∶62）
6.釉陶壶（M18∶66）　7~9.陶碗（M18∶72、M18∶73、M18∶74）　10.釉陶博山炉盖（M18∶24）
11.釉陶杯（M18∶17）

铁剑　2件。标本M18：37，剑身有脊，剑柄为柱状，剑格为青白色玉质。整个剑身附着一层木质物，局部有纺织物痕迹，当为剑鞘痕迹。剑身残长80、剑柄残长15厘米（图一六四，1；图版五三，5）。标本M18：40，环首，残损。残长40厘米（图一六四，2）。

铁锥　1件。标本M18：45，锈蚀严重。

铁釜　1件。标本M18：69，口微侈，高领，鼓腹，最大径位于上腹部，中腹有两道凸棱，两侧有对称半环形纽，腹下部弧收成小平底。口径31.2、腹径44、底径8.8、高34.4厘米（图一六四，3；图版五三，4）。该器物出土时与陶瓿套在一起。

银指环　3件。标本M18：34、M18：43、M18：59，环状，素面。直径2、环宽0.1厘米（图一六四，4~6）。

银镯　2件。环状，素面。标本M18：49，直径5.8、环宽0.2厘米（图一六四，7）。标本M18：50，直径5.8、环宽0.2厘米（图一六四，8）。

铜五铢　49枚。方孔有郭，五字交股略弯。发掘时编为五个编号。标本M18：39，15枚。标本M18：41，5枚。标本M18：48，9枚。标本M18：52，10枚。标本M18：61，10枚。

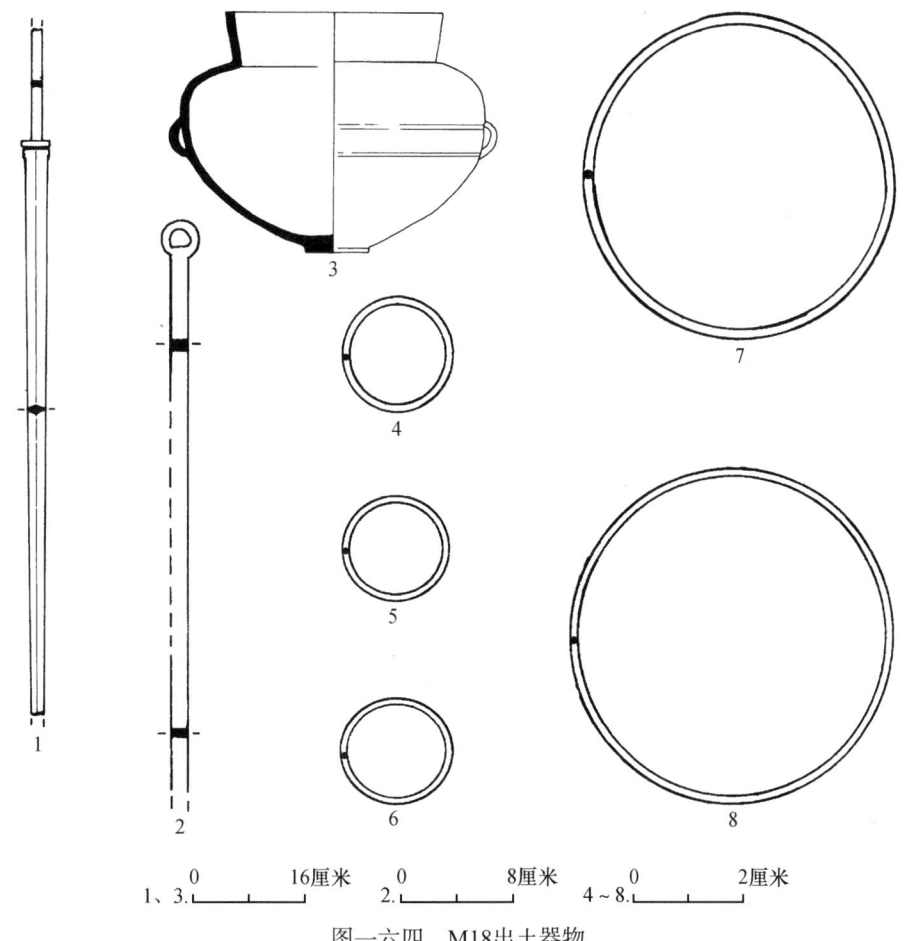

图一六四　M18出土器物

1、2.铁剑（M18：37、M18：40）　3.铁釜（M18：69）　4~6.银指环（M18：34、M18：43、M18：59）
7、8.银镯（M18：49、M18：50）

2. M28

位于A区T66和T67内，开口于第2层下。长方形竖穴土坑墓，墓向185°。墓口长355、宽200厘米，墓底长300、宽140厘米，墓底距墓口深68厘米。墓壁竖直，墓底筑有熟土二层台，北侧二层台宽24、南侧二层台宽30、西侧二层台宽24、东侧二层台宽30厘米，高50~52厘米。墓室填土呈黄褐色，有夯筑痕迹。人骨保存状况较好，墓主仰身直肢，头向南，面向上，成年男性。未发现葬具痕迹。随葬品位于墓室北部，有陶豆8件、壶3件、罐2件、釜1件、甑1件，铜半两1枚。另发现可能为鸡蛋壳1个，基本保存卵的形状，与随葬器物置于一起（图一六五；图版五九，1）。

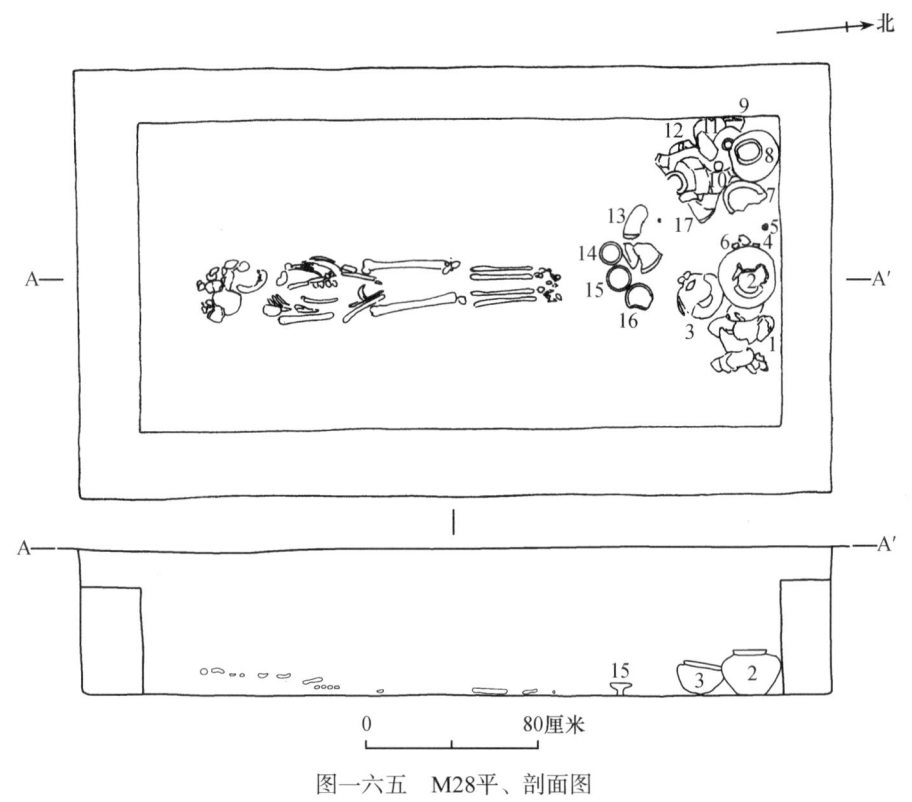

图一六五　M28平、剖面图

1、12、17.陶壶　2、8.陶罐　3.陶釜　4.铜半两　5.鸡蛋壳　6、9~11、13~16.陶豆　7.陶甑

陶壶　3件。泥质褐皮红胎陶。子母口，直口微侈，长颈微弧曲，广斜肩，腹壁斜收，矮圈足外撇，肩部和腹部饰数道弦纹，盖微弧，呈覆盆形。标本M28：1，肩部有对称衔环铺首，盖上有三钩状纽，呈等边三角形分布。口径11.2、底径13.6、高26厘米，盖高2.4厘米（图一六六，1；图版五九，2）。标本M28：12，肩部有对称半环形纽，盖上有三钩状纽，呈等边三角形分布。口径11.2、底径13.8、高26厘米，盖高2.2厘米（图一六六，5；图版五九，3）。标本M28：17，残，无法修复。

陶豆　8件。口微敛，斜弧腹，矮柄，圈足内底心外凸，素面。标本M28：6，夹砂黑皮红胎陶。尖圆唇。口径11.2、足径4、高4.4厘米（图一六七，1）。标本M28：9，夹砂褐皮红胎陶。尖圆唇。口径10.4、足径4、高4厘米（图一六七，5）。标本M28：10，夹细砂红褐皮红胎陶。方圆唇。口径10、足径4、高4.4厘米（图一六七，6）。标本M28：11，夹砂褐皮红胎陶。

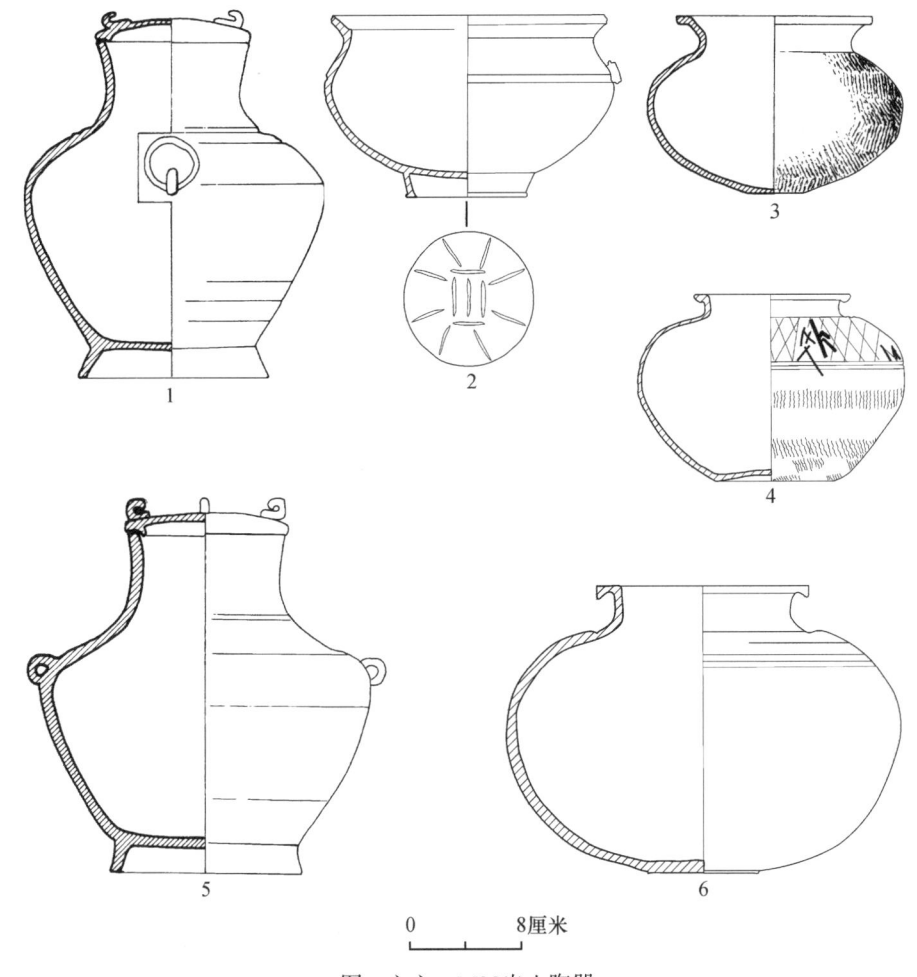

图一六六 M28出土陶器

1、5.壶（M28：1、M28：12） 2.甑（M28：7） 3.釜（M28：3） 4、6.罐（M28：8、M28：2）

圆唇。口径11.2、足径4、高4.4厘米（图一六七，7）。标本M28：13，夹细砂褐皮红胎陶。圆唇。口径14.8、足径5.9、高6厘米（图一六七，4）。标本M28：14，夹砂褐皮红胎陶。尖唇。口径11、足径4、高4.4厘米（图一六七，3）。标本M28：15，夹砂褐皮红胎陶。尖唇。口径11、足径4、高4.6厘米（图一六七，8）。标本M28：16，夹细砂褐皮红胎陶。圆唇。口径14、足径4.7、高6.2厘米（图一六七，2）。

陶甑 1件。标本M28：7，泥质褐皮红胎陶。侈口，圆唇，束肩，肩部有一凸耳，鼓腹，下腹曲收，圜底，底有13个条形箅孔。口径19.2、腹径20.4、高12.8厘米（图一六六，2；图版六〇，2）。

陶罐 2件。标本M28：2，泥质褐皮红胎陶。直口微侈。方唇，宽平沿，短颈内束，鼓腹，下腹曲收，平底。肩部饰多道弦纹。口径15.5、腹径28.5、底径8、高20厘米（图一六六，6；图版六〇，1）。标本M28：8，泥质褐皮红胎陶。侈口，尖圆唇，平折沿，短束颈，鼓腹，下腹斜收，底内凹。肩部饰网格纹和类似英文字母"T""F""K""X"等的刻划纹，腹部饰绳纹。口径11.2、腹径19.2、底径8、高13厘米（图一六六，4）。

陶釜 1件。标本M28：3，泥质橙褐陶。侈口，方唇，宽平沿，束颈，鼓腹，下腹曲收，平底。腹部饰绳纹。口径14.4、腹径18.8、高12.3厘米（图一六六，3）。

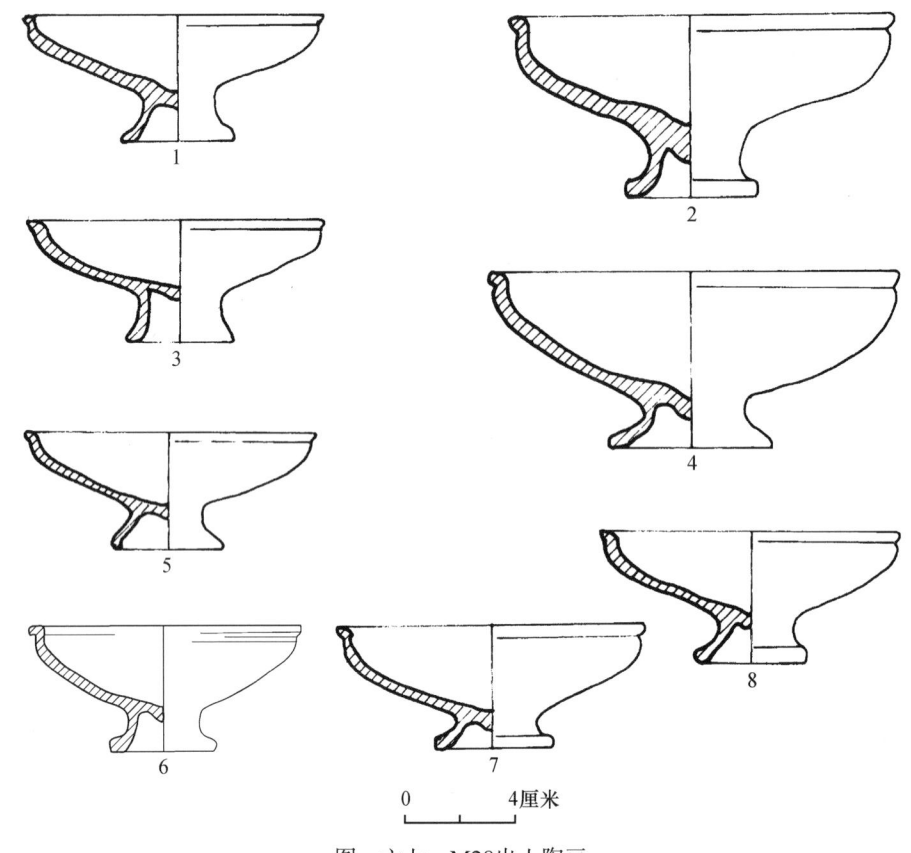

图一六七　M28出土陶豆

1. M28:6　2. M28:16　3. M28:14　4. M28:13　5. M28:9　6. M28:10　7. M28:11　8. M28:15

铜半两　1枚。标本M28:4，方孔圆钱，正面左右排列钱文"半两"文字规整。为汉初所铸。

鸡蛋壳　1个。标本M28:5，基本保存鸡蛋的形状。

3. M31

位于A区T46和T61内，开口于第1层下。长方形竖穴土坑墓，墓向为40°。墓壁较直，略有收分，墓口长391、宽165厘米，墓底长305、宽122厘米，地表距墓口深15~20厘米，墓口距墓底深162厘米。墓底四周筑有熟土二层台，宽20~48、高62厘米。人骨基本完整，仰身直肢，头向东北，面向东南，双手交抱于腹部，成年女性，年龄不明。发现椁板痕迹。随葬器物置于墓室北部，有陶器14件，包括陶罐、陶盒、陶鼎、陶壶、陶盘、陶豆，还有铜半两3枚（图一六八；图版六〇，3）。

陶鼎　1件。标本M31:5，泥质灰陶。子母口微敛，腹较直，圜底，三蹄足，口沿下有外撇的对称方形附耳，盖为覆盆形，有三个立纽。通体素面。口径10.4、通高13.2厘米（图一七〇，1）。

陶壶　1件。标本M31:10，泥质红褐陶。敞口，高领，鼓肩，深腹斜收，圈足，肩部有对称兽首形铺首，弧形盖，盖正中有一半环形纽。壶上腹部饰数周弦纹。口径8.4、腹径19、底径11.2、通高22.8厘米（图一六九，2；图版六一，6）。

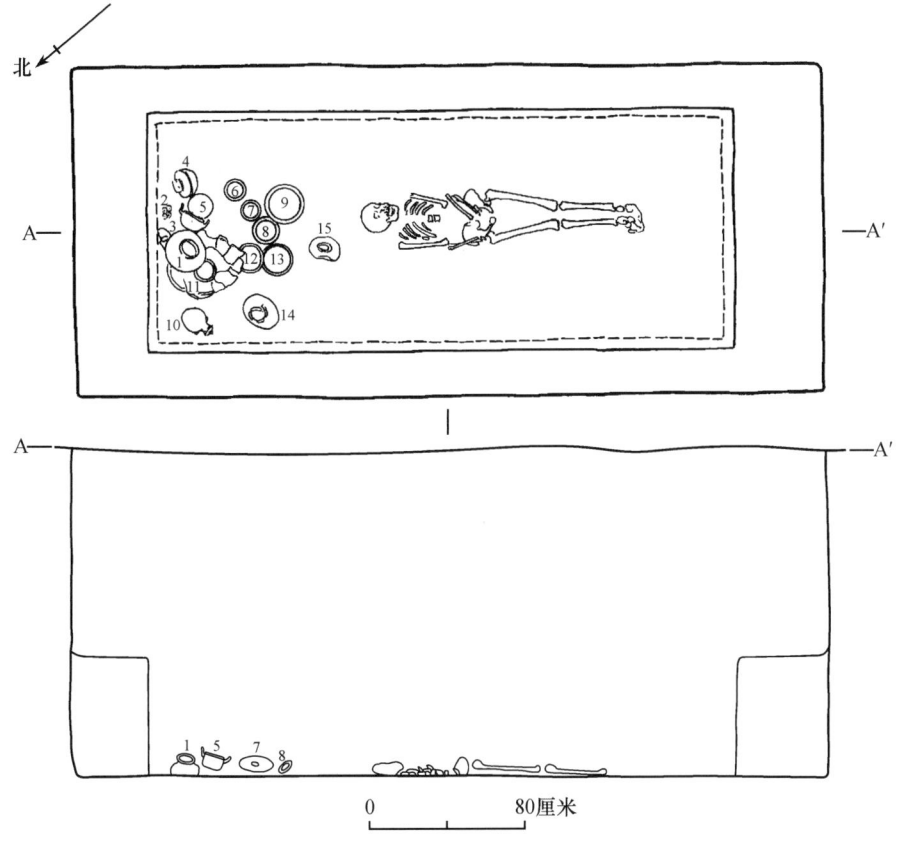

图一六八　M31平、剖面图

1、11、14、15.陶罐　2.铜半两　3、4.陶盒　5.陶鼎　6~8.陶豆　9、12、13.陶盘　10.陶壶

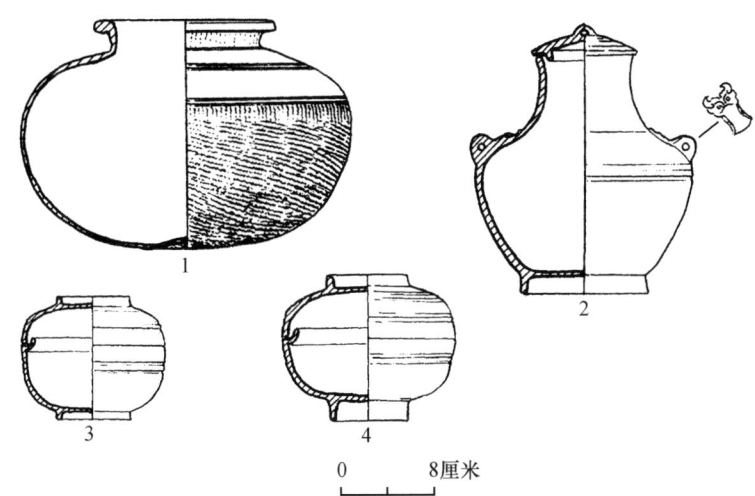

图一六九　M31出土陶器

1.罐（M31：11）　2.壶（M31：10）　3、4.盒（M31：4、M31：3）

陶罐 4件。均为泥质灰陶。标本M31：1，敞口，平折沿，方唇，束颈，斜肩，扁鼓腹，圜底。颈、腹部饰绳纹，肩部饰弦纹。口径12、腹径19.2、通高13.5厘米（图一七〇，2）。标本M31：11，敞口，平折沿，方唇，束颈，圆肩，扁鼓腹，底微内凹。肩部和上腹部饰弦纹，下腹部饰绳纹。口径15.6、腹径28.4、通高19.2厘米（图一六九，1；图版六一，2）。标本M31：14，敞口，平折沿，方唇，束颈，圆肩，鼓腹，下腹斜收，底近平。肩部和腹部饰弦纹。口径12.4、腹径19.7、通高15.2厘米（图一七〇，5；图版六一，1）。标本M31：15，残碎严重。

陶豆 3件。均为泥质灰陶。形制相似。口微敛，浅弧盘，圈足内底心微外凸，矮圈足。标本M31：6，口径12、底径4.4、通高4.8厘米（图一七〇，3）。标本M31：7，口径11.2、底径4.4、通高4.4厘米（图一七〇，4）。标本M31：8，口径11.3、底径4.4、通高4.4厘米（图一七〇，6；图版六一，3）。

陶盒 2件。均为泥质灰陶。形制相似。子母口，腹壁较直，下腹弧收，圈足，覆钵形盖，有圈足状捉手。盖和盒身饰有数道弦纹。标本M31：3，口径12.2、底径6.5、通高12厘米（图一六九，4；图版六一，5）。标本M31：4，口径10.7、底径6.2、通高10.5厘米（图一六九，3）。

陶盘 3件。形制相似。敞口，斜折沿，尖圆唇，浅折腹，平底。素面。标本M31：9，泥质红褐陶。口径18、底径7.2、高3.2厘米（图一七〇，7；图版六一，4）。标本M31：12，泥质灰陶。口径17.6、底径7.6、高2.8厘米（图一七〇，9）。标本M31：13，泥质灰陶。口径18、底径8、高3.6厘米（图一七〇，8）。

铜半两 3枚。标本M31：2，钱径2～2.2、穿径1.1～1.2厘米。从字形和形制判断应为汉初所铸"五分钱"。

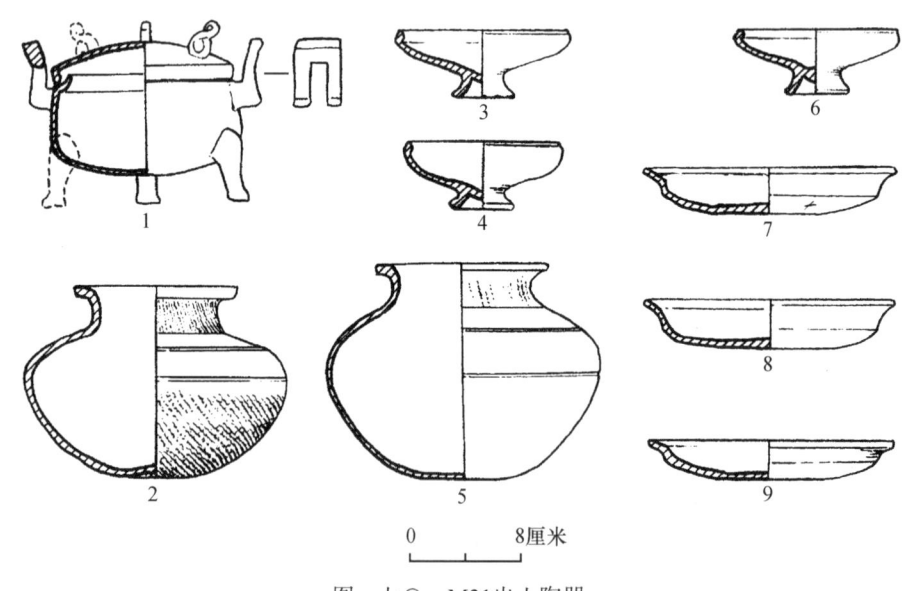

图一七〇 M31出土陶器

1.鼎（M31：5） 2、5.罐（M31：1、M31：14） 3、4、6.豆（M31：6、M31：7、M31：8）
7～9.盘（M31：9、M31：13、M31：12）

4. M33

位于A区T68内，开口于第1层下，打破M34。长方形竖穴土坑墓，墓向为8°。墓室口大底小，墓口长350、宽180厘米，墓底长325、宽165厘米，墓口距墓底深180厘米。墓底南部和北部筑有熟土二层台。南侧二层台长168、宽38、高8厘米，北侧二层台长168、宽44、高8厘米。人骨保存状况差，仰身直肢，头向北，面向西，性别与年龄不明。未发现葬具痕迹。随葬器物位于墓主左侧，有陶豆4件、陶罐1件、陶釜1件（图一七一；图版六二，1）。

陶豆　4件。泥质红褐陶，形制相似。敛口，浅弧盘，圈足内底心微外凸，矮圈足。标本M33：1，口径12.8、底径4.5、通高5.6厘米（图一七二，2；图版六二，3）。标本M33：2，口径12.8、底径5.2、通高5.6厘米（图一七二，1）。标本M33：4，口径13、底径5.2、通高5.6厘米（图一七二，3）。标本M33：6，口径13.6、底径5.2、通高6厘米（图一七二，5）。

陶罐　1件。标本M33：3，泥质灰陶。侈口，折沿，方唇，束颈，广肩较鼓，扁腹，底微内凹。腹部饰绳纹和弦纹。口径13.6、腹径17、底径8.1、通高19.2厘米（图一七二，6）。

陶釜　1件。标本M33：5，夹砂红褐陶。侈口，尖圆唇，束颈，垂鼓腹，圜底。腹部饰绳纹。口径12、腹径15.2、通高13厘米（图一七二，4；图版六二，2）。

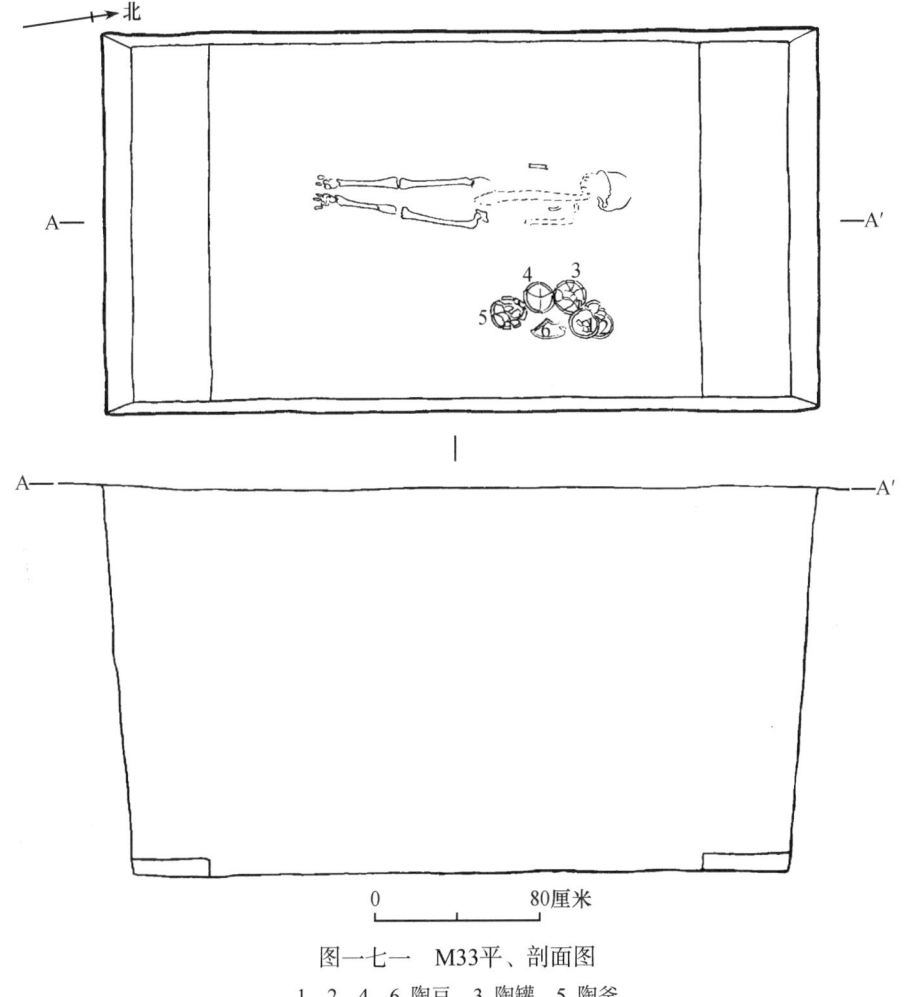

图一七一　M33平、剖面图
1、2、4、6.陶豆　3.陶罐　5.陶釜

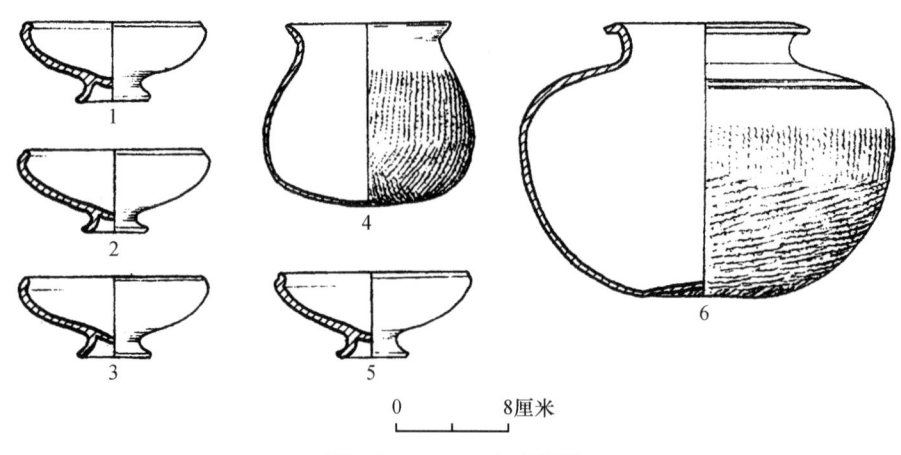

图一七二　M33出土陶器

1~3、5. 豆（M33：2、M33：1、M33：4、M33：6）　4. 釜（M33：5）　6. 罐（M33：3）

5. M39

位于A区T8和T9内，开口于第1层下，被盗扰。长方形竖穴土坑墓，墓向为45°。墓壁竖直，长400、宽300厘米，现墓口距墓底深70~190厘米。墓室填土为花土。人骨保存状况差，葬式、头向、面向、性别与年龄均不明。未发现葬具痕迹。随葬品较丰富，发现陶器49件，有碗、罐、釜、瓮、盆、甗、壶、囷等，另有铜洗1件、铁釜1件、铁削1件、骨匕1件、铜五铢63枚、大泉五十62枚（图一七三；图版六三，1）。

陶碗　20件。敞口，圆唇，浅弧腹或浅折腹，平底。标本M39：8-1，泥质红褐色陶。浅折腹。口径12.4、底径3.6、通高4厘米（图一七四，1）。标本M39：8-2，泥质灰陶。浅弧腹。口径17.6、底径6.8、通高6厘米（图一七四，9）。标本M39：8-3，泥质灰陶。浅弧腹。口径18、底径6、通高7厘米（图一七四，10）。标本M39：8-4，泥质灰陶。浅弧腹。口径17.6、底径5.6、通高6.4厘米（图一七四，15）。标本M39：9-1，泥质红褐陶。浅折腹。口径12、底径4.4、通高4.4厘米（图一七四，2）。标本M39：9-2，泥质红褐陶。浅折腹。口径11.6、底径4.4、通高4厘米（图一七四，3）。标本M39：9-3，泥质灰陶。浅折腹。口径12、底径4、通高4厘米（图一七四，4）。标本M39：11a，泥质灰陶。浅折腹。口径16、底径5.6、通高6厘米（图一七四，16）。标本M39：11b，泥质灰陶。浅折腹。口径16.8、底径7、通高5.8厘米（图一七四，11）。标本M39：11c，泥质灰陶。浅弧腹。口径15.8、底径6、通高5.2厘米（图一七四，17）。标本M39：14，泥质灰陶。浅折腹。口径12.8、底径5、通高4.4厘米（图一七四，5）。标本M39：16，泥质红褐陶。浅弧腹。口径16.8、底径6.8、通高5.5厘米（图一七四，12；图版六五，3）。标本M39：21，泥质灰陶。浅弧腹。口径16.4、底径6、通高5.8厘米（图一七四，18）。标本M39：23，泥质灰陶。浅弧腹。口径12.8、底径4.8、通高4.5厘米（图一七四，6）。标本M39：25-1，泥质灰陶。浅弧腹。口径12.8、底径5.2、通高5厘米（图一七四，7）。标本M39：25-2，泥质灰陶。浅弧腹。口径12.4、底径4.4、通高4.8厘米（图一七四，8）。标本M39：25-3，泥质灰陶。浅折腹。口径14、底径4.4、通高5.2厘米（图一七四，19）。标本M39：31-1，泥质灰陶。浅折腹。口径17.6、底径6.4、通高5.6厘米（图一七四，13）。标本M39：31-2，泥质灰陶。浅折腹。口径12.8、底径5.6、通高4.4厘米（图

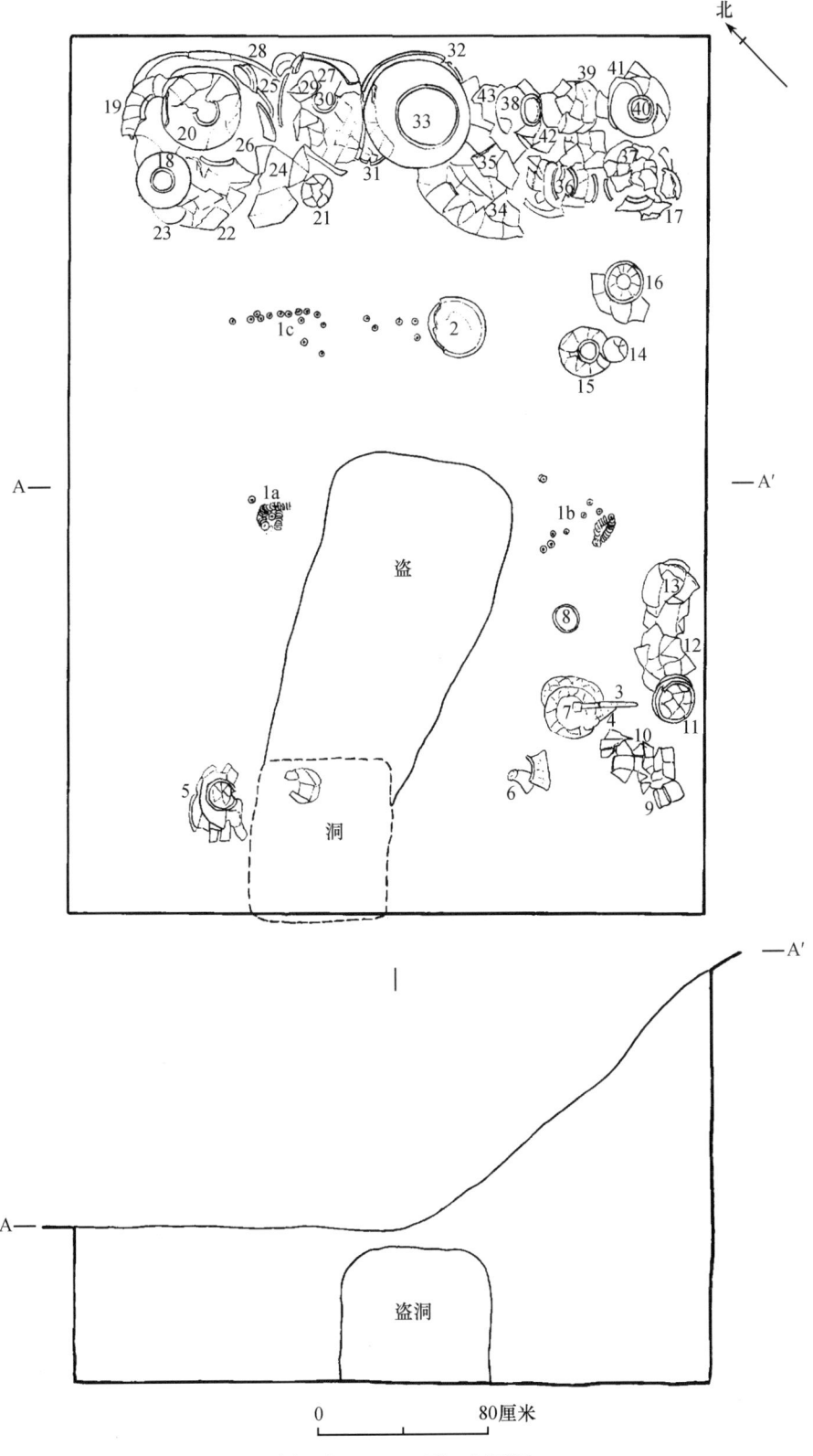

图一七三　M39平、剖面图

1. 铜钱　2. 铜洗　3. 铁削　4. 骨匕　5、6、13、15、17、18、24、28、29、35、37、38、40~42. 陶罐　7. 陶釜
8、9、11、14、16、21、23、25、31. 陶碗（20件）　10、19、20、22、26、32. 陶瓮　12、34. 陶盆　27. 陶甑　30. 陶壶
33. 铁釜　36、39、43. 陶囷

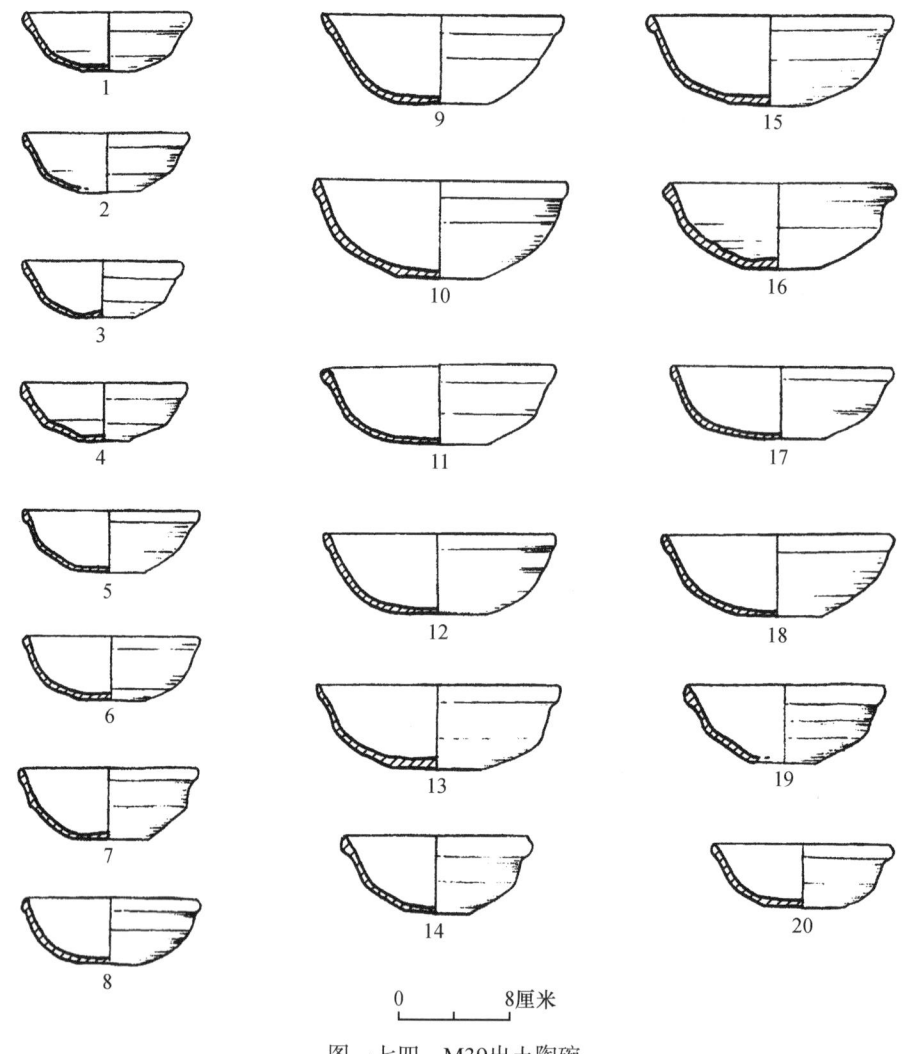

图一七四 M39出土陶碗

1. M39∶8-1 2. M39∶9-1 3. M39∶9-2 4. M39∶9-3 5. M39∶14 6. M39∶23 7. M39∶25-1 8. M39∶25-2 9. M39∶8-2 10. M39∶8-3 11. M39∶11b 12. M39∶16 13. M39∶31-1 14. M39∶31-3 15. M39∶8-4 16. M39∶11a 17. M39∶11c 18. M39∶21 19. M39∶25-3 20. M39∶31-2

一七四，20）。标本M39∶31-3，泥质灰陶。浅折腹。口径13.2、底径4.4、通高5.2厘米（图一七四，14）。

陶圆肩罐 12件。小口微侈，圆唇，束颈，宽肩，弧腹，大平底或底微凹。肩部饰有弦纹。标本M39∶5，泥质灰褐陶。腹部有少量刻划纹。口径12.6、腹径29、底径21.8、通高18.8厘米（图一七五，1；图版六三，4）。标本M39∶6，泥质褐陶。底微内凹。口径11.2、腹径24、底径16、通高16厘米（图一七五，2）。标本M39∶13，泥质灰陶。口径10、腹径21、底径13.2、通高14.4厘米（图一七五，3）。标本M39∶15，泥质灰陶。口径9.8、腹径20、底径13、通高13.8厘米（图一七五，4）。标本M39∶17，泥质灰陶。深腹。肩和腹部有附加堆纹。口径11、腹径20.5、底径12、通高18.8厘米（图一七五，8）。标本M39∶18，泥质灰陶。口径11.2、腹径22.2、底径12、通高15.9厘米（图一七五，7）。标本M39∶24，泥质灰陶。口径11.2、腹径22.4、底径14.8、通高14.8厘米（图一七五，6）。标本M39∶29，泥质灰陶。口径10、腹径17、底径9.2、通高11.2厘米（图一七五，11）。标本M39∶37，泥质灰陶。通体

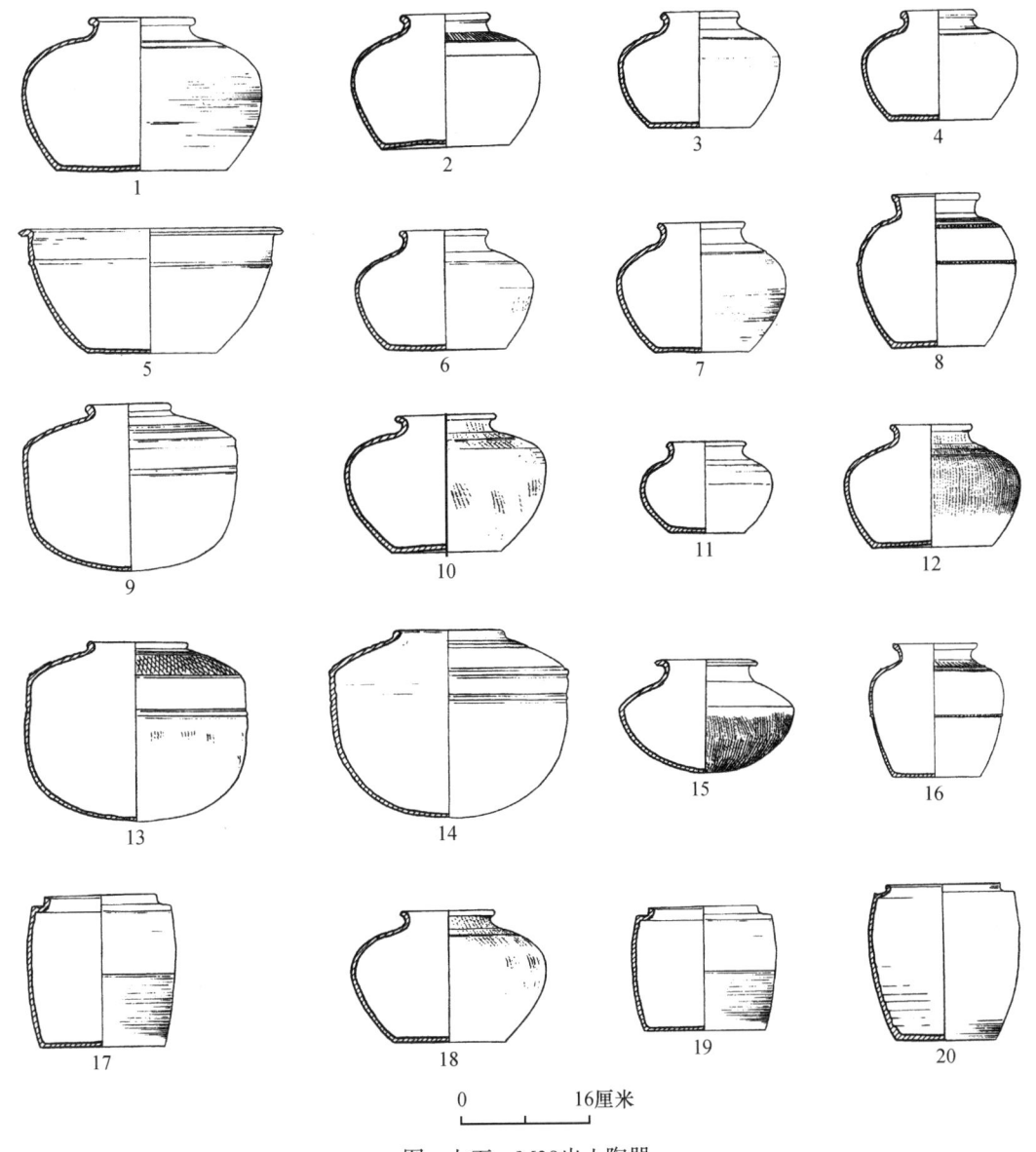

图一七五　M39出土陶器

1~4、6~8、10~12、16、18.圆肩罐（M39：5、M39：6、M39：13、M39：15、M39：24、M39：18、M39：17、M39：37、M39：29、M39：38、M39：42、M39：40）　5.盆（M39：12）　9、13、14.瓮（M39：10、M39：19、M39：20）
15.圜底罐（M39：41）　17、19、20.囷（M39：36、M39：39、M39：43）

饰有绳纹。口径12.8、腹径25.5、底径14、通高16.8厘米（图一七五，10）。标本M39：38，泥质灰陶。通体饰竖向绳纹。口径10.2、腹径22.5、底径15.1、通高15.1厘米（图一七五，12）。标本M39：40，泥质灰陶。饰弦纹和绳纹。口径12.2、腹径24、底径14.4、通高16厘米（图一七五，18）。标本M39：42，泥质灰褐陶。深腹。肩部饰一周刻划线纹和两周附加堆纹，腹中部饰一周附加堆纹。口径10.7、腹径17、底径12、通高16厘米（图一七五，16；图版六四，2）。

陶折肩罐　1件。标本M39：28，泥质灰陶。侈口，圆唇，束颈，折肩，弧腹内收，平底。肩部饰数道弦纹。口径10.4、腹径16、底径8.4、通高12厘米（图一七六，2；图版六四，1）。

陶圜底罐　2件。标本M39：35，泥质灰陶。口颈残，广肩，弧腹，圜底。肩、腹部饰弦纹和绳纹。残口径7、腹径20、残高10厘米（图一七六，3；图版六四，3）。标本M39：41，泥质灰陶。侈口，翻沿，束颈，斜折肩，弧腹斜收，圜底。下腹部饰绳纹。口径13.5、腹径23、通高14厘米（图一七五，15；图版六三，5）。

陶釜　1件。标本M39：7，泥质红陶。侈口，圆唇，束颈，溜肩，扁垂腹，圜底。腹饰绳纹。口径18.8、腹径18.8、通高13.5厘米（图一七六，13；图版六五，6）。

陶瓮　6件。标本M39：10，泥质灰陶。敛口，圆唇，宽折肩，深腹较直，圜底。肩与上腹部均饰弦纹。口径10、腹径26、通高20.8厘米（图一七五，9；图版六四，6）。标本M39：19，泥质灰陶。敛口，圆唇，宽折肩，深腹较直，圜底。肩部弦纹间饰一周网格纹，腹部饰弦纹。口径12、腹径28、通高22厘米（图一七五，13）。标本M39：20，泥质灰褐陶。敛口，圆唇，宽折肩，腹较直内收，圜底。肩部与上腹部饰弦纹。口径13、腹径30、通高23.2厘米（图一七五，14）。标本M39：22，卷沿，最大腹径位于近底处。肩腹部饰绳纹和凹弦纹，上腹部也饰有一周网格纹。口径19.2、腹径38、通高32厘米（图一七六，6；图版六四，5）。标本M39：32，泥质灰陶。敛口，圆唇，宽折肩，深腹较直，圜底。肩饰网格纹，上腹部饰弦纹。口径14、腹径31.6、通高25.2厘米（图一七六，5；图版六四，4）。标本M39：26，口微敛，宽折肩，弧腹内收较甚，平底。腹部饰细绳纹和弦纹。口径24、腹径48、底径22、通高33.8厘米（图一七六，10）。

陶盆　2件。均为泥质灰陶。口微侈，折沿，弧壁，平底，腹部有弦纹。标本M39：12，口径33.8、底径16、通高15.2厘米（图一七五，5；图版六五，4）。标本M39：34，肩部饰一周凸弦纹。口径35、底径17、通高16.8厘米（图一七六，1）。

陶甑　1件。标本M39：27，泥质灰陶。口微敛，圆唇，斜腹急收，底内凹，有数十个圆孔。口径35、底径15、通高21厘米（图一七六，9）。

陶壶　1件。标本M39：30，泥质灰陶。喇叭形口，高直领，广肩较鼓，扁弧腹，圜底，矮圈足。肩部饰网格纹。口径14.4、腹径29、足径16.8、通高26.4厘米（图一七六，4；图版六五，5）。

陶囷　3件。均为泥质灰陶，形制相似，子母口，深腹略鼓，平底，腹壁有弦纹。标本M39：36，口径14.2、底径16、通高18.1厘米（图一七五，17）。标本M39：39，口径14.3、底径15.4、通高15.3厘米（图一七五，19；图版六五，2）。标本M39：43，口径14.8、底径12.8、通高19.2厘米（图一七五，20；图版六五，1）。

铜洗　1件。标本M39：2，青铜质，锈色黄绿。敞口，束颈，溜肩，腹微鼓，圜底。腹部有一对铺首衔环，上腹部饰四道弦纹。口径26、通高10厘米（图一七六，11；图版六三，2）。

铁釜　1件。标本M39：33，锈色黄褐。直口，方唇，直领，鼓腹，圜底。口径26、腹径40、通高31.2厘米（图一七六，12）。

铁削　1件。标本M39：3，锈色黄褐。环首，长直柄，削身呈梯形。通长29厘米（图一七六，8）。

骨匕　1件。标本M39：4，黄白色，匕身略残，顶部穿一圆孔，刃部圆弧。通长15.7厘米

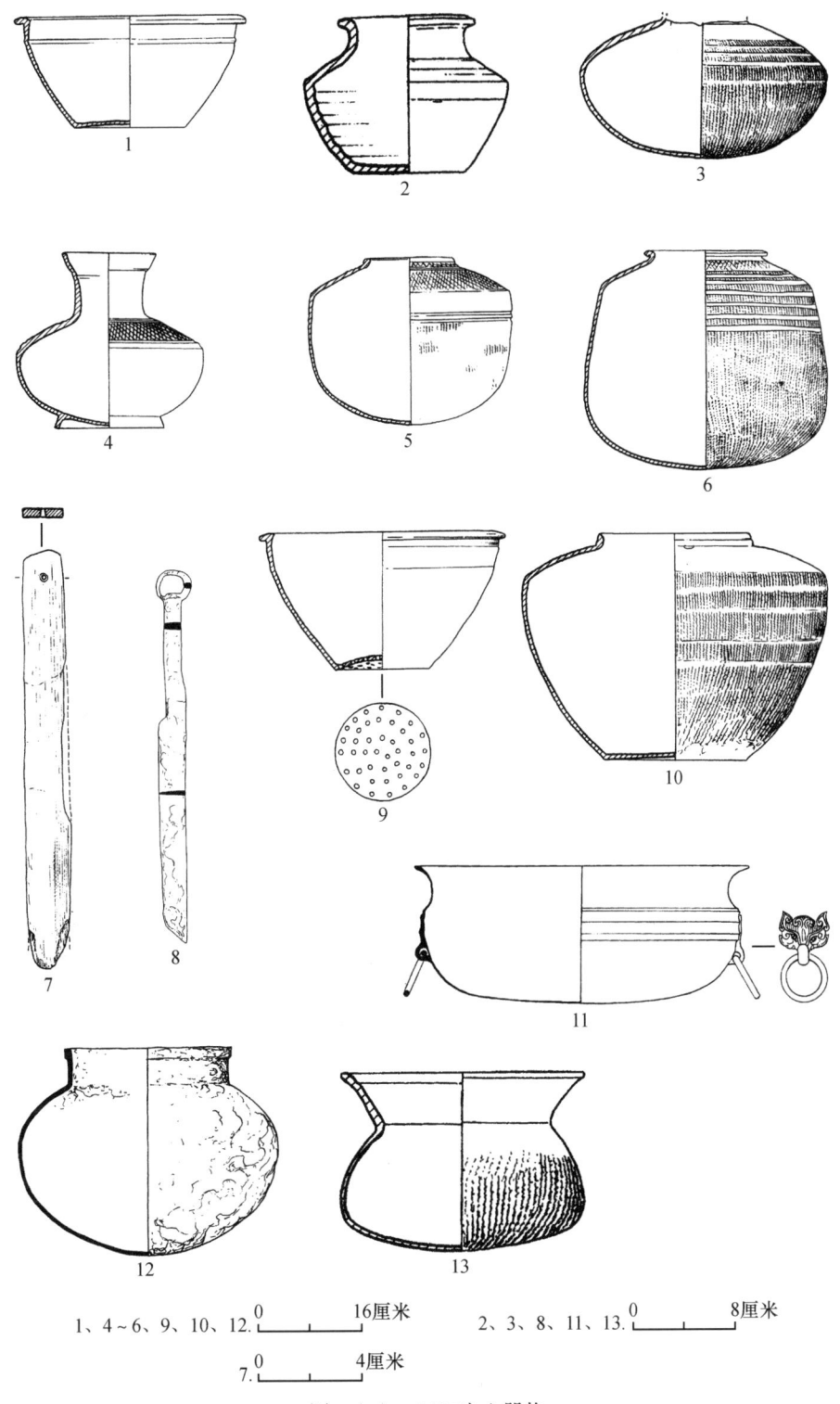

图一七六 M39出土器物

1. 陶盆（M39：34） 2. 陶折肩罐（M39：28） 3. 陶圜底罐（M39：35） 4. 陶壶（M39：30） 5、6、10. 陶瓮（M39：32、M39：22、M39：26） 7. 骨匕（M39：4） 8. 铁削（M39：3） 9. 陶甑（M39：27） 11. 铜洗（M39：2） 12. 铁釜（M39：33） 13. 陶釜（M39：7）

（图一七六，7）。

铜钱　125枚。有五铢和大泉五十两种。

五铢　63枚。标本M39：1b和M39：1c，钱径2.5、穿径1厘米。从"五铢"字形和形制可判明为东汉五铢。

大泉五十　62枚。钱径2.6～2.8、穿径0.9～1厘米。标本M39：1a，系新莽铸币（图版六三，3）。

6. M40

位于A区T9和T19内，开口于第1层下，墓室南北部各有一盗洞。长方形竖穴土坑墓，墓向为42°。墓壁竖直，长492、宽355厘米，现墓口距墓底深172～310厘米。墓室填土为花土。人骨保存状况差，葬式、头向、面向、性别与年龄均不明。墓底四周筑有熟土二层台，宽24～30、高92厘米。墓室残留木椁痕迹，长430、宽300、高90厘米，厚1～3毫米。随葬品主要位于墓室西北部，发现陶器8件，有壶、盆、盒、罐、井、囷、器盖，铜鍪2件、铜洗1件、铁釜1件、铁铲1件、铁剑1件，铜五铢54枚（图一七七；图版六六，1）。

陶器盖　1件。标本M40：3，泥质灰陶。为子口盖，上端圆弧，下端斜内收。口径12、通高6.4厘米（图一七八，4）。

陶罐　2件。标本M40：4，泥质灰陶。敛口，圆唇，短领，溜肩，上腹部较竖直，下腹部曲收，小平底。腹饰绳纹。口径20.8、腹径37、底径10.4、通高33.6厘米（图一七九，2）。标本M40：5，残碎。

陶盆　1件。标本M40：8，泥质灰陶。敞口，平沿，弧壁，平底。腹部有凸弦纹。口径29.3、底径16、通高18厘米（图一七八，1；图版六七，1）。

陶囷　1件。标本M40：12，泥质灰陶。子母口，腹略鼓，平底。器壁饰弦纹。口径23、底径24、通高26厘米（图一七八，2；图版六七，3）。

陶盒　1件。标本M40：13，泥质灰陶。盒身子母口，折腹，圈足，带盖，盖呈覆碗形，有圈足形捉手。口径16、底径9.6、通高19.2厘米（图一七八，5）。

陶井　1件。标本M40：14，泥质灰陶。器残。平面呈切角方形，井口为圆形。底宽29.2、顶径19.2、通高10.8厘米（图一七九，4；图版六七，2）。

陶壶　1件。标本M40：15，泥质黄褐陶。敞口，长束颈，圆肩，鼓腹，高圈足，肩部有一对称衔环铺首。器表饰弦纹。口径15.2、腹径29、足径17.6、通高33厘米（图一七九，1；图版六七，4）。

残碎陶片　发掘时给编号M40：2。

铜鍪　2件。均为青铜质。锈色黄绿。侈口，束颈，折肩，扁鼓腹，圜底，肩腹间有双环形立纽。标本M40：7，口径15、通高15厘米（图一七八，6）。标本M40：9，立纽上饰刻划纹，并发现有三足的铁支架。口径26、通高44厘米（图一七九，5；图版六六，2）。

铜洗　1件。标本M40：6，青铜质。锈色黄绿。侈口，束颈。残损严重。

铁釜　1件。标本M40：10，锈色红褐。直口，方唇，直领，鼓腹，圜底。口径26、腹径39.6、通高30.8厘米（图一七九，3）。

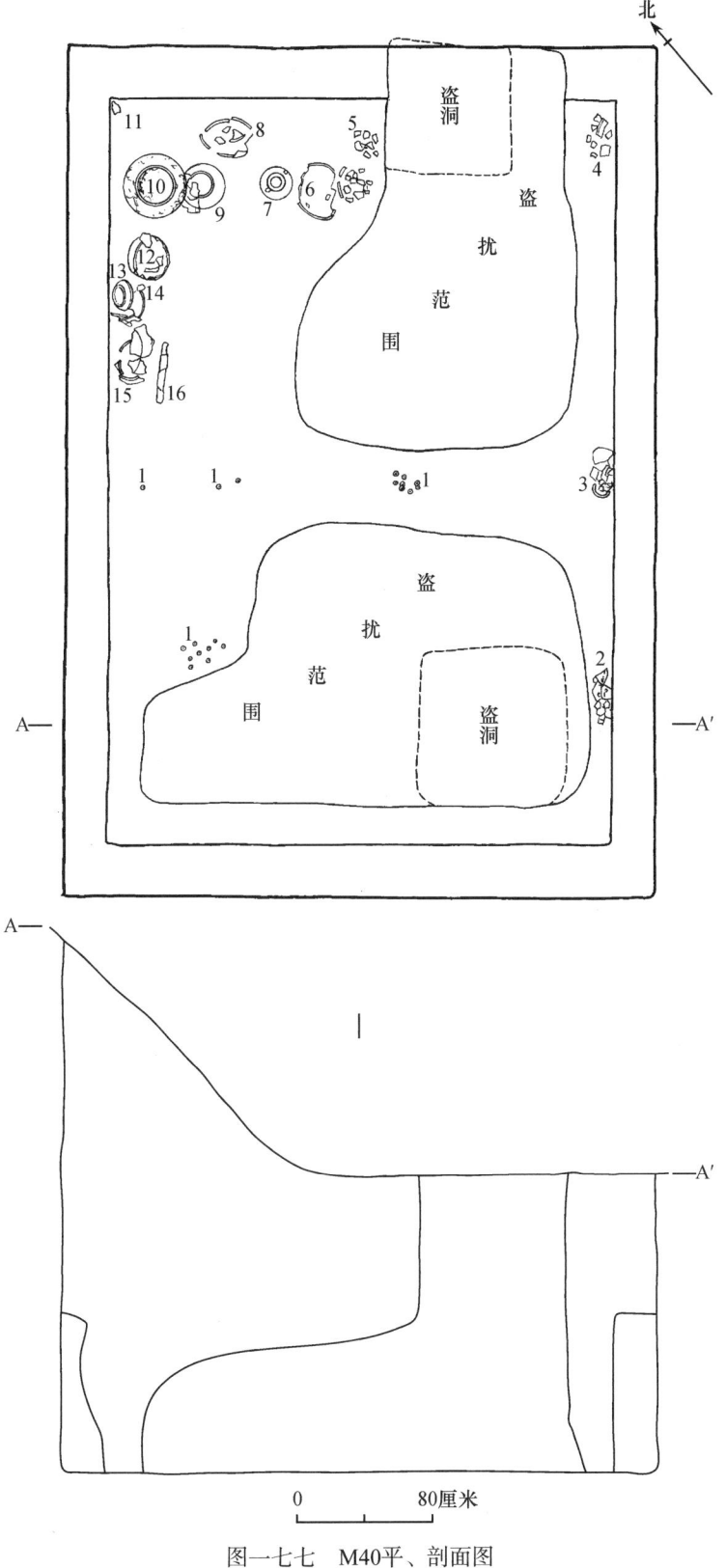

图一七七　M40平、剖面图

1.铜五铢　2.残碎陶片　3.陶器盖　4、5.陶罐　6.铜洗　7、9.铜鍪　8.陶盆　10.铁釜　11.铁铲　12.陶囷　13.陶盒　14.陶井　15.陶壶　16.铁剑

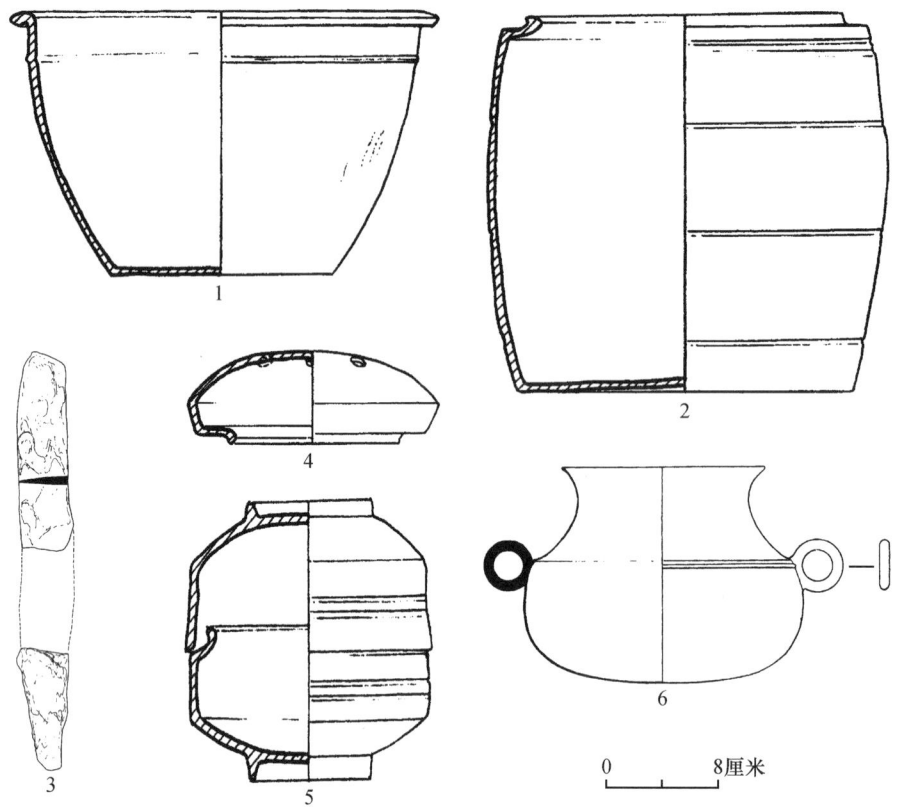

图一七八　M40出土器物

1.陶盆（M40∶8）　2.陶囷（M40∶12）　3.铁剑（M40∶16）　4.陶器盖（M40∶3）　5.陶盒（M40∶13）　6.铜鍪（M40∶7）

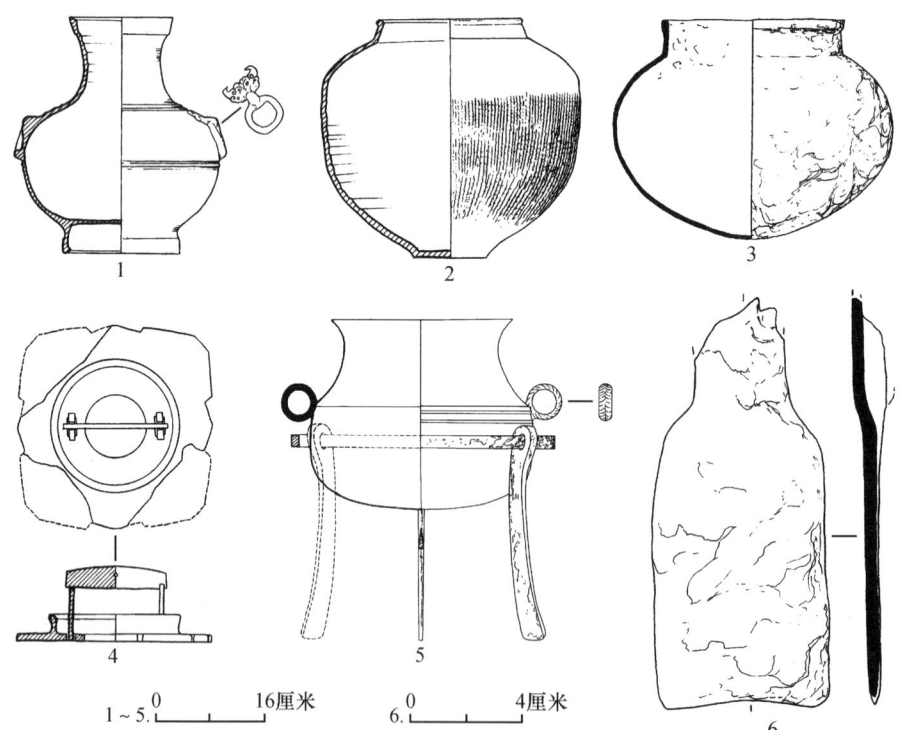

图一七九　M40出土器物

1.陶壶（M40∶15）　2.陶罐（M40∶4）　3.铁釜（M40∶10）　4.陶井（M40∶14）　5.铜鍪（M40∶9）　6.铁铲（M40∶11）

铁铲　1件。标本M40：11，锈色红褐。器身扁平，双肩，刃部略内凹，顶端残。刃宽6.3、残长14.5、厚0.4厘米（图一七九，6）。

铁剑　1件。标本M40：16，锈色红褐。长条形，柄端呈梯形，剑身残缺。宽3.5、通长28.8厘米（图一七八，3）。

铜五铢　54枚。标本M40：1，钱径2.5～2.6、穿径1～1.1厘米。系东汉五铢钱（图版六六，3）。

7. M47

位于A区T75和T81内，开口于第2层下。长方形竖穴土坑墓，墓向为255°。墓室口大底小，墓口长395、宽244厘米，墓底长270、宽165厘米，墓底距墓口深204～250厘米。墓底呈圆角长方形，四周筑有二层台，二层台由上往下有收分，高60厘米。墓室填土为黄褐色，土质较硬，有夯筑迹象。人骨保存状况较好，墓主仰身直肢，头向西南，面向南，双手交叉，性别男，年龄不明。未发现葬具和随葬品（图一八〇）。

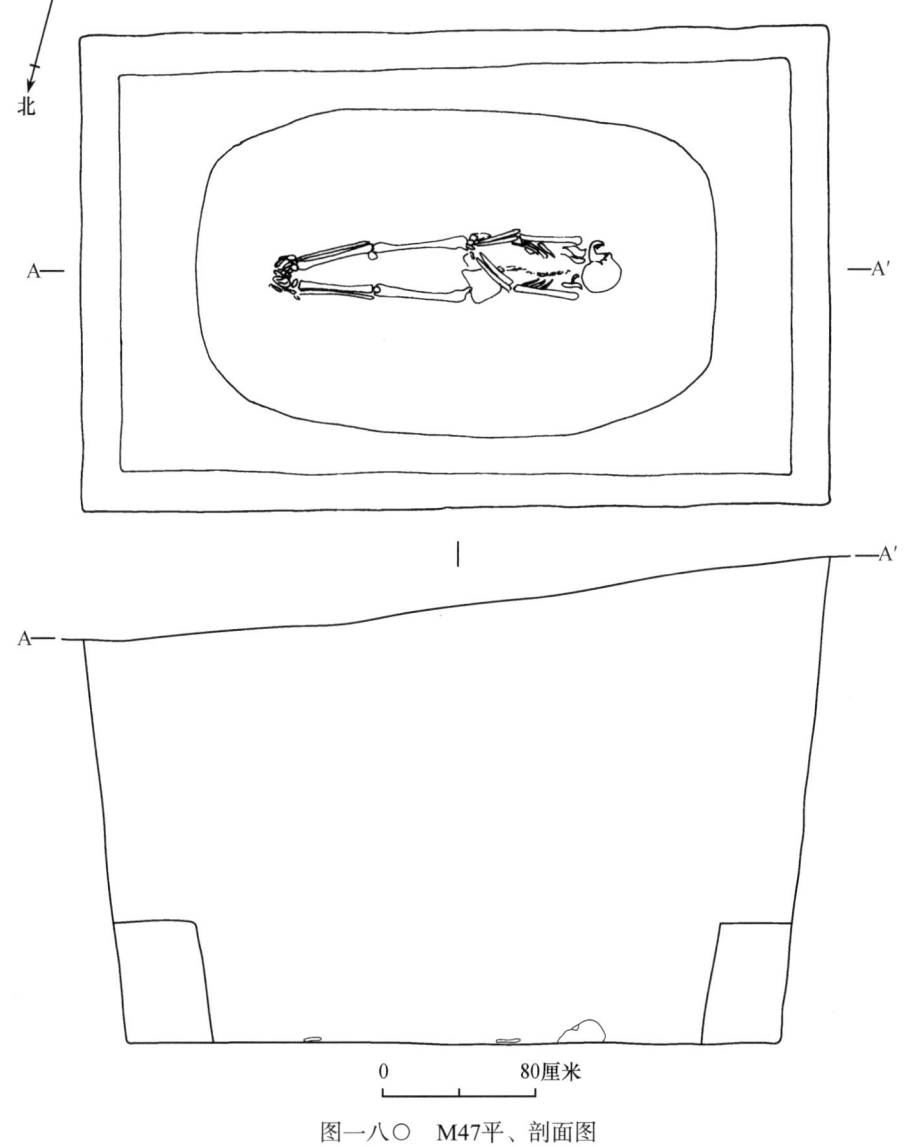

图一八〇　M47平、剖面图

8. M49

位于A区T76内，开口于第2层下。长方形竖穴土坑墓，墓向为350°。墓室口底大小相同，长257、宽170~180、深78~128厘米。墓室填土为黄褐色，土质较硬，有夯筑迹象。墓主仰身直肢，头向西北，面向上，双手置于骨盆之上，性别男，年龄不明。未发现葬具和随葬品（图一八一）。

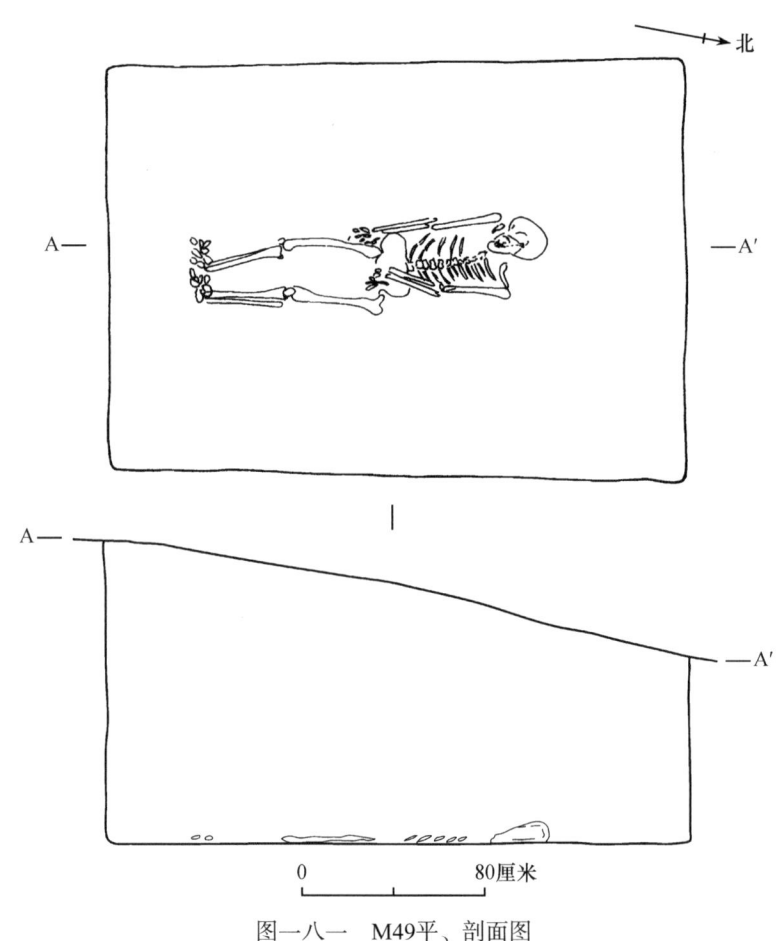

图一八一　M49平、剖面图

9. M52

位于A区T76内，开口于第2层下。长方形竖穴土坑墓，墓向为260°。墓壁由上往下稍有收分，墓口长275、宽134厘米，墓底长264、宽120厘米，墓底距墓口深121~170厘米。墓室填土为黄褐色，土质较硬，有夯筑迹象。墓主仰身直肢，头向西南，面向上，双手置于骨盆之上，性别男，年龄不明。未发现葬具和随葬品（图一八二）。

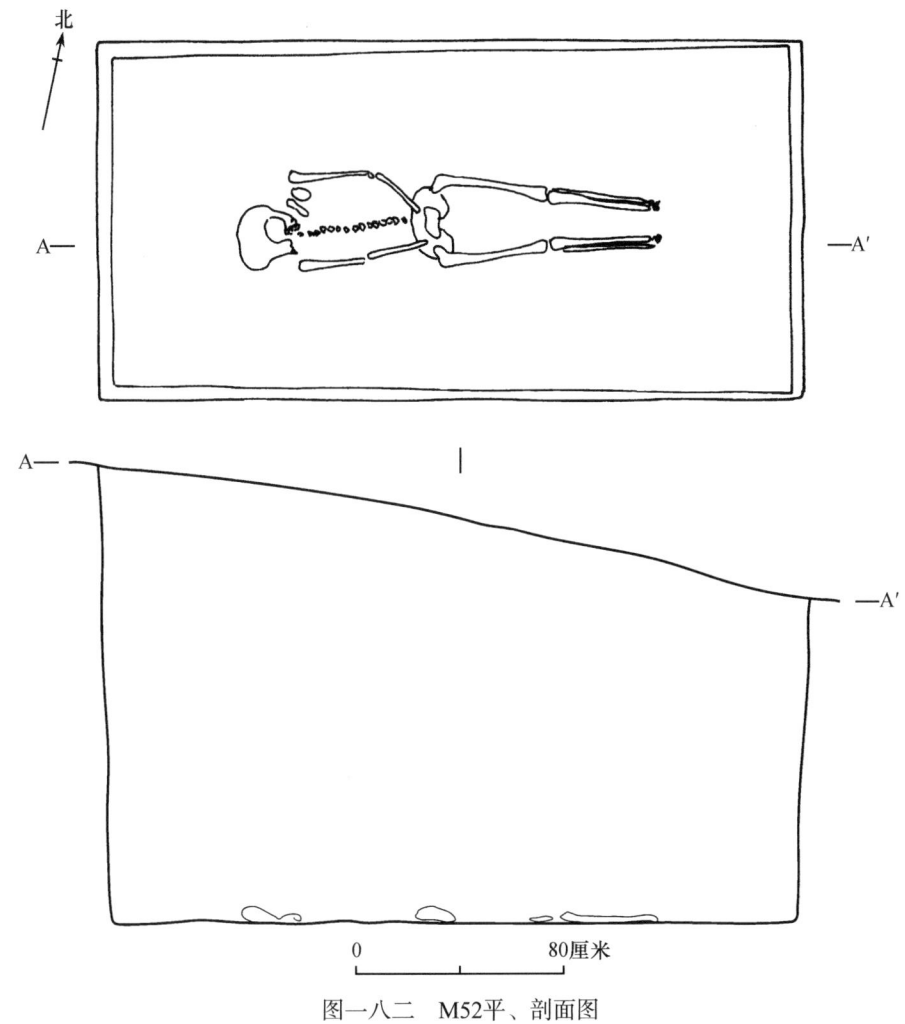

图一八二 M52平、剖面图

10. M53

位于A区T75和T76内，开口于第2层下。长方形竖穴土坑墓，墓向为245°。墓壁由上往下稍有收分，墓口长275、宽150厘米，墓底长262、宽140厘米，墓底距墓口深117~150厘米。墓室填土为黄褐色，土质较硬，有夯筑迹象。墓主侧身直肢，头向西南，面向东南，性别男，年龄不明。未见葬具痕迹，在墓室西北角发现铁锸1件（图一八三）。

铁锸　1件。标本M53：1，整体呈"凹"字形，刃部呈弧状两端上翘。长9.8、刃宽10.4、銎宽1.8厘米（图一八四）。

11. M54

位于A区T75内，开口于第2层下。长方形竖穴土坑墓，墓向为232°。墓室口大底小，墓口长330、宽250厘米，墓底长260、宽100~120厘米，墓底距墓口深180~210厘米。墓室填土为黄褐色，土质稍硬，有夯筑迹象。墓底四周筑二层台，二层台由上往下有收分，高62厘米。人骨保存状况较好，墓主仰身直肢，头向西南，面向上，双手交叉，性别男，年龄不明。未发现葬具痕迹和随葬品（图一八五）。

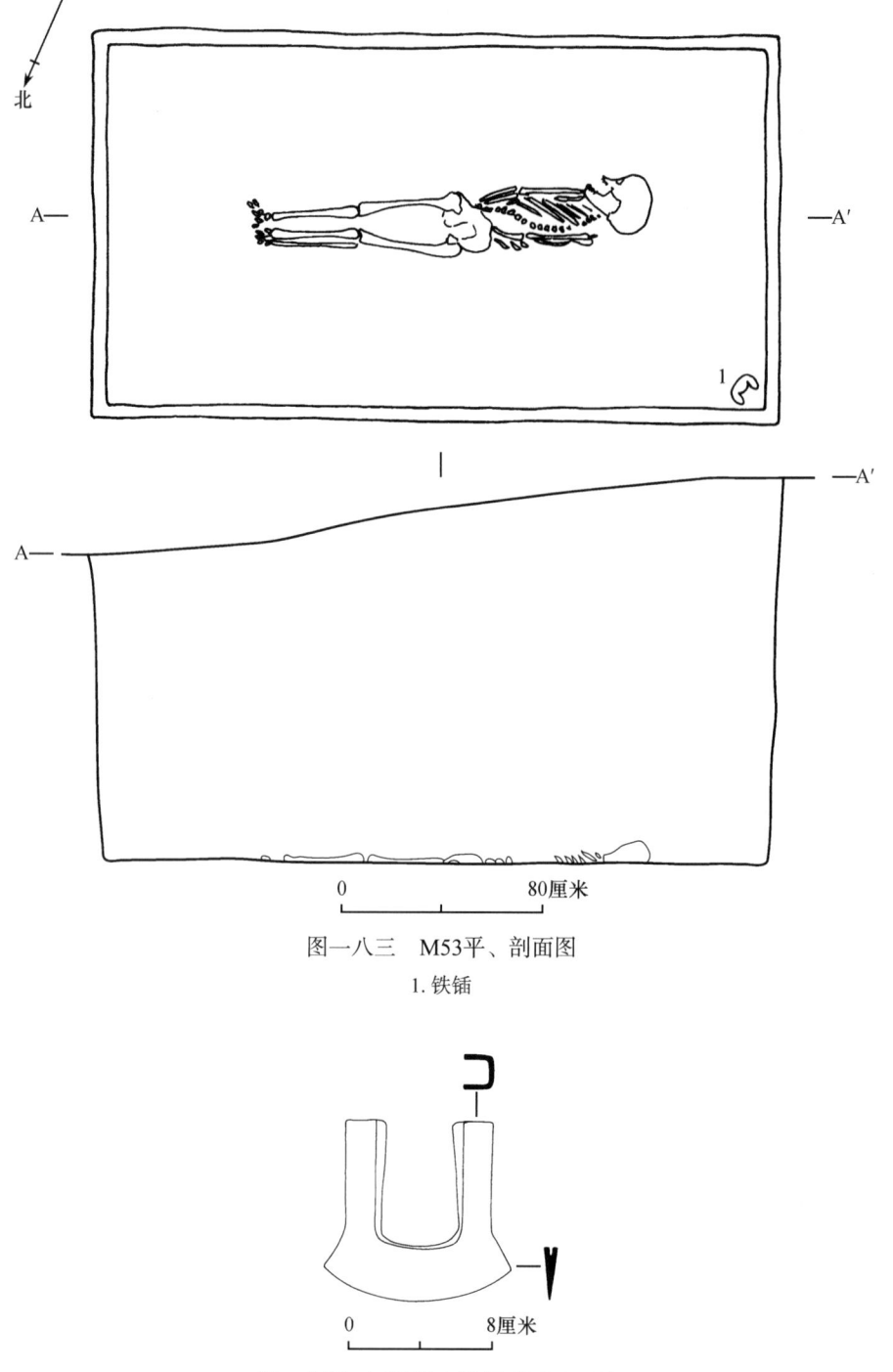

图一八三 M53平、剖面图
1. 铁锸

图一八四 M53出土铁锸（M53∶1）

12. M55

位于A区T74和T75内，开口于第2层下，打破M56的西北角。长方形竖穴土坑墓，墓向为225°。墓壁由上往下稍有收分，墓口长260、宽110厘米，墓底长240、宽90厘米，墓底距墓口深80～100厘米。墓室填土为黄褐色，土质较硬，有夯筑迹象。人骨保存状况较好，墓主仰身直肢，头向西南，面向西北，性别男，年龄不明。未见葬具和随葬品（图一八六）。

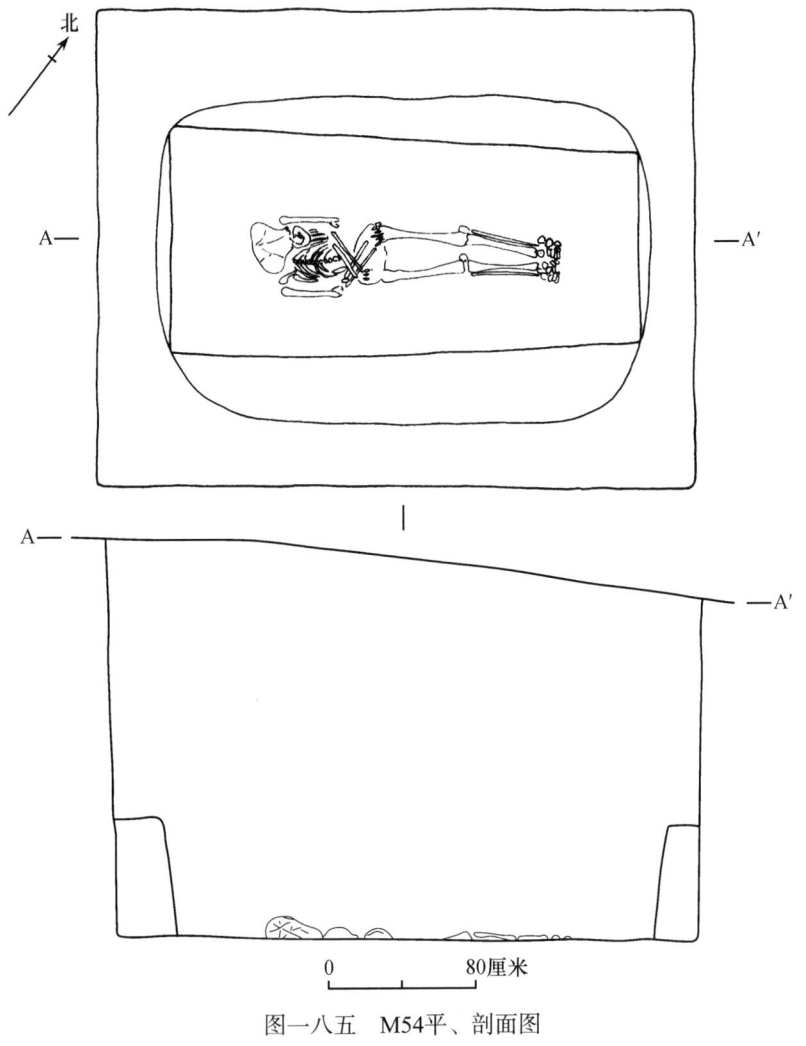

图一八五 M54平、剖面图

13. M57

位于A区T67、T68和T75内,开口于第2层下。长方形竖穴土坑墓,墓向为210°。墓壁由上往下稍有收分,墓口长264、宽136厘米,墓底长252、宽125厘米,墓底距墓口深87~100厘米。墓室填土为褐色,土质较松软。人骨保存状况较好,骨架凌乱,为二次葬,墓主头向西南,面向东南,性别男,年龄不明。未见葬具和随葬品(图一八七)。

14. M66

位于A区T60内,开口于第2层下。长方形竖穴土坑墓,墓向为230°。墓壁竖直,墓长270、宽140、深85~95厘米。墓室填土为黄褐色,有夯筑迹象,土质较硬。人骨保存状况较差,墓主仰身直肢,头向西南,面向上,性别男,年龄不明。未发现葬具痕迹。随葬石器1件。墓葬西南端置一石块(图一八八)。

石器 1件。标本M66:1,转角三棱形,一端尖。通长14.8厘米(图一八九)。

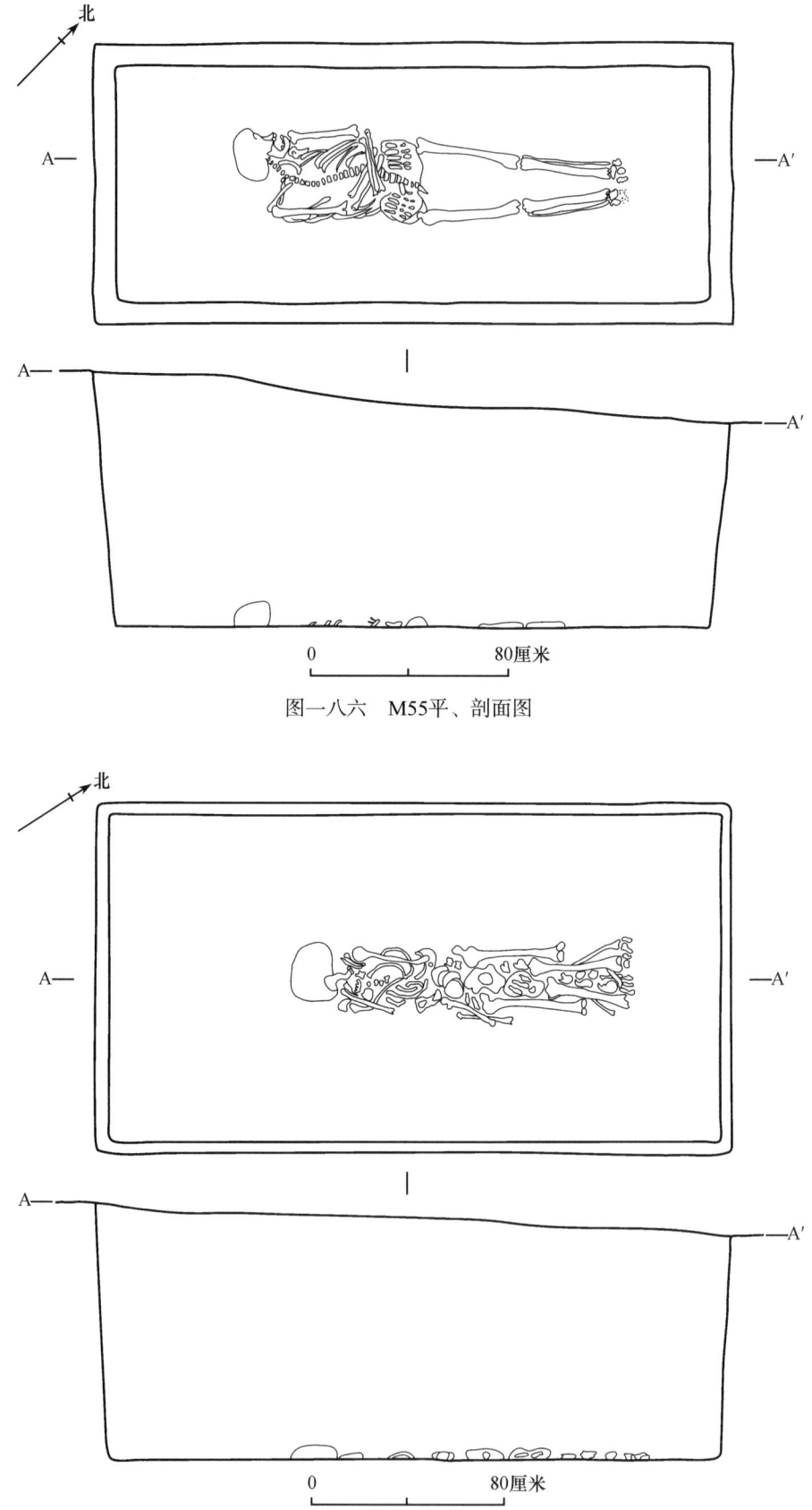

图一八六　M55平、剖面图

图一八七　M57平、剖面图

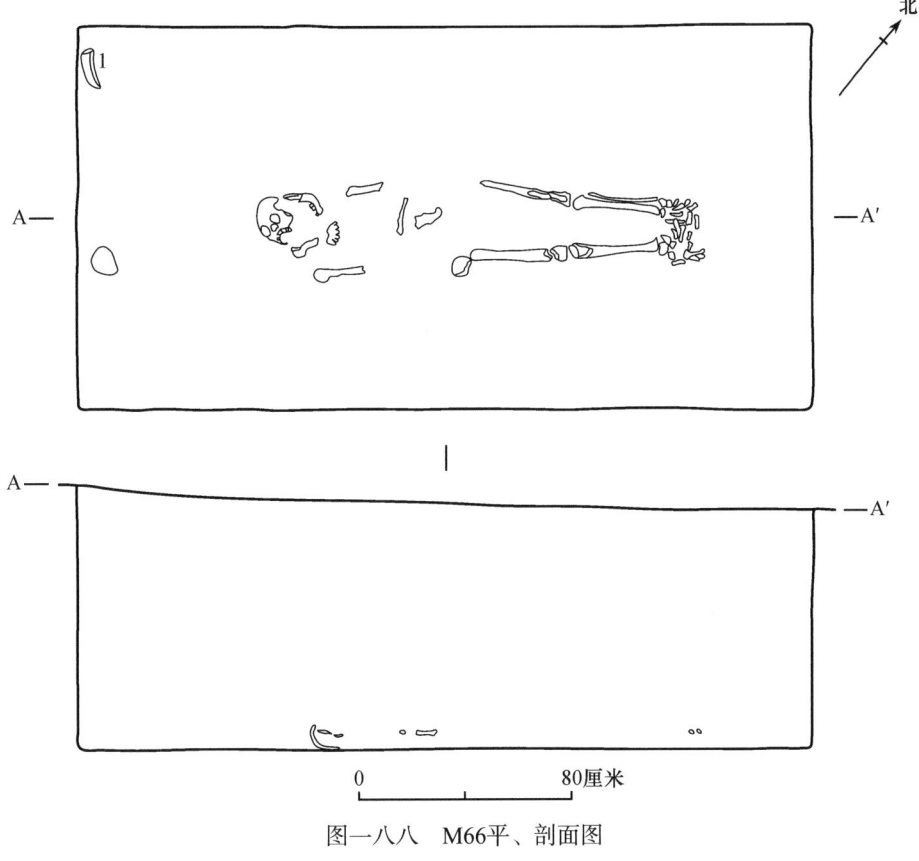

图一八八　M66平、剖面图
1. 石器

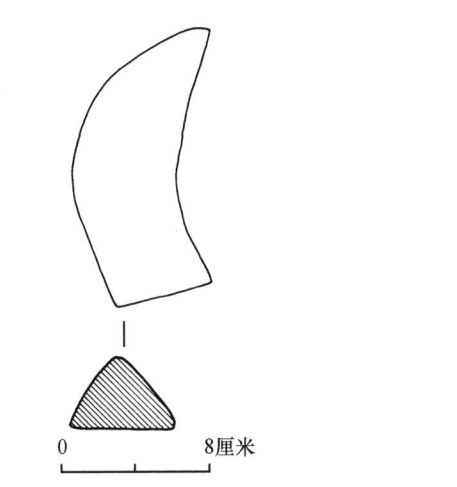

图一八九　M66出土石器（M66∶1）

15. M69

位于B区T1和T5内，开口于第2层下。长方形竖穴土坑合葬墓，墓向为55°。墓葬口大底小，墓口长440、宽357厘米，墓底长315、宽260～270厘米，墓底距墓口深280～495厘米。墓室东部填土为黄褐色，墓室西部填土为褐色，皆有夯筑迹象。墓底四周筑有熟土二层台，宽40～70、高48厘米。墓底见朱砂痕迹，东西各发现1具人骨。人骨保存状况较差，墓室东部人骨仰身直肢，头向东北，面向上，性别男，年龄不明；墓室西部人骨仰身直肢，头向东北，面向上，性别女，年龄不明。均未见葬具痕迹。随葬品主要位于两具人骨之间，种类丰富，数量较多，包括陶豆、陶三足罐、陶盒、陶壶、陶钫、陶罐、陶鼎、陶釜、陶勺、陶匏勺、铜半两、铁剑等（图一九〇；图版六八，1）。

陶壶　5件。标本M69：1，泥质灰褐陶。敞口，长颈，溜肩，圆鼓腹，圈足较高且外撇。残留彩绘。口径12.8、腹径22.2、底径13.2、高26厘米（图一九一，1；图版七二，4）。标本M69：2，泥质红褐陶。敞口，平沿，长颈，溜肩，圆鼓腹，圈足微外撇。残留彩绘。口径13.5、腹径22.8、底径14、高28厘米（图一九一，2；图版七二，3）。标本M69：29，泥质灰陶。侈口，长颈，深鼓腹，圈足微外撇，弧形盖。口径11.2、腹径22.4、底径12.8、通高32厘米（图一九二，1；图版七〇，2）。标本M69：30，泥质灰陶。侈口，长颈，深鼓腹，圈足微外撇，弧形盖。口径11.2、腹径24、底径12.8、通高32厘米（图一九二，6；图版七〇，1）。标本M69：42，残碎严重，无法修复。

陶钫　4件，可修复1件。标本M69：4，泥质红褐陶。口微敞，长束颈，深腹外鼓，器身两侧各装一兽首形铺首，足微外撇，盖为覆斗形。残留彩绘。口边长11.2、足边长10.8、腹径20、通高40厘米（图一九三，5；图版六九，1）。标本M69：3、M69：28、M69：44，均残碎严重，无法修复。

陶豆　5件。标本M69：6，泥质灰陶。侈口，浅弧盘，圜底，高柄，喇叭形底，底座较高，豆盘有一周凸棱。口径11.2、底径10、高9.2厘米（图一九一，3；图版七一，7）。标本M69：7，泥质灰陶。侈口，浅弧盘，圜底，高柄，喇叭形底，底座较高。口径10、底径6.2、高7.4厘米（图一九四，1）。标本M69：10，泥质灰陶。口微侈，浅折盘，圜底，高柄，喇叭形底，底座较低，弧形盖。盖身和豆盘有数周凸棱。口径11、底径6、通高12厘米（图一九四，4）。标本M69：15，泥质灰陶。口微侈，浅折盘，圜底，高柄，喇叭形底，底座较低。口径11、底径5.8、高9.2厘米（图一九四，3）。标本M69：20，泥质红褐陶。口微侈，浅弧盘，圜底，高柄，喇叭形底，底座较低，弧形盖。盖与豆盘有一周凸棱。口径9.6、底径5.8、通高9.2厘米（图一九四，2；图版七一，6）。

陶盒　4件，可修复3件。标本M69：5，泥质灰陶。口微侈，浅弧腹，平底，矮圈足。腹饰数道凹弦纹。口径17.6、底径8.8、通高7.4厘米（图一九一，7；图版七二，2）。标本M69：8，泥质褐陶。直口，上腹壁较直，下腹壁弧收，底近平，有盖，盖的形制与下半部相似。腹部均饰凹弦纹。上半部口径17、下半部口径16.5、腹径17.2、底径7.6、通高14.6厘米（图一九一，8）。标本M69：13，泥质灰陶。子母口，腹壁弧收，平底，矮圈足。腹饰两道凹弦纹。口径16、底径10、高8厘米（图一九一，6；图版七二，1）。标本M69：11，残碎严

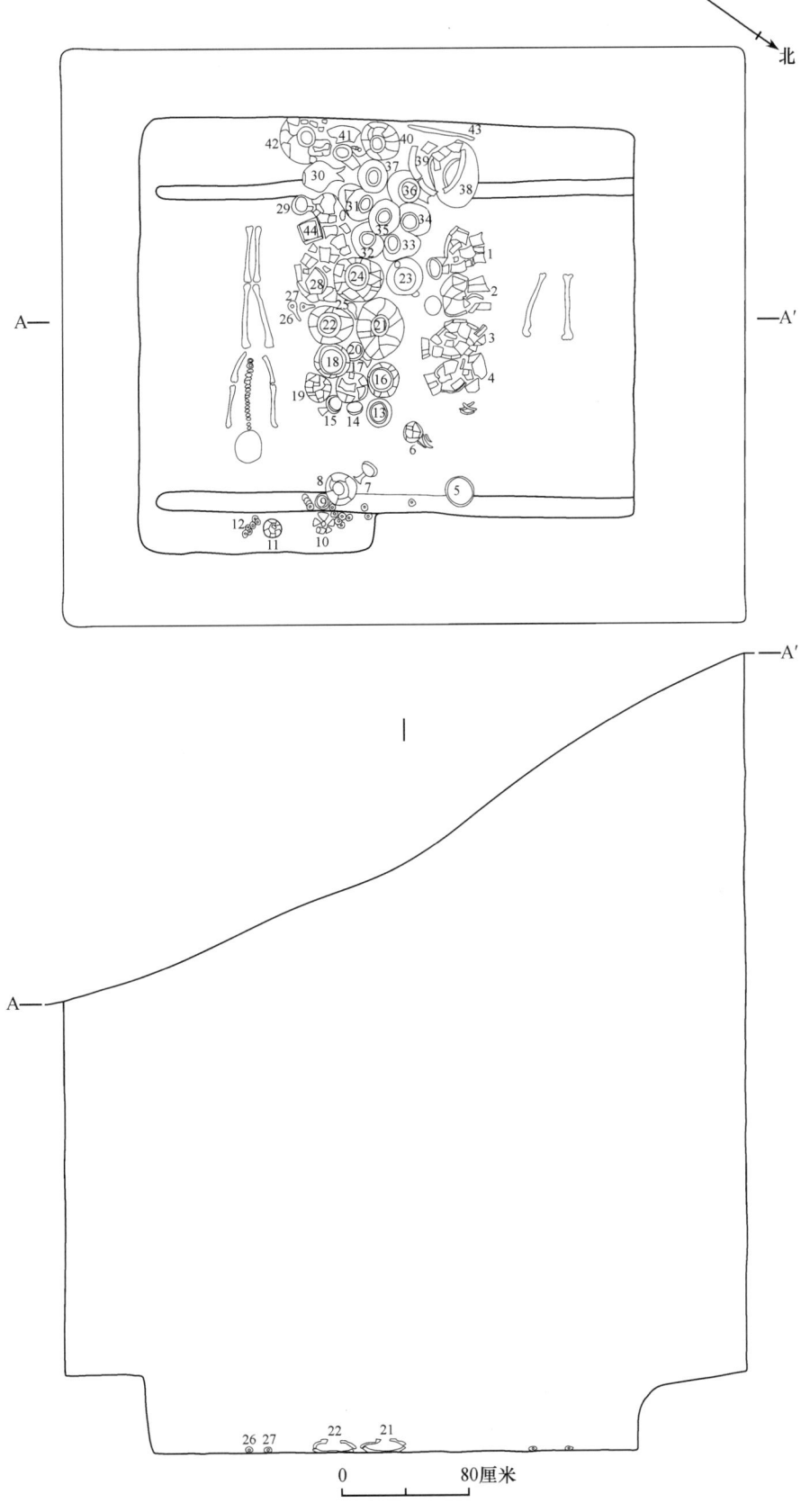

图一九〇 M69平、剖面图

1、2、29、30、42.陶壶 3、4、28、44.陶钫 5、8、11、13.陶盒 6、7、10、15、20.陶豆 9、21～24、31～41.陶罐 12.铜半两 14、25.陶勺 16.陶釜 17.陶三足罐 18、19.陶鼎 26、27.陶匏勺 43.铁剑

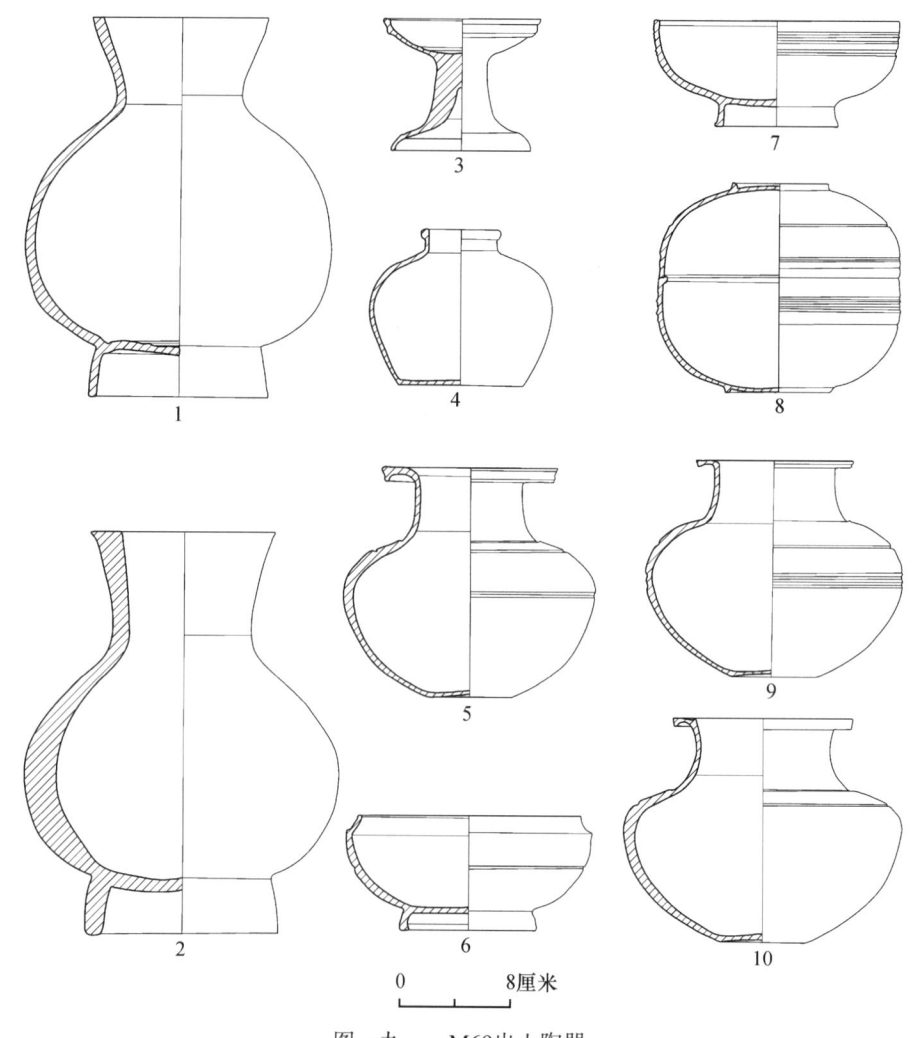

图一九一　M69出土陶器

1、2.壶（M69∶1、M69∶2）　3.豆（M69∶6）　4、5、9、10.罐（M69∶21、M69∶31、M69∶32、M69∶33）
6~8.盒（M69∶13、M69∶5、M69∶8）

重，无法修复。

陶釜　1件。标本M69∶16，残碎严重，无法修复。

陶三足罐　1件。标本M69∶17，泥质褐陶。侈口，平折沿，方唇，束颈较长，扁圆腹，圜底，三矮柱足，腹中部有一周凸棱。口径14、腹径18.8、通高17厘米（图一九三，4；图版七一，5）。

陶鼎　2件，可修复1件。标本M69∶18，泥质灰褐陶。子母口，浅弧腹，圜底，三蹄足，对称竖耳微外撇。口径15.6、腹径19.6、通高14.6厘米（图一九三，2；图版七一，4）。标本M69∶19，残碎严重，无法修复。

陶罐　16件，可修复10件。标本M69∶21，泥质灰褐陶。直口，圆唇，束颈较短，广斜肩，扁圆腹，平底。素面。口径5.5、腹径13.4、底径9、高10.5厘米（图一九一，4；图版七〇，4）。标本M69∶22，泥质灰陶。直口，平折沿，方唇，束颈较长，斜折肩，腹斜收，底微内凹。肩部饰凹弦纹。口径14.4、腹径20.5、底径6、高17.5厘米（图一九二，3）。标本M69∶24，泥质灰陶。侈口，方唇，束颈，斜肩，弧腹，平底。颈部有两道凸棱，肩部饰间断

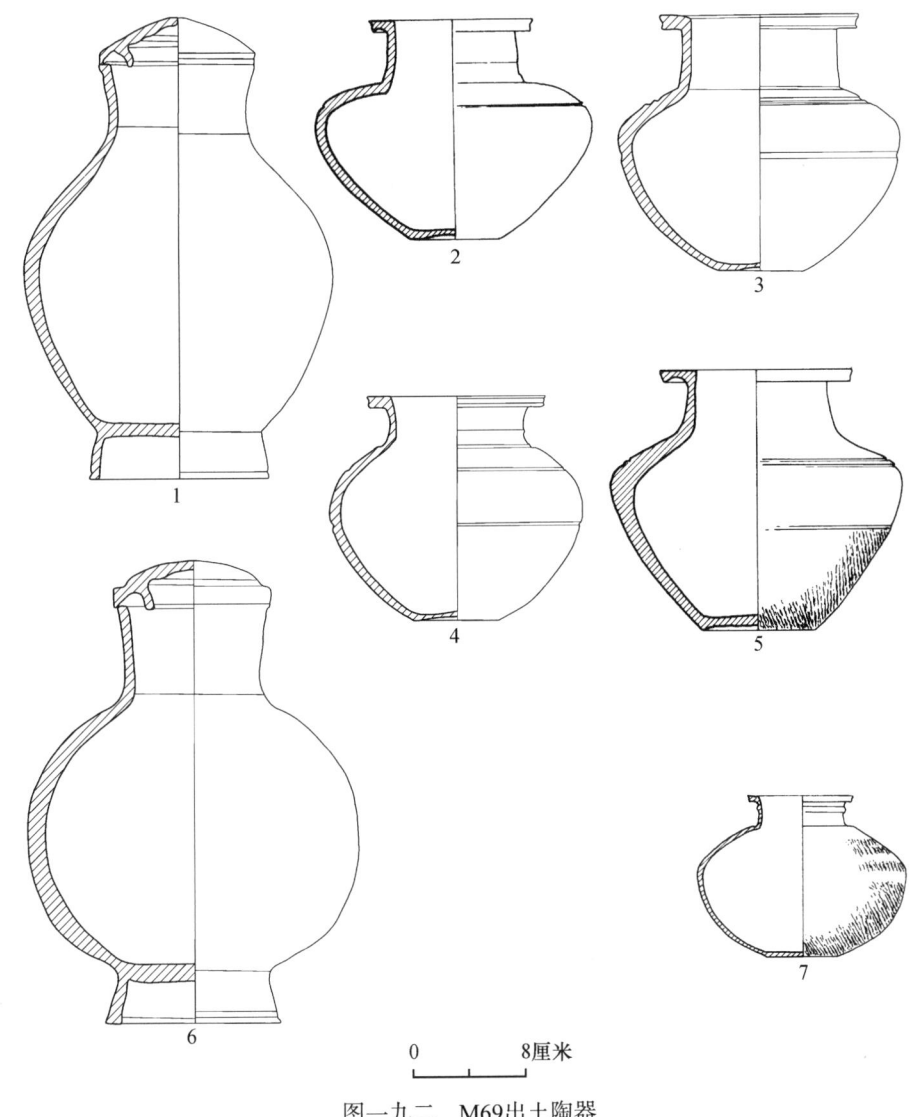

图一九二 M69出土陶器
1、6. 壶（M69：29、M69：30） 2~5、7. 罐（M69：37、M69：22、M69：36、M69：35、M69：24）

绳纹，腹饰绳纹。口径7.8、腹径15.5、底径5、高11.2厘米（图一九二，7；图版七〇，3）。标本M69：31，泥质灰陶。口微侈，卷沿，方唇，束颈较长，斜折肩，弧腹，平底微内凹。肩部饰凹弦纹。口径12.4、腹径18、底径6、高16厘米（图一九一，5）。标本M69：32，泥质褐陶。口微侈，平折沿，方唇，束颈较长，斜肩较鼓，腹弧收，底微内凹。肩部和腹部饰凹弦纹。口径11.2、腹径18.1、底径6.4、高15厘米（图一九一，9）。标本M69：33，泥质灰褐陶。侈口，折沿，方唇，束颈较长，斜折肩，腹斜弧收，底微内凹。颈部和肩部饰凹弦纹。口径13、腹径20、底径6.4、高15.6厘米（图一九一，10）。标本M69：35，泥质灰陶。口微侈，折沿，方唇，束颈较长，斜折肩，腹斜收，底微内凹。肩部和上腹部饰弦纹，下腹部饰绳纹。口径14、腹径21.4、底径8、高17.8厘米（图一九二，5；图版六九，3）。标本M69：36，泥质黄褐陶。侈口，折沿，方唇，束颈，斜鼓肩，腹斜收，底微内凹。颈肩和腹部饰凹弦纹。口径12.8、腹径18、底径6、高15.6厘米（图一九二，4）。标本M69：37，泥质灰陶。口微侈，折沿，方唇，束颈较长，斜折肩，腹斜收较甚，底微内凹。颈部和肩部饰弦纹。口径11.7、腹径19.6、底径6、高15厘米（图一九二，2；图版六九，2）。标本M69：40，泥质褐陶。直口，

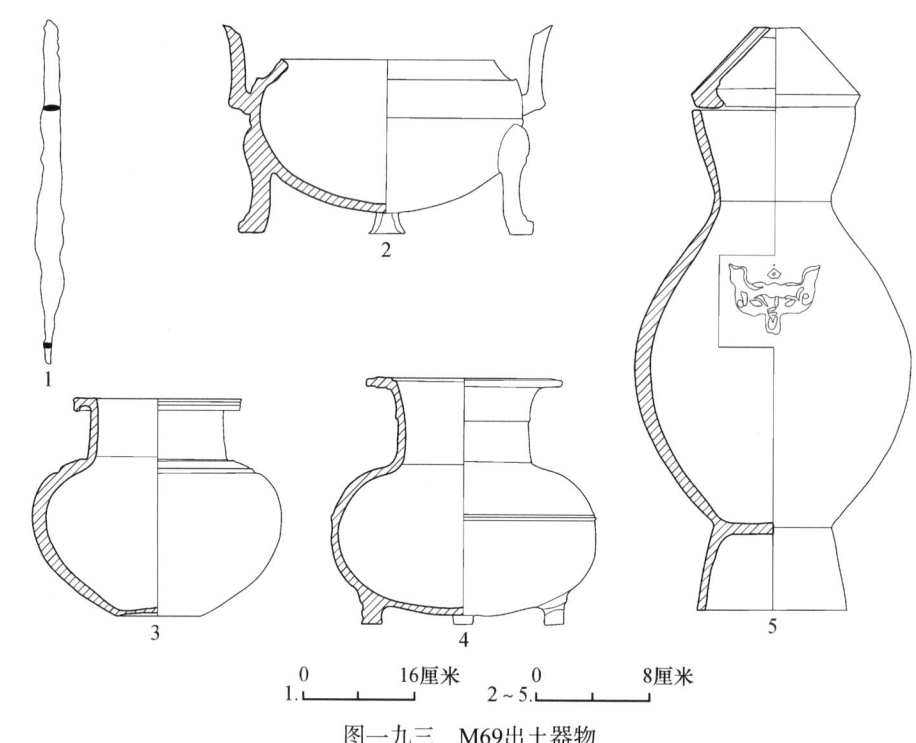

图一九三　M69出土器物

1. 铁剑（M69：43）　2. 陶鼎（M69：18）　3. 陶罐（M69：40）　4. 陶三足罐（M69：17）　5. 陶钫（M69：4）

平折沿，方唇，束颈较长，圆鼓肩，弧腹，底微内凹。肩部饰凹弦纹。口径12、腹径18、底径6、高15厘米（图一九三，3）。标本M69：9、M69：23、M69：34、M69：38、M69：39、M69：41，残碎严重，均无法修复。

陶勺　2件。勺体侈口，斜腹，圜底，柄较直且细长。标本M69：14，泥质灰褐陶。勺体口径6.4、通高7.2厘米（图一九四，5；图版七一，2）。标本M69：25，泥质和红褐陶。勺体口径6、通高8.2厘米（图一九四，6；图版七一，1）。

陶匏勺　2件，可修复1件。标本M69：27，泥质褐陶。腹部圆鼓，柄细长。通高8.4厘米（图一九四，7；图版七一，3）。标本M69：26，残碎严重，无法修复。

铁剑　1件。标本M69：43，剑身狭长，中有窄脊呈直线状隆起，扁茎无格无首，残。残长48、宽4厘米（图一九三，1；图版六八，2）。

铜半两　1组。标本M69：12，锈残严重（图版六八，3）。

16. M70

位于B区T13和T14内，开口于第2层下，被盗扰。长方形竖穴土坑墓，墓向为210°。墓壁竖直，长379、宽220厘米，墓南端深200、北端深40厘米。墓室填土为黄褐色，有夯筑迹象，土质较软。人骨保存状况差，腐朽严重。葬具仅存棺木痕迹。随葬陶罐、陶釜、铜钱、铁釜、木彩绘器等（图一九五）。

陶罐　6件，可修复1件。标本M70：2，泥质褐陶。口微侈，平折沿，方唇，束颈，溜肩，鼓腹较扁，平底。颈肩结合处有一周凹弦纹，肩部和上腹部饰间断绳纹，下腹部饰绳纹。口径15.6、腹径32.8、底径13.5、高24厘米（图一九六）。标本M70：1、M70：3、M70：5、M70：9、M70：10，残碎严重，均无法修复。

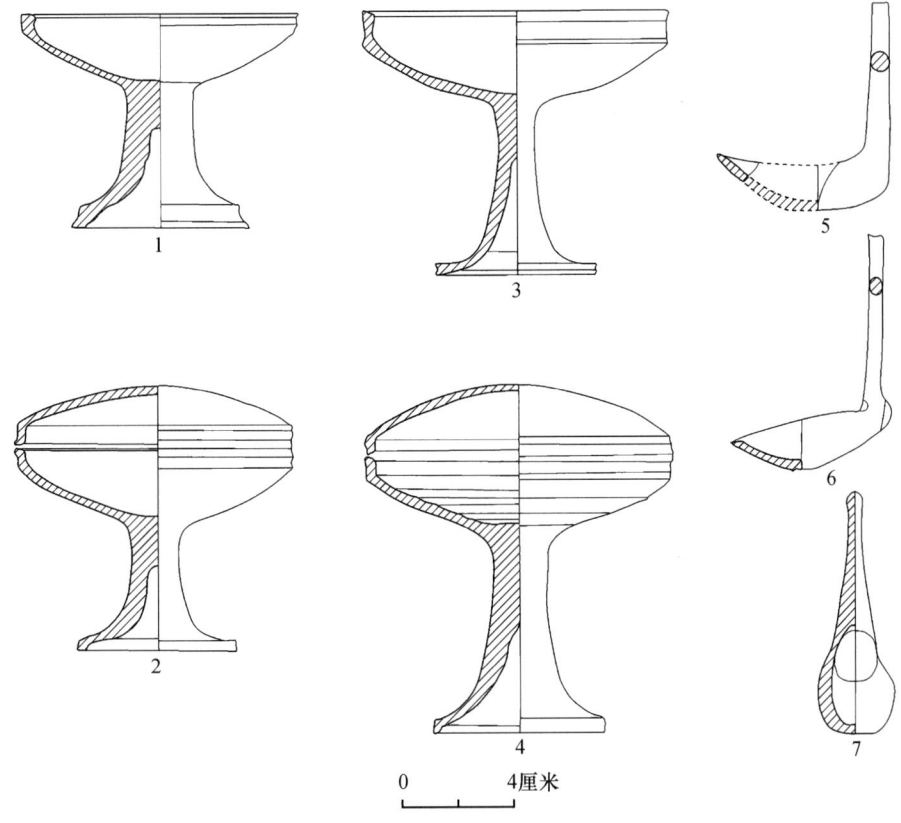

图一九四　M69出土陶器

1~4. 豆（M69：7、M69：20、M69：15、M69：10）　5、6. 勺（M69：14、M69：25）　7. 匏勺（M69：27）

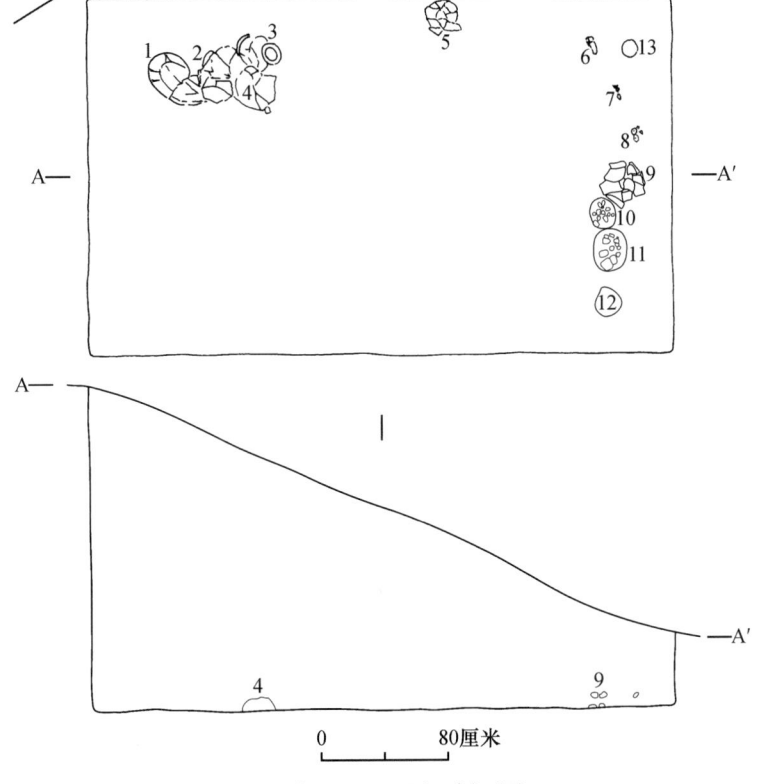

图一九五　M70平、剖面图

1~3、5、9、10. 陶罐　4. 陶釜　6~8. 铜钱　11. 铁釜　12. 铁残片　13. 木彩绘器痕迹

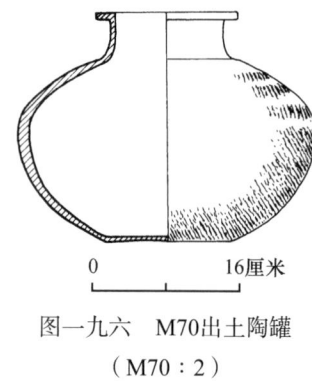

图一九六　M70出土陶罐（M70∶2）

陶釜　1件。标本M70∶4，残碎严重，无法修复。

铜钱　3枚。发掘时给编号M70∶6、M70∶7、M70∶8，锈残。

铁釜　1件。标本M70∶11，锈蚀严重，无法修复。

铁残片　标本M70∶12，锈蚀严重。

木彩绘器痕迹　标本M70∶13，残碎严重。

17. M72

位于B区T4内，开口于第2层下，墓向235°。刀把形砖室墓，有甬道，墓室西北部被M71打破。东壁被后期耕作扰乱严重，其余三壁保存相对较好。墓室长150、宽210、残深85厘米。甬道长290、宽270、残深90厘米。墓室顶部拱顶在早期已被破坏，西、北、南三墓壁用三角几何纹砖砌成。墓室填土主要为黄褐色，甬道处填土呈红褐色。发现人骨5具，其中有2具位于甬道、另3具位于墓室内。人骨保存状况较差，甬道内一具头向西南，其余骨骼散乱。未发现葬具。随葬品主要位于墓室和甬道的连接处，有釉陶盆、釉陶壶、釉陶鼎、釉陶灯、陶釜、陶勺、铜五铢等（图一九七）。

釉陶盆　3件。标本M72∶1，口微侈，上腹部较直，下腹弧收，平底。上腹部有数周凸

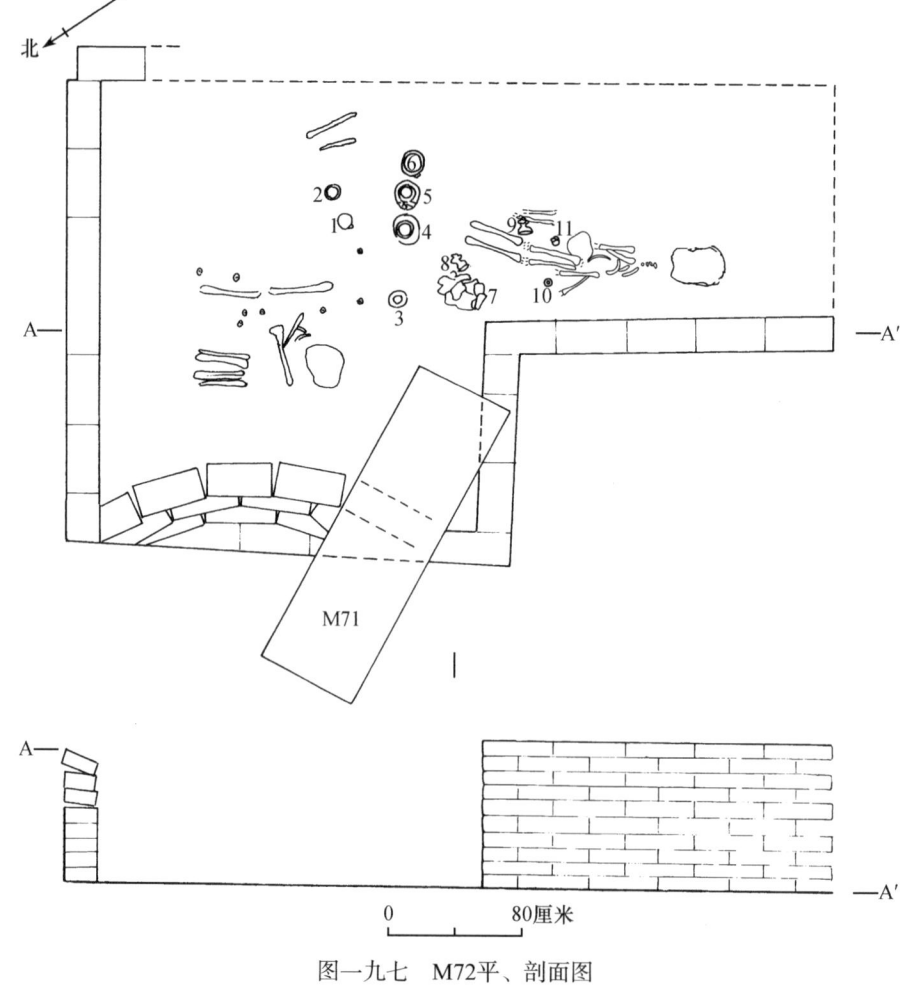

图一九七　M72平、剖面图

1~3.釉陶盆　4、5.釉陶壶　6.釉陶鼎　7.陶釜　8、9.釉陶灯　10.铜五铢　11.陶勺

棱。口径11.4、底径5.4、高4.4厘米（图一九八，6）。标本M72：2，侈口，浅腹，平底。腹中部有两道凹弦纹。口径10.8、底径5.6、高4.2厘米（图一九八，4）。标本M72：3，侈口，腹较浅，平底。腹有凹弦纹。口径11.2、底径5.6、高3.9厘米（图一九八，5）。

釉陶盘口壶　2件。标本M72：4，釉陶。盘口，长颈，鼓肩，弧腹，高圈足外撇。口部和肩部饰弦纹，有两个对称衔环铺首。弧形盖，盖顶有一衔环立纽。口径15.6、腹径22.4、底径16、通高35.2厘米（图一九八，1；图版七二，5）。标本M72：5，釉陶。盘口，长颈，鼓肩，

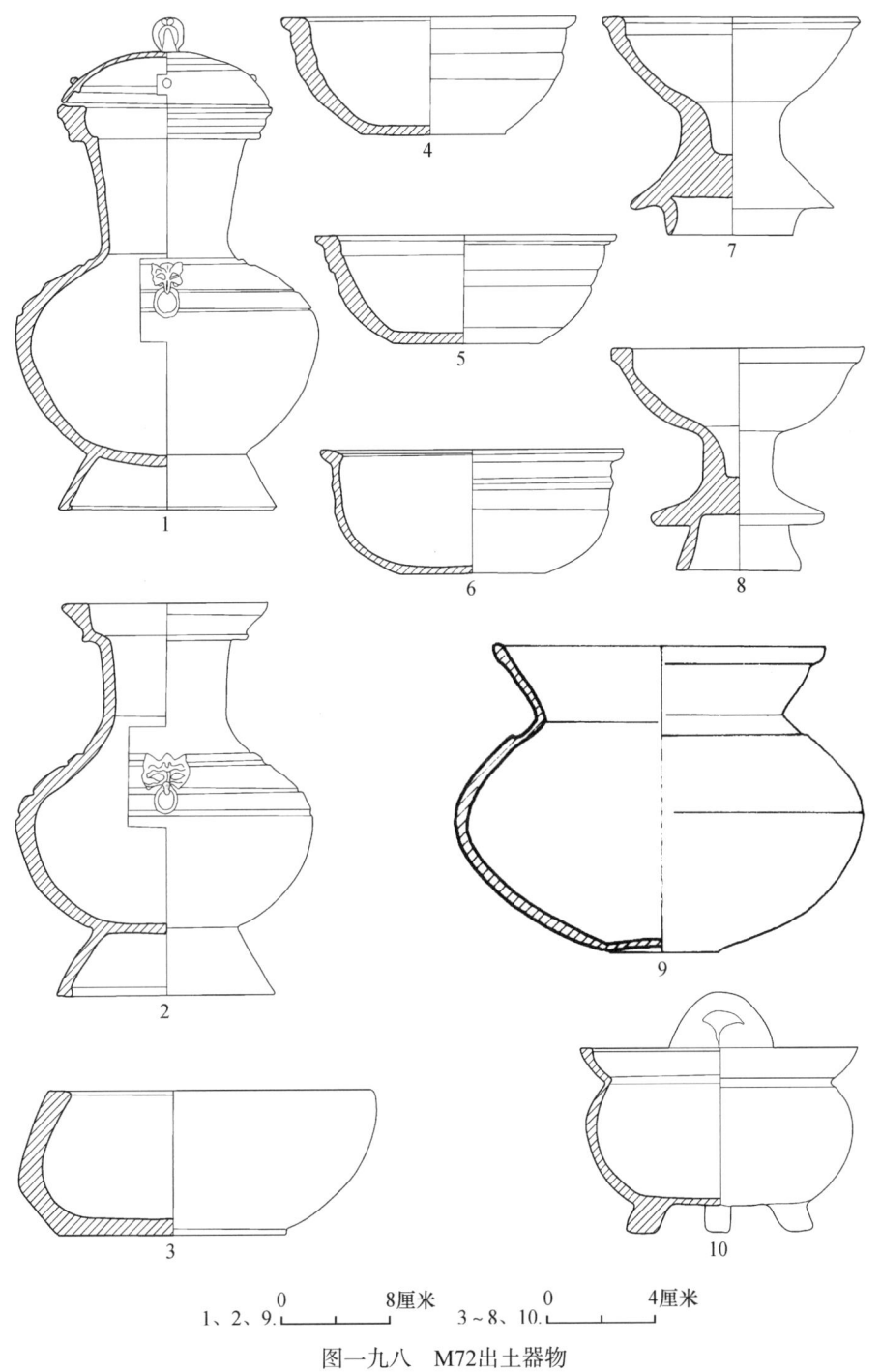

图一九八　M72出土器物

1、2.釉陶盘口壶（M72：4、M72：5）　3.陶勺（M72：11）　4～6.釉陶盆（M72：2、M72：3、M72：1）
7、8.釉陶灯（M72：8、M72：9）　9.陶釜（M72：7）　10.釉陶鼎（M72：6）

弧腹，高圈足外撇。肩部饰数周凹弦纹，有两个对称衔环兽首形铺首。口径15.2、腹径22、底径16、通高28厘米（图一九八，2）。

釉陶鼎　1件。标本M72：6，釉陶。侈口，扁鼓腹，平底，三矮柱足外撇，有对称半环形竖耳。口径10.4、腹径10、通高8.6厘米（图一九八，10）。

釉陶灯　2件。釉陶。侈口，平沿，弧腹，圜底，矮柄，喇叭形底，下接矮圈足。标本M72：8，口径9.6、柄底径7.6、圈足底径4.6、通高7.8厘米（图一九八，7）。标本M72：9，口径9.4、柄底径6.4、圈足底径4.8、通高8厘米（图一九八，8）。

陶釜　1件。标本M72：7，泥质灰陶。侈口，斜折沿较宽，束颈，扁腹外鼓，底微内凹。肩部有一周凸棱。口径25、腹径30.4、底径8、高22厘米（图一九八，9）。

陶勺　1件。标本M72：11，泥质红陶。敛口，浅弧腹，平底，勺柄残。口径12、底径8.4、高5.2厘米（图一九八，3）。

铜五铢　1枚。标本M72：10，锈残。

18. M73

位于B区T11内，开口于第2层下，被盗扰。长方形竖穴土坑墓，墓向为298°。墓室口大底小，墓口长315、宽205厘米，墓底长244、宽134厘米，墓底距墓口深200厘米。墓室填土为黄褐色，有夯筑迹象。墓底筑有熟土二层台，宽24~40、高30厘米。人骨位于墓底中部，保存状况较差，上半部被盗洞破坏，仰身直肢，头向西北，性别男，面部朝向和年龄不明。未发现葬具痕迹。在二层台东北角处随葬铁锸1件（图一九九；图版七三，1）。

铁锸　1件。标本M73：1，整体呈"凹"字形，两边外撇，刃部呈弧状两端上翘，銎部残。残长9.4、刃宽10.8厘米（图二〇〇；图版七三，2）。

19. M132

位于C区T16和T17内，开口于第2层下，打破M133的东北部。长方形竖穴土坑墓，墓向为46°。墓壁由上往下有收分，口长630、宽440厘米，底长480、宽280厘米，墓底距墓口深620厘米。填土呈黄褐色，有夯筑迹象。墓底四周筑有熟土二层台，宽50、高175厘米。有棺木痕迹。人骨位于墓室中部，受盗扰影响仅见腿骨，判断墓主直肢，头向东北。随葬品主要位于墓室西北角，有铜盘、铜半两、陶钫以及一些陶器残片，在墓主腿骨左侧还发现铜盖弓帽3件（图二〇一；图版七四，1）。

陶钫　1件。标本M132：7，泥质黑皮灰胎陶。口微敞，束颈，腹外鼓，器身两侧各装一兽首形铺首，足微外撇，盖为覆斗形，上饰四个方形孔丁状纽。口边长12、足边长16.4、通高48.6厘米（图二〇二，1；图版七四，2）。

陶器残片　发掘时给编号M132：3。

铜盘　1件。标本M132：1，侈口，浅腹，上腹壁竖直，下腹弧收至底，平底。口径11.6、高3.5厘米（图二〇二，2）。

铜盖弓帽　3件。圆形平顶，管状，横截面呈圆形，中部斜出一刺。标本M132：4、M132：5、M132：6，通长8、管径1.2、端面径3.8厘米（图二〇二，3~5；图版七四，4）。

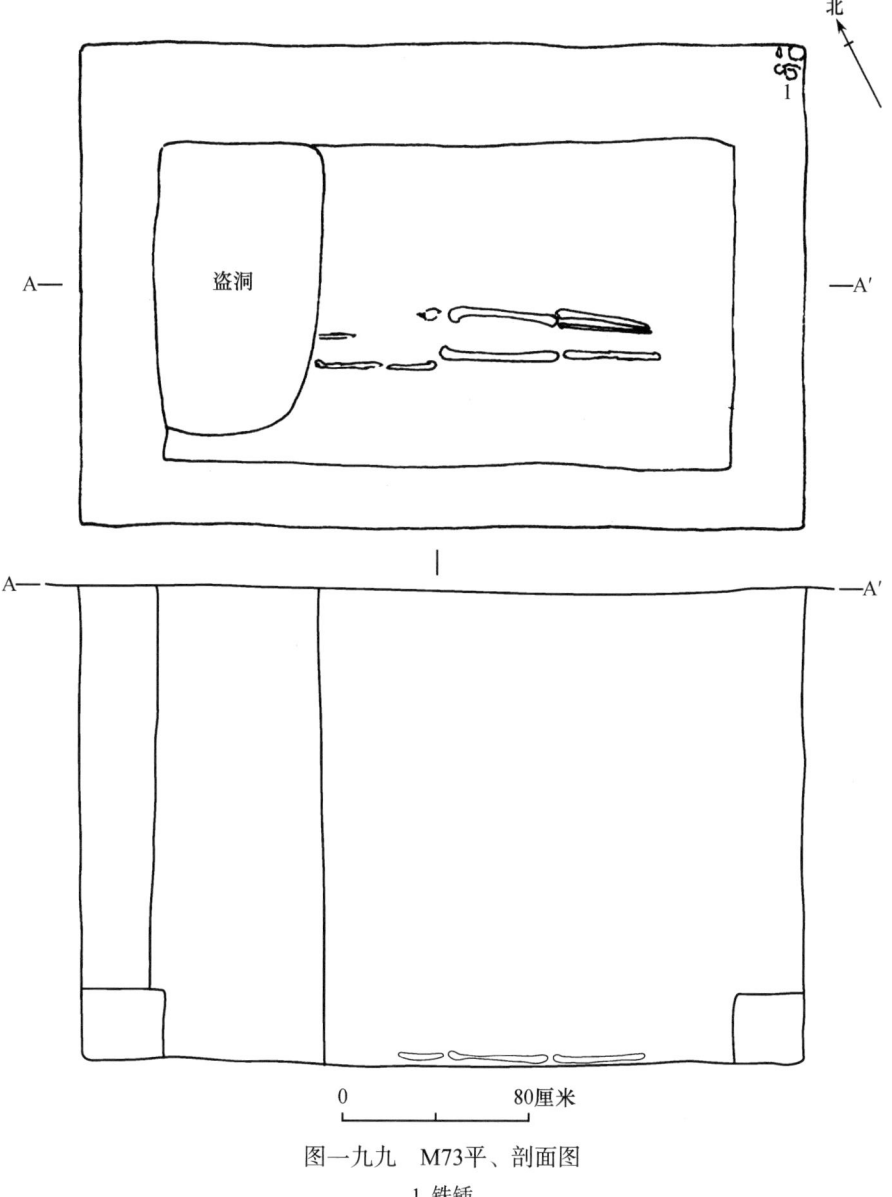

图一九九　M73平、剖面图
1. 铁锸

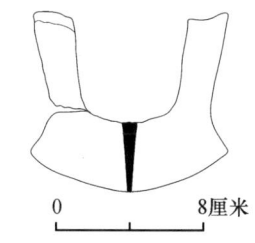

图二〇〇　M73出土铁锸（M73:1）

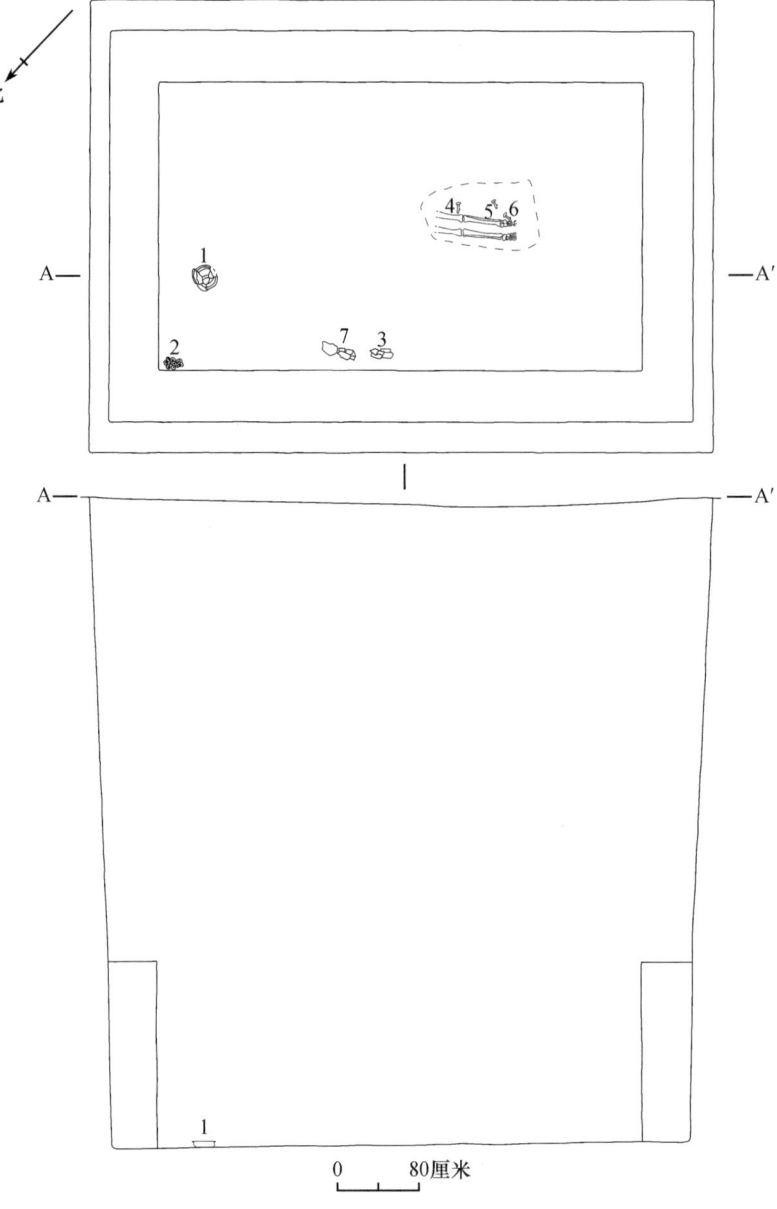

图二〇一　M132平、剖面图

1. 铜盘　2. 铜半两　3. 陶器残片　4~6. 铜盖弓帽　7. 陶钫

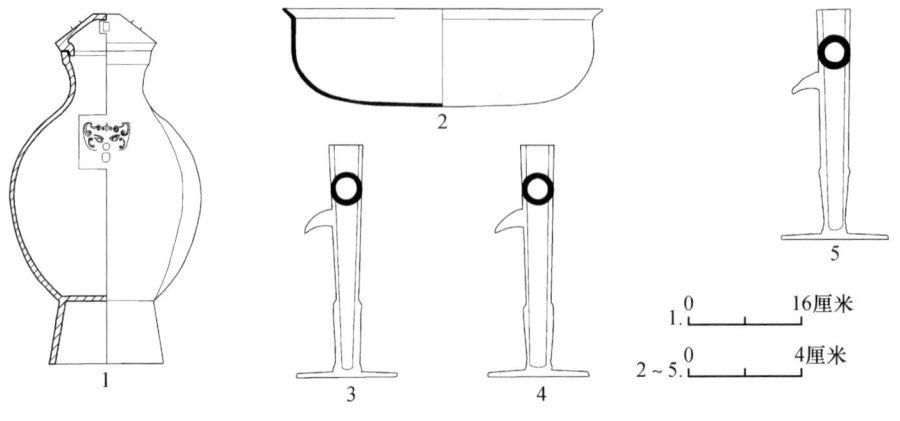

图二〇二　M132出土器物

1. 陶钫（M132：7）　2. 铜盘（M132：1）　3~5. 铜盖弓帽（M132：4、M132：5、M132：6）

铜半两　25枚。标本M132：2，锈残。包括穿孔较大、字形狭长的"五分钱"和"双人两式"[1]的四铢半两（图版七四，3）。

20. M135

位于C区T10和T12内，开口于第2层下。长方形竖穴土坑墓，墓向为25°。墓壁由上往下带有收分，口长420、宽253厘米，底长392、宽214厘米，墓底距墓口深310厘米。填土呈黄褐色，有夯筑迹象。墓底东西侧筑有熟土二层台，宽20、高30厘米。在墓室中部有棺木痕迹，根据头骨痕迹及其位置判断，墓主头向东北。随葬品主要集中于墓室西侧和北侧，有陶豆、陶钫、陶甑、陶罐、陶釜、铜半两、铁釜、铁刀等。发掘墓室时，在北部未及墓底处还发现铜鼎足1件（图二〇三；图版七五，1）。

陶豆　4件。口微敛，斜弧腹，矮柄，圈足内底心外凸。标本M135：3，泥质褐陶。口径9.4、底径4、高4.4厘米（图二〇四，1）。标本M135：4，泥质黄褐陶。口径9.5、底径4、高4.8厘米（图二〇四，2；图版七七，2）。标本M135：24，泥质黄褐陶。口径10、底径4.8、高4.8厘米（图二〇四，3；图版七七，1）。标本M135：25，泥质褐陶。口径10、底径4.4、高4.4厘米（图二〇四，5）。

陶钫　2件。标本M135：5，泥质褐陶。敞口，束颈，深腹外鼓，器身两侧各有一兽首形铺首，足微外撇，盖为覆斗形，上饰四个乳钉状纽。口边长12、足边长11.2、通高44厘米（图二〇六，1；图版七七，3）。标本M135：6，泥质黑皮褐胎陶。口微敞，束颈，上腹外鼓，下腹弧收，器身两侧各有一兽首形铺首，足微曲外撇，盖为覆斗形，上饰四个乳钉状纽。口边长12、足边长12、通高48厘米（图二〇六，2）。

陶甑　1件。标本M135：8，泥质灰褐陶。口微侈，卷沿，尖圆唇，深弧腹内收，平底，底有数十个圆形箅孔。上腹部有三道凹弦纹。口径33.2、底径15.2、高20.4厘米（图二〇六，3；图版七五，2上）。

陶圜底罐　9件。标本M135：9，泥质褐陶。侈口，折沿，方唇，高束颈，广斜肩，弧腹内收，凹圜底。肩部饰弦纹和弦断绳纹，腹部饰绳纹。口径13.2、腹径21.2、底径7.2、高16厘米（图二〇五，1；图版七六，2）。标本M135：10，泥质黑灰陶。侈口，卷沿，方唇，高束颈，斜折肩，弧腹内收，凹圜底。肩部饰数道凹弦纹，腹部饰交错细绳纹。口径14、腹径21.6、底径8、高17厘米（图二〇五，4）。标本M135：16，泥质灰褐陶。侈口，沿近折，方唇，束颈较高，斜肩，腹弧收，圜底。腹饰斜向细绳纹。口径14、腹径22、高17.2厘米（图二〇六，8）。标本M135：17，泥质黑灰陶。侈口，卷沿，方唇，束颈较高，斜折肩，弧腹内收，圜底。肩部饰数道凹弦纹，腹部饰交错细绳纹。口径14、腹径21.2、底径6、高16厘米（图二〇五，2）。标本M135：18，泥质黑灰陶。侈口，卷沿，方唇较厚，束颈较高，溜肩，弧腹内收，圜底。肩部饰数道凹弦纹，腹部饰交错细绳纹。口径13.6、腹径20.4、底径6、高15.6厘米（图二〇五，5；图版七六，5）。标本M135：19，泥质黑灰陶。侈口，平沿，方唇较厚，束颈较高，溜肩，弧腹内收，圜底。肩部饰弦纹，腹部饰绳纹。口径13.5、腹径20、

---

[1] 王雪农、刘建民：《半两钱研究与发现》，中华书局，2005年，第338页。

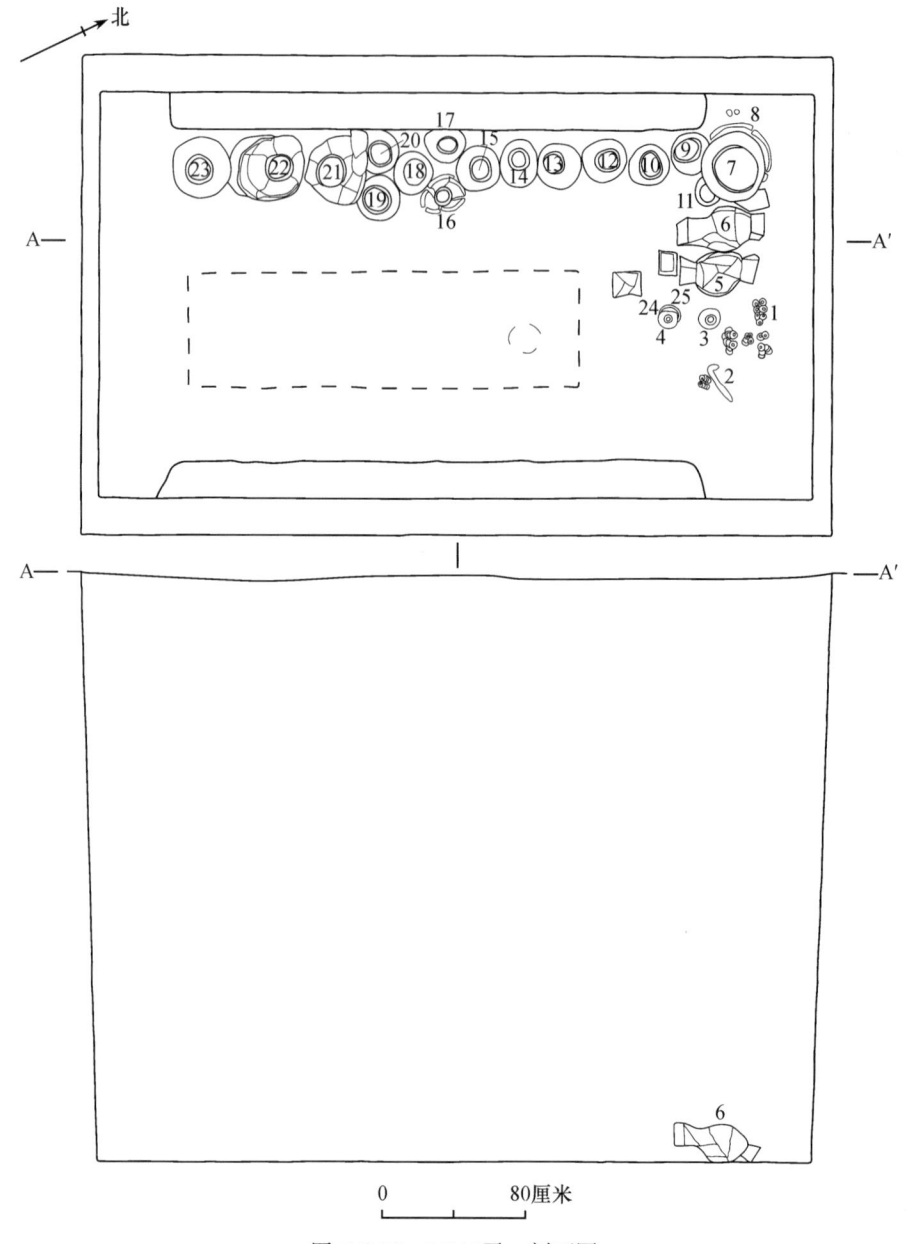

图二〇三　M135平、剖面图

1.铜半两　2.铁刀　3、4、24、25.陶豆　5、6.陶钫　7.铁釜　8.陶甑　9、10、12~19、21~23.陶罐　11、20.陶釜

高15.2厘米（图二〇五，6）。标本M135：21，泥质黄褐陶。侈口，卷沿，方唇，束颈较曲，广斜肩，圆弧腹内收，凹圜底。肩部饰弦断绳纹，腹部饰绳纹。器形较大。口径14.8、腹径31.2、底径10、高25.6厘米（图二〇六，7）。标本M135：22，泥质黄褐陶。侈口，折沿，方唇，束颈，圆鼓肩，弧腹内收，底内凹。肩饰旋断绳纹，腹饰斜向绳纹。口径16、腹径32.8、底径9、高26厘米（图二〇六，6；图版七六，1）。标本M135：23，泥质黄褐陶。侈口，沿近折，方唇，束颈，溜肩，圆鼓腹，底近圜微凹。肩饰旋断绳纹，腹饰斜向绳纹。口径15.6、腹径32、底径11、高25厘米（图二〇六，4）。

陶小口圆肩罐　4件。标本M135：12，泥质灰褐陶。口微侈，卷沿，圆唇，肩部圆鼓，扁圆腹，平底。肩饰凹弦纹。口径11.2、底径18、高16厘米（图二〇五，7；图版七六，6）。标

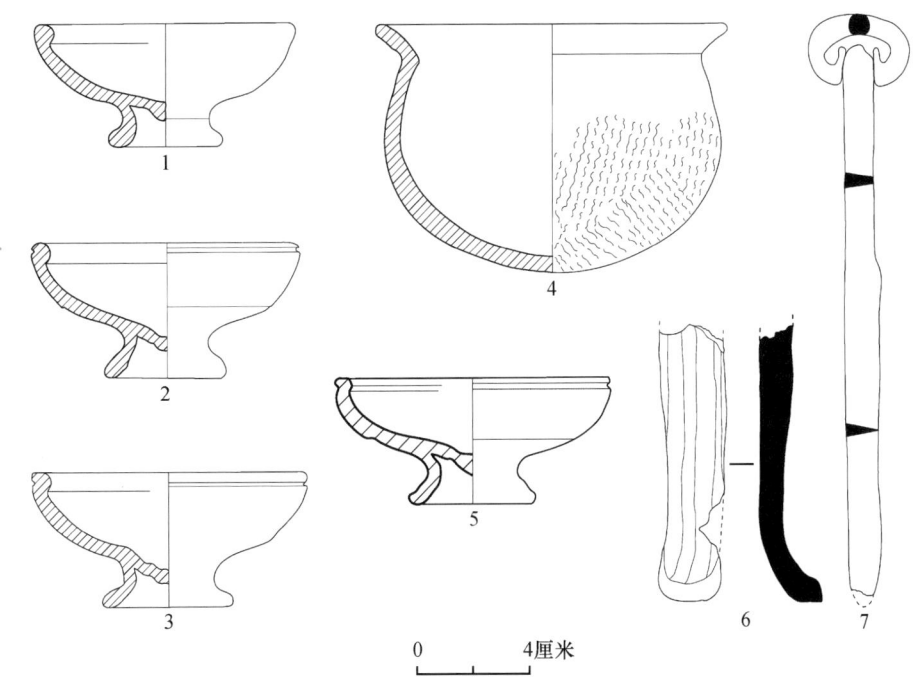

图二〇四 M135出土器物

1~3、5. 陶豆（M135：3、M135：4、M135：24、M135：25） 4. 陶釜（M135：11） 6. 铜鼎足（M135：26）
7. 铁刀（M135：2）

本M135：13，泥质灰褐陶。口微侈，卷沿，圆唇，矮束颈，折肩圆鼓腹，底内凹。素面。口径11.2、腹径22.4、底径16.4、高16厘米（图二〇五，8）。标本M135：14，泥质灰褐陶。口微侈，卷沿，圆唇，肩部圆鼓，扁圆腹，平底。肩饰凹弦纹。口径11.2、腹径24、底径15.6、高18厘米（图二〇五，9）。标本M135：15，泥质灰褐陶。口微侈，卷沿，圆唇，肩部外鼓较甚，扁圆腹，底微内凹。肩有弦纹。口径11.2、底径18、高17.8厘米（图二〇五，10）。

陶釜 2件。标本M135：11，泥质褐陶。侈口，圆唇折沿，圆鼓腹，圜底。腹饰斜向绳纹。口径12.8、腹径12、高9厘米（图二〇四，4；图版七六，3）。标本M135：20，泥质灰陶。侈口，卷沿，方唇，束颈，圆鼓腹，圜底。颈部有绳纹痕迹，腹饰绳纹。口径14、腹径18.8、高15厘米（图二〇五，3；图版七六，4）。

铜鼎足 1件。标本M135：26，微弧外撇。残高9.6、宽2.3、厚1.2厘米（图二〇四，6）。

铁刀 1件。标本M135：2，椭圆形环首，直背直刃。长25.9厘米（图二〇四，7）。

铁釜 1件。标本M135：7，近直口，高领，圆鼓腹，中腹有两道凸棱，两侧有对称半环形纽，并各附一衔环铺首，平底。口径22.4、腹径36.8、底径12、通高26.4厘米。与陶甗组合（图二〇六，5；图版七五，2下）。

铜半两 51枚。标本M135：1，锈残。为汉初四铢半两。

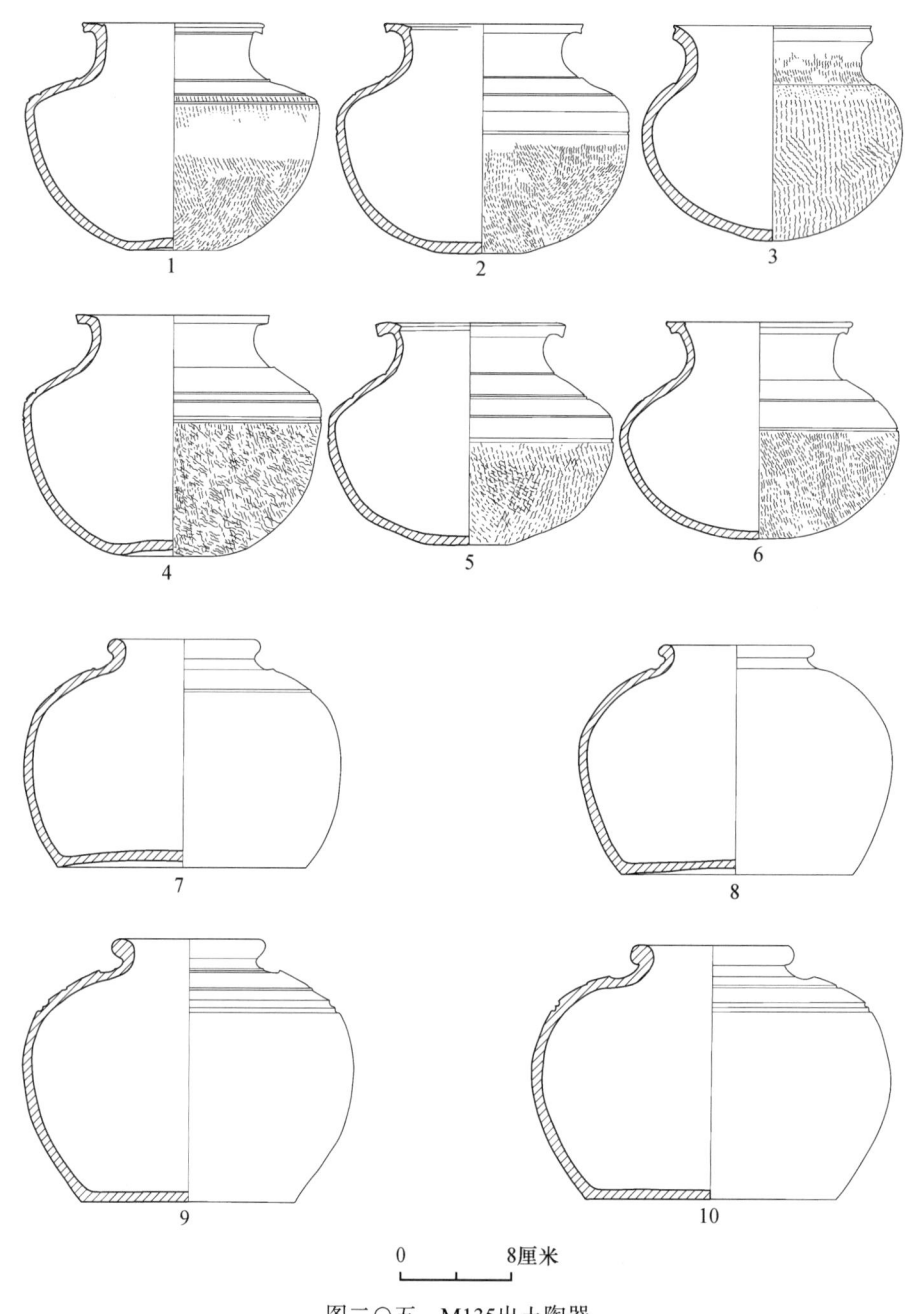

图二〇五 M135出土陶器

1、2、4~6.圜底罐（M135：9、M135：17、M135：10、M135：18、M135：19） 3.釜（M135：20）
7~10.小口圆肩罐（M135：12、M135：13、M135：14、M135：15）

21. M136

位于C区T7、T8、T9和T10内，开口于第2层下，叠压在M140上。长方形竖穴土坑墓，墓向为40°。墓壁竖直，长390、宽260、深34~114厘米。填土呈黄褐色，有夯筑迹象。盗洞于墓葬南部直通墓底。有板灰痕迹。人骨发现2具，编号为1号和2号。1号人骨位于墓室中部偏东，2号位于墓室中部偏西，均仰身直肢，头向东北，面向东南。有棺木痕迹。残存随葬品共13件，主要集中于墓室中部的两墓主之间，有陶罐、陶钵、铜五铢、银指环、铁刀、料珠、木器痕迹等（图二〇七）。

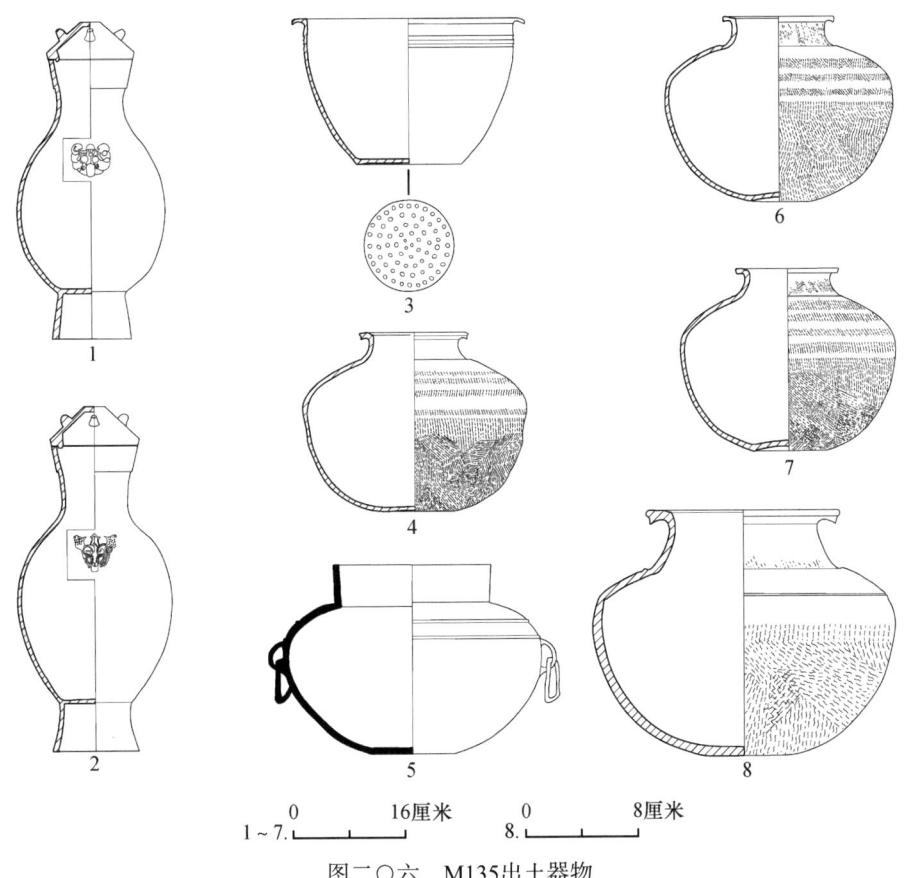

图二〇六　M135出土器物

1、2. 陶钫（M135∶5、M135∶6）　3. 陶甑（M135∶8）　4、6~8. 陶圜底罐（M135∶23、M135∶22、M135∶21、M135∶16）　5. 铁釜（M135∶7）

陶罐　1件。标本M136∶2，泥质黑皮褐胎陶。口微侈，折沿，方唇，束颈，广肩斜折，浅腹弧收，圜底。腹部饰竖向绳纹。口径11.3、腹径22、高13.8厘米（图二〇八，1；图版七八，2）。

陶钵　2件。标本M136∶5，泥质黑皮褐胎陶。敞口，尖圆唇，斜腹，下腹弧收，平底。腹内壁饰鱼纹四处，底内壁饰鱼纹两处。口径17.8、底径6、高7.2厘米（图二〇八，4；图版七八，1）。标本M136∶7，泥质灰陶。敞口，尖圆唇，斜腹，下腹斜收更甚，平底。口径16、底径6、高6厘米（图二〇八，2）。

铁刀　1件。标本M136∶4，椭圆形环首，直背直刃。长27.4厘米（图二〇八，6；图版七八，3）。

银指环　1件。标本M136∶6，直径2.1、内径1.8厘米（图二〇八，3）。

料珠　5件。标本M136∶9，白色。直径0.5~0.7厘米（图二〇八，5）。

铜五铢　134枚。发掘时给编号M136∶1、M136∶3、M136∶8，锈残（图版七八，4）。

铁剑　1件。标本M136∶10，锈蚀严重。

木器痕迹　3处。标本M136∶11、M136∶12、M136∶13，残损严重。

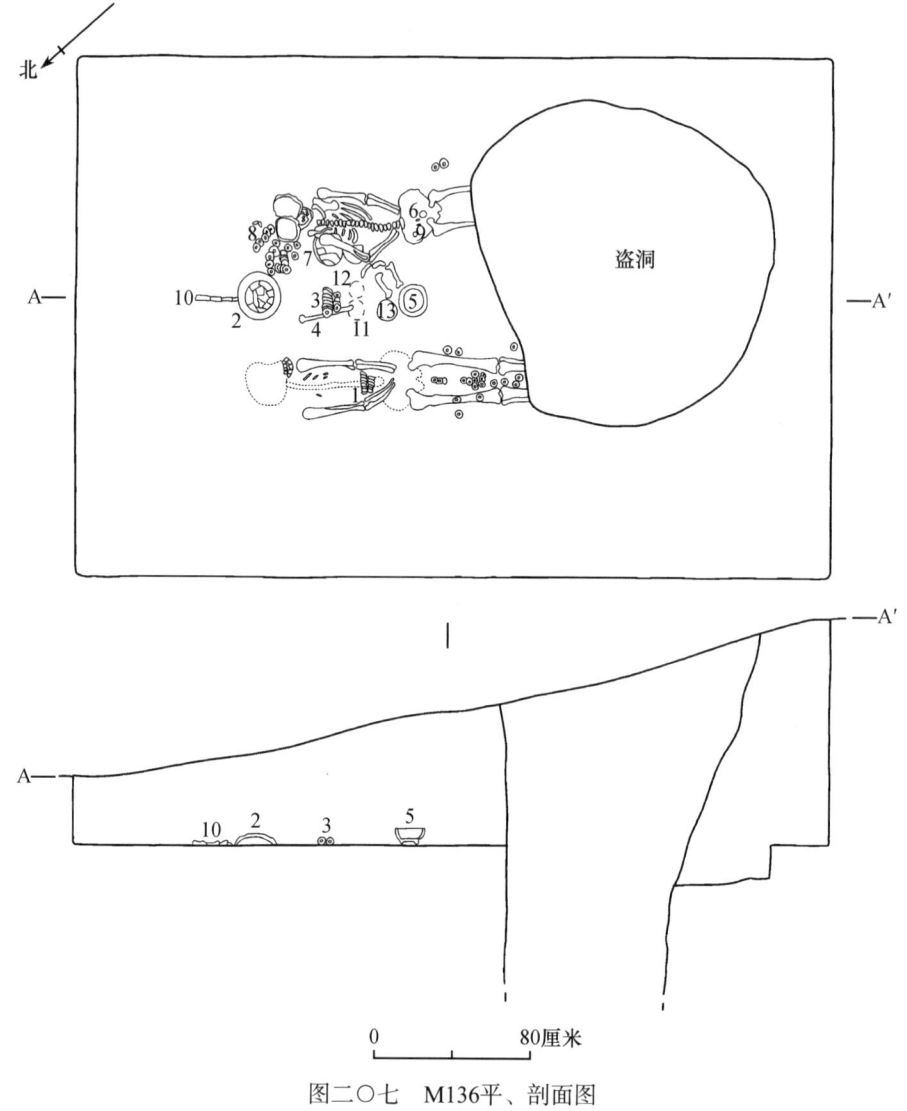

图二〇七　M136平、剖面图

1、3、8.铜五铢　2.陶罐　4.铁刀　5、7.陶钵　6.银指环　9.料珠　10.铁剑　11~13.木器痕迹

22. M137

位于C区T7内，开口于第2层下。长方形竖穴土坑墓，墓向为47°。墓壁由上往下带有收分，口长310、宽200厘米，底长240、宽130厘米，墓底距墓口深200厘米。墓壁在距墓底30厘米处至墓底收分更甚，填土呈黄褐色，有夯筑迹象。人骨位于墓室东部，保存状况较好，仰身直肢，头向东北，面向东南，性别男。有棺木痕迹。发现随葬品共13件，主要集中于墓室西部和北部，有陶豆、陶罐、陶甗、铁釜、铜半两、铜指环、铜盘等（图二〇九；图版七九，1）。

陶豆　2件。标本M137∶2，泥质褐陶。口微侈，斜弧腹，矮柄，圈足内底心外凸。口径14.4、底径5.2、高5.8厘米（图二一〇，1）。标本M137∶12，泥质灰褐陶。侈口，斜弧腹，矮柄，圈足内底心外凸。口径14.8、底径6、高5.6厘米（图二一〇，4；图版七九，4）。

陶罐　5件。标本M137∶3，泥质灰陶。侈口，平沿，方唇较厚，束颈，折肩，弧腹内收，圜底。肩部饰弦纹，腹部饰绳纹。口径13、腹径19.6、高13.6厘米（图二一〇，2）。标本

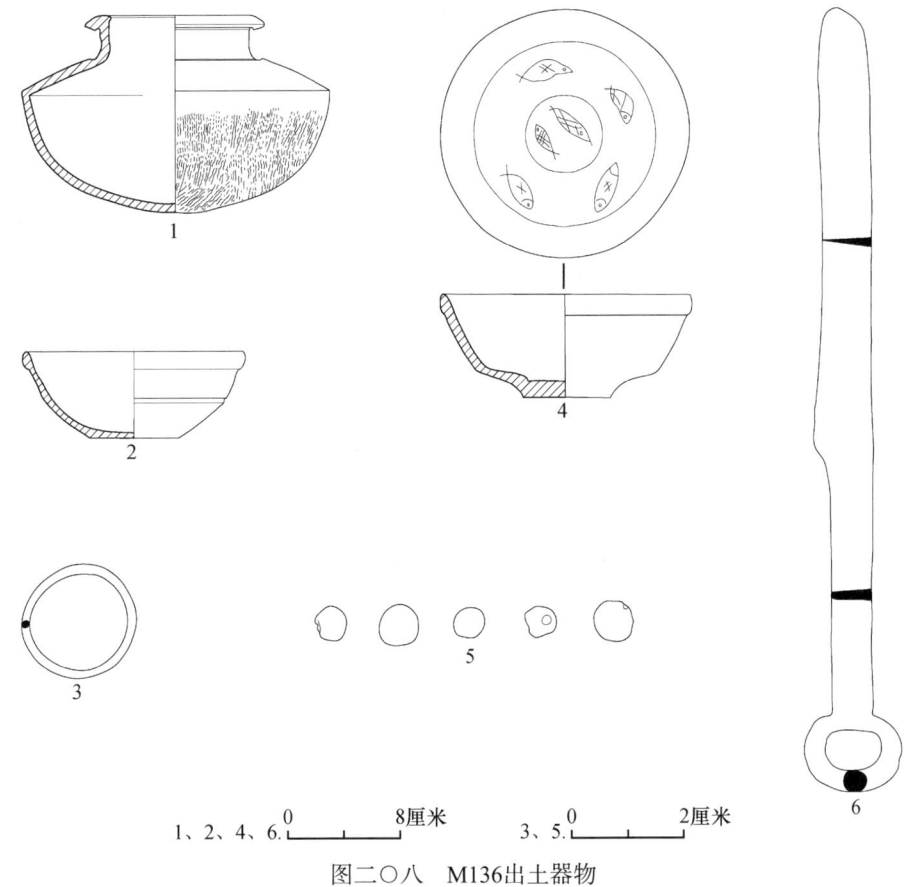

图二〇八 M136出土器物

1.陶罐（M136∶2） 2、4.陶钵（M136∶7、M136∶5） 3.银指环（M136∶6） 5.料珠（M136∶9） 6.铁刀（M136∶4）

M137∶8，泥质灰陶。侈口，折沿，方唇，束颈，斜折肩，弧腹内收，圜底。肩部饰弦纹，腹部饰斜向细绳纹。口径14、腹径21、高16厘米（图二一〇，5）。标本M137∶9，泥质灰陶。侈口，平折沿，方唇，束颈，斜折肩，弧腹内收，圜底。肩部饰弦纹，腹部饰细绳纹。口径12、腹径20、高16厘米（图二一〇，3）。标本M137∶10，泥质灰陶。侈口，折沿，方唇，束颈，斜折肩，弧腹内收，圜底。肩部饰弦纹，腹部饰斜向细绳纹。口径14、腹径21、高16厘米（图二一〇，6；图版七九，5）。标本M137∶7，残碎严重。

陶甑 1件。标本M137∶6，残碎严重。

铜盘 1件。标本M137∶4，侈口，折沿，浅腹，腹壁竖直，平底。腹两侧有兽首形铺首，附一圆形衔环。口径27、底径24.9、高4.6厘米（图二一〇，8；图版七九，2）。

铁釜 1件。标本M137∶5，近直口，高领，圆鼓腹，中腹有两道凸棱，两侧有对称半环形纽，并各附有一衔环铺首，平底，矮圈足。口径22.4、腹径35.2、底径11、通高28厘米（图二一〇，7）。

铜半两 44枚。标本M137∶1、M137∶11，锈残。

铜指环 1件。标本M137∶13，锈蚀严重（图版七九，3）。

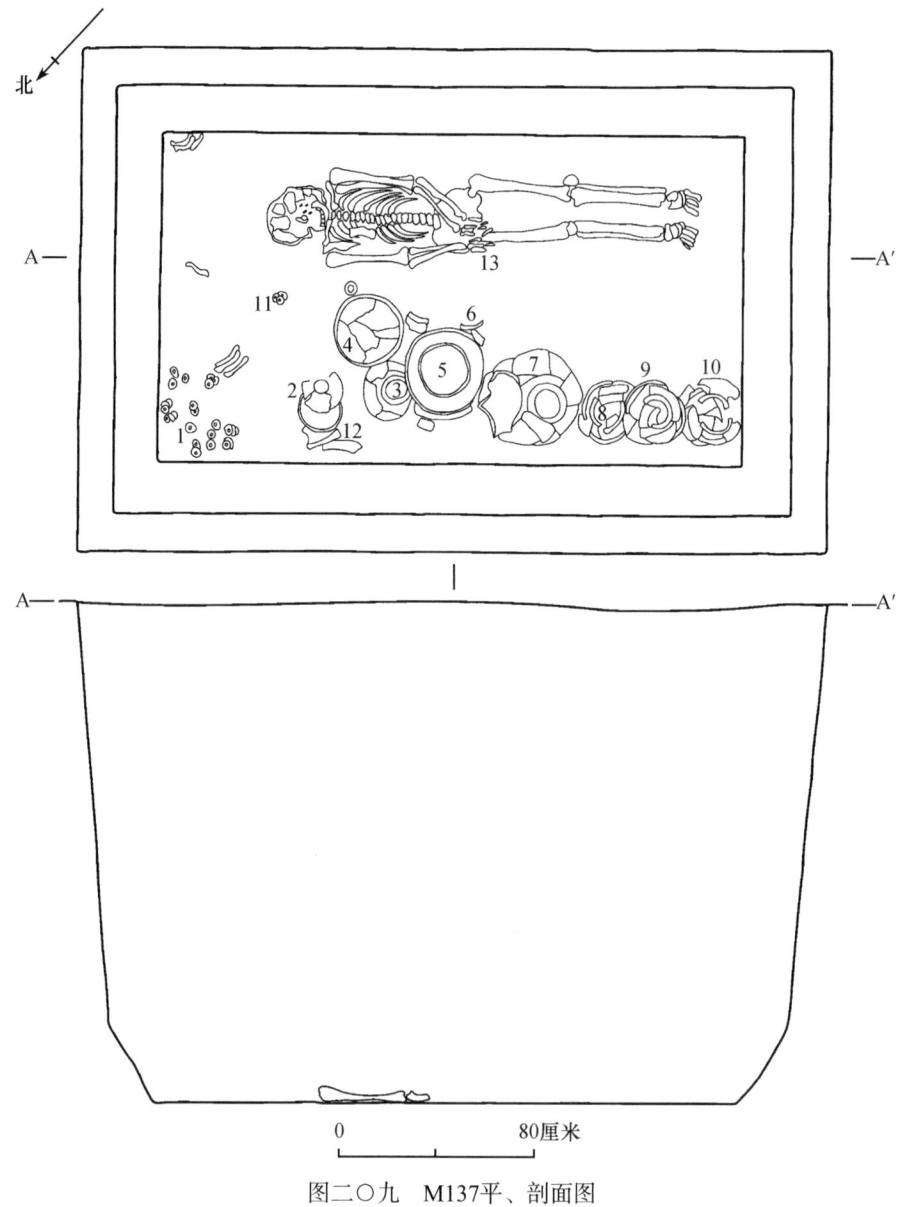

图二〇九　M137平、剖面图

1、11.铜半两　2、12.陶豆　3、7~10.陶罐　4.铜盘　5.铁釜　6.陶甑　13.铜指环

23. M139

位于D区T9和T18内，开口于第2层下，盗洞打破墓葬东部和中部。长方形竖穴土坑墓，墓向为197°。墓壁竖直，长400、宽200、深192厘米。填土呈黄褐色，有夯筑迹象。圆形盗洞于墓葬东部直通墓底，后波及墓室大部。人骨经盗扰仅可判断头向西南。有棺木痕迹。残存随葬品共26件，主要集中于墓室西侧和南部，有陶甑、陶盂、陶罐、铜鼎、铜铲、铜半两、铜铃、铜釜、铜构件、铁刀、铁三足支架等。墓室南端残存大片木器朽痕（图二一一；图版八〇，1）。

陶甑　1件。标本M139：2，泥质黄褐陶。侈口，折沿，方唇，束颈，折肩，腹弧收较甚，底内凹且有数个箅孔。口径24、底径8.8、高15厘米（图二一三，2；图版八〇，3）。

陶盂　1件。标本M139：7，泥质灰陶。侈口，方唇，斜折腹，下腹内收更甚，平底。口

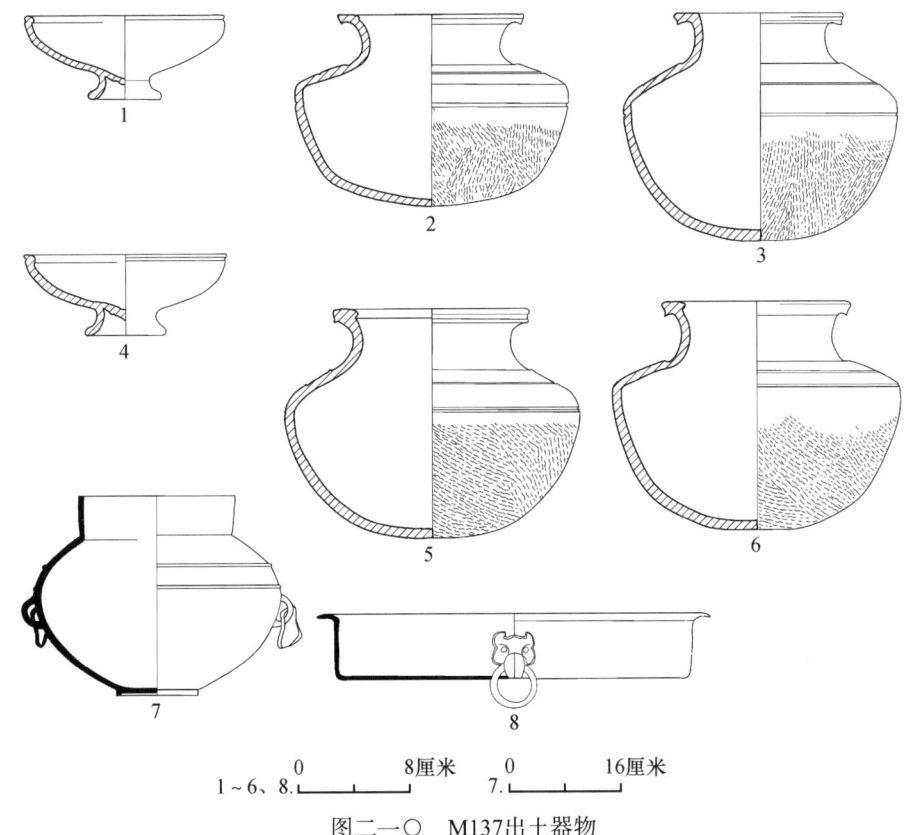

图二一○　M137出土器物
1、4.陶豆（M137∶2、M137∶12）　2、3、5、6.陶罐（M137∶3、M137∶9、M137∶8、M137∶10）　7.铁釜（M137∶5）
8.铜盘（M137∶4）

径20、底径8.4、高7.2厘米（图二一二，6；图版八○，2）。

陶罐　10件。标本M139∶11，泥质灰陶。侈口，卷沿，方唇，束颈较曲，广斜肩，圆弧腹内收，底内凹。肩部饰弦断绳纹，腹部饰绳纹。器形较大，口径14.8、腹径31.2、底径9、高24厘米（图二一三，3；图版八○，5）。标本M139∶14，泥质黄褐陶。侈口，折沿，方唇，束颈较高，广肩，扁弧腹内收，底内凹。肩部和上腹部饰凹弦纹。口径12、腹径21、底径5、高15.2厘米（图二一二，1）。标本M139∶15，泥质黑灰陶。侈口，折沿，方唇较厚，束颈，领较高，圆鼓肩，弧腹内收，底微内凹。肩部饰凹弦纹，颈部和肩部饰绳纹。口径12、腹径19.6、底径6、高13.8厘米（图二一二，2）。标本M139∶16，泥质黄褐陶。侈口，折沿，方唇，束颈，领较高，圆鼓肩，弧腹内收，底微内凹。肩部与上腹部饰凹弦纹，也有绳纹痕迹。口径12、腹径20.4、底径5、高14厘米（图二一二，3；图版八○，4）。标本M139∶18，泥质黄褐陶。侈口，沿近折，方唇，束颈，领较高，圆鼓肩，弧腹内收，底内凹。肩部与上腹部饰凹弦纹。口径11.6、腹径20.4、底径6、高14.8厘米（图二一二，4）。标本M139∶19，泥质黄褐陶。侈口，折沿，方唇，束颈，领较高，圆鼓肩，弧腹内收，底内凹。肩部与上腹部饰凹弦纹。口径11.6、腹径20、底径6、高14.2厘米（图二一二，5）。标本M139∶20，泥质黄褐陶。侈口，折沿，方唇，束颈，领较高，圆鼓肩，弧腹内收，底内凹，肩部与上腹部饰凹弦纹。口径12.8、腹径21.6、底径5.2、高15.6厘米（图二一二，7）。标本M139∶10、M139∶12和M139∶13，残碎严重。

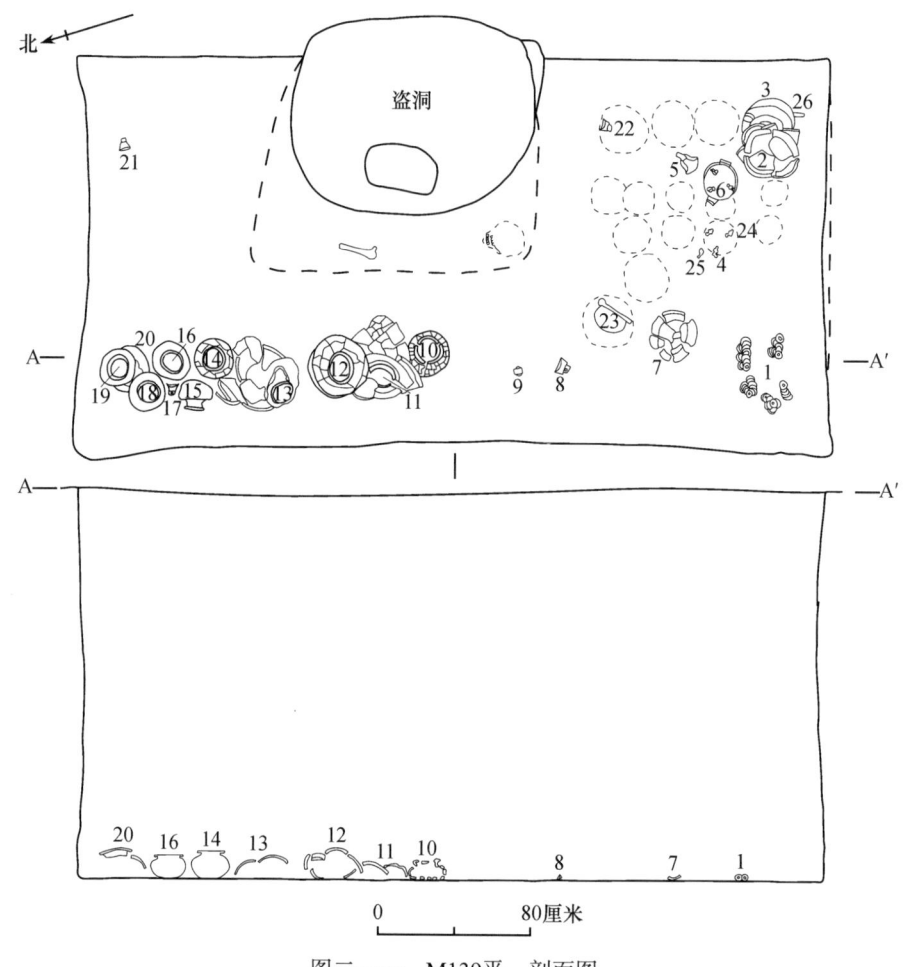

图二一一　M139平、剖面图

1.铜半两　2.陶甑　3.铜釜　4、24、25.铜构件　5.铜铲　6.铜鼎　7.陶盂　8、9、17、21、22.铜铃　10~16、18~20.陶罐　23.铁刀　26.铁三足支架

铜釜　1件。标本M139：3，侈口，宽折沿微内凹，鼓腹，下腹残。出土时置于铁三足支架上（M139：26）。口径20.5、残高8.6厘米（图二一二，8；图版八二，5、6）。

铜鼎　1件。标本M139：6，子母口，对称竖耳微外撇，腹扁圆，圜底近平，三蹄足，弧形盖，壁上有三个半环形立纽。口径15、通高16.8厘米（图二一三，1；图版八一，5）。

铜构件　3件。标本M139：4，呈"μ"形，共1件。长4.8厘米（图二一三，10；图版八二，2）。标本M139：24，短柄，器身略呈"8"形，有两个圆形穿孔，共3件。通高3.2厘米（图二一三，7；图版八一，2）。标本M139：25。短柄，上部为帽状，有锥状钉身，共3件。长2.5厘米（图二一三，4；图版八二，4）。

铜铃　5件。标本M139：8，扁筒形，口凹弧形且较宽，方形纽，顶平。器身饰乳钉纹和网格纹。通高5.7厘米（图二一三，5；图版八一，4）。标本M139：9，扁筒形，口凹弧形且较宽，顶平，纽残。器身饰乳钉纹和网格纹。残高2.6厘米（图二一三，6）。标本M139：21，扁筒形，口凹弧形且较宽，方形纽，顶平。器身饰乳钉纹。通高3.7厘米（图二一三，8）。标本M139：22，扁筒形，口凹弧形且较宽，方形纽，顶平。器身饰乳钉纹。通高3.8厘米（图二一三，9；图版八一，3）。标本M139：17，残碎严重。

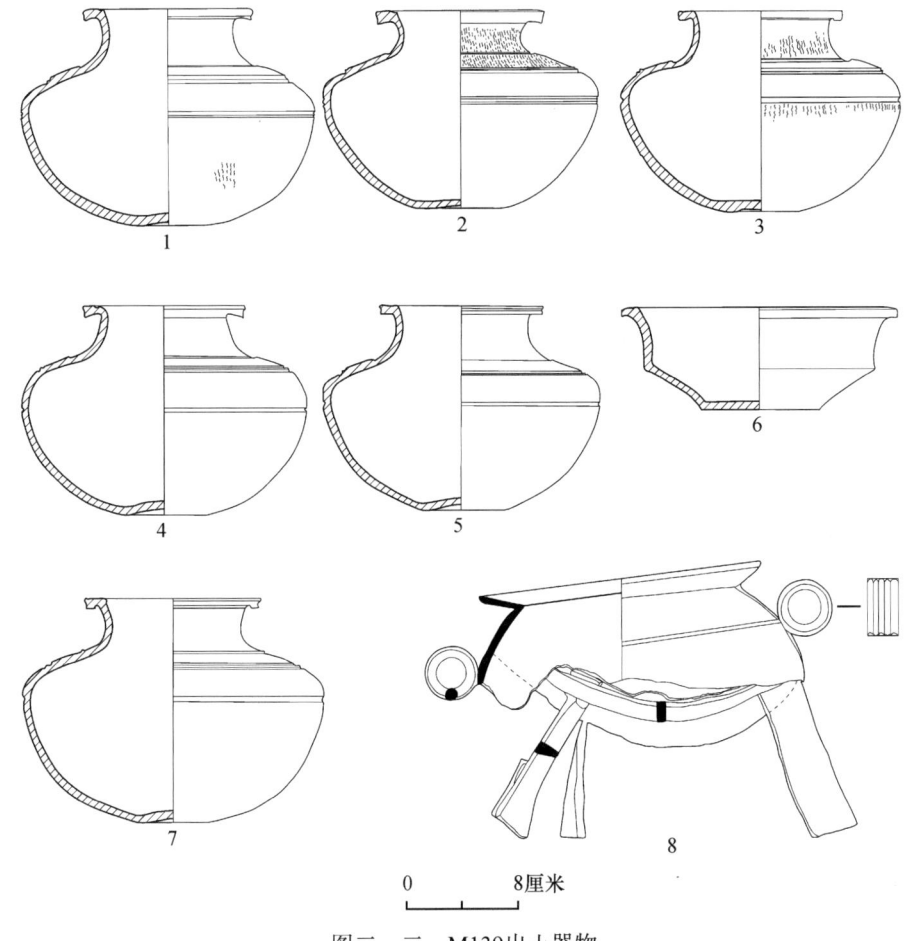

图二一二　M139出土器物

1～5、7. 陶罐（M139：14、M139：15、M139：16、M139：18、M139：19、M139：20）　6. 陶盂（M139：7）
8. 铜釜（M139：3）和铁三足支架（M139：26）

铁刀　1件。标本M139：23，环形首，直刃，刀身细长。通长20厘米（图二一三，11；图版八一，1）。

铁三足支架　1件。标本M139：26，扁条形三足。高11厘米（图二一二，8；图版八二，5）。

铜铲　1件。标本M139：5，弧刃，短柄中空，柄截面呈三角形。前端宽9.4、通高6.8厘米（图版八二，1）。

铜半两　73枚。标本M139：1，锈残（图版八二，3）。

24. M140

位于C区T7、T8、T9和T10内，开口于第2层下，叠压在M136之下，被盗扰严重。长方形竖穴土坑墓，墓向为40°。墓壁南北两侧竖直，东西两侧略有收分，口长388、宽260厘米，底长368、宽200～225厘米，墓底距墓口深283厘米。填土呈褐色，有夯筑迹象。墓底南、东、西三侧筑有二层台，宽8～30、高20厘米。圆形盗洞于墓葬南部直通墓底，后波及墓室中部和南部。未见人骨和葬具痕迹。残存随葬品主要位于墓室北部，有陶鼎、陶甑、陶豆、陶钫、陶罐、铁釜、铜鍪、铜钉、铜半两等（图二一四）。

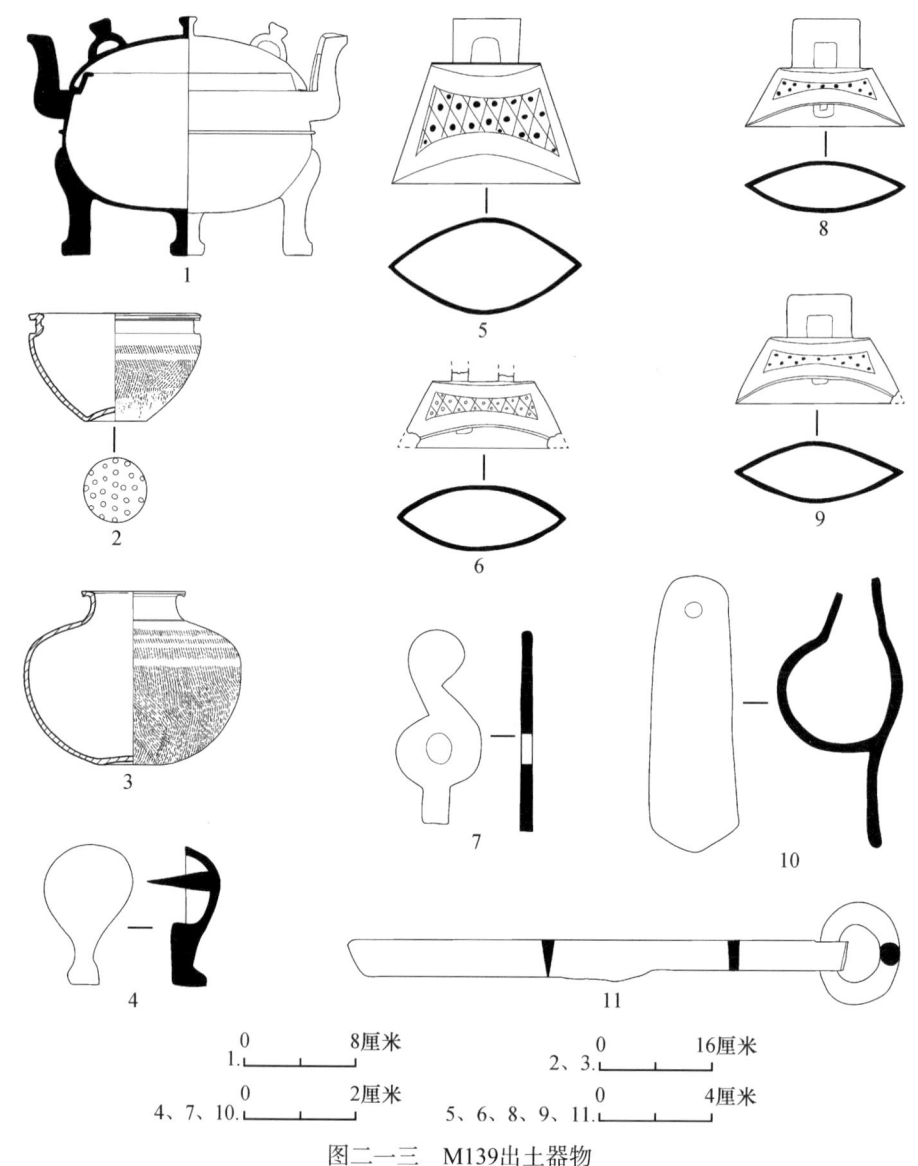

图二一三　M139出土器物

1. 铜鼎（M139:6）　2. 陶甑（M139:2）　3. 陶罐（M139:11）　4、7、10. 铜构件（M139:25、M139:24、M139:4）
5、6、8、9. 铜铃（M139:8、M139:9、M139:21、M139:22）　11. 铁刀（M139:23）

　　陶鼎　2件。标本M140:4，泥质黄褐陶。子母口，浅腹，圜底，三蹄足，对称近方形竖耳外撇，有盖。口径19.2、高18厘米（图二一五，10；图版八三，1）。标本M140:14，泥质灰陶。子母口，浅腹较扁，方形竖耳，平底，三蹄足，盖顶近平，弧壁，顶上一立纽，弧壁上三立纽。口径32、通高18厘米（图二一五，5；图版八三，2）。

　　陶豆　6件。标本M140:7，泥质灰陶。口微敛，斜弧腹，矮柄，圈足内底心外凸。口径15.2、底径5、高6.3厘米（图二一五，11）。标本M140:9，泥质灰陶。口微敛，斜弧腹，矮柄，圈足外撇，圈足内底心外凸。口径14、底径5、高5.4厘米（图二一五，8）。标本M140:10，泥质灰褐陶。口微敛，斜弧腹，矮柄，圈足内底心外凸。口径14、底径5、高6.2厘米（图二一五，12）。标本M140:12，泥质灰褐陶。敛口，斜弧腹，矮柄，圈足内底心外凸。口径15、底径4.8、高5.8厘米（图二一五，7）。标本M140:18，直口，浅盘，盘壁近竖直，盘底平，高柄，喇叭形圈足。口径12.8、底径7.6、高8.2厘米（图二一五，3）。标本

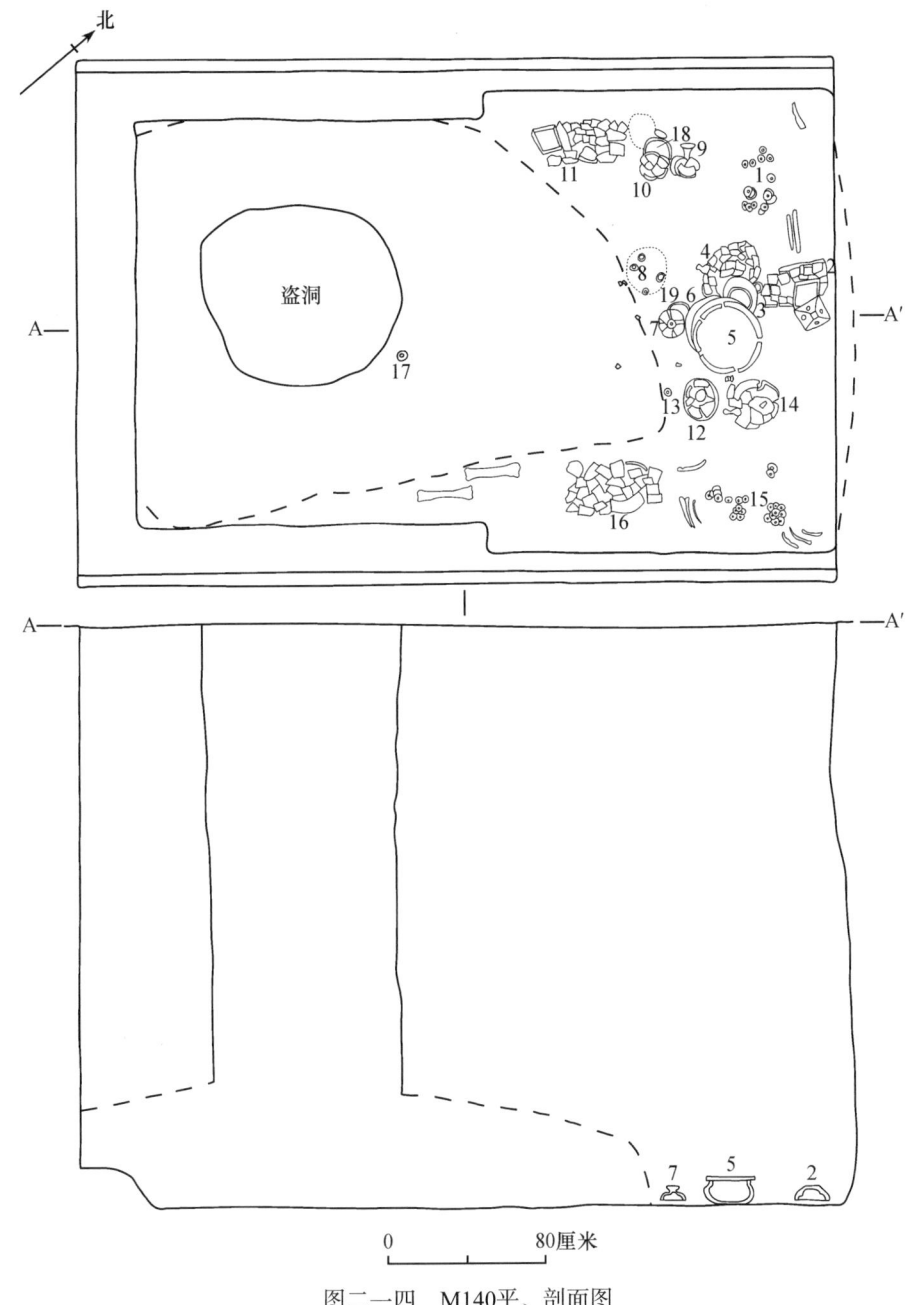

图二一四 M140平、剖面图

1、13、15、17.铜半两 2、11.陶钫 3.铜鍪 4、14.陶鼎 5.陶甑 6.铁釜 7、9、10、12、18、19.陶豆 8.铜钉 16.陶罐

M140：19，泥质灰陶。近直口，浅盘，弧壁，高柄较细，喇叭形圈足且底座较高。口径12.8、底径8.4、高8.8厘米（图二一五，2）。

陶甑 1件。标本M140：5，泥质灰陶。敛口，折沿，弧腹，底内凹，底部有24个圆形箅孔。腹饰弦纹和绳纹。口径32.8、底径9、高18厘米（图二一五，9；图版八三，4上）。

陶钫 2件。标本M140：2和M140：11，残碎严重，无法修复。

陶罐 1件。标本M140：16，残碎严重，无法修复。

铁釜 1件。标本M140：6，大敞口，束颈，鼓腹，肩部两侧有对称半环形纽，器底残。口径24、腹径27.2、高15厘米（图二一五，1；图版八三，4下）。

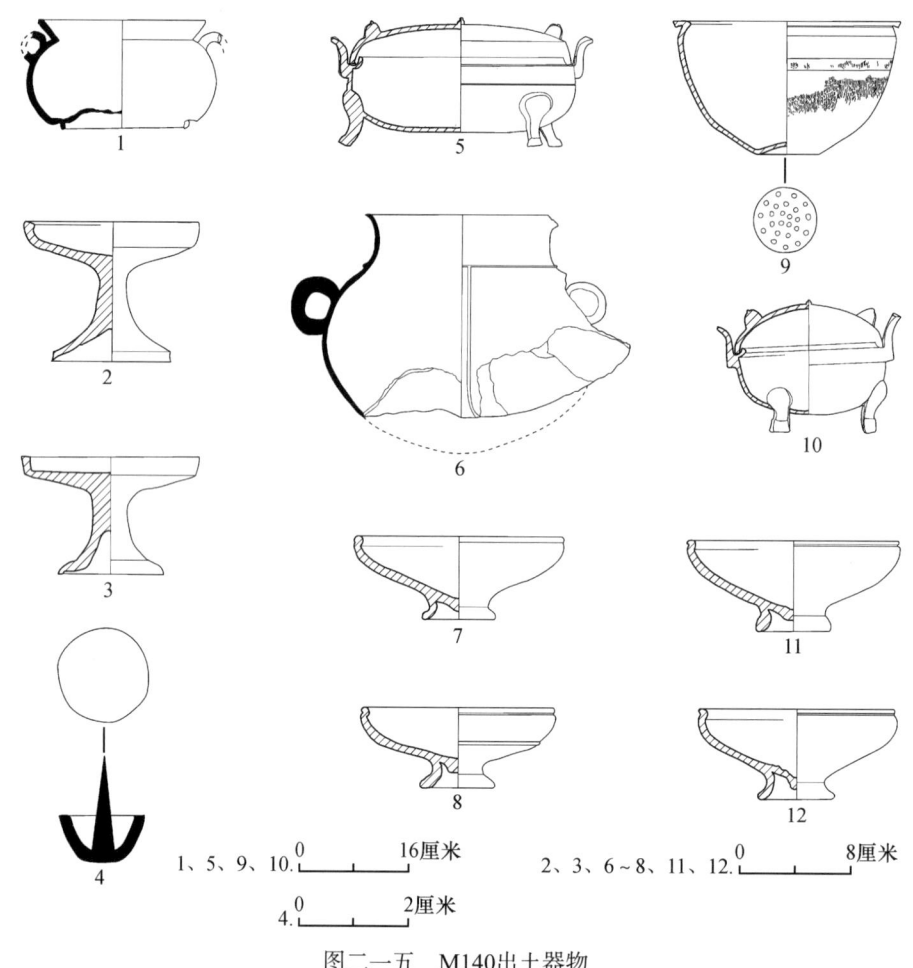

图二一五　M140出土器物

1. 铁釜（M140：6）　2、3、7、8、11、12. 陶豆（M140：19、M140：18、M140：12、M140：9、M140：7、M140：10）
4. 铜钉（M140：8）　5、10. 陶鼎（M140：14、M140：4）　6. 铜鍪（M140：3）　9. 陶甑（M140：5）

铜鍪　1件。标本M140：3，敞口，束颈，领较高，鼓腹，最大腹径在中部，底残。肩部两侧有对称环形耳。口径13、腹径19、残高14厘米（图二一五，6；图版八三，3）。

铜钉　6件。标本M140：8，帽状，下接锥状钉身。直径1.5、高1.8厘米（图二一五，4；图版八三，5）。

铜半两　70枚。标本M140：1、M140：13、M140：15、M140：17，锈残（图版八三，6）。

25. M142

位于C区T1和T4内，开口于第2层下，被盗扰严重。长方形竖穴土坑墓，墓向为40°。墓壁略有收分，口长400、宽260厘米，底长360、宽200厘米，墓底距墓口深200厘米。填土呈黄褐色，有夯筑迹象。圆形盗洞于墓葬南部直通墓底，后波及墓室大部。人骨和葬具不明。残存随葬品主要集中于墓室北端和墓室西侧，有陶鼎、陶钵、陶罐、陶壶、陶钫、陶甑、铜镜、铜五铢、铜构件、铜带钩、铁剑、铁釜、铁刀、陶网坠等（图二一六）。

陶壶　1件。标本M142：11，泥质灰陶。盘口，长颈且颈曲较甚，圆鼓腹，圈足外撇，上

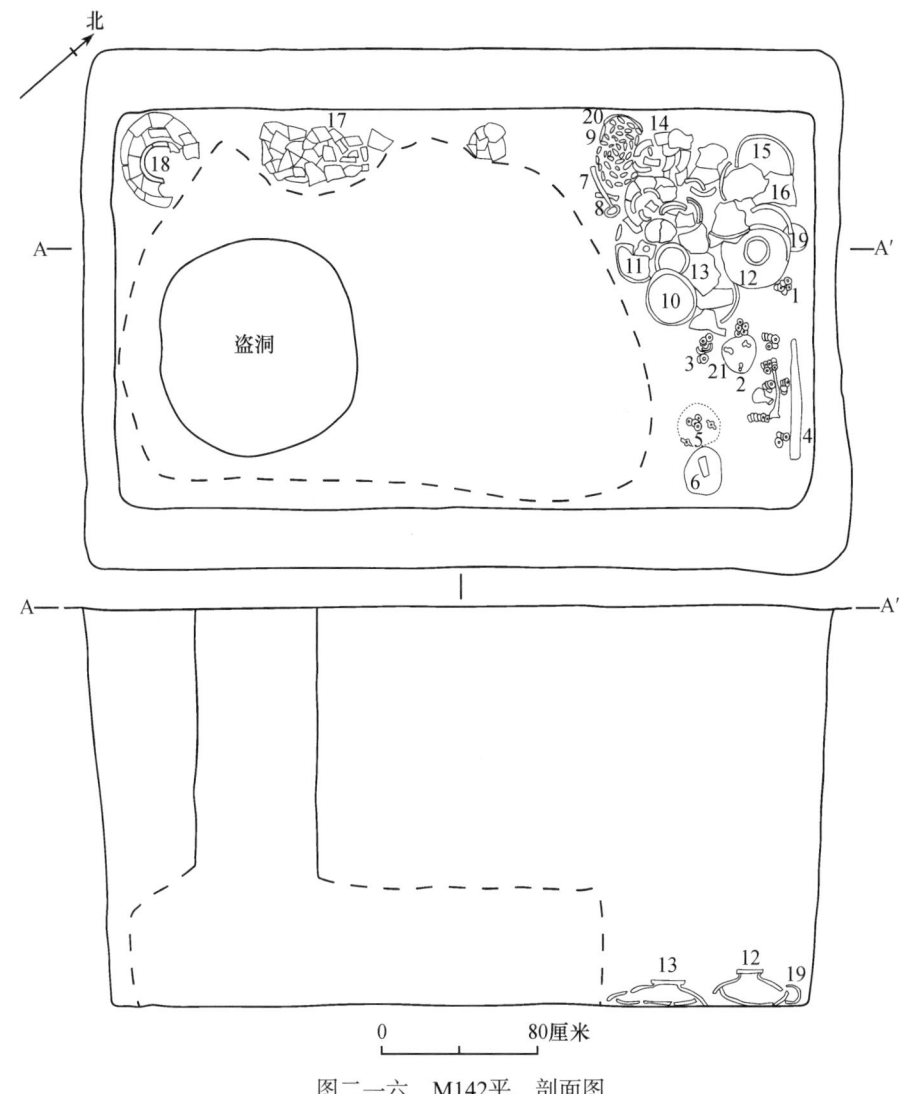

图二一六 M142平、剖面图

1、3.铜五铢 2、5、21.铜构件 4.铁剑 6.铜镜 7.铁刀 8.铜带钩 9.陶网坠 10.陶鼎 11.陶壶
12、14、17、18、20.陶罐 13.陶钫 15.铁釜 16.陶甑 19.陶钵

腹部两侧附有对称兽面铺首。肩部和上腹部饰弦纹。口径12.8、腹径24.4、底径14.8、高28.6厘米（图二一八，1）。

陶钫 1件。标本M142：13，泥质黑皮红胎陶。口微敞，束颈，深腹外鼓。器身两侧各有一兽首形铺首，足微外撇，盖为覆斗形，上饰四个乳钉状纽。口边长12.4、足边长13.5、通高43厘米（图二一七，1）。

陶罐 5件。标本M142：12，泥质黄褐陶。口微侈，卷沿，圆唇，肩部圆鼓，扁圆腹，平底。肩饰凹弦纹。口径13、底径22、高24厘米（图二一七，2）。标本M142：14，泥质褐陶。侈口，折沿，方唇，唇面和沿面内凹，束颈微曲，斜折肩，弧腹内收，圜底。腹部饰竖向绳纹。口径13、腹径22.5、高15厘米（图二一八，2）。标本M142：17，泥质灰陶。口微侈，卷沿，圆唇，肩部圆鼓，扁圆腹，平底。肩饰凹弦纹。口径13.8、底径22.2、高22.4厘米（图二一八，4）。标本M142：20，泥质黄褐陶。口微侈，折沿，方唇，束颈，斜肩，弧腹内收，圜底近平。腹部饰斜向细绳纹。口径14、腹径20、高13.6厘米（图二一八，3；图版八四，

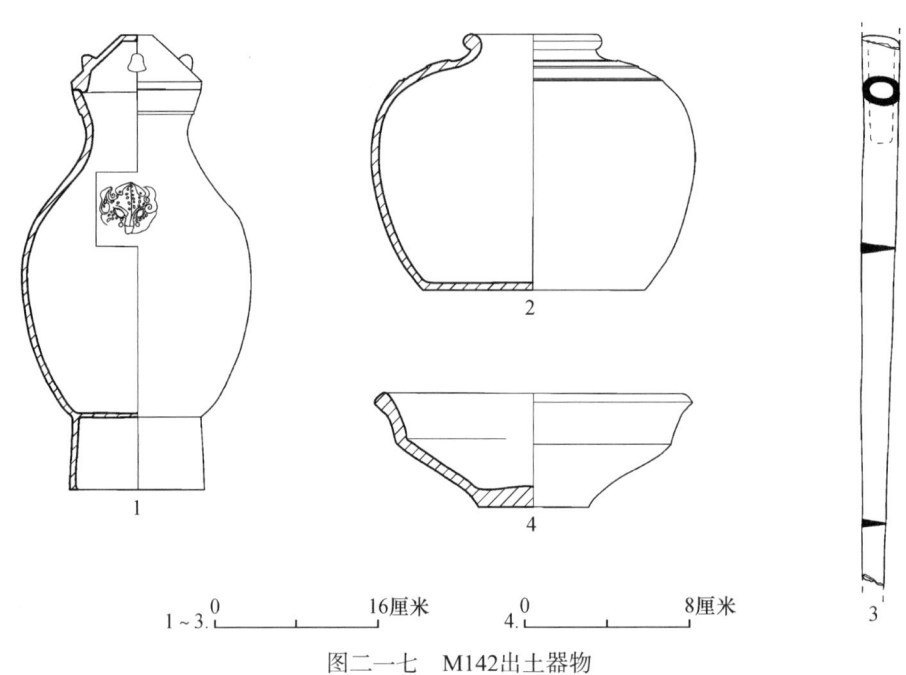

图二一七　M142出土器物

1. 陶钫（M142∶13）　2. 陶罐（M142∶12）　3. 铁剑（M142∶4）　4. 陶钵（M142∶19）

1）。标本M142∶18，残碎严重。

陶钵　1件。标本M142∶19，泥质灰陶。侈口，圆唇，斜折腹，下腹内收更甚，平底。口径15、底径5.3、高5.4厘米（图二一七，4）。

陶网坠　1组。标本M142∶9，泥质褐陶。呈腰鼓形，中间有一纵向穿孔。通长3.4、穿孔宽0.4厘米（图二一八，6；图版八四，2）。

陶鼎　1件。标本M142∶10，残碎严重。

陶甑　1件。标本M142∶16，残碎严重。

铜构件　7件。标本M142∶2，共2件。短柄，上部为帽状，有锥状钉身。长2.6厘米（图二一八，8）。标本M142∶5，共3件。短柄，器身略呈"8"形。通高3.3厘米（图二一八，9；图版八四，5）。标本M142∶21，共2件。呈"μ"形。长4.2厘米（图二一八，10；图版八四，6）。

铜镜　1件。标本M142∶6，宽沿，半圆形纽座，器身残。直径9.5厘米（图二一八，5；图版八四，4）。

铜带钩　1件。标本M142∶8，器身细长微弧，一侧有一圆形纽。长6.2厘米（图二一八，7）。

铁剑　1件。标本M142∶4，剑身呈长条形，直背直刃，刃薄背厚，柄、身分界不明显，柄中空，柄横截面呈圆形。残长52厘米（图二一七，3）。

铁刀　1件。标本M142∶7，椭圆形环首，直背直刃。长22.3厘米（图二一八，11；图版八四，3）。

铁釜　1件。标本M142∶15，锈蚀严重。出土时与陶甑套合。

铜五铢　41枚。标本M142∶1、M142∶3，锈残。

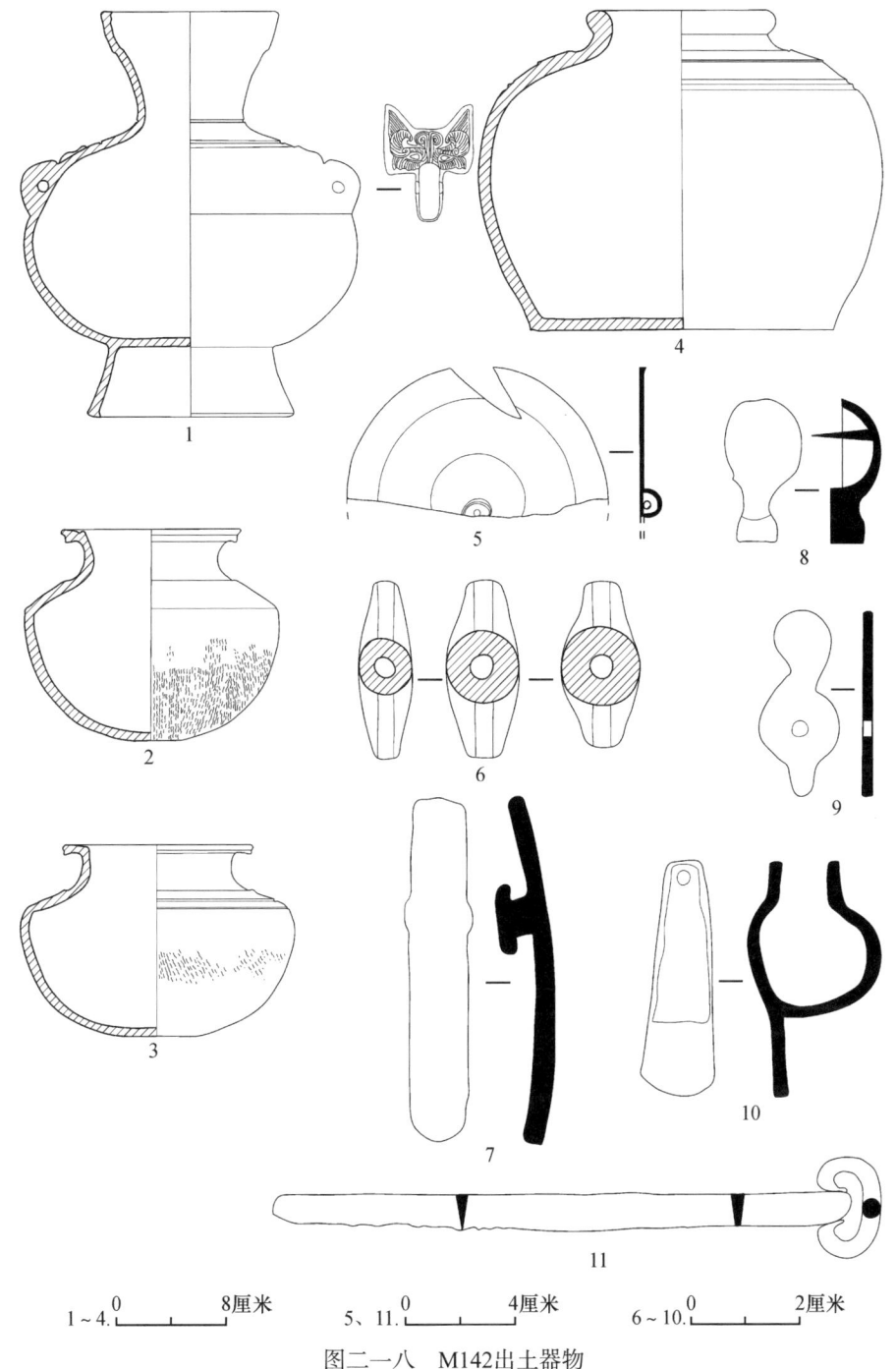

图二一八　M142出土器物

1. 陶壶（M142∶11）　2~4. 陶罐（M142∶14、M142∶20、M142∶17）　5. 铜镜（M142∶6）　6. 陶网坠（M142∶9）
7. 铜带钩（M142∶8）　8~10. 铜构件（M142∶2、M142∶5、M142∶21）　11. 铁刀（M142∶7）

26. M148

位于C区T18、T19、T24和T25内，开口于第2层下，被盗扰严重。长方形竖穴土坑墓，墓向为256°。东西侧墓壁竖直，南北侧墓壁稍有收分，口长490、宽360厘米，底长490、宽340厘米，墓底距墓口深300厘米。填土呈黄褐色，有夯筑迹象。圆形盗洞于墓葬东部直通墓底，后波及墓室大部。人骨不明，有板灰痕迹。残存随葬品，在墓室南侧发现铜五铢、铁凿、动物骨骼，以及陶器残片；在墓室西侧发现陶罐、陶盆、铁刀和一些动物骨骼（图二一九）。

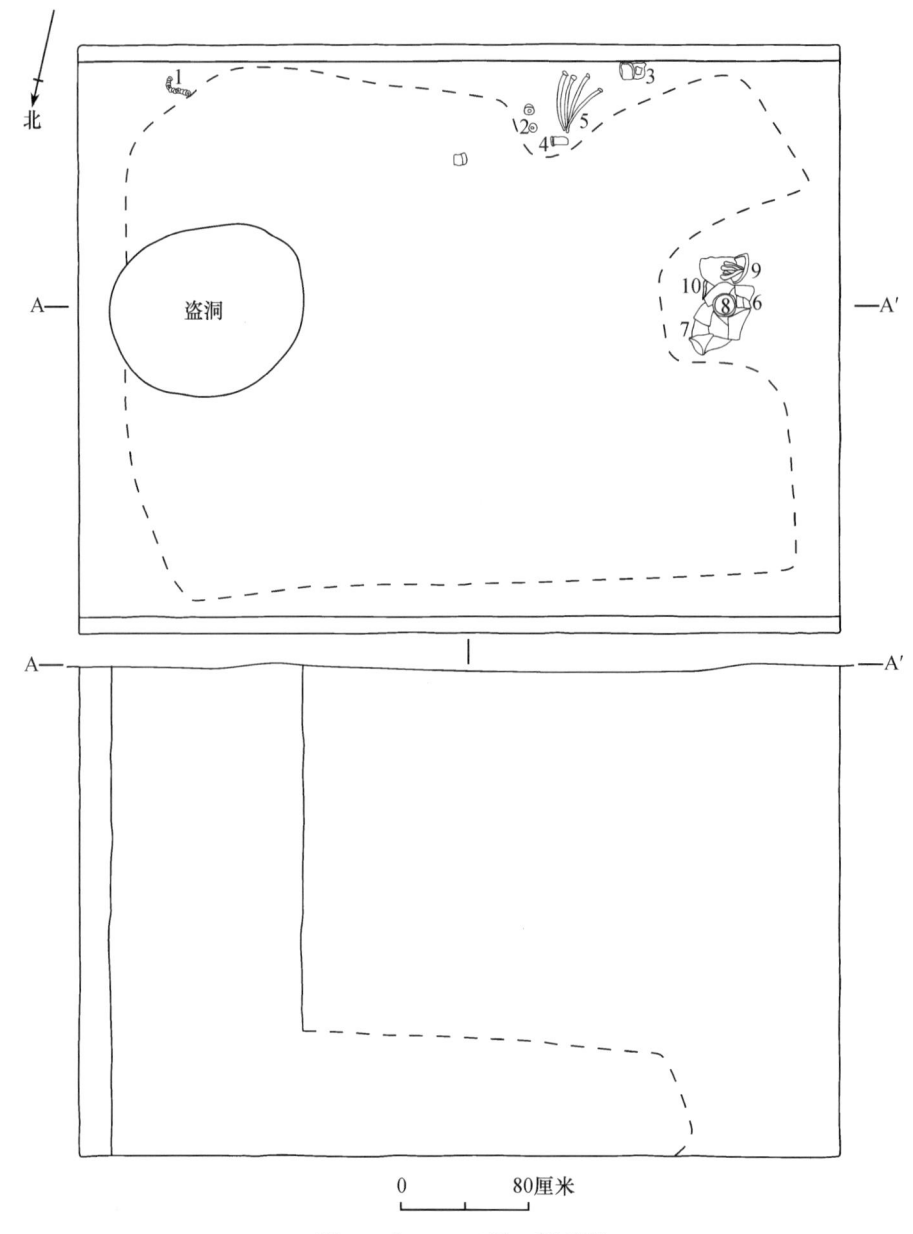

图二一九　M148平、剖面图
1、2.铜五铢　3.陶器残片　4.铁凿　5、8.动物骨骼　6、9.陶罐　7.陶盆　10.铁刀

　　陶罐　2件。标本M148∶9，泥质灰陶。侈口，方唇，卷沿，束颈较长，斜折肩，浅腹，底近平。肩部饰弦纹。口径11.5、腹径18.7、底径12.4、高10.6厘米（图二二〇，2；图版八五，1）。标本M148∶6，残碎严重。

　　陶盆　1件。标本M148∶7，残碎严重。

　　陶器残片　标本M148∶3，残碎严重，发掘时给予编号，无法辨认器形。

　　铁凿　1件。标本M148∶4，直腰，弧刃。高7.5、刃宽4.5厘米（图二二〇，1；图版八五，2）。

　　铁刀　1件。标本M148∶10，直刃，柄为三角形。通长21.6、柄长7厘米（图二二〇，3；图版八五，4）。

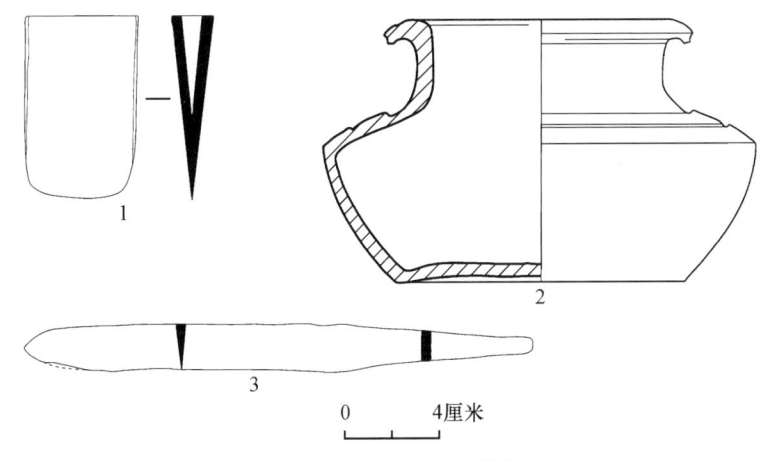

图二二〇　M148出土器物
1. 铁凿（M148：4）　2. 陶罐（M148：9）　3. 铁刀（M148：10）

铜五铢　75枚。标本M148：1、M148：2，锈残（图版八五，3）。

动物骨骼　2件。标本M148：5、M148：8，残碎严重。

27. M152

位于D区T3和T12内，开口于第2层下，墓葬西北角被M151打破。长方形竖穴土坑墓，墓向为25°。墓壁竖直，长312、宽200、深130～135厘米。填土呈黄褐色，有夯筑迹象。墓底筑有二层台，宽10～30、高30厘米。人骨位于墓室中部偏南，保存状况稍好。墓主仰身直肢，头向东北，面向上。有棺木痕迹。随葬品共19件。随葬品主要位于墓室北端，有陶壶、陶鼎、陶盒、陶罐、陶碗、陶簋、陶瓿、陶釜、陶纺轮、铜半两、铜钉、铁锛、铁刀、圆石等（图二二一；图版八六，1）。

陶壶　1件。标本M152：2，泥质灰褐陶。口微敞，束颈，高领，圆鼓肩，弧腹，平底，矮圈足，盖顶近平。口径9.2、底径10、通高17.8厘米（图二二二，1；图版八七，1）。

陶鼎　1件。标本M152：3，泥质灰褐陶。子母口，对称竖耳微外撇，釜形鼎身，腹扁圆，圜底近平，三蹄足，盖顶近平，壁上三立纽。口径16、通高17.8厘米（图二二二，4；图版八六，2）。

陶盒　1件。标本M152：6，泥质褐陶。敛口，浅弧腹，平底，矮圈足。素面。口径15.2、圈足底径9.2、通高7.2厘米（图二二二，7）。

陶罐　6件。标本M152：5，泥质褐陶。侈口，方唇，折沿，束颈，斜肩，腹弧收较甚，圜底。腹部饰竖向细绳纹。口径14、腹径22、高17.4厘米（图二二二，5）。标本M152：7，泥质灰陶。侈口，方唇，卷沿，沿面有一周凹槽，束颈，窄斜肩，腹弧收较甚，底近圜。腹部饰斜向细绳纹。口径14.4、腹径20、高14厘米（图二二二，9）。标本M152：9，泥质褐陶。口微侈，方唇，卷沿，束颈较长，斜鼓肩，腹弧收较甚，底近圜。肩部有一道凹弦纹，腹部饰斜向细绳纹。口径14.4、腹径20、高16厘米（图二二二，3）。标本M152：12，泥质黄褐陶。侈口，尖圆唇，卷沿，沿下有一周凸棱，束颈较长，溜肩，弧腹内收，小平底。肩部饰弦纹，腹部饰斜向细绳纹。口径13.6、腹径20.4、底径5、高15.4厘米（图二二二，10；图版八六，3）。标本M152：16，泥质灰陶。口微侈，方唇，卷沿，束颈较长，斜折肩，腹弧收较甚，尖

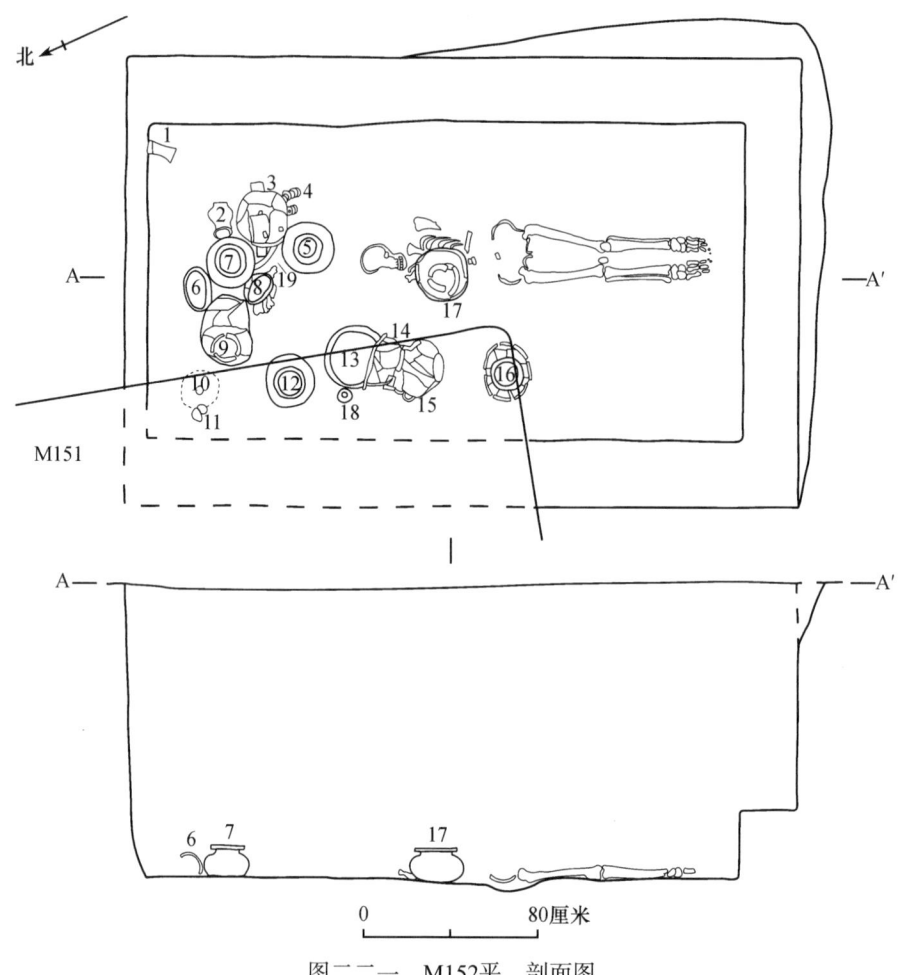

图二二一　M152平、剖面图

1.铁锛　2.陶壶　3.陶鼎　4.铜半两　5、7、9、12、16、17.陶罐　6.陶盒　8.陶碗　10.铜钉　11.圆石　13.陶簋　14.陶甑　15.陶釜　18.陶纺轮　19.铁刀

圜底。肩部有一道凹弦纹，腹部饰斜向细绳纹。口径14、腹径19.5、高15.4厘米（图二二二，2）。标本M152：17，泥质灰陶。侈口，方唇，平折沿，唇面有一周凹槽，束颈微斜，斜折肩，弧腹内收，圜底。肩饰弦纹，腹部饰细绳纹。口径14.8、腹径21.4、高15.6厘米（图二二二，6）。

陶碗　1件。标本M152：8，泥质褐陶。口微敞，上腹近斜直，下腹弧收，平底，矮圈足。口径17.4、底径7.4、高6.4厘米（图二二二，8）。

陶簋　1件。标本M152：13，泥质黄褐陶。侈口。圆唇，鼓腹，圜底，矮圈足，上腹部有两周凸棱。口径27.2、腹径26、高13.4厘米（图二二三，3）。

陶甑　1件。标本M152：14，泥质黄褐陶。侈口，卷沿，弧腹内收，平底，底有数个箅孔。上腹部有一周凹弦纹。口径28、底径12、高16.6厘米（图二二三，1）。

陶釜　1件。标本M152：15，敞口，高领，鼓腹，下腹斜收，平底。肩部有两道弦纹，器身两侧有对称半环形纽。口径19、最大腹径26、底径14、高20厘米（图二二三，2；图版八七，2）。出土时与陶甑套合。

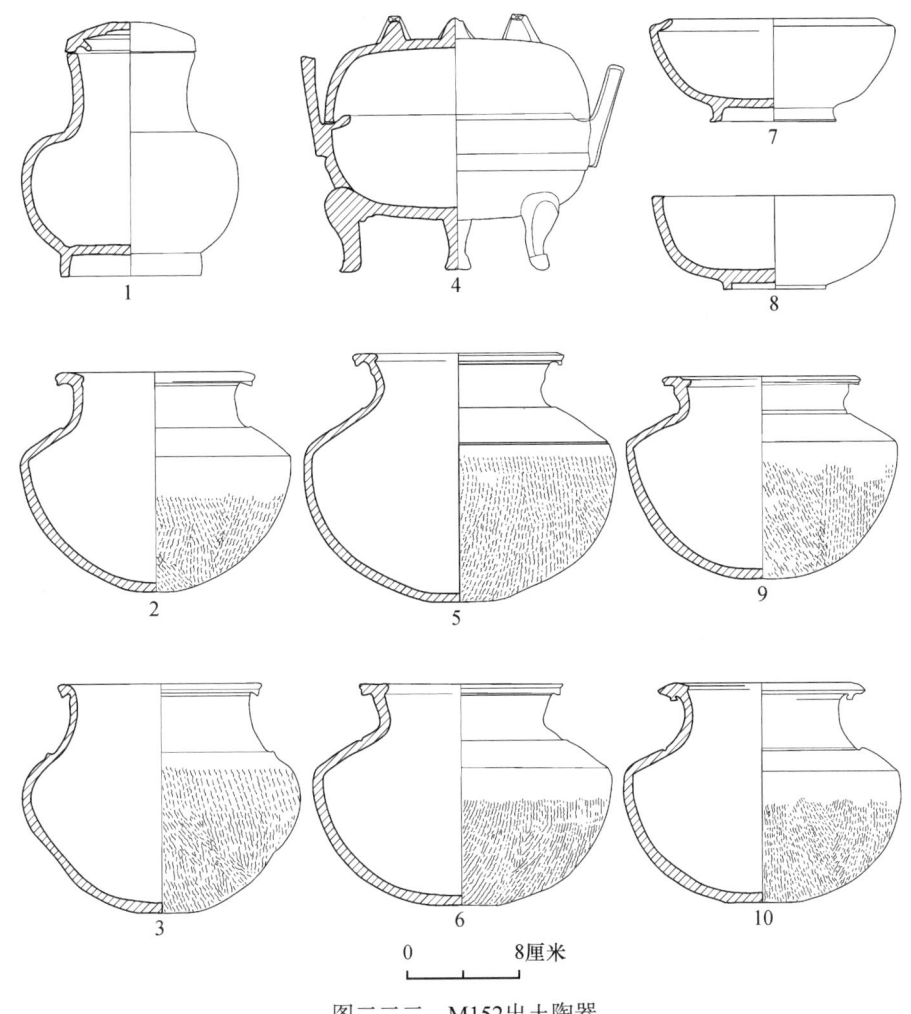

图二二二 M152出土陶器

1. 壶（M152：2） 2、3、5、6、9、10.罐（M152：16、M152：9、M152：5、M152：17、M152：7、M152：12）
4. 鼎（M152：3） 7. 盒（M152：6） 8. 碗（M152：8）

陶纺轮　1件。标本M152：18，泥质褐陶。算珠形，中有圆形穿孔。直径3.8、孔径0.5、厚2厘米（图二二三，6；图版八七，3）。

铜钉　1件。标本M152：10，帽状，下接锥状钉身。直径1.7、残高1.4厘米（图二二三，7）。

铁锛　1件。标本M152：1，斜直腰，弧刃。高12.6、刃宽8.6厘米（图二二三，5；图版八七，6）。

铁刀　1件。标本M152：19，弧背弧刃，已残。残长24.8厘米（图二二三，4）。

铜半两　4枚。标本M152：4，锈残，轮廓较规整，字形方正，笔画直角方折。从器形和字形上看，应为汉初所铸半两（图版八七，5）。

圆石　2件。标本M152：11（图版八七，4）。

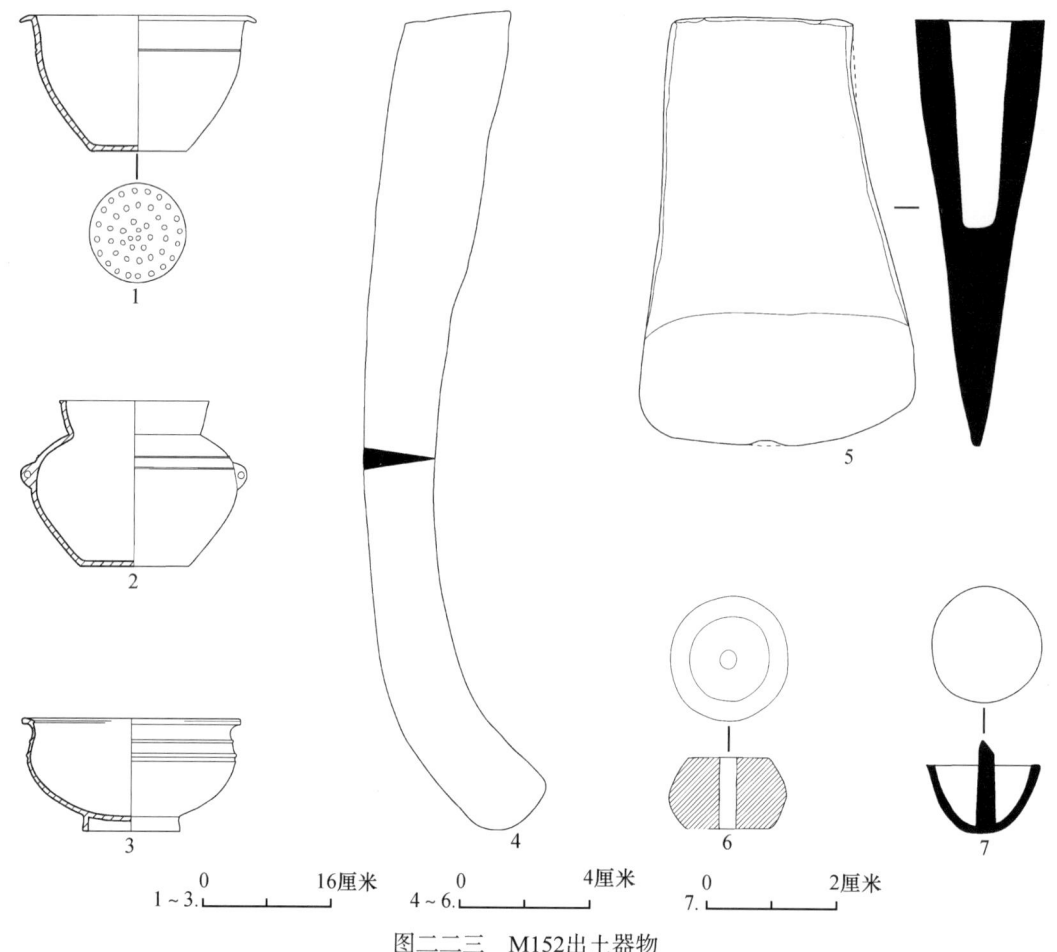

图二二三　M152出土器物

1. 陶甑（M152∶14）　2. 陶釜（M152∶15）　3. 陶簋（M152∶13）　4. 铁刀（M152∶19）　5. 铁锛（M152∶1）
6. 陶纺轮（M152∶18）　7. 铜钉（M152∶10）

第二节　砖室墓

1. M77

位于B区T9和T17内，开口于第2层下，被破坏严重。"凸"字形砖室墓，有甬道，墓向为216°。墓壁竖直，墓室长310、宽385、残高98厘米。甬道位于墓室南端，长236、宽194、残高78~98厘米。墓室顶部拱顶在早期已被破坏。墓室内和底部采用"田"字形、菱形花纹砖砌成，甬道单独选用菱形花纹砖砌筑（图版九〇，6）。残留部分墓壁，其构筑方式为子母口咬合，有效加固了墓壁。墓室填土为黄褐色。发现人骨6具，保存状况均较差，性别和年龄不明。1号人骨位于墓室东部，屈肢，头向西南，面向东南。2、3、4号人骨从墓室中部至墓室西部依次放置，均为仰身直肢，头向西南。5号和6号人骨位于甬道内，仰身直肢，头向西南。该墓未发现葬具。随葬品共30件，主要位于墓室西北部和甬道内，在甬道西壁置釉陶勺、陶器盖各1件，以及一些陶器残片；在墓室西北和2、4、5、6号墓主骨架旁放置若干铜钱；3号墓主人骨右侧有陶纺轮1件；5号墓主人骨盆上置1件陶钵，似两手环抱；6号墓主肩胛骨左侧有1件釉陶灯；墓底西北角有煤精羊和煤精圆珠各1件、银簪1件、铜环2件、料块2件、琉璃耳珰3件、料珠6件、料管1件等（图二二四；图版八八，1）。

釉陶勺　1件。标本M77：1，施青黄釉。口微敛，浅弧腹，平底，一侧有竖柄，柄残。口径6.8、腹径7.2、底径4.2、残高2.2厘米（图二二五，3）。

陶钵　1件。标本M77：5，泥质褐陶。口微敛，浅弧腹，平底。腹中部有凹弦纹。口径13.6、底径4.4、高5.4厘米（图二二五，2；图版九〇，4）。

釉陶灯　1件。标本M77：13，施酱黄釉。侈口，深弧腹，实心柄较矮，喇叭形座，底座

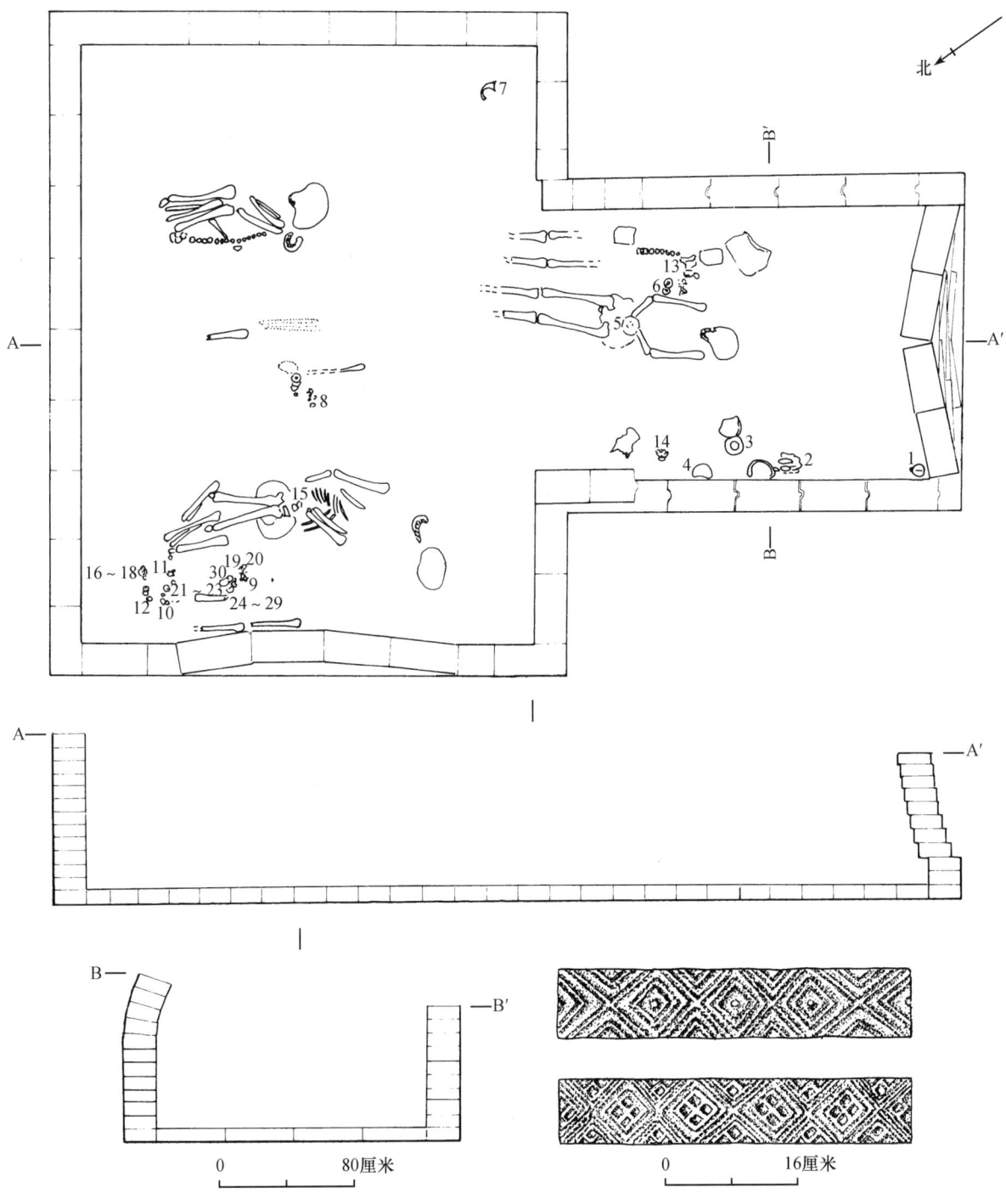

图二二四　M77平、剖面图

1.釉陶勺　2～4、7.陶器残片　5.陶钵　6、8、9、12.铜钱　10.煤精羊　11.煤精圆珠　13.釉陶灯　14.陶器盖　15.陶纺轮　16.银簪　17、18.铜环　19、20.料块　21～23.琉璃耳珰　24～29.料珠　30.料管

略残。口径10、底径11.5、高7.2厘米（图二二五，4）。

陶器盖 1件。标本M77:14，泥质褐陶。顶面较平，顶正中有一纽，弧腹。盖壁划有方格纹。底径9.2、通高4厘米（图二二五，5；图版九〇，3）。

陶纺轮 1件。标本M77:15，泥质灰陶。算珠形，中有圆形穿孔。直径3.2、孔径0.5、厚1.8厘米。出土时陶纺轮中心穿有一铁铤，铤锈残，长9.7厘米（图二二五，1；图版九〇，5）。

陶器残片 发掘时给编号M77:2、M77:3、M77:4和M77:7，残碎严重，无法辨认器形。

煤精羊 1件。标本M77:10，器形小巧，羊身伏地，双目平视前方，羊角位于头两侧，腹部有一穿孔。长2.7、宽1.2、高2.3厘米（图二二五，8；图版八九，6）。

煤精圆珠 1件。标本M77:11，近圆球形，中有一穿孔。直径2.2、孔径0.2、厚1.8厘米（图二二六，2；图版八九，5）。

银簪 1件。标本M77:16，两股并列。通长5.9厘米（图二二六，1；图版九〇，1）。

铜环 2件。断面为圆形。标本M77:17，直径1.9、内径1.6厘米（图二二五，6）。标本M77:18，直径1.9、内径1.6厘米（图二二五，7）。

料块 2件。形状不甚规则，上端稍小，下端稍大，中部偏上有一穿孔。标本M77:19，上端径1、下端径1.5、长3.2厘米（图二二六，3；图版八九，4）。标本M77:20，上端径0.95、下端径1.2、长2.7厘米（图二二六，4；图版八九，3）。

琉璃耳珰 3件，形制和大小相似。一头大，一头小，中间较细而长，腰部弧曲，中有穿孔。标本M77:21、M77:22和M77:23，宽径1、窄径0.8、通长1.3厘米（图二二六，7~9；图版八九，1、2）。

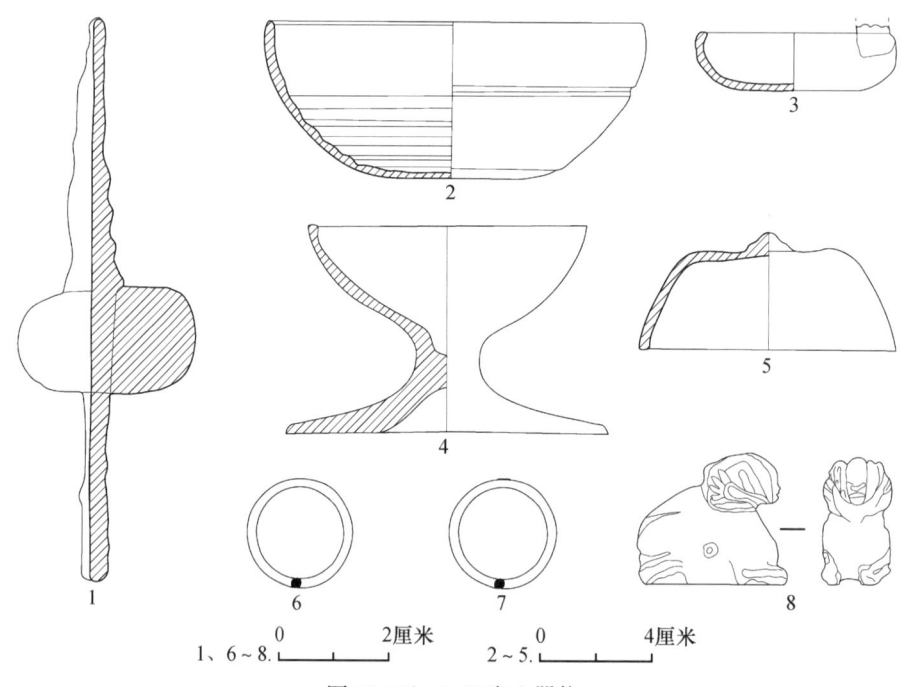

图二二五 M77出土器物

1. 陶纺轮（M77:15） 2. 陶钵（M77:5） 3. 釉陶勺（M77:1） 4. 釉陶灯（M77:13） 5. 陶器盖（M77:14）
6、7. 铜环（M77:17、M77:18） 8. 煤精羊（M77:10）

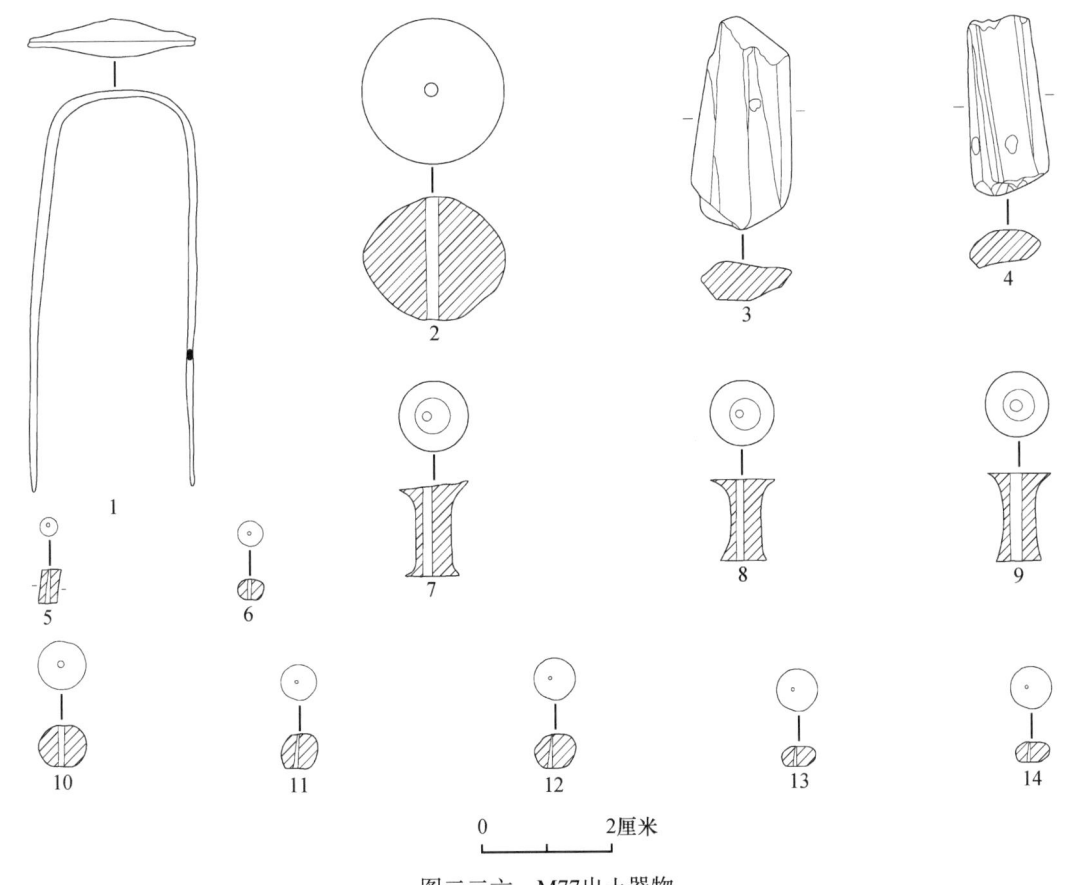

图二二六　M77出土器物

1. 银簪（M77：16）　2. 煤精圆珠（M77：11）　3、4. 料块（M77：19、M77：20）　5. 料管（M77：30）　6、10～14. 料珠（M77：29、M77：24、M77：25、M77：26、M77：27、M77：28）　7～9. 琉璃耳珰（M77：21、M77：22、M77：23）

料珠　6件。算珠形，中有圆形穿孔（图版八八，2）。标本M77：24，直径0.7、孔径0.1、厚0.6厘米（图二二六，10）。标本M77：25，直径0.6、孔径0.1、厚0.5厘米（图二二六，11）。标本M77：26，直径0.7、孔径0.1、厚0.5厘米（图二二六，12）。标本M77：27，直径0.6、孔径0.1、厚0.3厘米（图二二六，13）。标本M77：28，直径0.6、孔径0.1、厚0.3厘米（图二二六，14）。标本M77：29，直径0.4、孔径0.1、厚0.3厘米（图二二六，6）。

料管　1件。标本M77：30，管状，中通一穿孔。直径0.3、孔径0.1、长0.5厘米（图二二六，5；图版八八，2）。

铜钱　4枚。标本M77：6、M77：8、M77：9、M77：12，锈残（图版九〇，2）。

2. M80

位于B区T16和T23内，开口于第2层下，被破坏严重。刀把形砖室墓，由甬道和墓室组成，墓向为221°。墓室长273、宽210、残高88厘米。甬道位于墓室南端，长90、宽160、残高72厘米。墓室顶部的拱顶早期已被破坏，填土内夹杂砖块。墓底采用素面砖横行铺成，墓壁用菱形花纹砖砌成，墓室填土为黄褐色。墓室西侧发现2具人骨，人骨保存状况较差，均仰身直肢，头向西南，面部朝向、性别和年龄不明。未发现葬具痕迹。随葬器物大部分分布在墓室前端和甬道内，有陶罐2件、陶盆1件、釉陶罐2件、釉陶壶1件、釉陶灯1件、釉陶魁1件、釉陶鼎

1件、铜钱1枚等，以及一些陶器残片和釉陶残片（图二二七；图版九一，1）。

釉陶罐　2件。标本M80：2，泥质红陶，残存酱黄釉。敛口，微束颈，广折肩，弧腹内收，平底。口径8.4、腹径17、底径8、高10厘米（图二二八，1；图版九二，1）。标本M80：5，泥质红陶，残存酱黄釉。侈口，卷沿，方唇，长束颈，鼓肩，扁弧腹，平底。口径12.2、腹径14.4、底径7.5、高10.2厘米（图二二八，2；图版九一，2）。

釉陶壶　1件。标本M80：4，泥质红陶，残存酱黄釉。盘口，束颈较长，扁圆腹，圈足微外撇。肩部和腹部饰数周凹弦纹。口径14、腹径24.6、底径17.4、高27.5厘米（图二二八，4；图版九二，3）。

釉陶灯　1件。标本M80：7，泥质红陶，残存酱黄釉。子母口，浅弧腹，圜底，实心柄粗且较短，盘状座。口径10、底径7.5、高7.8厘米（图二二八，5；图版九二，5）。

釉陶魁　1件。标本M80：12，泥质红陶，残存酱黄釉。口微敞，弧腹斜收，平底，一侧有柄，伸出且与口沿近平。口径15.8、底径7.4、高7.2、柄长3.2厘米（图二二八，3；图版九一，3）。

釉陶鼎　1件。标本M80：13，泥质红陶，残存酱黄釉。子母口，浅弧腹，底近平，三蹄足，对称竖耳的上半部残。口径17.5、腹径19.3、残高11厘米（图二二八，7；图版九二，4）。

釉陶残片　发掘时给编号M80：3、M80：8和M80：9，残碎严重。

陶罐　2件。标本M80：6，泥质灰陶。口微敞，束颈较短，鼓肩，腹斜收，平底。腹饰

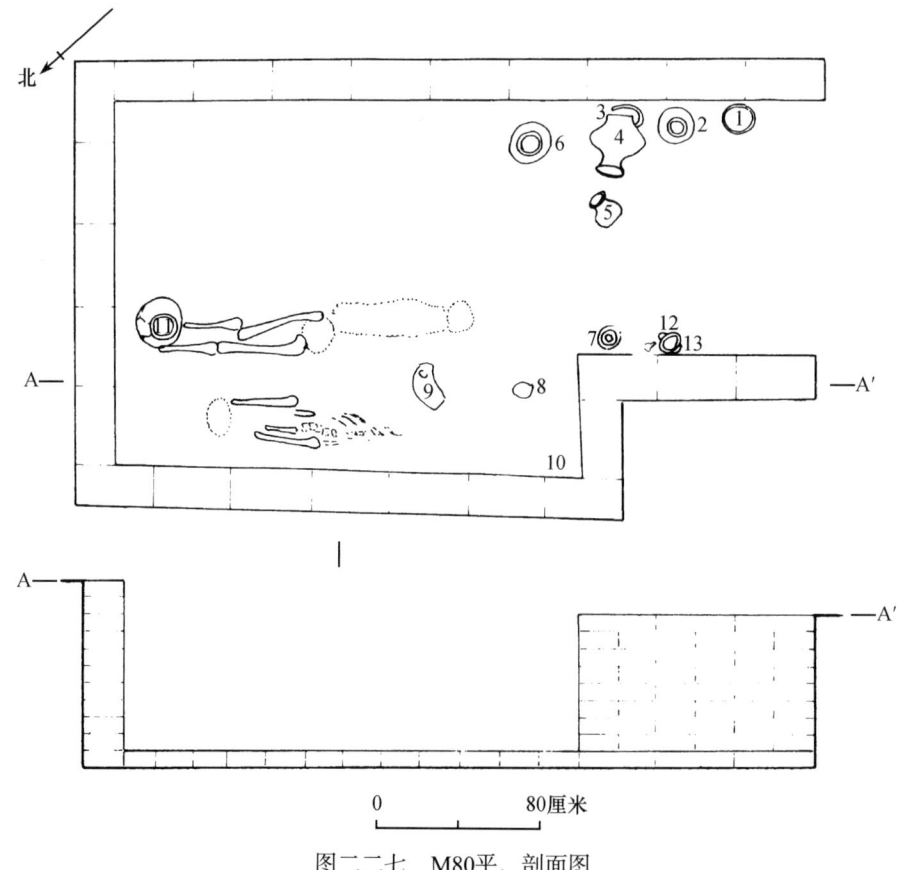

图二二七　M80平、剖面图
1.陶盆　2、5.釉陶罐　3、8、9.釉陶残片　4.釉陶壶　6、11.陶罐　7.釉陶灯　10.铜钱　12.釉陶魁　13.釉陶鼎

三道凹弦纹。口径16、腹径21.2、底径12.4、高14厘米（图二二八，6；图版九二，2）。标本M80∶11，残碎严重。

陶盆　1件。标本M80∶1，残碎严重，无法修复。

铜钱　1枚。标本M80∶10，锈残。

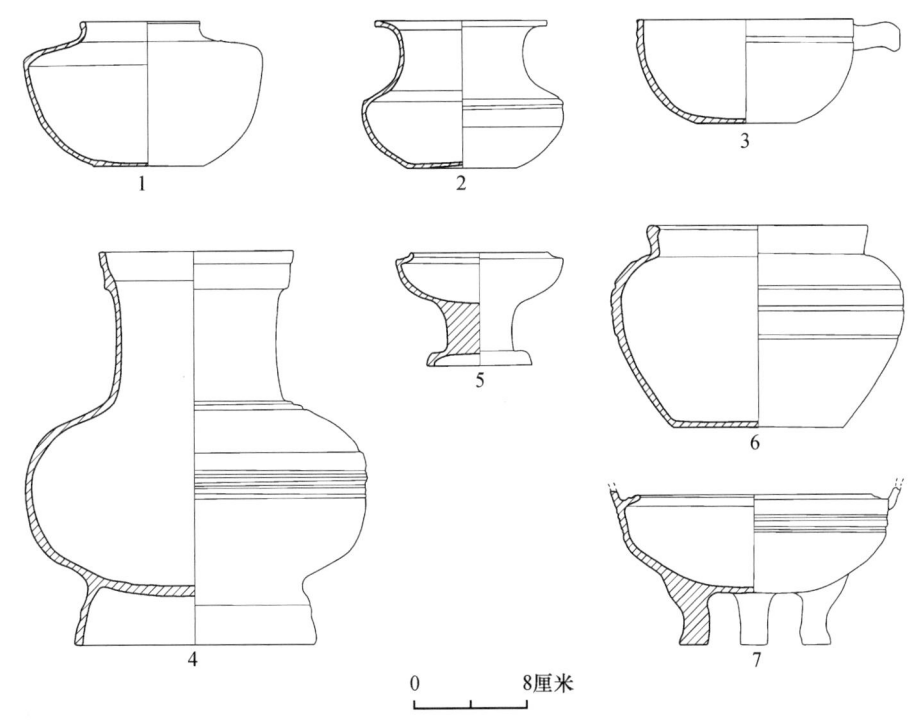

图二二八　M80出土器物

1、2. 釉陶罐（M80∶2、M80∶5）　3. 釉陶魁（M80∶12）　4. 釉陶壶（M80∶4）　5. 釉陶灯（M80∶7）　6. 陶罐（M80∶6）　7. 釉陶鼎（M80∶13）

第四章　六朝时期墓葬

共发现此时期的墓葬8座，其中石室墓1座，即M1；砖室墓7座，即M5、M41、M42、M43、M78、M88、M123。

第一节　石　室　墓

M1

位于A区T29和T42内，开口于第2层下，墓向80°。刀把形石室墓，由墓室和甬道构成，墓室部分打破M3，墓道部分打破M2。墓室平面呈长方形，长560、宽190、深80厘米。墓室填土主要为夹杂灰屑的红褐色土，并有少许黄细沙。墓室四壁用黄色长方形石条砌成，后壁保存较好，其余三壁至少有三层石条被揭去，墓顶已遭破坏。甬道位于墓室东南一侧，平面呈长方形，长180、宽160、深60厘米。墓室未见葬具痕迹。发现人骨5具，编号1～5号，保存状况较差。1号和5号仅存头骨，分别位于墓室东部和墓室西南角。2～4号位于墓室西半部，其中2号靠近墓室北侧，仰身直肢，头向东北，面向上，为成年女性；3号居中，仰身直肢，头向东北，面向西北，女性，年龄40～50岁；4号靠近墓室西侧，仰身直肢，头向东北，面向上，为成年男性。随葬品主要位于墓室西端，以及墓室东端靠北一侧，包括瓷带流壶、瓷壶、瓷碗、瓷罐、瓷碟、陶釜、陶罐、银簪、铜钱、铜簪、铜环、串珠等。发掘墓室时，在西端未及墓底处还发现瓷壶2件、瓷碗3件、石斧1件，分别给予编号M1：36～M1：41（图二二九；图版九三，1）。

瓷带流壶　1件。标本M1：1，釉已脱落，腹部以上为灰黄色，下半部为灰褐色胎，腹中部以下无釉，可见垂釉痕迹。直口，高领，溜肩，肩上有一耳，流已残失，腹微鼓，圈足微外撇。口径5.6、腹径12.9、底径8、高17.8厘米（图二三〇，1；图版九四，2）。

瓷碗　15件。标本M1：2，灰黄胎，青黄釉，釉大部脱落，腹下部以下无釉。侈口，斜腹较直，饼足。口径11.6、底径7.8、高5厘米（图二三一，10）。标本M1：3，灰黄胎，青黄釉，釉大部脱落，腹下部以下未见釉。口微侈，腹部曲收，饼足。口径14.5、底径8、高6厘米（图二三〇，2）。标本M1：6，灰黄胎，青黄釉，腹中部以下无釉，有垂釉现象。口微侈，斜腹，饼足，腹内底部有一周近似矩形的支钉痕迹。口径16、底径9.6、高6厘米（图二三〇，3）。标本M1：9，灰黄胎，腹下部以下无釉，有垂釉现象。口微侈，斜腹，饼足，

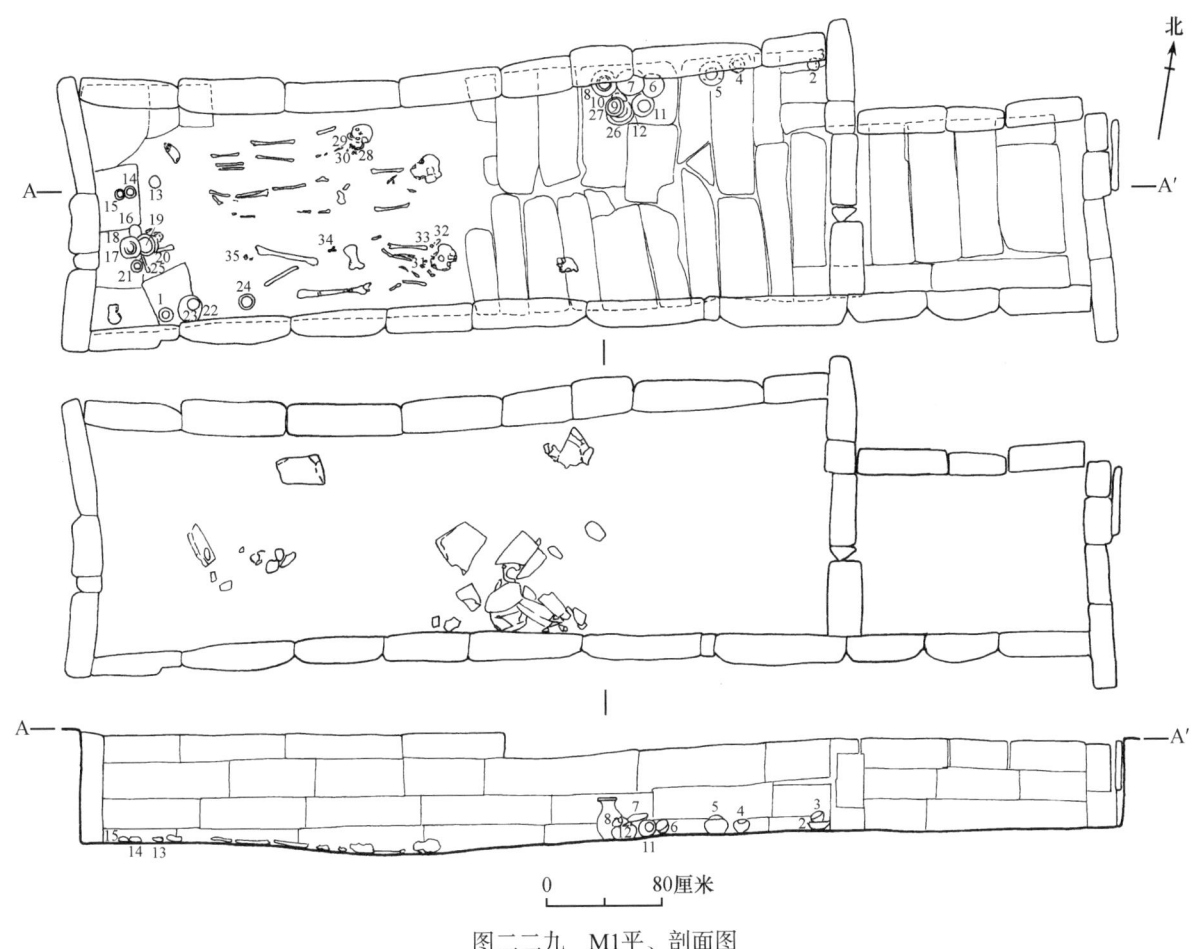

图二二九　M1平、剖面图

1. 瓷带流壶　2、3、6、9、11、13～27. 瓷碗　4、5. 瓷罐　7. 陶釜　8. 瓷壶　10. 瓷碟　12. 陶罐　28. 银簪　29. 串珠　30、31、34、35. 铜钱　32. 铜簪　33. 铜环

腹内底部有一周近似矩形的支钉痕迹。口径15.2、底径9.6、高5厘米（图二三〇，4；图版九四，3、4）。标本M1：11，灰白胎，青黄釉，腹内满釉，腹外半釉。口微敛，斜腹，饼足。腹内底部有一周近似矩形的支钉痕迹。口径14、底径9、高6厘米（图二三〇，6）。标本M1：18，灰黄胎，青黄釉，腹内满釉，腹外半釉，有垂釉。口微敛，斜腹，饼足。口径17、底径10.4、高5.3厘米（图二三〇，5）。标本M1：19，灰胎，青釉，腹内、外皆半釉，有垂釉。口较直，方唇，斜腹，饼足。口径14.4、底径10.2、高5.2厘米（图二三〇，13）。标本M1：20，灰胎，青黄釉，腹内满釉，腹外半釉，有垂釉，腹内、外底部各有一周支钉。口微敛，斜腹，饼足。口径19.6、底径14.4、高8.6厘米（图二三〇，14）。标本M1：22，灰黄胎，青黄釉，腹内满釉，腹外半釉，腹内底部一周支钉。口微侈，斜腹，饼足。口径17.6、底径10.4、高6厘米（图二三〇，8）。标本M1：23，灰胎，青黄釉，腹内、外满釉。敛口，腹部曲收，圈足。口径16.8、底径11.2、高7.2厘米（图二三〇，11）。标本M1：24，灰黄胎，青黄釉，腹内满釉，腹外釉不及底，腹内底部一周支钉。口微侈，斜腹较深，饼足。口径11.8、底径7、高5厘米（图二三一，7）。标本M1：27，灰胎，青黄釉，腹内满釉，腹外半釉，有垂釉，釉基本脱落。敛口，方唇，腹部曲收，圈足。口径15、底径8.8、高5.9厘米（图二三〇，7）。标本M1：38，红褐胎，青釉，腹内满釉，腹外釉不及底。敞口，斜弧

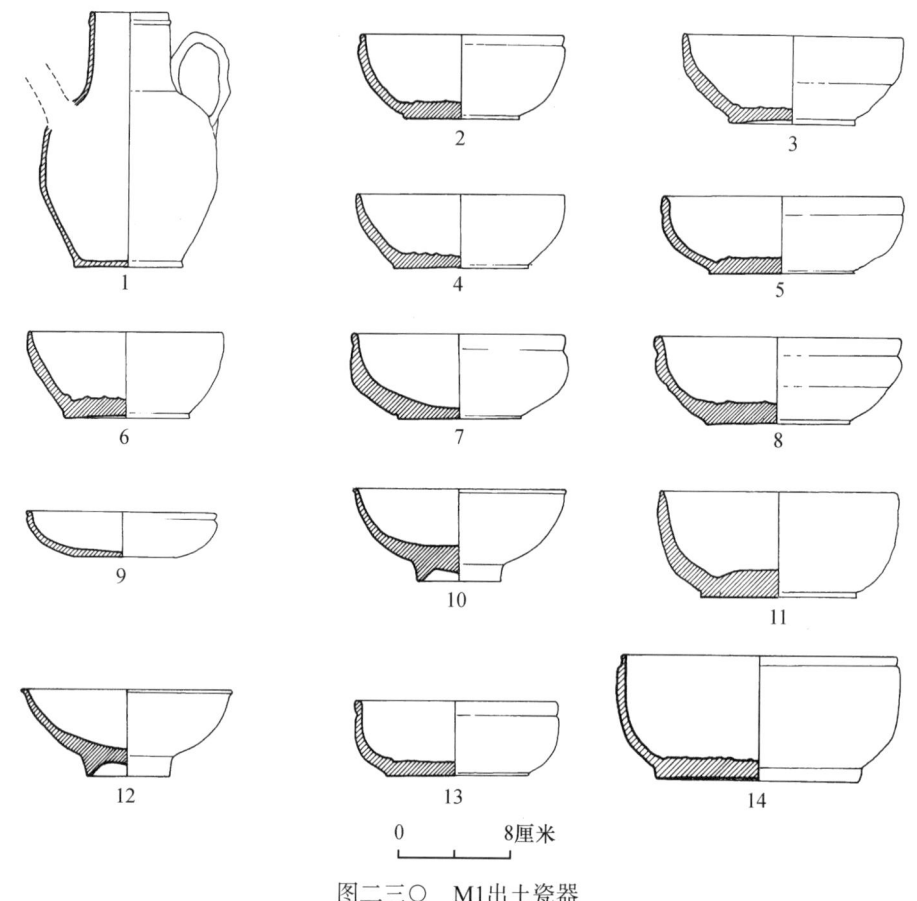

图二三〇　M1出土瓷器

1. 带流壶（M1:1）　2~8、10~14.碗（M1:3、M1:6、M1:9、M1:18、M1:11、M1:27、M1:22、M1:38、M1:23、M1:39、M1:19、M1:20）　9.碟（M1:10）

腹，圈足。口径15、底径6、高6.6厘米（图二三〇，10；图版九五，6）。标本M1:39，铁灰色胎，青釉，腹内满釉，腹外釉不及底，釉质较好。敞口，斜腹弧收较甚，圈足。口径15.2、底径6、高6厘米（图二三〇，12）。标本M1:40，仅存底部。橙灰色胎，釉脱落，腹内满釉，腹外釉不及底，施釉处呈白色。斜弧腹，高圈足。残口径12、底径5、残高3.6厘米（图二三一，11）。

瓷小碗　8件。器形一般较小。标本M1:13，灰胎，青黄釉，腹内满釉，腹外釉不及底。敛口，腹部曲收，圈足。口径8.8、底径4.4、高3.5厘米（图二三一，5）。标本M1:14，灰胎，青黄釉，腹内满釉，腹外釉不及底。敛口，腹部曲收，圈足稍内凹。腹内底部有三个支钉。口径8.9、底径5、高4.4厘米（图二三一，2）。标本M1:15，灰黄胎，釉基本脱落。敛口，腹部曲收，圈。腹内底部有三个支钉。口径9、底径5.2、高3.6厘米（图二三一，1）。标本M1:16，灰胎，青黄釉，腹内满釉，腹外釉不及底。口微侈，腹壁较直，饼足。腹内底部有三个支钉。口径7.1、底径4.8、高4厘米（图二三一，9）。标本M1:17，灰胎，青黄釉，腹内满釉，腹外釉不及底，釉多已脱落。口微侈，腹部曲收，饼足。腹内底部有三个支钉。口径9.2、底径4.8、高3.2厘米（图二三一，3）。标本M1:21，灰黄胎，青釉，腹内满釉，腹外釉不及底。敛口，腹部曲收，饼足。口径8.4、底径4.8、高4厘米（图二三一，8；图版九三，3）。标本M1:25，灰黄胎，青黄釉，腹内满釉，腹外半釉，有垂釉。腹内底部有三个支钉。

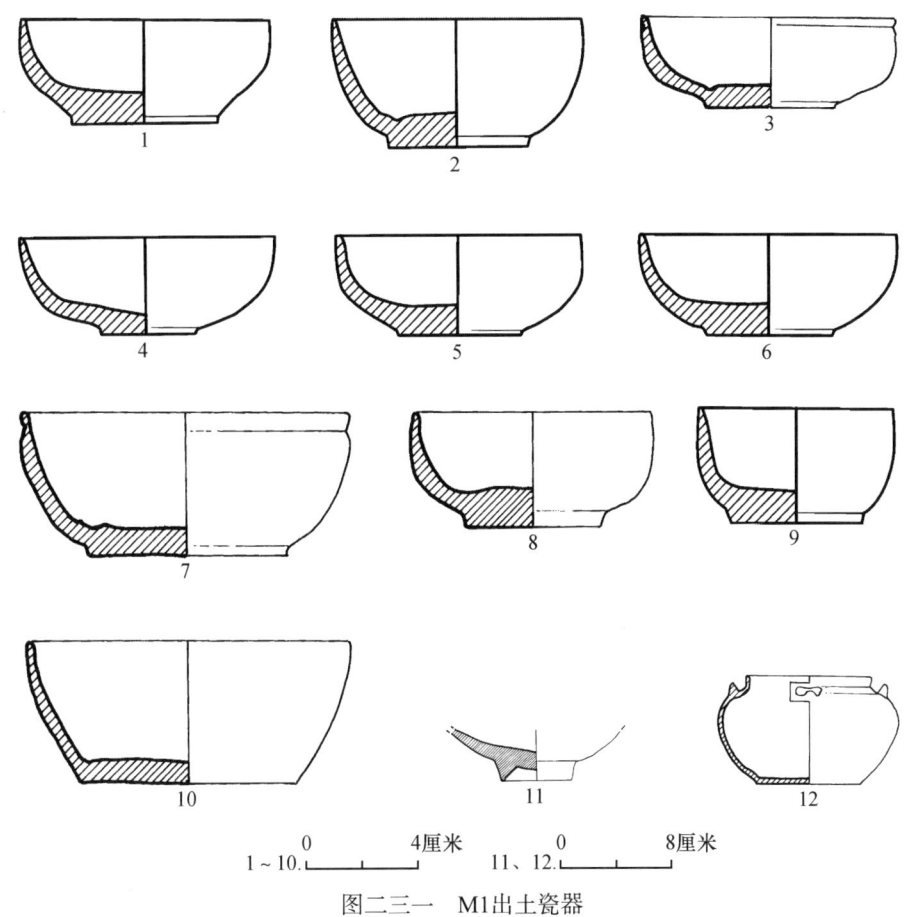

图二三一 M1出土瓷器

1~6、8、9.小碗（M1：15、M1：14、M1：17、M1：26、M1：13、M1：25、M1：21、M1：16） 7、10、11.碗（M1：24、M1：2、M1：40） 12.罐（M1：4）

敛口，腹部曲收，圈足。口径9.2、底径4.4、高3.6厘米（图二三一，6）。标本M1：26，灰黄胎，青黄釉，腹内满釉，腹外半釉，腹内底部有三个支钉。敞口，腹部曲收，饼足。口径9.2、底径3.4、高3.4厘米（图二三一，4）。

瓷罐 2件。标本M1：4，灰黄胎，青黄釉，腹中部以下无釉，釉基本脱落。口微侈，方圆唇，鼓腹，下腹曲收，圈足，4个半环形横系，两两对称分布。口径8.8、腹径13.2、底径7.4、高7.4厘米（图二三一，12；图版九五，2）。标本M1：5，灰胎，青黄釉，釉不及底。直口，方唇，鼓腹，下腹曲收，平底，肩有六系，呈方桥形。口径11、腹径17、底径11.2、高12.2厘米（图二三二，1；图版九五，1）。

瓷壶 3件。标本M1：8，灰黄胎，青黄釉，釉色光亮，腹下部以下无釉。盘口，高束颈，鼓腹，假圈足，四系呈对称分布。盘口下部和颈部饰有凸弦纹。造型修长挺拔。口径12.8、腹径18.5、底径10、高27厘米（图二三二，4；图版九四，1）。标本M1：36，灰褐胎，腹上部釉脱落。颈部以上残失，肩部饰有两耳，腹微鼓曲收，平底。腹径32、底径12.8、残高46厘米（图二三二，5）。标本M1：37，灰胎，釉脱落，呈灰褐色。口微敛，束颈，深腹微鼓，向下曲收，平底。口沿下饰二道弦纹，肩部有两耳。口径16、腹径22.8、底径10.8、高39厘米（图二三二，6；图版九五，5）。

瓷碟 1件。标本M1：10，灰白胎，青黄釉，腹内满釉，腹外半釉。尖圆唇，浅腹部微曲

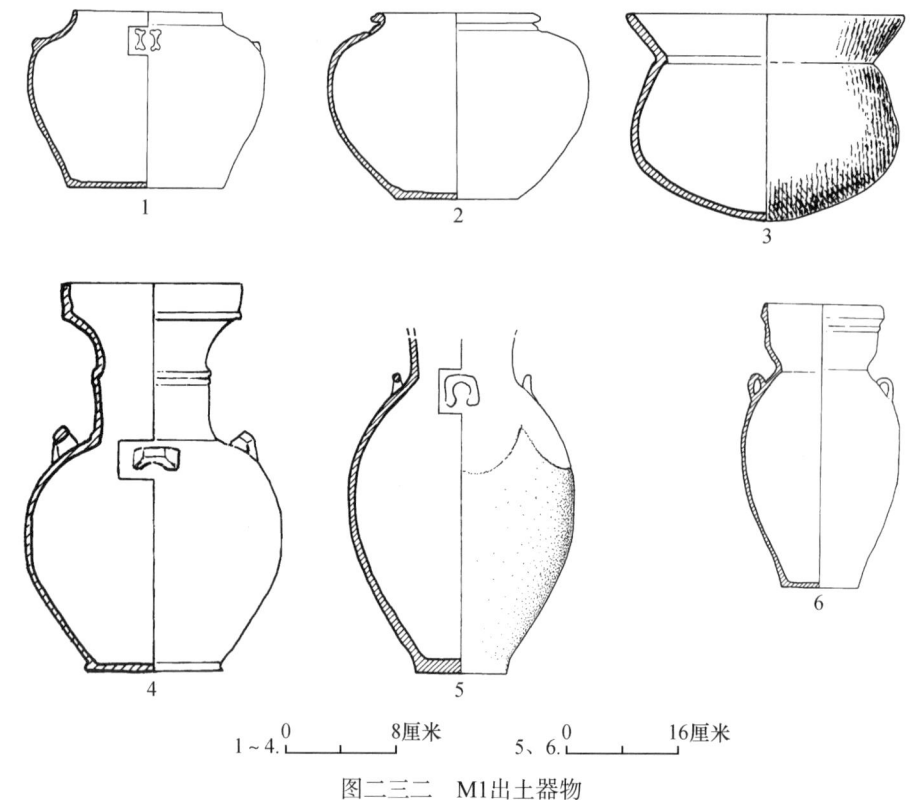

图二三二　M1出土器物
1. 瓷罐（M1:5）　2. 陶罐（M1:12）　3. 陶釜（M1:7）　4~6. 瓷壶（M1:8、M1:36、M1:37）

收，平底。口径13.6、底径7.2、高3厘米（图二三〇，9；图版九三，2）。

陶釜　1件。标本M1:7，夹砂橙褐陶。侈口，方唇，束颈，溜肩，鼓腹，圜底。最大径在腹中部。通体饰绳纹。口径20、腹径23.2、高14.2厘米（图二三二，3；图版九五，4）。

陶罐　1件。标本M1:12，泥质灰陶。口微侈，圆唇，圆鼓肩，腹弧收，平底。口径11、腹径18.7、底径8.8、高12.9厘米（图二三二，2；图版九五，3）。

银簪　1件。标本M1:28，两股，即一端近似椭圆形，连接另一端底两支，支体近柱状。通长7.5厘米（图二三三，1）。

串珠　4颗。标本M1:29，分为4颗：①玉质，青白色，算盘珠状，直径0.4厘米（图二三三，4）；②料器，管状，有孔，深红色，直径0.4、孔径0.1、长1厘米（图二三三，6）；③骨质，管状，有孔，直径0.6、孔径0.1、长1.4厘米（图二三三，7）；④料器，有孔，翠绿色，残碎严重。

铜五铢　40枚。标本M1:30-1、M1:30-2，方孔有郭，五字宽大，如炮弹形。标本M1:31，方孔有郭。标本M1:34-1~M1:34-24和标本M1:35-1~M1:35-13，特征基本同标本M1:30-1、M1:30-2，但轻薄，字画纤细（图版九五，7）。

铜簪　1件。标本M1:32，两股，连接两根圆柱体的支脚，一端外撇，一端呈尖状。通长5.4厘米（图二三三，2）。

铜环　1件。标本M1:33，素面环状。直径1.4、内径1厘米（图二三三，5）。

石斧　1件。标本M1:41，磨制。层积岩质，略呈梯形，刃部磨光且有崩痕。通长7、宽4.8、最厚2.2厘米（图二三三，3）。

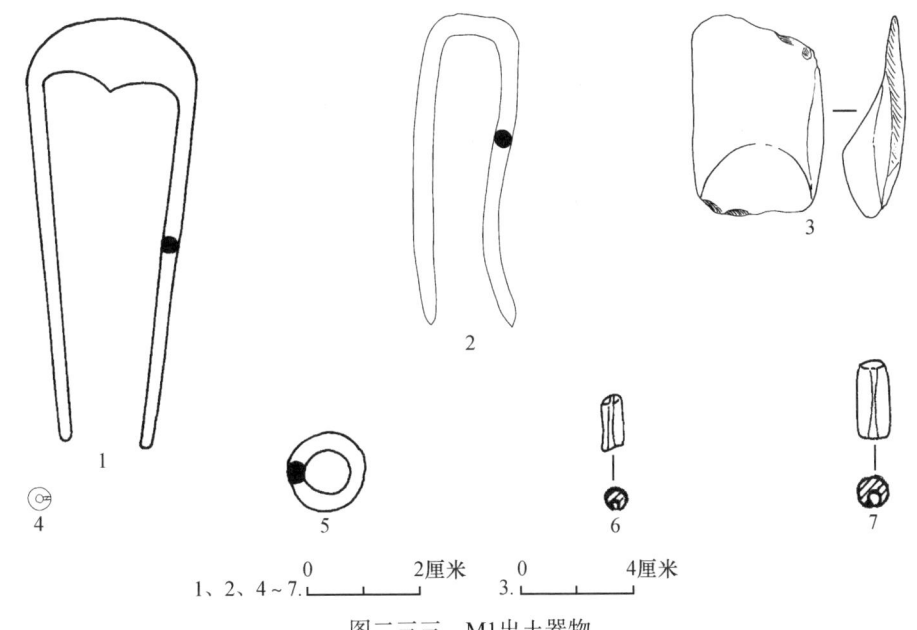

图二三三　M1出土器物

1. 银簪（M1：28）　2. 铜簪（M1：32）　3. 石斧（M1：41）　4、6、7. 串珠（M1：29）　5. 铜环（M1：33）

第二节　砖　室　墓

1. M5

位于A区T58和T59内，开口于第2层下，打破M10，墓向122°。刀把形砖室墓，由墓室和甬道构成。在甬道与墓室相接部位有一长方形盗洞，年代不明。墓室平面呈长方形，口底大小相同，长340、宽280、残深190厘米。墓室四壁用长方形菱形纹砖砌成，墓顶已坍塌，应为拱券顶。墓室填土主要为加杂灰屑的黄褐色土，并有少许黄细沙，墓室底层用小卵石铺筑。甬道位于墓室东南一侧，平面呈长方形，口底一致，长210、宽192、残深190厘米。未发现葬具。发现人骨2具，编号1号和2号，保存状况较差，头向、面向、葬式等不明。随葬品主要位于甬道东北部，分布比较集中。有瓷碗、瓷小碗、瓷盘口壶、陶盆、陶动物足、陶屋模型、铁剑、铜钱等。在墓室东南部未及墓底处，发掘时还发现瓷盆1件、瓷四系罐1件、瓷碗2件、瓷小碗1件，分别编号M5：18～M5：22（图二三四；图版九六，1）。

瓷碗　5件。标本M5：1，灰胎，青黄釉，腹内、外满釉，釉质较好。敛口，斜腹，圈足。口径14.2、底径9.6、高7厘米（图二三五，6）。标本M5：10，灰胎，釉脱落，腹内满釉，腹外釉不及底，腹内底部一周支钉。敛口，斜腹，平底。口径15.1、底径10、高4.6厘米（图二三五，7）。标本M5：11，灰胎，釉脱落，腹内满釉，腹外半釉，有垂釉，腹内底部有支钉。敛口，斜腹，平底。口径16.6、底径10、高5.6厘米（图二三五，3）。标本M5：20，红褐胎，釉脱落，腹内满釉，腹外仅在口沿部有釉。口径20、底径10、高6.5厘米（图二三五，9）。标本M5：21，灰胎，釉脱落，腹内满釉，腹外仅在口沿部有釉。口径8.8、底径4.5、高4.7厘米（图二三五，10）。

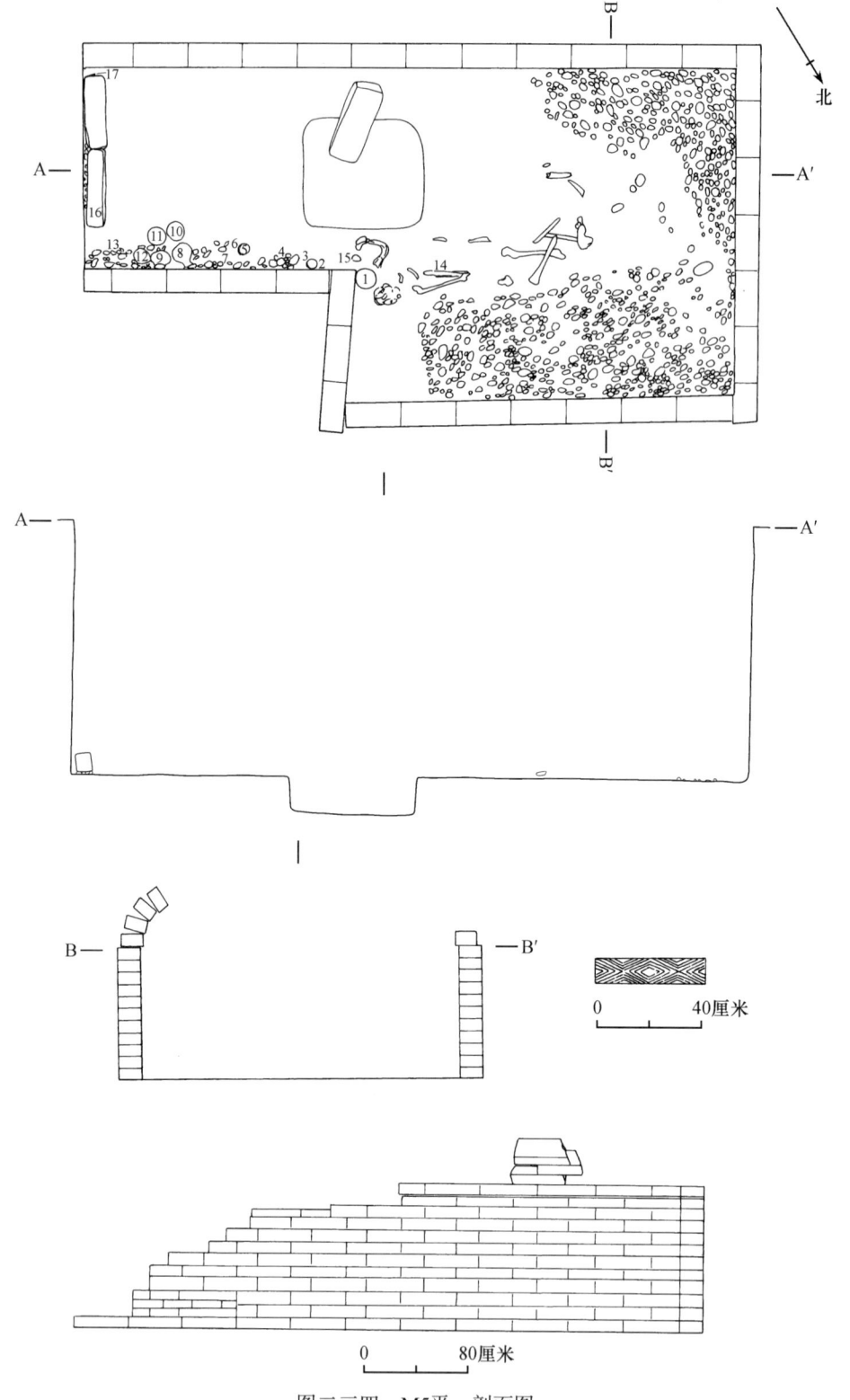

图二三四　M5平、剖面图

1、10、11.瓷碗　2~7.瓷小碗　8、9.瓷盘口壶　12.陶盆　13.铜钱　14、17.铁剑　15.陶动物足　16.陶屋模型

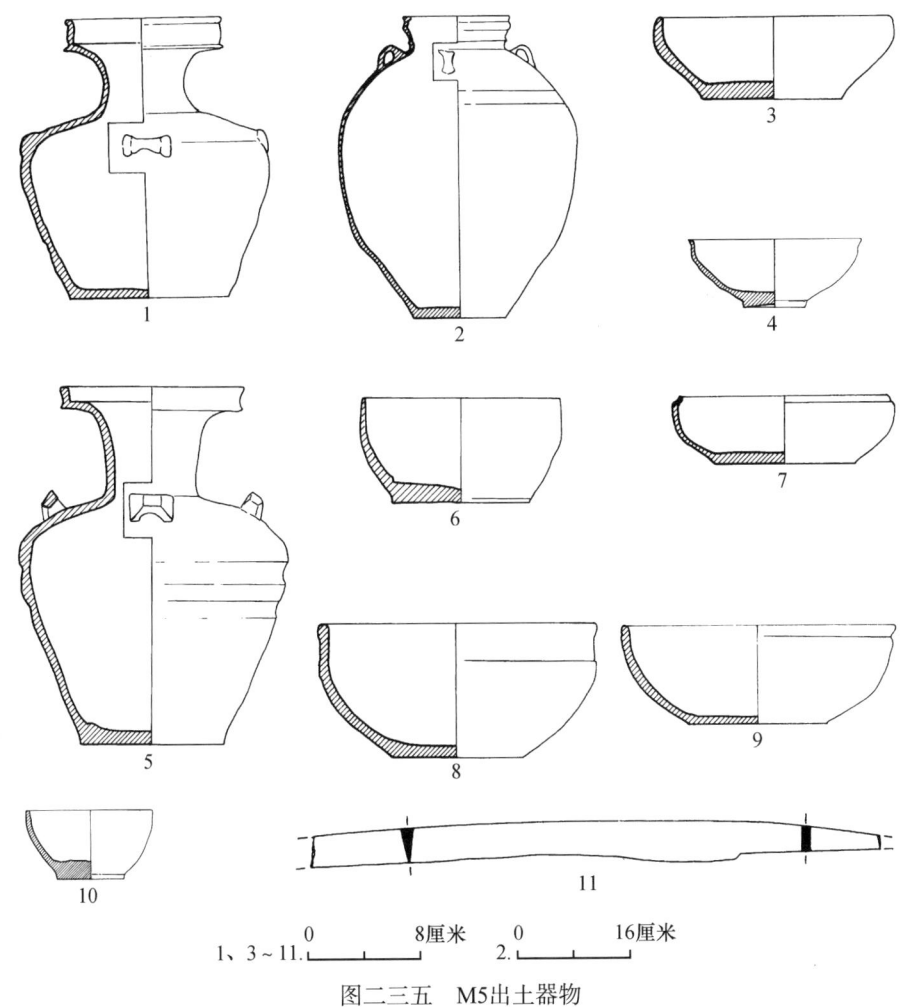

图二三五 M5出土器物

1、5. 瓷盘口壶（M5：9、M5：8） 2. 瓷四系罐（M5：19） 3、6、7、9、10. 瓷碗（M5：11、M5：1、M5：10、M5：20、M5：21） 4. 瓷小碗（M5：3） 8. 陶盆（M5：12） 11. 铁剑（M5：14）

瓷小碗 7件。器形一般较小。标本M5：2，灰胎，青釉，腹内、外釉不及底。敛口，斜腹，饼足。口径8、底径4.4、高4.2厘米（图二三六，5）。标本M5：3，灰胎，青釉，腹内、外满釉，腹内底部三个小支钉。敞口，斜腹，饼足。口径12.5、底径4.2、高4.5厘米（图二三五，4）。标本M5：4，灰胎，青釉，腹内满釉，腹外釉不及底，有垂釉。口微敛，斜腹，饼足。口径7.6、底径5、高3.6厘米（图二三六，2）。标本M5：5，灰胎，青黄釉，腹内、外满釉，足部有釉。敛口，斜腹，饼足。口径8.5、底径5、高4.6厘米（图二三六，1）。标本M5：6，灰胎，釉脱落，从迹象观察，腹内、外满釉。敞口，斜腹，饼足。口径8、底径4.5、高4.5厘米（图二三六，4）。标本M5：7，黄白胎，青黄釉，腹内满釉，腹外釉不及底。敛口，斜腹，饼足。口径8、底径4.3、高4厘米（图二三六，3）。标本M5：22，灰胎，青黄釉，腹内满釉，腹外上部以下无釉，有垂釉。口径7、底径3.4、高2.6厘米（图二三六，6）。

瓷盘口壶 2件。标本M5：8，灰白色胎，青釉，腹中部以下无釉，釉质较好。浅盘口，颈微束，深腹斜收，平底，肩有四系，呈对称分布。腹部饰有弦纹，造型修长挺拔。口径13、腹径19.2、底径10.4、高25厘米（图二三五，5）。标本M5：9，浅橙红色胎，青黄釉，釉质较好。盘口，束颈，鼓肩，斜腹内收，平底，肩有四系，呈对称分布。口径11、腹径18、底径

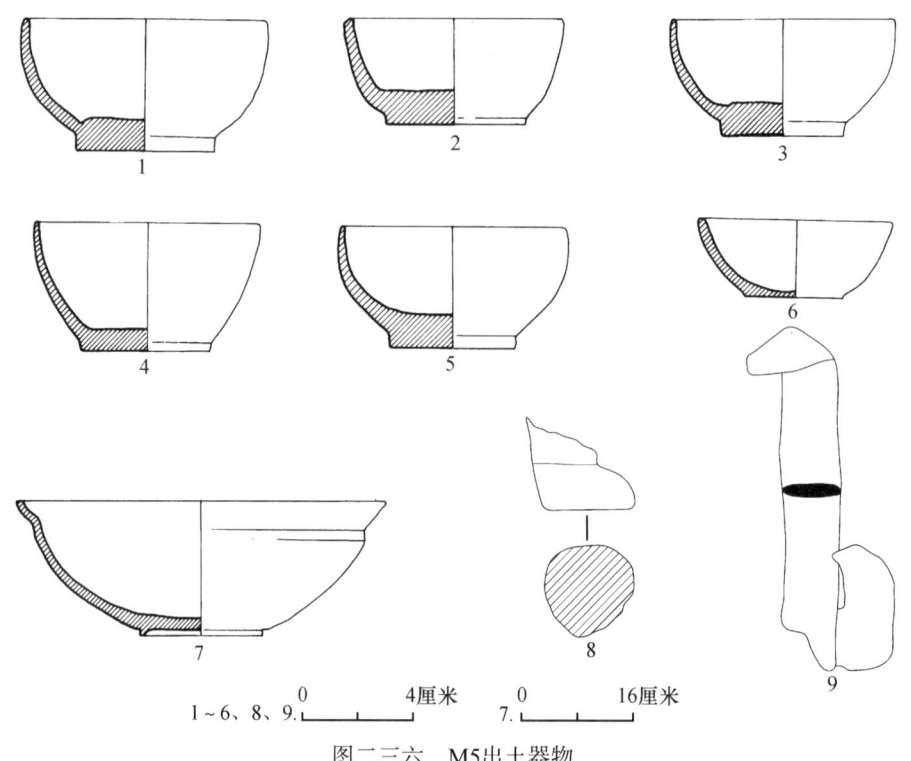

图二三六　M5出土器物

1~6. 瓷小碗（M5：5、M5：4、M5：7、M5：6、M5：2、M5：22）　7. 瓷盆（M5：18）　8. 陶动物足（M5：15）
9. 铁剑（M5：17）

11.2、高19.6厘米（图二三五，1；图版九六，2）。

瓷盆　1件。标本M5：18，红褐胎，青黄釉，腹内满釉，腹外仅在口沿部有釉。敞口，斜弧腹，平底。腹内中上部写有一圈文字，行书体，赭石色，文字内容为："命重只报有过人，××有负无义汉。"腹底有一花押。口径54、底径18、高19厘米（图二三六，7）。

瓷四系罐　1件。标本M5：19，灰黄胎，青褐釉，釉不及底。微盘口，束颈，溜肩，深鼓腹，下腹曲收，平底。肩部有四系。口径16、腹径34、底径13、高43厘米（图二三五，2；图版九六，3）。

陶盆　1件。标本M5：12，泥质灰陶。口微敛，上腹较直，下腹斜收，平底。口径20、底径9.2、高9厘米（图二三五，8）。

陶动物足　1件。标本M5：15，泥质红陶。仅存足部。底径3.2、残高3.4厘米（图二三六，8）。

陶屋模型　1件。标本M5：16，泥质红陶。非常残碎，无法修复。

铜五铢　1枚。标本M5：13，方孔有郭，五字宽大，如炮弹形。

铁剑　2件。标本M5：14，前端残，锈蚀严重，体扁薄。残长41、宽2.8厘米（图二三五，11）。标本M5：17，残存剑身，剑尖一端向上弯折，另一端残断且有残片锈蚀在一起，体扁薄。残长12.4、宽2厘米（图二三六，9）。

2. M41

位于A区T17内，开口于第1层下，被破坏严重，打破M90北部。"凸"字形砖室墓，墓向为133°，墓道因被破坏具体形状不详。墓室长430、宽288厘米，残高140厘米。甬道残长154、宽260、残高138厘米。墓室后部与甬道前部的地面用子母口砖铺成，余用长方形砖平铺。墓壁为平砖顺砌，墓顶部均残。墓室填土为花土。人骨保存状况极差。未发现葬具。随葬器物主要位于甬道和墓室连接处偏西，随葬品发现23件，包括瓷碗12件、瓷四系罐3件、瓷壶1件、陶碗1件、陶罐1件、铜钱5枚（图二三七；图版九七，1）。

瓷四系罐 3件。标本M41：3，青釉，内施满釉，外壁施釉不到底。内外双口，内口为直口、外口为敞口，溜肩，鼓腹，平底，肩部有两组对称的桥形系。口径8.4、腹径20.5、底径13.2、通高19.9厘米（图二三八，6；图版九七，3）。标本M41：5，青釉泛白，内施满釉，外壁施釉不到底。大口，圆鼓肩，深腹斜收，平底，肩部残存一桥形系。口径18.8、腹径25.2、底径14、通高18.8厘米（图二三八，9；图版九八，2）。标本M41：6，青黄釉，灰白胎，内壁仅口部施釉，外壁施釉不到底。直口，溜肩，腹略鼓，平底，肩部有两组对称的桥形系。口径10、腹径13.3、底径10.6、通高17厘米（图二三八，1；图版九八，5）。

瓷盘口壶 1件。标本M41：4，青釉，红褐胎，内施满釉，外壁施釉不到底。盘口，长束颈，圆肩，深弧腹，平底，肩部有两组对称的桥形系。口径12.6、腹径22、底径11.8、通高27.5厘米（图二三八，10；图版九七，2）。

瓷碗 12件。敛口，弧腹。青釉，个别略泛黄色，内壁均施满釉，外壁亦多施满釉，几件器物施釉不到底，有些釉面有冰裂纹。除标本M41：7和M41：17为平底外，其余为饼足。标本M41：7，灰白胎，外施釉不到底，釉面有细碎的冰裂纹。口径7.3、底径3.2、通高4厘米（图二三九，1）。标本M41：17，釉呈青黄色，外壁施满釉，釉面有细碎的冰裂纹。口沿下有一周凹弦纹。口径16.5、底径10、通高6.2厘米（图二三八，8；图版九八，3）。标本M41：8，口微敞。外壁施满釉。釉面有细碎的冰裂纹。口径8、底径3.8、通高3.5厘米（图二三九，2；图版九八，4）。标本M41：9，口微敞。外壁施满釉，釉面有冰裂纹。口径8.8、底径4.4、通高3.9厘米（图二三九，3）。标本M41：10，敛口。外壁施釉不到底。口径7.7、底径5.2、通高3.9厘米（图二三九，6）。标本M41：11，口微敛。灰白胎，外壁施釉不及底。口径8、底径4.8、通高4.1厘米（图二三九，5）。标本M41：12，敛口。灰白胎，外壁施满釉。口径7.8、底径4.4、通高4.5厘米（图二三九，4）。标本M41：13，口微敛。外壁施满釉。口径8、底径4.4、通高4.1厘米（图二三九，8）。标本M41：14，口微敛。外壁施满釉，釉色青黄。口径7.2、底径4.4、通高4.4厘米（图二三九，7）。标本M41：15，口沿下有一周凹弦纹，内底有三个支钉痕迹。口径11.3、底径6.5、通高5.9厘米（图二三九，10）。标本M41：16，口沿下有一周凹弦纹。外壁施满釉。口径14.6、底径8.5、通高6.4厘米（图二三八，7）。标本M41：18，外壁施满釉。口径10.4、底径5.2、通高4厘米（图二三九，11）。

陶碗 1件。标本M41：2，泥质红陶。敛口，弧腹，平底。口径8.8、底径4、通高4厘米（图二三九，9）。

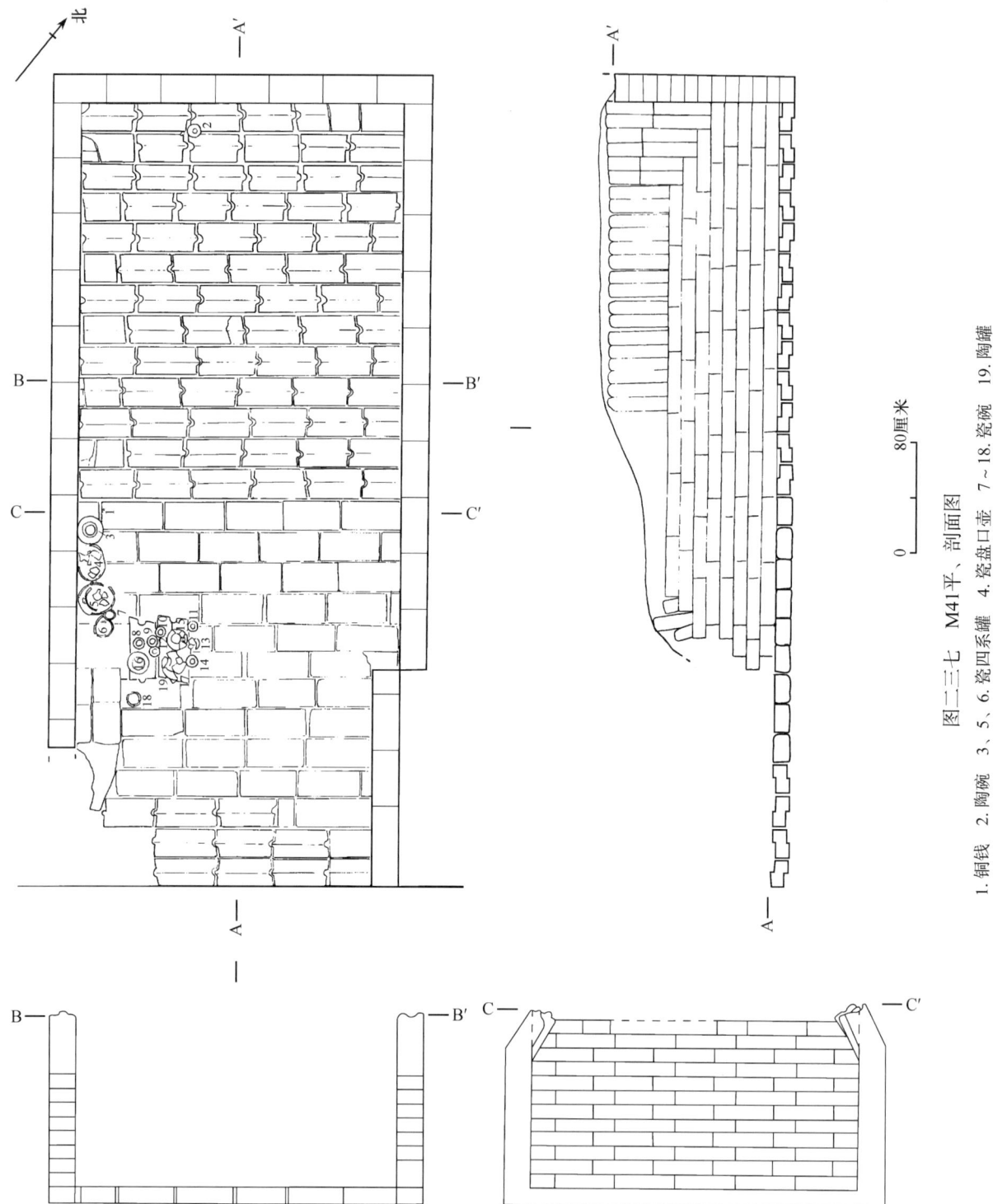

图二三七 M41平、剖面图

1. 铜钱 2. 陶碗 3、5、6. 瓷四系罐 4. 瓷盘口壶 7~18. 瓷碗 19. 陶罐

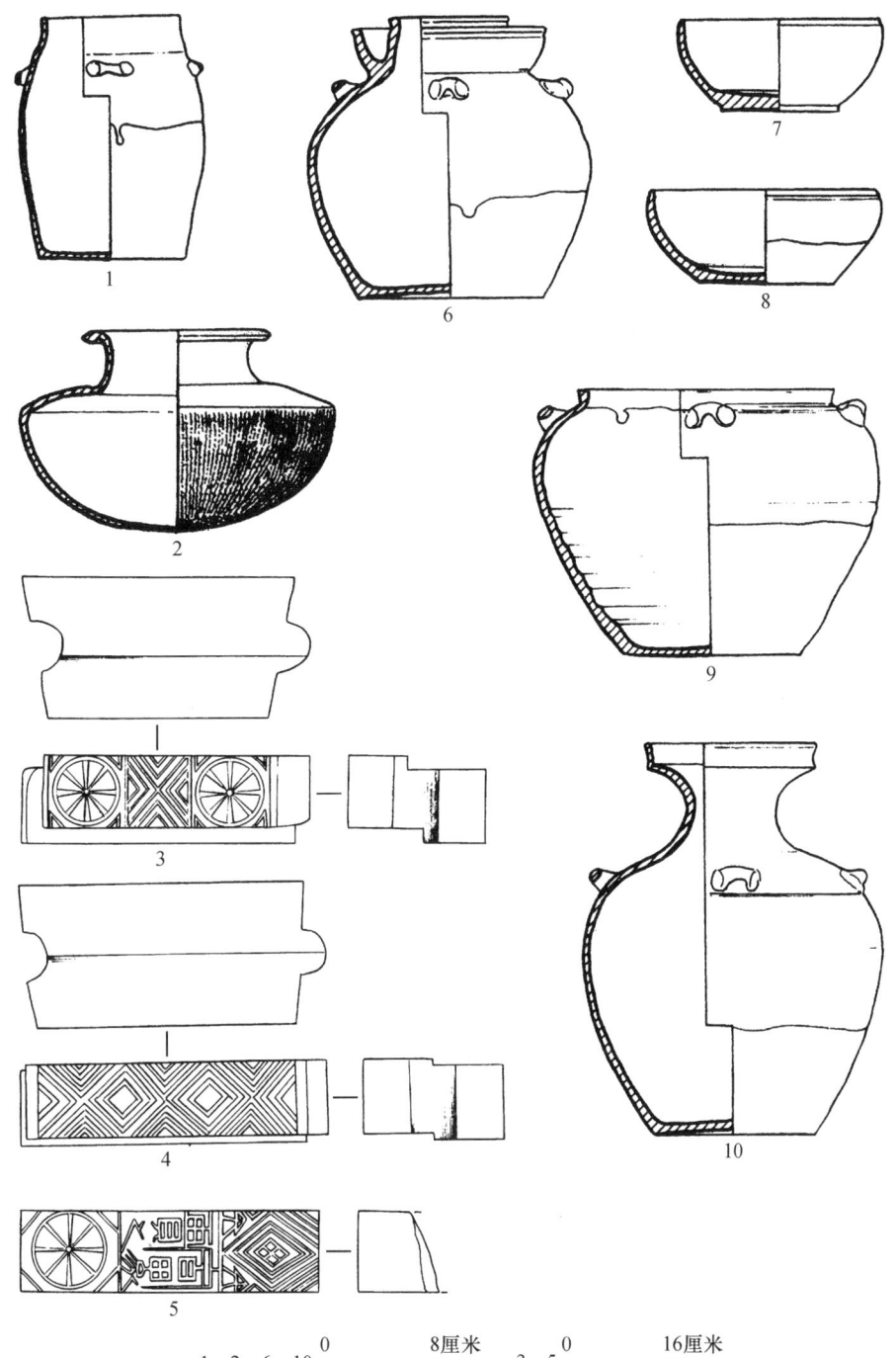

图二三八　M41出土器物

1、6、9. 瓷四系罐（M41：6、M41：3、M41：5）　2. 陶罐（M41：19）　3～5. 砖（M41：23、M41：21、M41：22）
7、8. 瓷碗（M41：16、M41：17）　10. 瓷盘口壶（M41：4）

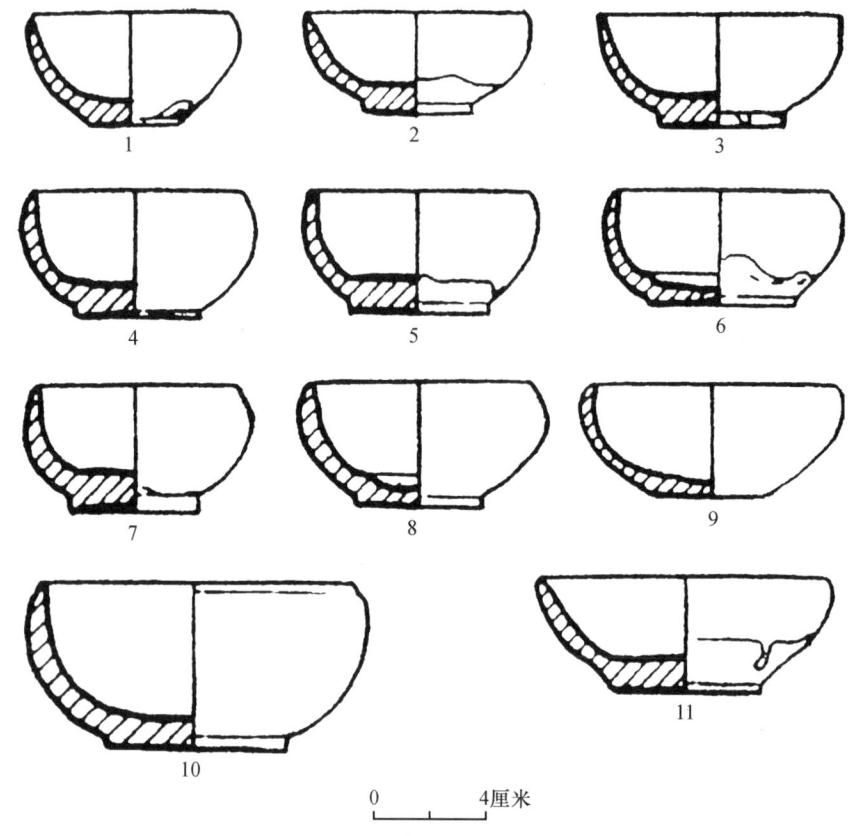

图二三九　M41出土器物

1~8、10、11.瓷碗（M41：7、M41：8、M41：9、M41：12、M41：11、M41：10、M41：14、M41：13、M41：15、M41：18）
9.陶碗（M41：2）

陶罐　1件。标本M41：19，泥质灰陶。侈口，宽沿，高领，折肩，浅弧腹，圜底。腹饰竖向细绳纹。口径13、腹径23、通高14厘米（图二三八，2；图版九八，1）。

铜钱　5枚。货泉。标本M41：1，钱径2.3、穿径0.8厘米。系新莽铸币（图版九八，6）。

子母口砖　标本M41：21，泥质。青灰色，砖中部有脊线，表面饰有"回"字形纹。长44、宽20、厚11厘米（图二三八，4）。标本M41：23，泥质。灰色，砖中部有脊线，表面饰有"回"字形纹和车轮形纹饰。长41.8、宽20、厚11厘米（图二三八，3）。

长方形砖　标本M41：22，泥质。青灰色，表面饰有"回"字形纹带"富贵之家"和车轮形纹饰。长43、宽11、厚11厘米（图二三八，5）。

3. M42

位于A区T17和T27内，开口于第1层下，被破坏严重。"凸"字形砖室墓，墓向为131°，墓道因被破坏具体形状不详。墓室长250、宽140、残高69厘米，甬道长111、宽119、残高47厘米。墓室后壁顶部为子母口砖券成。墓室填土为花土。人骨保存状况极差。未发现葬具。随葬器物见9件，位于甬道内，有瓷罐3件、瓷壶2件、瓷碗3件、陶匣1件（图二四〇）。

瓷碗　3件。内外均施青釉。标本M42：3，青釉泛黄，胎釉结合不紧密。敛口，弧腹，饼足。口径14.5、底径10.2、通高6厘米（图二四一，1）。标本M42：4，敛口，弧腹，平底。口沿压印一周锯齿纹。口径17.9、底径11.3、通高5.6厘米（图二四一，3；图版九九，4）。标本

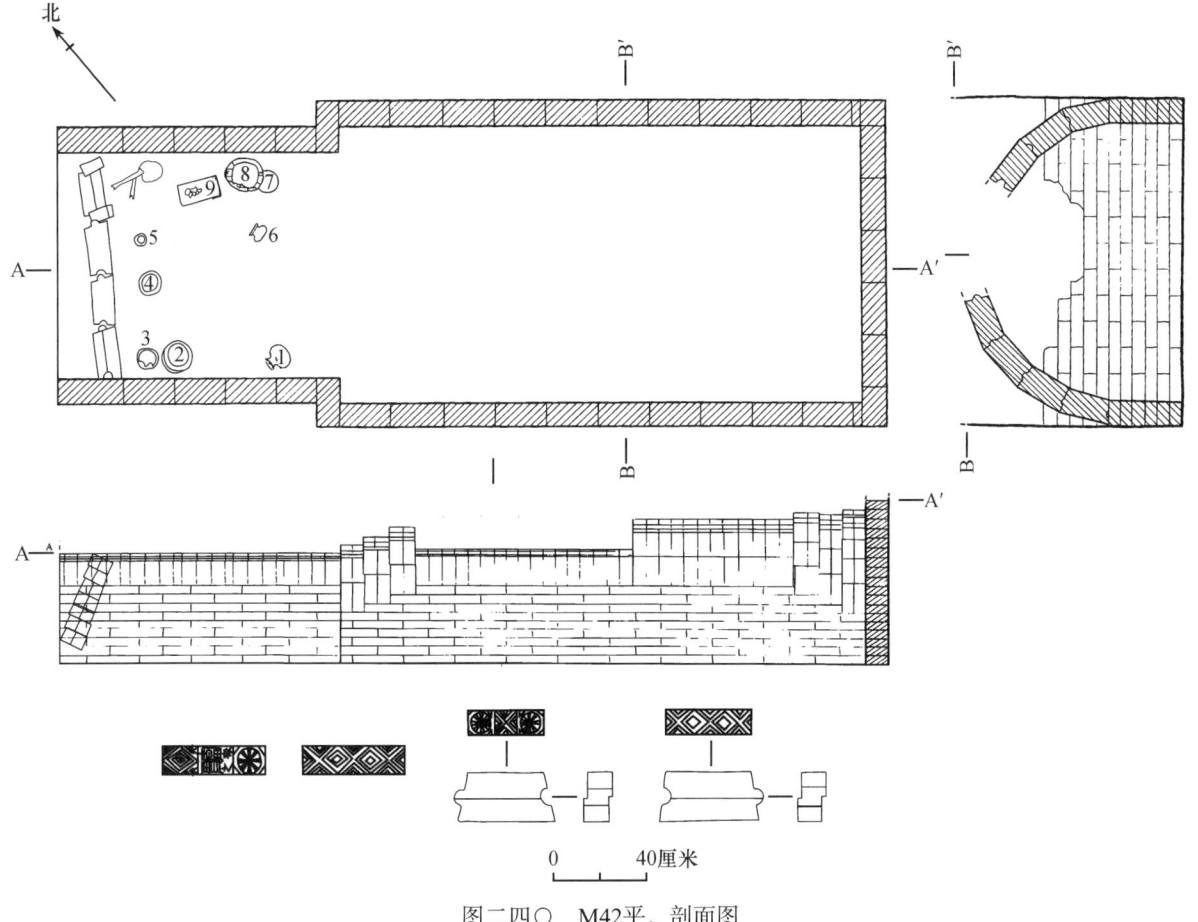

图二四〇　M42平、剖面图
1.瓷盘口壶　2、7.瓷罐　3~5.瓷碗　6.瓷唾壶　8.瓷四系罐　9.陶匣

M42:5，器形较小。敞口，弧腹，平底。口径8、底径4.4、通高3.5厘米（图二四一，2；图版九九，3）。

瓷盘口壶　1件。标本M42:1，内外均施青釉，外壁施釉不到底。器口残。高领，圆肩，鼓腹，平底，肩部有两组对称的桥形系。腹径16.2、底径10.3、残高17.5厘米（图二四一，5；图版九九，6）。

瓷唾壶　1件。标本M42:6，内外壁均施釉。盘口，高领，溜肩，扁垂腹，假圈足。口径11、腹径14.5、底径11.8、通高11厘米（图二四一，6；图版九九，1）。

瓷罐　2件。内外均施青釉。标本M42:2，侈口，斜沿，鼓腹，平底。口径22.4、腹径22、底径10.6、通高17.8厘米（图二四一，8；图版九九，2）。标本M42:7，侈口，斜沿，垂腹，平底。颈下有两道凹弦纹，腹饰一道凹弦纹。口径20、腹径21、底径16.6、通高16.5厘米（图二四一，4）。

瓷四系罐　1件。标本M42:8，内外均施青釉。大口，鼓肩，斜腹，平底，肩部有桥形系。口径24、底径14.6、通高20.8厘米（图二四一，7）。

陶匣　1件。标本M42:9，泥质灰陶。长方形匣，两侧面顶部凸起呈三角形，四壁均印有团花纹，前、后壁饰有刻划纹。长32.8、宽12、通高17厘米（图二四一，9；图版九九，5）。

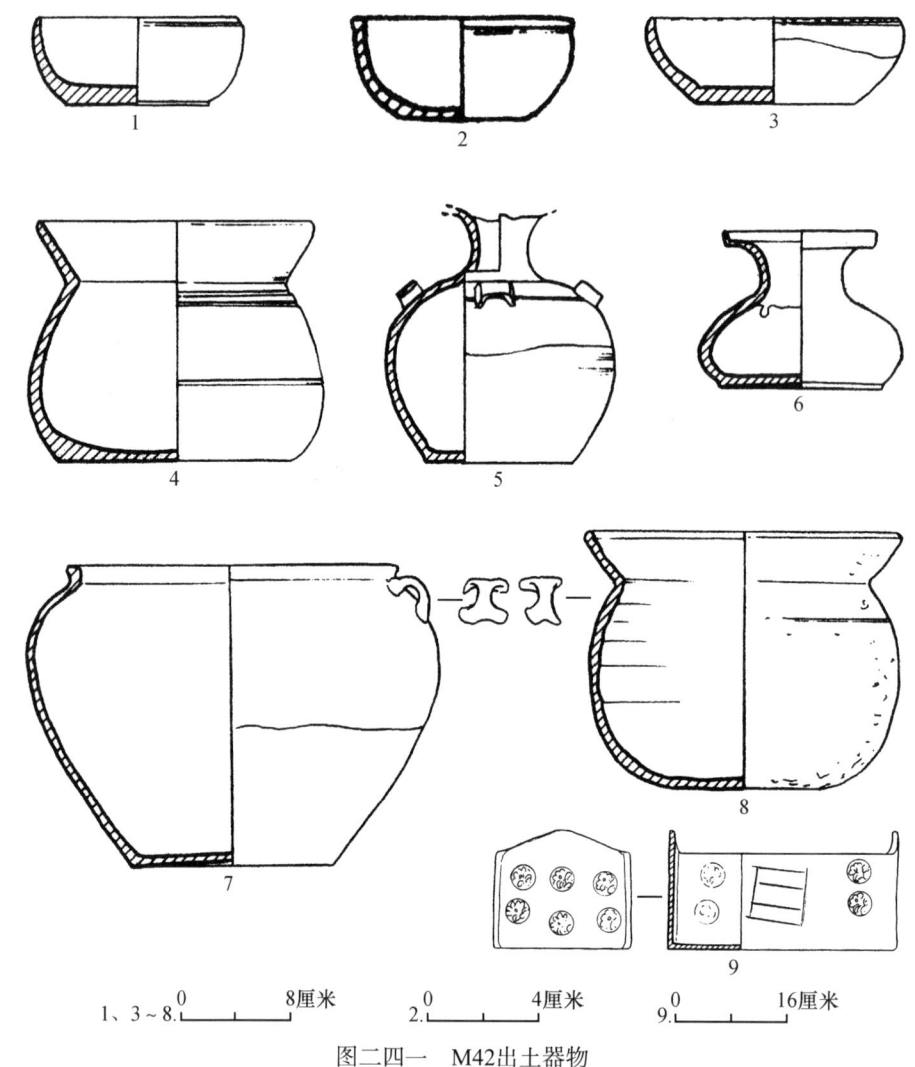

图二四一 M42出土器物

1~3. 瓷碗（M42：3、M42：5、M42：4） 4、8. 瓷罐（M42：7、M42：2） 5. 瓷盘口壶（M42：1） 6. 瓷唾壶（M42：6）
7. 瓷四系罐（M42：8） 9. 陶匣（M42：9）

4. M43

开口于第1层下，被破坏严重。北距T51西北角495米。"凸"字形砖室墓，墓向为122°。墓室长490、宽290、残高240厘米。长方形甬道位于墓室东南，甬道长240、宽200、残高88厘米。墓室填土为花土，墓底用不规则状石板铺成，墓室顶部亦为子母口砖券成。发现人骨3具，保存状况差，头向东南。葬具不清。随葬器物主要位于甬道和墓室连接处，发现瓷碗55件、瓷盘口壶1件、瓷鸡首壶1件、瓷带流壶1件、瓷唾壶2件、瓷四系罐4件、瓷罐2件、瓷盖1件、陶罐3件、穿孔石珠14粒、铁削3件、铜钱3枚等（图二四二；图版一〇〇，1）。

瓷碗 55件。青釉，少数略泛黄色，极个别泛白或泛灰，内、外壁均施釉，一些施釉不到底，有些釉面有冰裂纹。依器底不同可分为二型。

A型 29件。平底。敞口或口微敛，弧腹。标本M43：1，灰白胎，青釉，内、外均施釉，外施釉不到底，胎釉结合不紧密。口沿下有一周凹弦纹。口径15.6、底径10.4、通高5.2厘米

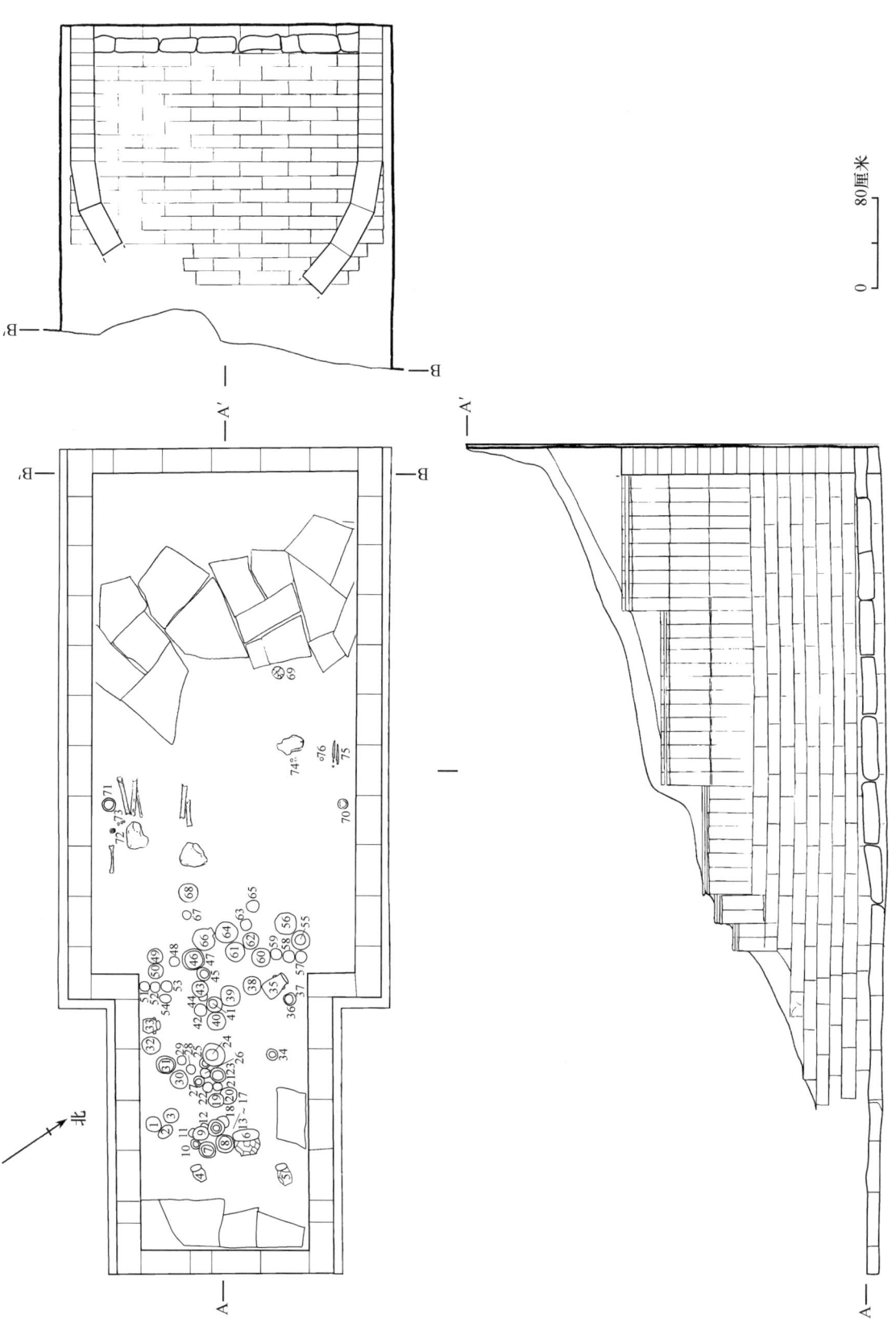

图二四二 M43平、剖面图

1~3、8~22、26~32、36~40、42~44、46~54、56~65、67~69. 瓷碗 4、6. 瓷罐 5、7、33、35. 红色穿孔石珠 74. 红色穿孔石珠 75. 铁削 76. 白色穿孔石珠 23、55. 瓷唾壶 24. 瓷四系罐 25、70. 瓷盖 34、41、45. 陶罐 66. 瓷鸡首壶 71. 瓷盘口壶 72. 铜钱 73. 黄色穿孔石珠

（图二四四，1）。标本M43：2，灰白胎，青釉，内、外均施釉，外施釉不到底。口沿下有两周弦纹。口径15.2、底径9.8、通高5.2厘米（图二四四，2）。标本M43：3，灰白胎，青釉泛黄，内、外均施釉，外施釉不到底。直口微敞。口沿下有两周弦纹。口径15.6、底径10.8、通高5.2厘米（图二四四，3）。标本M43：8，灰白胎，青釉，内、外均施釉。口微敞。口沿下有两道凹弦纹。口径15、底径10.4、通高5.6厘米（图二四四，4）。标本M43：9，灰白胎，青釉泛白。口沿下有一周凹弦纹。口径15.2、底径9.6、通高5.8厘米（图二四四，5）。标本M43：15，青釉泛黄。口沿下有一周凹弦纹。口径9.8、底径4.8、通高3.6厘米（图二四三，10）。标本M43：17，灰褐色。内、外施釉，外部施釉至腹部。口径8.4、底径5.6、通高3.7厘米（图二四三，16）。标本M43：18，青釉，内、外施釉。口微敞。口径8.4、底径4.8、通高3.6厘米（图二四三，13）。标本M43：19，青釉泛黄，内、外施釉。口微敞。口沿外壁有一道凹痕。口径14.8、底径10.4、通高5.2厘米（图二四四，6）。标本M43：20，青釉，内、外施釉，皆不及底。口微敞。口沿外壁有一道凹痕。口径15.2、底径10.4、通高4.8厘米（图二四四，9）。标本M43：27，青釉，内、外施釉，胎釉结合不紧密。口沿外壁有一道凹痕。口径8、底径4.8、通高3.2厘米（图二四三，11）。标本M43：30，青釉，内、外施釉不均，外施半釉不及底。口沿外壁有一道凹痕。口径15.9、底径10.8、通高6.5厘米（图二四四，8）。标本M43：32，黄褐色，内、外施釉。敞口，平底微内凹。口径15.6、底径8、通高8.4厘米（图二四四，16；图版一〇一，3）。标本M43：38，青釉，内、外均施半釉不及底。口沿外壁有三道凹痕。口径16.4、底径11.2、通高5.2厘米（图二四四，11）。标本M43：39，口沿下有一周凹弦纹，内底有13个支钉痕迹。口径18、底径10.4、通高6厘米（图二四四，12；图版一〇二，2）。标本M43：40，青釉，内、外施釉，外部施半釉不及底。口沿外壁有两道凹痕。口径15.2、底径10.4、通高5.2厘米（图二四四，10）。标本M43：42，泛黄釉，内、外施釉。口沿外壁有一道凹痕。口径8、底径4、通高2.8厘米（图二四三，9）。标本M43：43，青釉，内、外施釉。口沿外壁有两道凹痕。口径16、底径10.4、通高4.8厘米（图二四四，14）。标本M43：46，青釉泛黄，内、外施釉。口沿外壁有两道凹痕。口径14、底径10、通高5厘米（图二四四，17）。标本M43：47，青釉，内、外施釉。口沿外壁有两道凹痕。口径15.2、底径11.6、通高5厘米（图二四四，15）。标本M43：49，灰白胎，青釉，内、外施釉，脱釉严重。口沿外壁有两道凹痕。口径15.2、底径8.4、通高5.5厘米（图二四四，18）。标本M43：50，灰褐胎。口沿有二道凸弦纹。口径14.8、底径10.5、通高4.8厘米（图二四四，20）。标本M43：51，灰白胎，青釉，内、外施釉，釉面有细碎的冰裂纹。口径7.6、底径4.4、通高4厘米（图二四三，17）。标本M43：52，灰白胎，釉面有细碎的冰裂纹。口径8.4、底径4.8、通高3.6厘米（图二四三，21；图版一〇二，3）。标本M43：56，青釉，内、外壁均施满釉。口沿外壁有两道凹痕。口径16.4、底径10、通高5.2厘米（图二四四，22）。标本M43：60，灰白胎，青釉，内、外壁施釉。口沿外壁有二道弦纹。口径14、底径9.2、通高4.8厘米（图二四四，21）。标本M43：61，灰白胎，青釉，内、外壁施釉，外壁施釉不及底。口径16、底径10.4、通高5厘米（图二四四，23）。标本M43：62，青釉，内、外壁施釉，胎釉结合不紧密。口径15.6、底径10.8、通高5.7厘米（图二四四，26，图版一〇二，4）。标本M43：69，青釉，内、外壁施釉。口径16.4、底径10.3、通高6厘米（图二四四，25）。

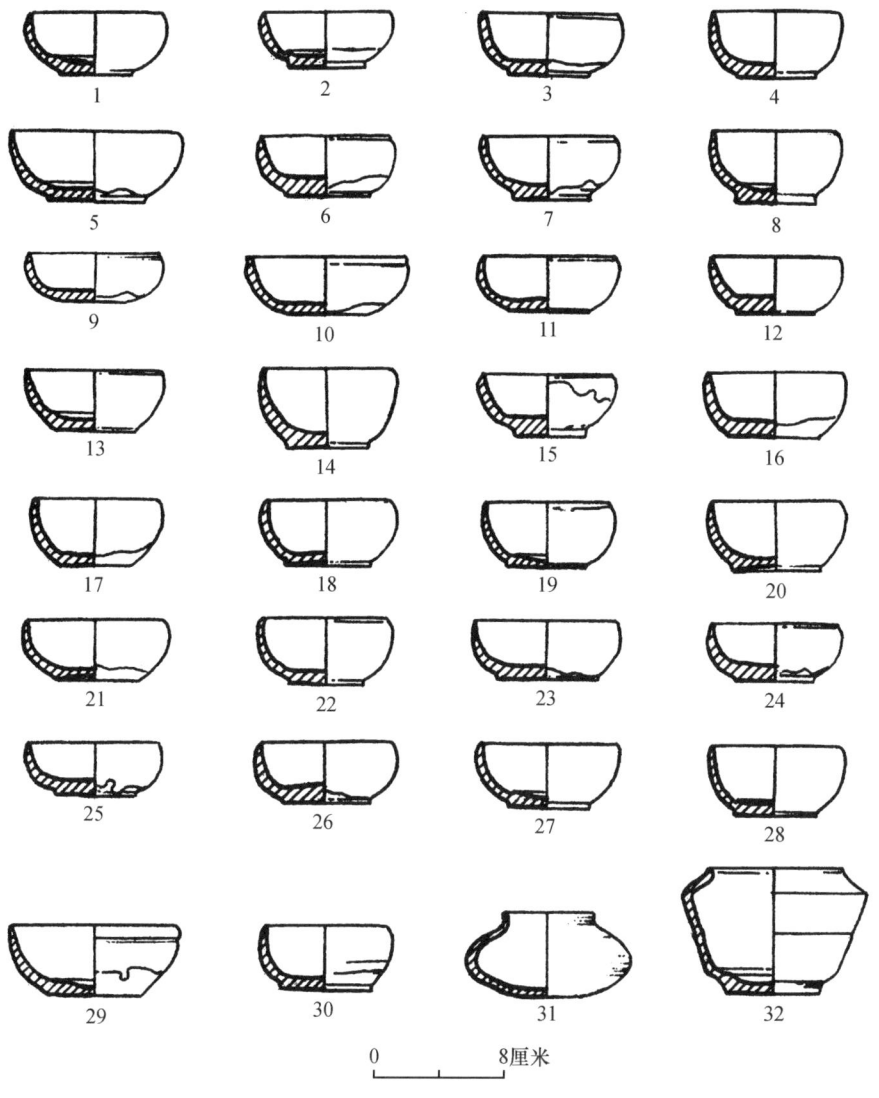

图二四三 M43出土器物

1~8、12、14、15、18~20、22~30.B型瓷碗（M43：10、M43：11、M43：12、M43：21、M43：13、M43：14、M43：16、M43：28、M43：29、M43：22、M43：37、M43：36、M43：26、M43：44、M43：53、M43：54、M43：48、M43：57、M43：58、M43：59、M43：63、M43：65、M43：67） 9~11、13、16、17、21.A型瓷碗（M43：42、M43：15、M43：27、M43：18、M43：17、M43：51、M43：52） 31、32.陶罐（M43：34、M43：41）

B型 26件。饼足。敛口，弧腹。标本M43：10，灰白胎，青釉泛黄，内、外施满釉。口径8、底径4.2、通高3.6厘米（图二四三，1）。标本M43：11，青釉泛黄。口径7.8、底径4.8、通高3.4厘米（图二四三，2）。标本M43：12，青釉，内、外施釉。口沿外壁有一道凹痕。口径8.4、底径4.8、通高3.6厘米（图二四三，3）。标本M43：13，棕褐色，内、外施釉。口径10.4、底径6、通高4厘米（图二四三，5）。标本M43：14，青釉，内、外施釉。口沿外壁有一道凹痕。口径8、底径5.2、通高3.6厘米（图二四三，6）。标本M43：16，青釉泛黄，内、外壁均施釉，外壁施釉不到底。口沿下有一周凹弦纹。口径8、底径4.8、通高3.8厘米（图二四三，7）。标本M43：21，青釉，内、外壁施釉，胎釉结合不紧密。口径8、底径4.8、通高4厘米（图二四三，4）。标本M43：22，青釉，内、外壁施釉，釉脱落严重。口径8、底径4.8、通高4.8厘米（图二四三，14）。标本M43：26，青釉，内、外壁施釉，胎釉

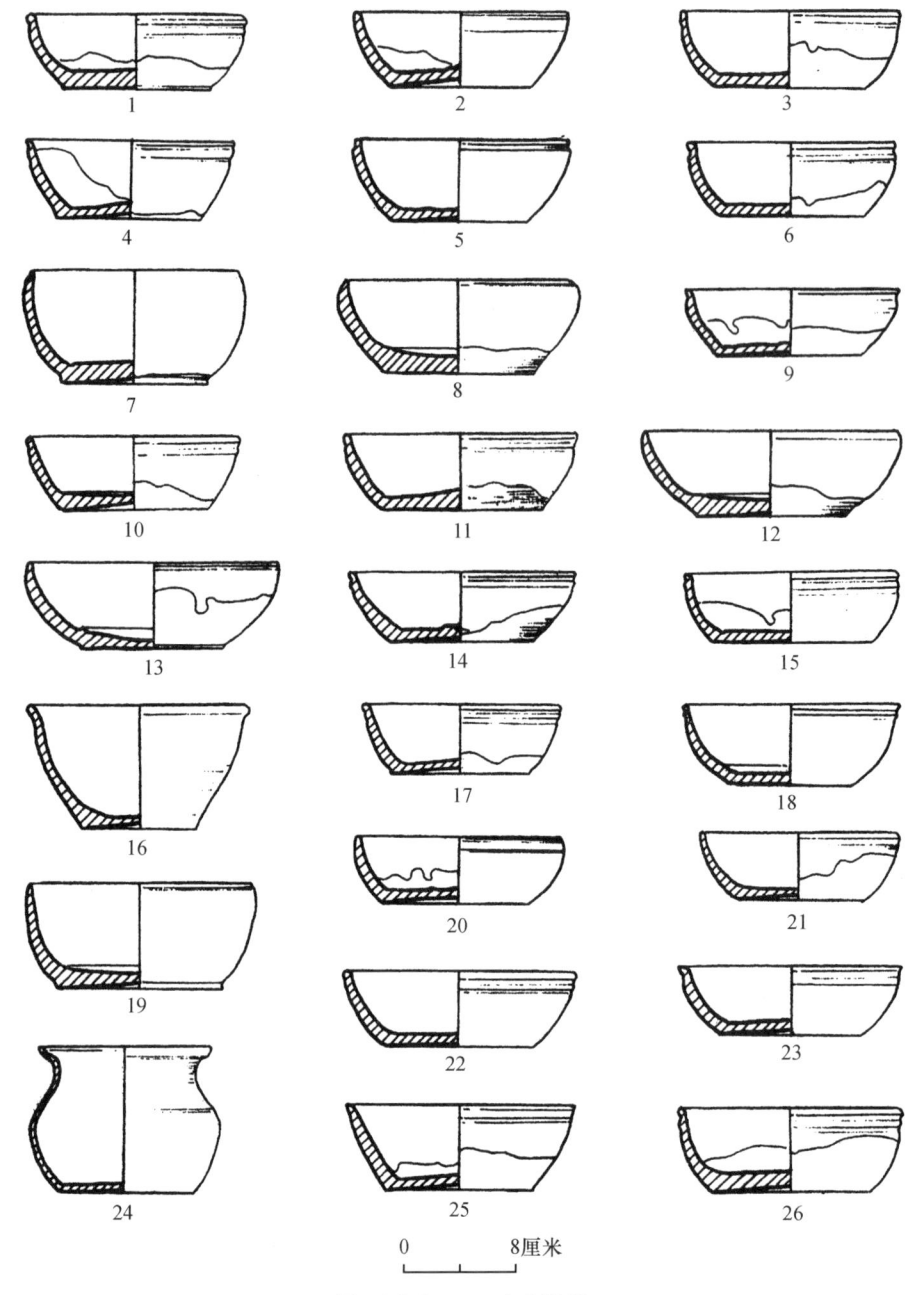

图二四四 M43出土瓷器

1~6、8~12、14~18、20~23、25、26.A型碗（M43：1、M43：2、M43：3、M43：8、M43：9、M43：19、M43：30、M43：20、M43：40、M43：38、M43：39、M43：43、M43：47、M43：32、M43：46、M43：49、M43：50、M43：60、M43：56、M43：61、M43：69、M43：62）　7、13、19.B型碗（M43：31、M43：64、M43：68）　24.唾壶（M43：23）

结合不紧密。口径7.6、底径4.8、通高3.9厘米（图二四三，19）。标本M43：28，灰白胎，青釉，内、外壁施釉，胎釉结合不紧密。口径7.6、底径4.8、通高4.3厘米（图二四三，8）。标本M43：29，青釉泛黄，内、外壁施釉，施釉不均，釉脱落严重。口径8、底径4.8、通高3.6厘米（图二四三，12）。标本M43：31，青釉，内、外施釉，底微内凹。口径14.8、底径10.4、通高8厘米（图二四四，7；图版一〇二，1）。标本M43：36，青釉泛黄，内、外壁施釉，脱釉现象严重。底微内凹。口径7.6、底径5.2、通高3.9厘米（图二四三，18）。标本

M43：37，青釉，内、外壁施釉。口径8、底径4.4、通高3.9厘米（图二四三，15；图版一〇二，6）。标本M43：44，灰白胎，青釉，内、外壁施釉，脱釉严重。口径8、底径5.6、通高4厘米（图二四三，20）。标本M43：48，青釉，内、外壁施满釉。口径8、底径4.8、通高3.4厘米（图二四三，24）。标本M43：53，灰白胎，内、外壁均施满釉。口径7.6、底径4.4、通高4厘米（图二四三，22）。标本M43：54，灰白胎，内、外壁均施满釉。口径8.8、底径6.4、通高3.6厘米（图二四三，23）。标本M43：57，灰白胎，青釉泛黄，内、外壁均施满釉。口径8、底径4.8、通高3.2厘米（图二四三，25）。标本M43：58，灰白胎，青釉，内、外壁均施满釉。口径8、底径5.2、通高3.5厘米（图二四三，26；图版一〇二，5）。标本M43：59，灰白胎，青釉，内、外壁均施满釉。口径8.4、底径4.8、通高3.9厘米（图二四三，27）。标本M43：63，青釉，内、外壁施釉，胎釉结合不紧密。口径8、底径5.2、通高4.4厘米（图二四三，28）。标本M43：64，青釉，内、外壁施釉，外壁施釉不及底，胎釉结合不紧密。口径18、底径10.4、通高6厘米（图二四四，13）。标本M43：65，青釉，内、外壁施釉，外壁施釉不及底，胎釉结合不紧密。口径10、底径6、通高4.2厘米（图二四三，29）。标本M43：67，内壁施满釉，外壁施釉不到底，釉与胎体结合不紧密。口径7.6、底径5.9、通高4厘米（图二四三，30）。标本M43：68，青釉，内、外壁施釉，口微敛。口径16、底径12、通高7.4厘米（图二四四，19）。

瓷唾壶　2件。标本M43：23。青釉，内、外壁均施釉。浅盘口，束颈，溜肩，扁腹，平底。口径12.8、腹径14、底径9.6、通高10厘米（图二四四，24）。标本M43：55，青釉泛黄。侈口，广斜肩，腹斜收，平底。口径9、腹径16.2、底径8.8、通高9.5厘米（图二四七，1；图版一〇一，5）。

瓷带流壶　1件。标本M43：24，青釉。口微侈，高领，溜肩，扁鼓腹，假圈足。口部一侧有流已缺失，另一侧的把鋬连接到肩，上部已失，肩部有双桥形系。颈上部饰数周弦纹。残口径14.5、腹径19.2、底径15、通高16厘米（图二四五，4；图版一〇一，1）。

瓷鸡首壶　1件。标本M43：66，青釉泛黄，内施满釉，外壁施釉不到底。盘口，束颈，溜肩，鼓腹，假圈足，肩部一侧有实心鸡头，顶部已缺，另一侧似有鋬，已缺失。口径10.4、腹径18、底径11、通高17.5厘米（图二四五，5）。

瓷盘口壶　1件。标本M43：71，青釉，内施满釉，外壁施釉不到底。盘口，短束颈，溜肩，鼓腹，平底。肩部有两组对称的桥形系。口径10.8、腹径14.4、底径9.5、通高15.8厘米（图二四五，6）。

瓷四系罐　4件。青釉，多施釉不到底。直口微敛，腹略鼓，平底，肩部有两组对称的桥形系，有的有盖。标本M43：5，黄褐胎，淡青釉，外壁施满釉，内壁仅口部施釉。口径10、腹径15.2、底径10.5、通高17.6厘米（图二四五，1）。标本M43：7，灰白胎，淡青釉，外壁于腹中部以上施釉，内壁仅口部施釉。口径10.8、腹径15、底径10.2、通高18.2厘米（图二四五，2）。标本M43：33，青釉泛黄，带盖（M43：25），盖为平顶斜壁，中央有半环形立纽。口径8.4、腹径14.2、底径9、通高14.2厘米（图二四五，7；图版一〇一，2）。标本M43：35，灰褐胎，青釉，外壁施满釉，内壁仅口部施釉。口径10.8、腹径18、底径11.2、通高18.3厘米（图二四五，8）。

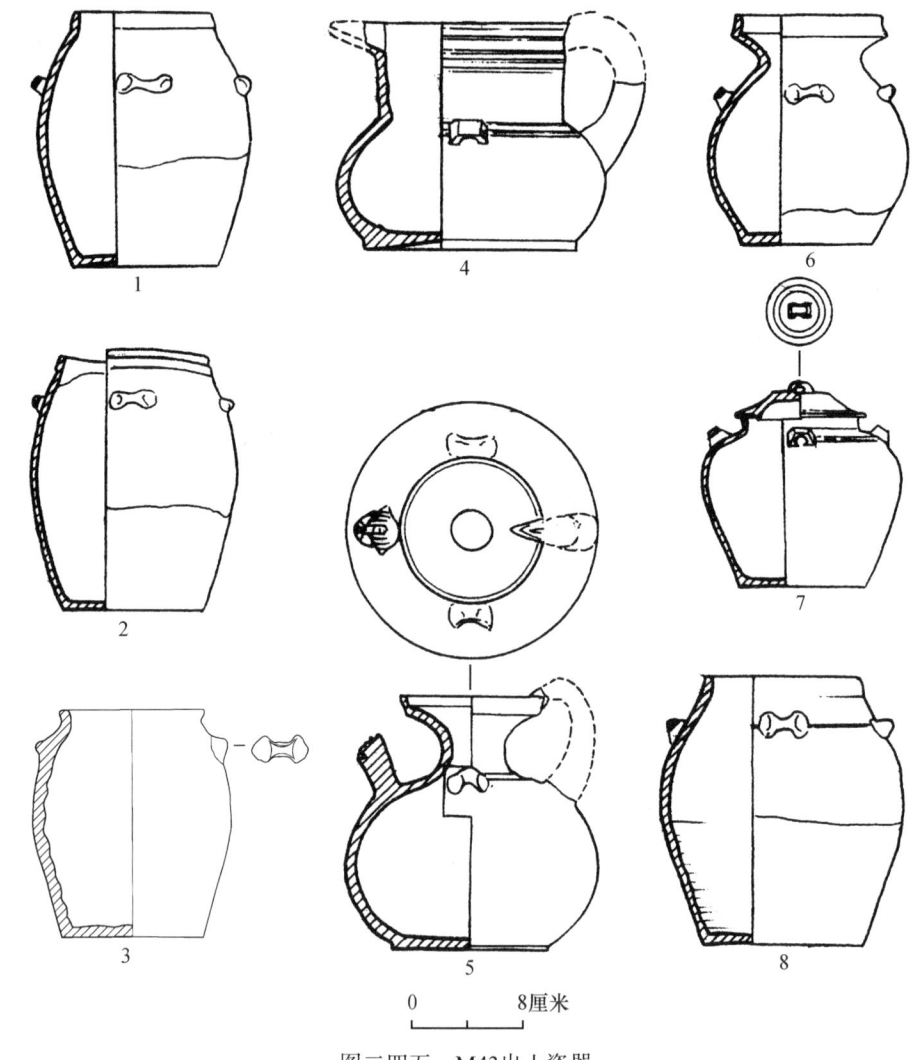

图二四五　M43出土瓷器

1、2、7、8. 四系罐（M43∶5、M43∶7、M43∶33和M43∶25、M43∶35）　3. 罐（M43∶4）　4. 带流壶（M43∶24）
5. 鸡首壶（M43∶66）　6. 盘口壶（M43∶71）

瓷罐　2件。标本M43∶4，灰白胎，青釉，外壁施满釉，内壁仅口部施釉。侈口，鼓腹，平底，肩部有两系。口径10.4、腹径14.4、底径10.2、通高15.8厘米（图二四五，3；图版一〇〇，2）。标本M43∶6，灰白胎，青釉，外壁施满釉，内壁仅口部施釉。侈口，斜沿，鼓腹，平底。口径24、腹径24、底径12、通高20厘米（图二四六，1；图版一〇〇，3）。

瓷盖　1件。标本M43∶70，淡黄色，胎釉结合不紧密。盖顶有一桥形纽，盖壁有弦纹。底径5.5、高2.6厘米（图二四七，3）。

陶罐　3件。均为泥质灰陶。标本M43∶34，直口，短领，宽肩，扁圆腹，底近平。口径5.6、腹径10、底径4.3、通高5.2厘米（图二四三，31）。标本M43∶41，敛口，折肩，斜壁，假圈足。口径8.4、腹径11.6、底径5.8、通高7.6厘米（图二四三，32）。标本M43∶45，敛口，折肩，斜壁，假圈足。口径8、腹径12、底径5.2、通高7.2厘米（图二四七，2；图版一〇一，4）。

穿孔石珠　14粒。珠状，中部均对钻圆孔，珠径0.3~0.8、厚0.2~1.1厘米。标本

M43：73，珠表面染成黄色（图二四七，8）。标本M43：74，珠表面染成红色（图二四七，7）。标本M43：76，白色透明（图二四七，6；图版一〇一，6）。

铁削　3件。锈色红褐，直背，平刃，柄端缺失。标本M43：75a，残长11.7、最宽1.7厘米（图二四七，5）。标本M43：75b，残长4.5、最宽0.9、厚0.7厘米（图二四七，9）。标本M43：75c，残长10.2、最宽1.5厘米（图二四七，4）。

铜钱　3枚。有半两和四铢两种。

半两　2枚。标本M43：72-1、M43：72-2，钱径2.5~2.8、穿径0.9~1.2厘米。从字体和形制可判明系西汉初期所铸之八铢半两。

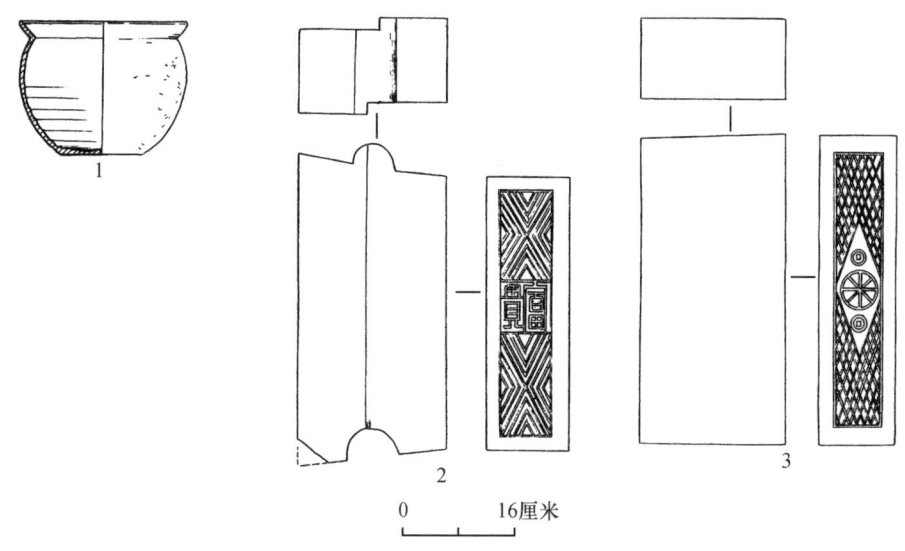

图二四六　M43出土器物

1. 瓷罐（M43：6）　2. 子母口砖（M43：77）　3. 长方形砖（M43：78）

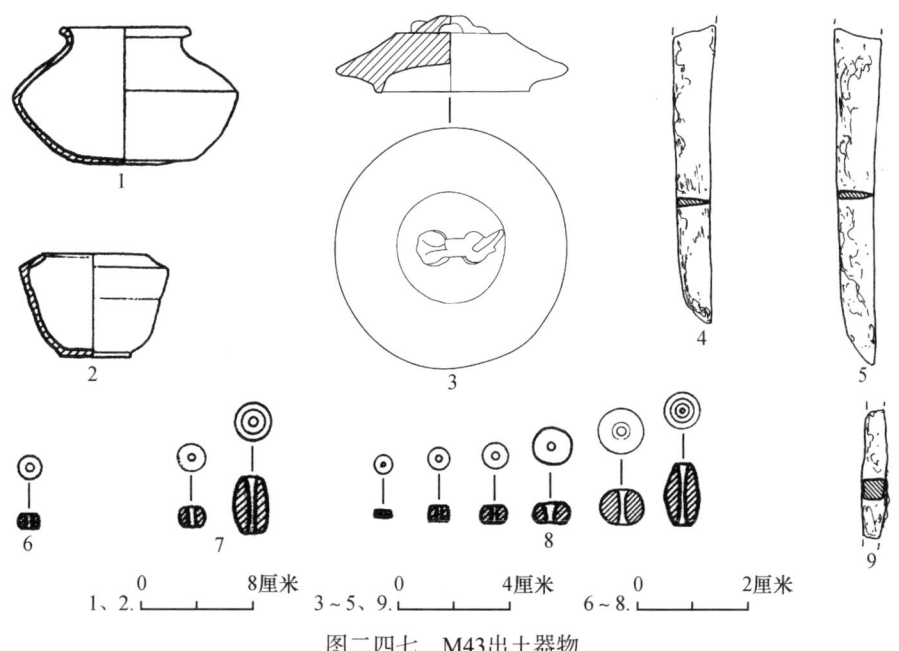

图二四七　M43出土器物

1. 瓷唾壶（M43：55）　2. 陶罐（M43：45）　3. 瓷盖（M43：70）　4、5、9. 铁削（M43：75c、M43：75a、M43：75b）
6~8. 穿孔石珠（M43：76、M43：74、M43：73）

四铢　1枚。标本M43：72-3，残损，仅可辨认"四"字，很可能为四铢。钱径2.5、穿径0.9厘米。系刘宋时期铸币。

子母口砖　标本M43：77，泥质。青灰色，砖的一侧稍长于另一侧。立面饰有带"富贵"字的"回"字形纹。长45、宽21、厚12.4厘米（图二四六，2）。

长方形砖　标本M43：78，泥质。青灰色，立面饰有车轮形纹饰和网格纹。长42、宽21、厚11.2厘米（图二四六，3）。

5. M78

位于B区T17、T23和T24内，开口于第2层下。刀把形砖室墓，有甬道，墓向为50°。墓壁竖直，墓室长320厘米，南宽260、北宽270、残高90厘米。长方形甬道长180、宽178、残深110厘米。墓室顶部拱顶和甬道在早期已被部分扰坏，墓室拱顶使用"富贵"二字菱形子母口砖，甬道顶部使用二车轮菱形子母口砖，残留部分墓壁，绝大多数使用二车轮菱形子母口砖，少量用一轮菱形子母口砖（图版一〇三，3）。该墓室采用子母口砖相互咬合的构筑方式，有效加固了墓壁。在墓底未发现地砖和棺木痕迹，铺有厚6厘米左右的小石子一层。墓室填土为黄褐色，土质较硬。墓底发现头骨3个，其中1个位于墓室西南角，另2个位于甬道内，其他部分骨架零星且腐朽严重，葬式、头向不明。随葬器物主要分布在墓室中部和甬道内，有瓷碗、瓷盘口壶、瓷唾壶、兽牙、釉陶盘口壶、铜残片、铜钱等（图二四八；图版一〇三，1）。

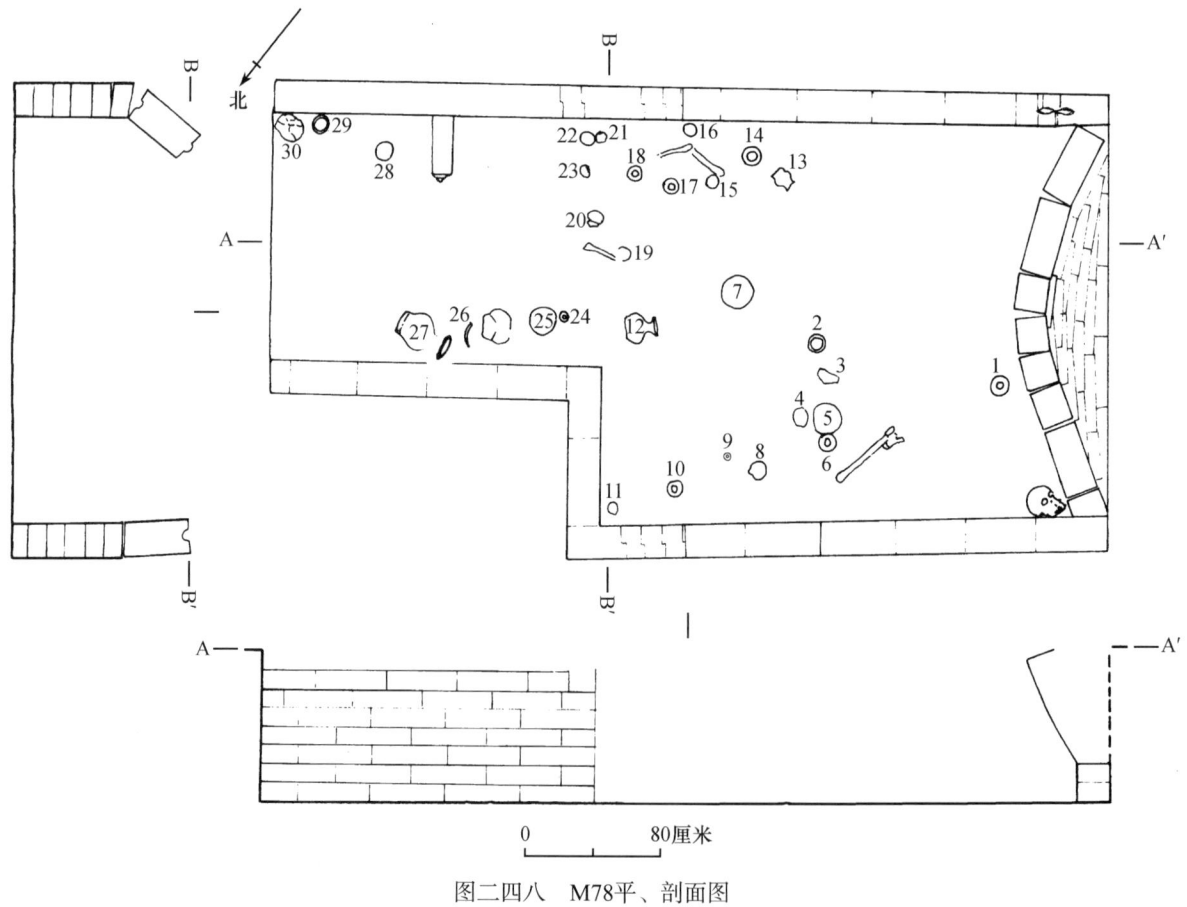

图二四八　M78平、剖面图

1、2、4~8、10、11、14~23、25、28~30.瓷碗　3.铜残片　9、24.铜钱　12.瓷唾壶　13.瓷盘口壶　26.兽牙　27.釉陶盘口壶

瓷碗 23件。口微敛，尖圆唇，浅弧腹，平底。内、外壁施釉，青釉偏黄。标本M78：1，口径10.8、底径5.8、通高5.4厘米（图二四九，1）。标本M78：2，口径8、底径4、通高3.5厘米（图二四九，3）。标本M78：4，外壁施釉不及底。口径7.6、底径4、通高4厘米（图二四九，6）。标本M78：5，外壁施釉不及底。口径16、底径10.4、通高5.8厘米（图二五一，2）。标本M78：6，外壁施釉不及底。口径8.4、底径4.8、通高4厘米（图二四九，2）。标本M78：7，口径18.4、底径10.6、通高6.6厘米（图二五一，1）。标本M78：8，口径10、底径6.4、通高4.8厘米（图二四九，4）。标本M78：10，口径8.4、底径5、通高3.6厘米（图二四九，5）。标本M78：11，口径8.4、底径5.8、通高4.4厘米（图二四九，9；图版一〇四，4）。标本M78：14，外壁施釉不及底。口径9.8、底径5.8、通高4.6厘米（图二四九，7）。标本M78：15，口径9、底径5、通高4厘米（图二四九，8）。标本M78：16，口径7.8、底径4.4、通高4.6厘米（图二五〇，2）。标本M78：17，口径7.6、底径4.8、通高3.8厘米（图二五〇，5）。标本M78：18，口径8.8、底径5、通高4.4厘米（图二五〇，1）。标本M78：19，口径8.8、底径4.4、通高4.2厘米（图二五〇，4）。标本M78：20，口径8.4、底径5、通高4.4厘米（图二五〇，11）。标本M78：21，口径7.4、底径3.6、通高3.8厘米（图二五〇，3）。标本M78：22，口径8.6、底径5.6、通高5.4厘米（图二五〇，7；图版一〇四，3）。标本M78：23，口径7.6、底径4、通高4厘米（图二五〇，6）。标本M78：25，器身有数周凹弦纹。口径15.2、底径10.4、通高4.6厘米（图二五一，3）。标本M78：28，口径7.8、底径4.6、通高4.2厘米（图二五〇，9）。标本M78：29，口径8、底径5.2、通高4厘米（图二五〇，10）。标本M78：30，口径8.4、底径5、通高5厘米（图二五〇，8）。

瓷盘口壶 1件。标本M78：13，盘口，束颈，溜肩，上腹鼓，下腹弧收，平底。肩饰四系。通体施釉。口径9.6、腹径17、底径9、通高20.8厘米（图二五一，6；图版一〇四，2）。

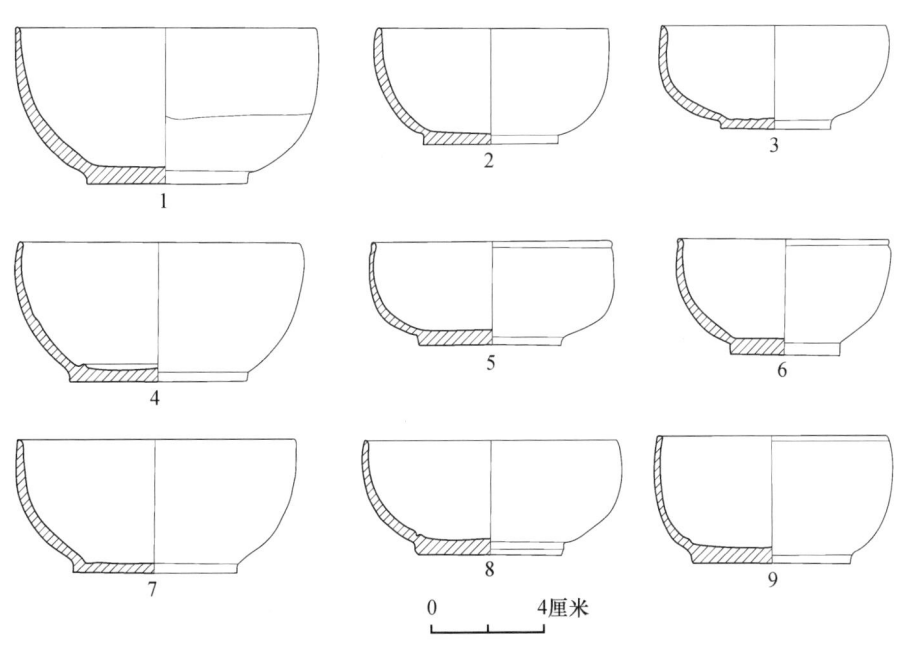

图二四九　M78出土瓷碗

1. M78：1　2. M78：6　3. M78：2　4. M78：8　5. M78：10　6. M78：4　7. M78：14　8. M78：15　9. M78：11

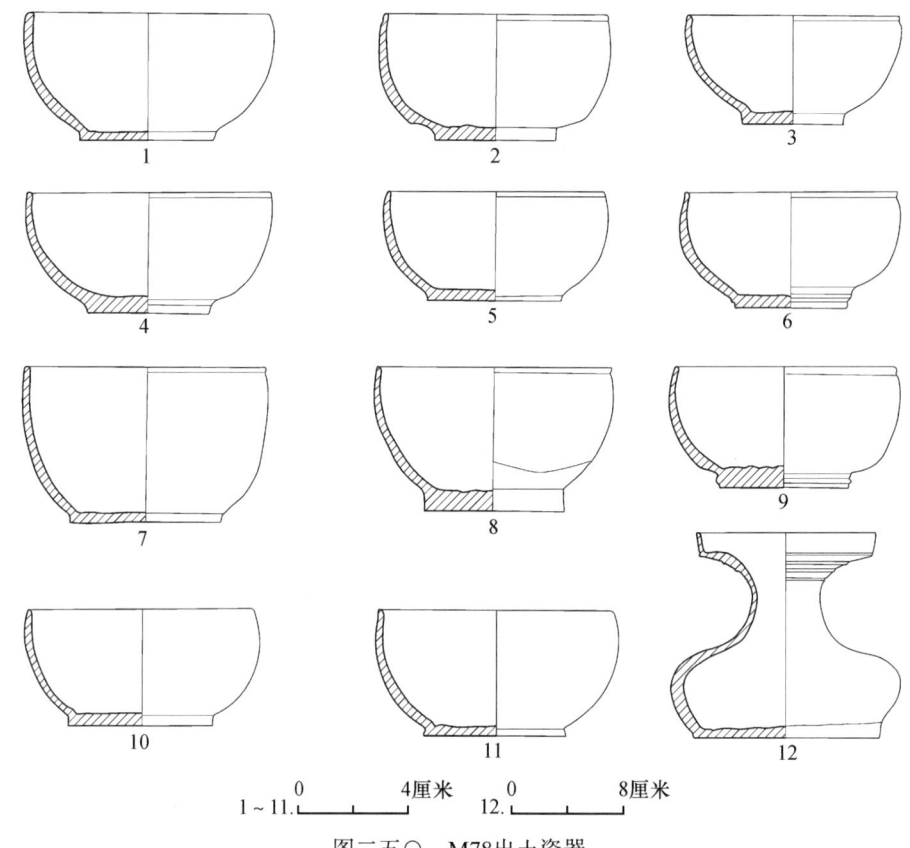

图二五〇　M78出土瓷器

1~11.碗（M78：18、M78：16、M78：21、M78：19、M78：17、M78：23、M78：22、M78：30、M78：28、M78：29、M78：20）　12.唾壶（M78：12）

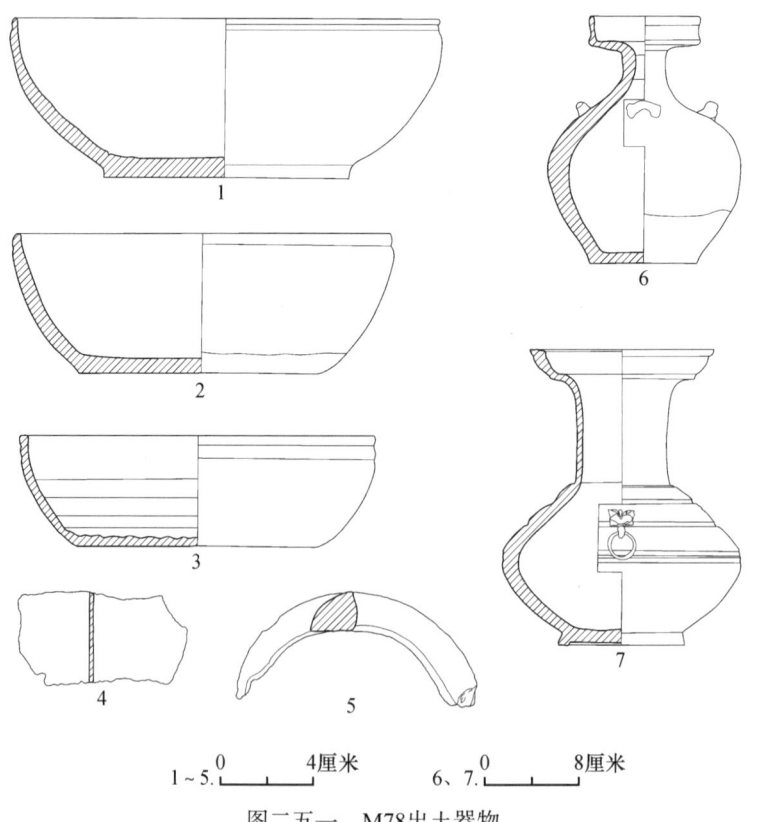

图二五一　M78出土器物

1~3.瓷碗（M78：7、M78：5、M78：25）　4.铜残片（M78：3）　5.兽牙（M78：26）　6.瓷盘口壶（M78：13）　7.釉陶盘口壶（M78：27）

瓷唾壶　1件。标本M78：12，盘口，束颈，溜肩，扁鼓腹，平底。通体施釉。口径12.6、腹径16.4、底径13.6、通高14.2厘米（图二五〇，12；图版一〇四，1）。

釉陶盘口壶　1件。标本M78：27，泥质红陶，饰酱黄釉。盘口，束颈，溜肩，鼓腹，平底。肩部有数周凹槽，肩饰对称兽首形铺首，各附一圆形衔环。口径16、腹径20.4、底径10.8、通高24.8厘米（图二五一，7）。

兽牙　1件。标本M78：26，拱曲状，横断面呈圆角三角形，磨损痕迹明显。通长10.3厘米（图二五一，5）。

铜残片　1件。标本M78：3，形状不规则。长7.3、宽3.9、厚0.2厘米（图二五一，4）。

铜钱　4枚。标本M78：9、M78：24，锈残（图版一〇三，2）。

6. M88

位于A区T40和T41内，开口于第2层下，被破坏严重，墓葬打破M89。"凸"字形砖室墓，带甬道，墓向为114°。墓室长548、宽310、残高94厘米。甬道位于墓室东南端，长260、宽190、残高100厘米。墓室填土为黑色杂土。墓底用2～6厘米小石子铺地。人骨和葬具不明。随葬品主要位于墓室东南端和甬道内，有瓷碗、瓷鸡首壶、陶俑头、陶罐、珠饰等（图二五二；图版一〇五，1）。

瓷碗　11件。分三型。

A型　3件。口微敛，斜腹，平底。青黄釉。标本M88：1，口径17.6、底径11、高6厘米（图二五四，5）。标本M88：7，口径6.1、底径3.3、高2.3厘米（图二五三，8）。标本M88：13，口径15.6、底径10.8、高6厘米（图二五四，6）。

B型　6件。口微敛，浅腹，多为饼足。青黄釉。标本M88：2，口径8.2、底径4.8、高3.8厘米（图二五三，1）。标本M88：4，口径9.2、底径5.6、高4厘米（图二五三，2）。标本M88：6，口径8.8、底径5.8、高4.3厘米（图二五三，5；图版一〇六，2）。标本M88：8，口径9.1、底径5.2、高4厘米（图二五三，4）。标本M88：9，口径8.6、底径4.6、高4.3厘米（图二五三，7）。标本M88：14，口径8、底径4、高4厘米（图二五三，3）。

C型　2件。敞口，尖圆唇，浅弧腹，矮圈足。青黄釉。标本M88：15，口径13.2、底径5.6、高6厘米（图二五四，4）。标本M88：16，口径16.4、底径6.6、高6.4厘米（图二五四，3）。

瓷鸡首壶　1件。标本M88：3，施酱黄釉。盘口，颈部瘦长，肩部圆鼓，弧腹，平底。肩部一侧有一鸡头造型，雄鸡高冠颈，对侧有鸡尾装饰，肩部还有两个方形桥系。口径6.8、腹径15.8、底径8.8、鸡首高4.8、鸡尾高2.6、通高17.2厘米（图二五四，1；图版一〇六，1）。

陶俑头　1件。标本M88：11，残，五官轮廓不甚清晰。

陶罐　1件。标本M88：12，泥质灰陶。大侈口，束颈，圆鼓腹，平底。上腹部有两道凹弦纹。口径26、腹径24.5、底径14、高19.6厘米（图二五四，2）。

珠饰　2组。标本M88：5，银质。柱状，中有穿孔。直径0.9、孔径0.3、高1.2厘米（图二五三，9；图版一〇六，3）。标本M88：10，银质。柱状，截面略呈方形，中有穿孔。直径0.7、孔径0.2、高0.7厘米（图二五三，6；图版一〇五，2）。

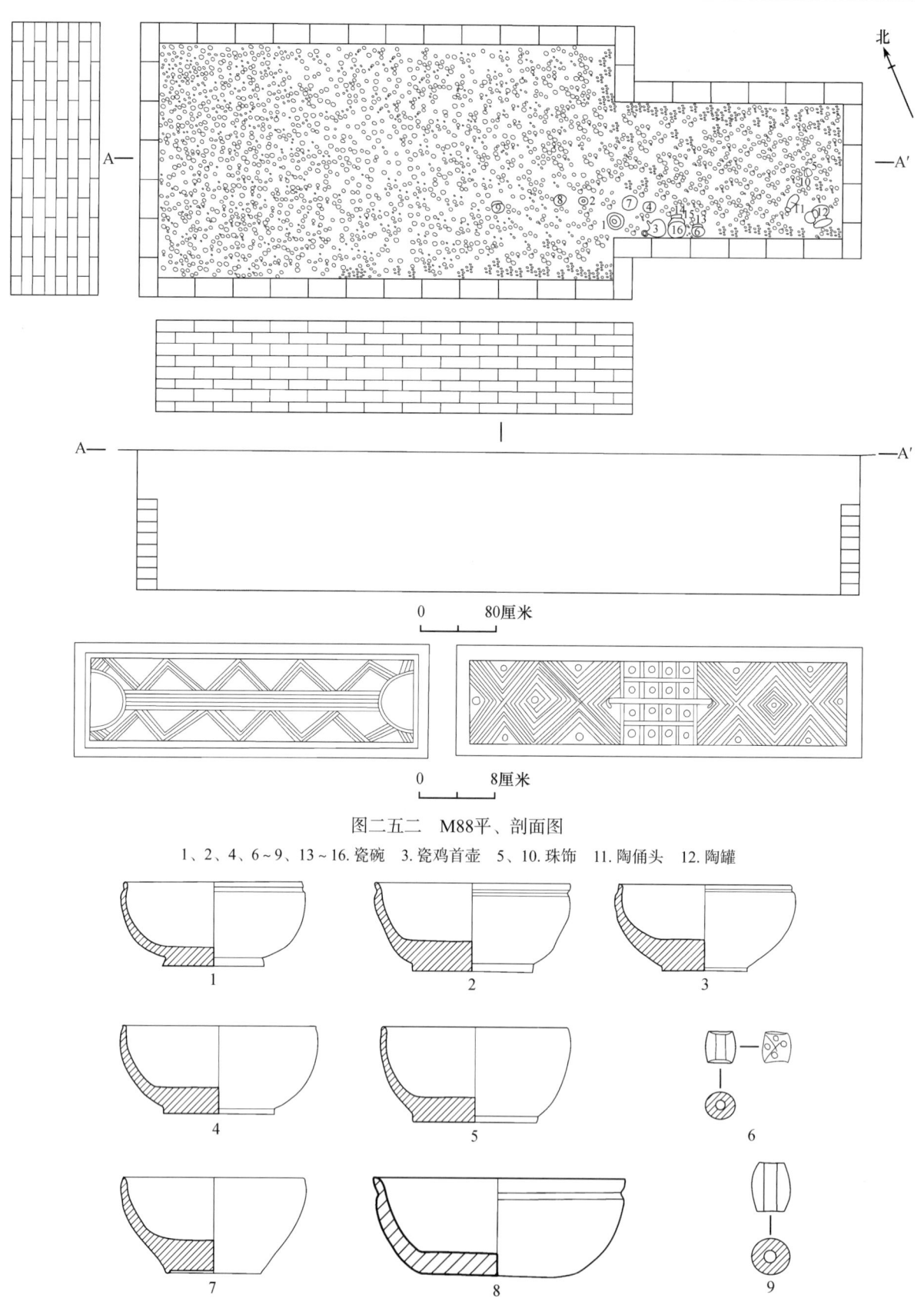

图二五二 M88平、剖面图

1、2、4、6~9、13~16.瓷碗 3.瓷鸡首壶 5、10.珠饰 11.陶俑头 12.陶罐

图二五三 M88出土器物

1~5、7.B型瓷碗（M88:2、M88:4、M88:14、M88:8、M88:6、M88:9） 6、9.珠饰（M88:10、M88:5）
8.A型瓷碗（M88:7）

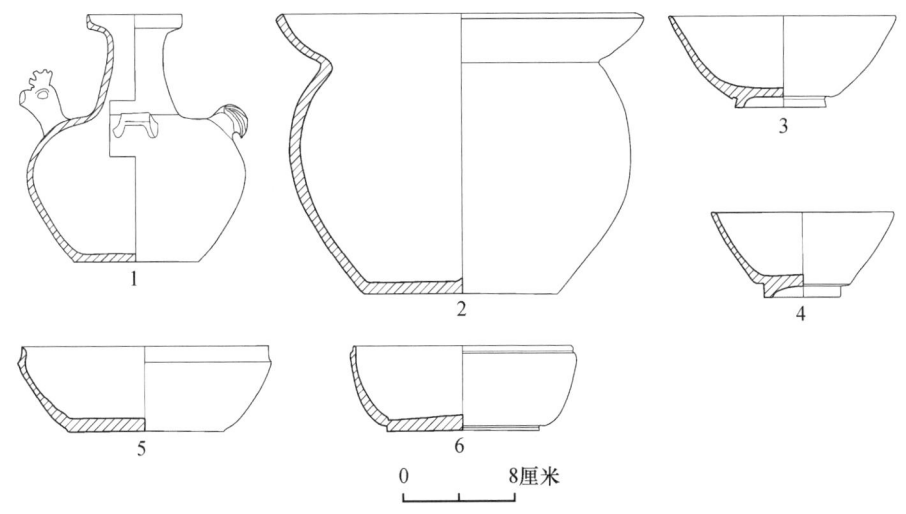

图二五四　M88出土器物

1.瓷鸡首壶（M88:3）　2.陶罐（M88:12）　3、4.C型瓷碗（M88:16、M88:15）　5、6.A型瓷碗（M88:1、M88:13）

7. M123

位于A区T34、T35、T49和T50内，开口于第2层下，被破坏严重。"凸"字形砖室墓，有甬道，墓向为115°。墓室长500、宽280、残深72厘米，甬道长220、宽200、残深36厘米。墓葬由菱形几何纹砖砌成，墓室填土为黄褐色，土质较松。未见人骨和葬具。墓室北侧发现铜带钩1件，甬道内发现瓷碗7件，瓷碗主要集中于甬道与墓室连接处（图二五五；图版一〇七，1）。

铜带钩　1件。标本M123:1，器身细长且微弧曲。残。残长4.8、宽0.9、厚0.2厘米（图二五六，8）。

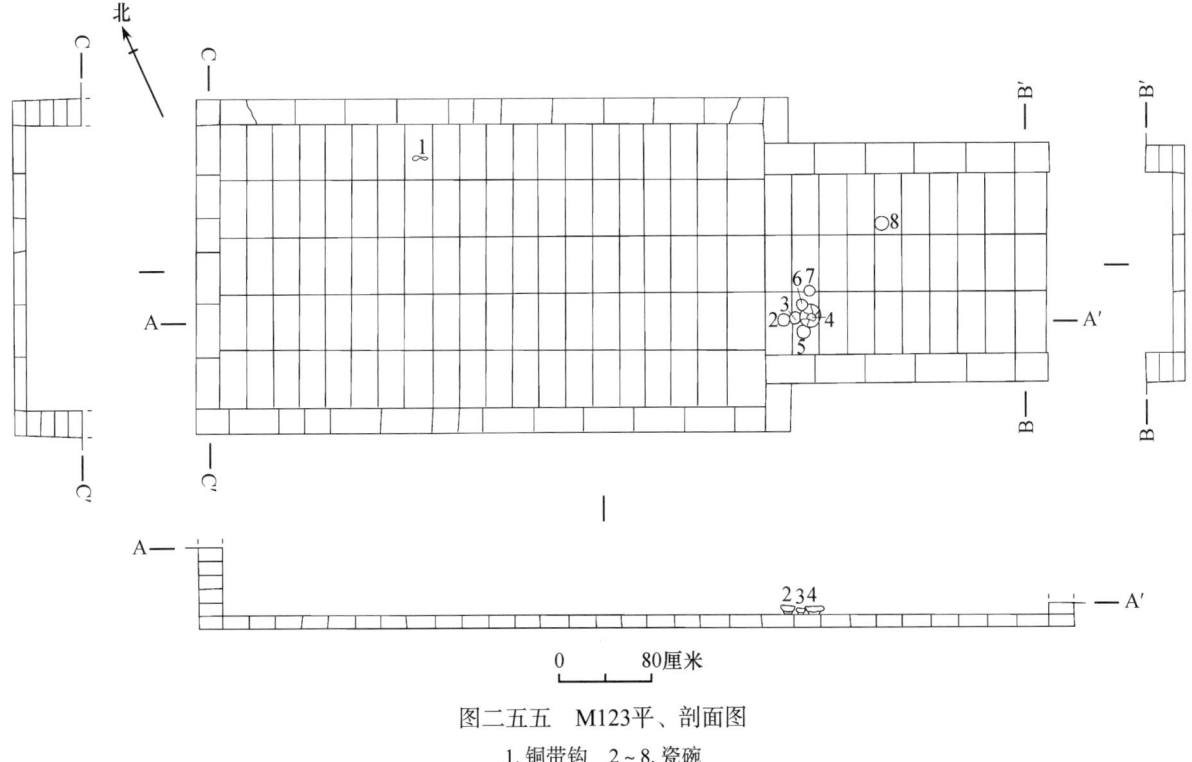

图二五五　M123平、剖面图

1.铜带钩　2~8.瓷碗

瓷碗　7件。侈口，圆唇，浅腹，上腹较直，下腹弧收，平底较厚。施酱黄釉。标本M123：2，口径18.8、底径10、高6.4厘米（图二五六，1）。标本M123：3，外壁釉脱落严重。口径9.6、底径5.2、高3.8厘米（图二五六，2；图版一〇七，2）。标本M123：4，口径9、底径6、高4.2厘米（图二五六，3）。标本M123：5，口径8.4、底径4.6、高3.8厘米（图二五六，4）。标本M123：6，口径8.2、底径4.8、高4厘米（图二五六，5；图版一〇七，3）。标本M123：7，口径8.6、底径5.6、高3.6厘米（图二五六，7）。标本M123：8，口径8.2、底径5、高4.2厘米（图二五六，6）。

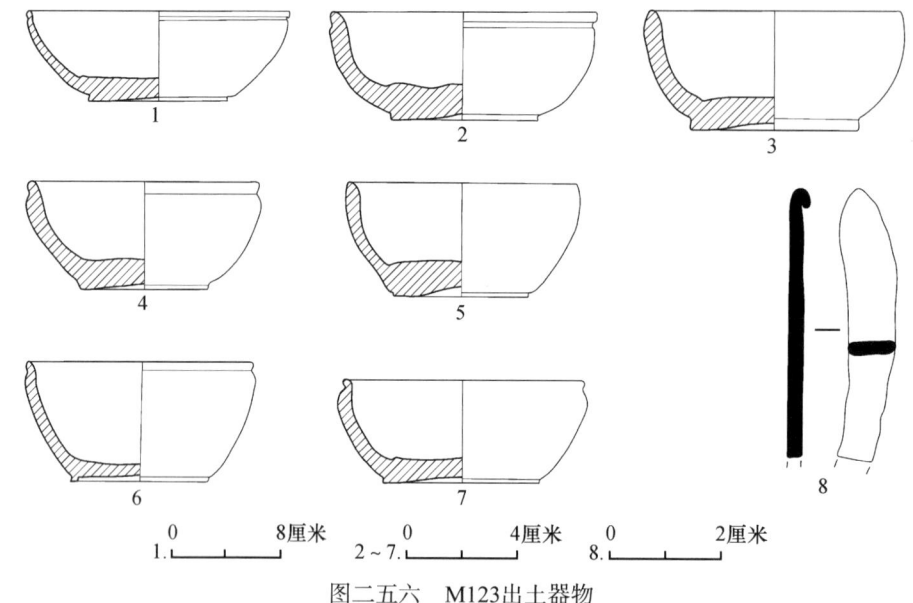

图二五六　M123出土器物

1～7. 瓷碗（M123：2、M123：3、M123：4、M123：5、M123：6、M123：8、M123：7）　8. 铜带钩（M123：1）

第五章　其他墓葬

此类墓葬未发现随葬器物，并且分布较为零散，故其年代一般难以判断。

1. M68

位于B区T2内，开口于第2层下。砖室墓，墓向为215°（图二五七）。墓室被严重破坏，残长82、宽42、残深82厘米。

2. M71

位于B区T4内，开口于第2层下，打破M72。长方形竖穴土坑墓，墓向为335°（图二五八）。墓壁竖直，长205、宽63、深26厘米。墓室填土为黄褐色花土且经过夯筑。人骨保存状况好，仰身直肢，头向西北，面向上，性别男，年龄不明。未发现葬具痕迹和随葬品。

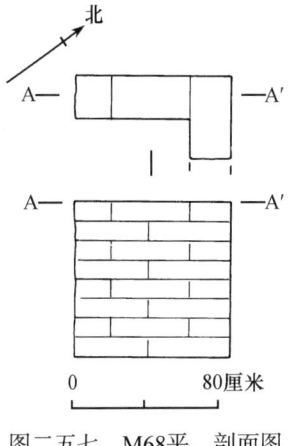

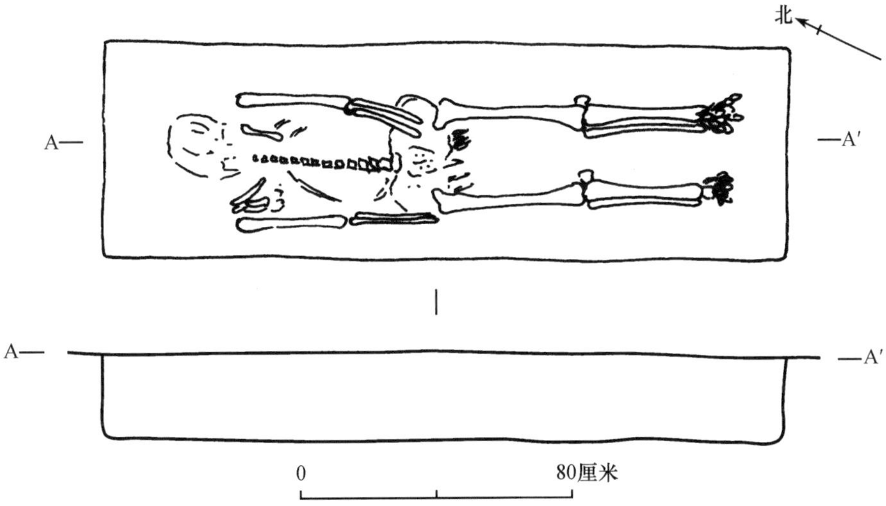

图二五七　M68平、剖面图

图二五八　M71平、剖面图

3. M74

位于B区T3内，开口于第2层下。长方形竖穴土坑墓，墓向为356°（图二五九）。墓壁竖直，长230、宽64、深35~66厘米。墓室填土为黄褐色，土质较松软。人骨保存状况较好，仰身直肢，头向北，性别男，面部朝向和年龄不明。未发现葬具和随葬品。

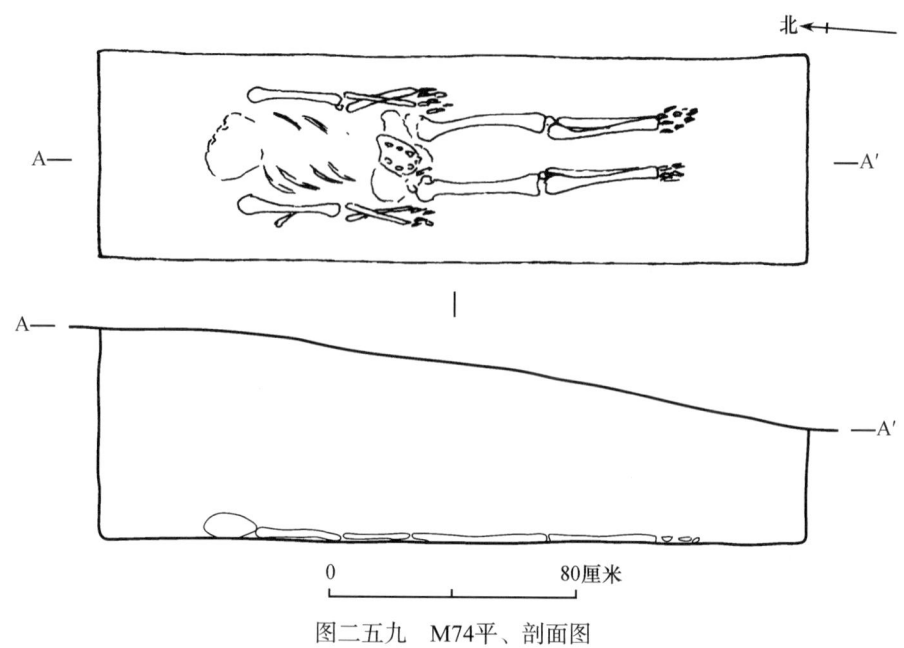

图二五九　M74平、剖面图

4. M75

位于B区T3内，开口于第2层下。长方形竖穴土坑墓，墓向为351°（图二六〇）。墓壁竖直，长230、宽100、深22~94厘米。墓室填土为黄褐色，土质较松软。人骨保存状况较好，仰身直肢，头向北，面向西，性别男，年龄不明。未发现葬具和随葬品。

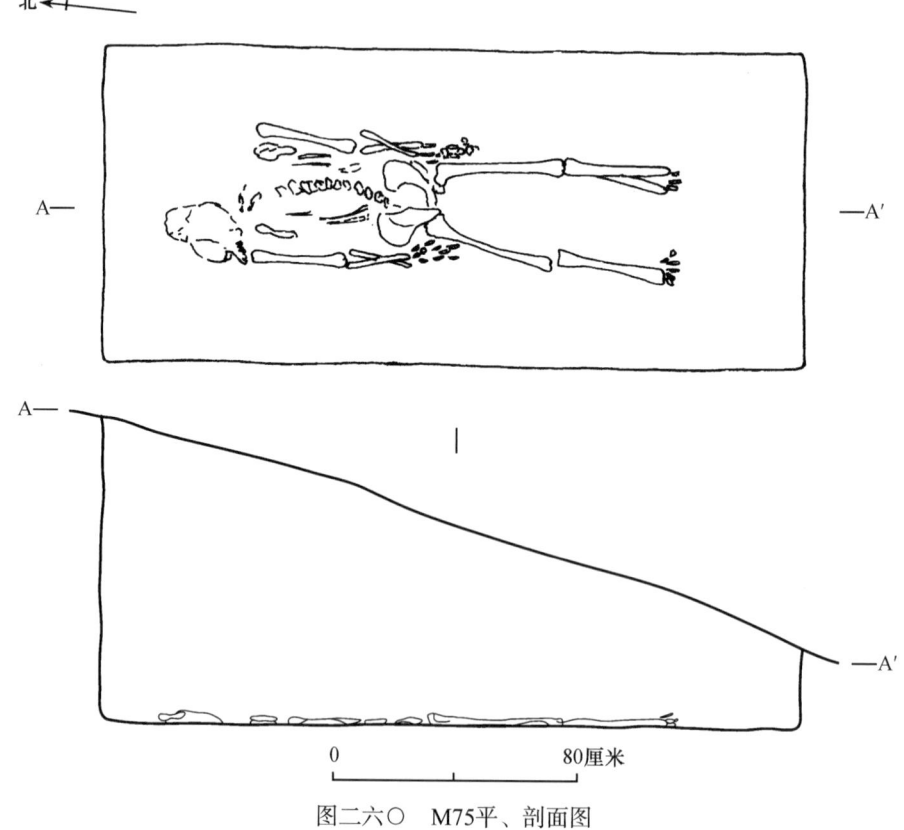

图二六〇　M75平、剖面图

5. M76

位于B区T10和T11内,开口于第2层下。长方形竖穴土坑墓,墓向为293°(图二六一)。墓壁竖直,长220、宽76、深26厘米。墓室填土为黄褐色,土质较松软。人骨保存状况较好,仰身直肢,头向西北,面向东北,性别男,年龄不明。未发现葬具和随葬品。

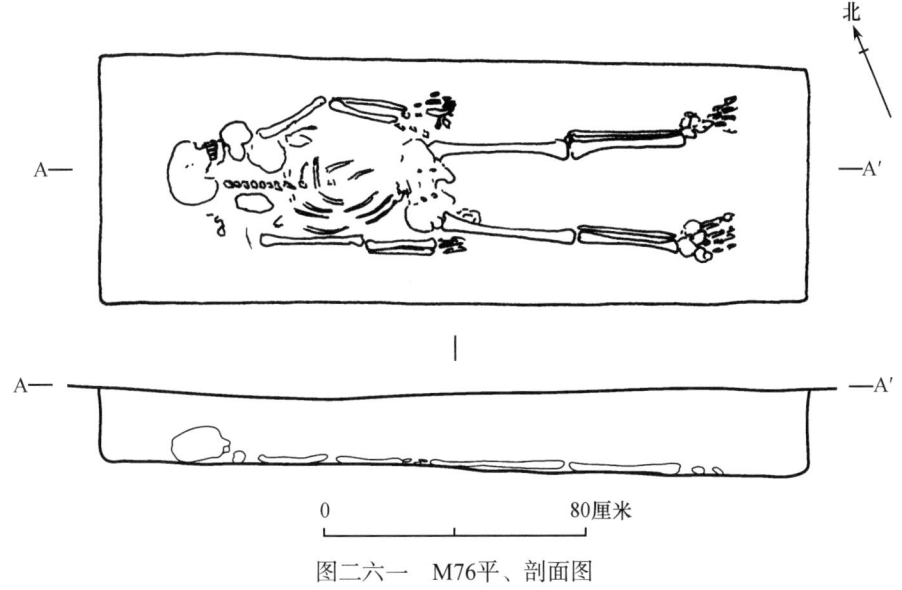

图二六一 M76平、剖面图

6. M81

位于B区T18内,开口于第2层下。长方形竖穴土坑墓,墓向为301°(图二六二)。墓口大底小,墓口长360、宽240厘米,墓底长280、宽160厘米,墓底距现墓口深480厘米。墓室填土为红黄褐色,土质较松散。墓底四周有熟土二层台,宽30、高60厘米。未发现人骨、葬具和随葬品。

7. M82

位于B区T9、T10内,开口于第2层下。长方形竖穴土坑墓,墓向为310°(图二六三)。墓壁有收分,墓口长390、宽320厘米,墓底长345、宽280厘米,墓底距现墓口深350厘米。墓室填土为红黄褐色,土质较松散。未发现人骨、葬具和随葬品。

8. M101

位于A区T55和T56内,开口于第2层下。长方形竖穴土坑墓,墓向为180°(图二六四)。墓壁由上往下稍带收分,墓口长280、宽120厘米,墓底长260、宽92厘米,墓口深116~176厘米。墓室填土为黄褐色,土质较硬。人骨保存状况较好,侧身腿稍屈,头向南,面向东,性别女,年龄不明。未发现葬具和随葬品。

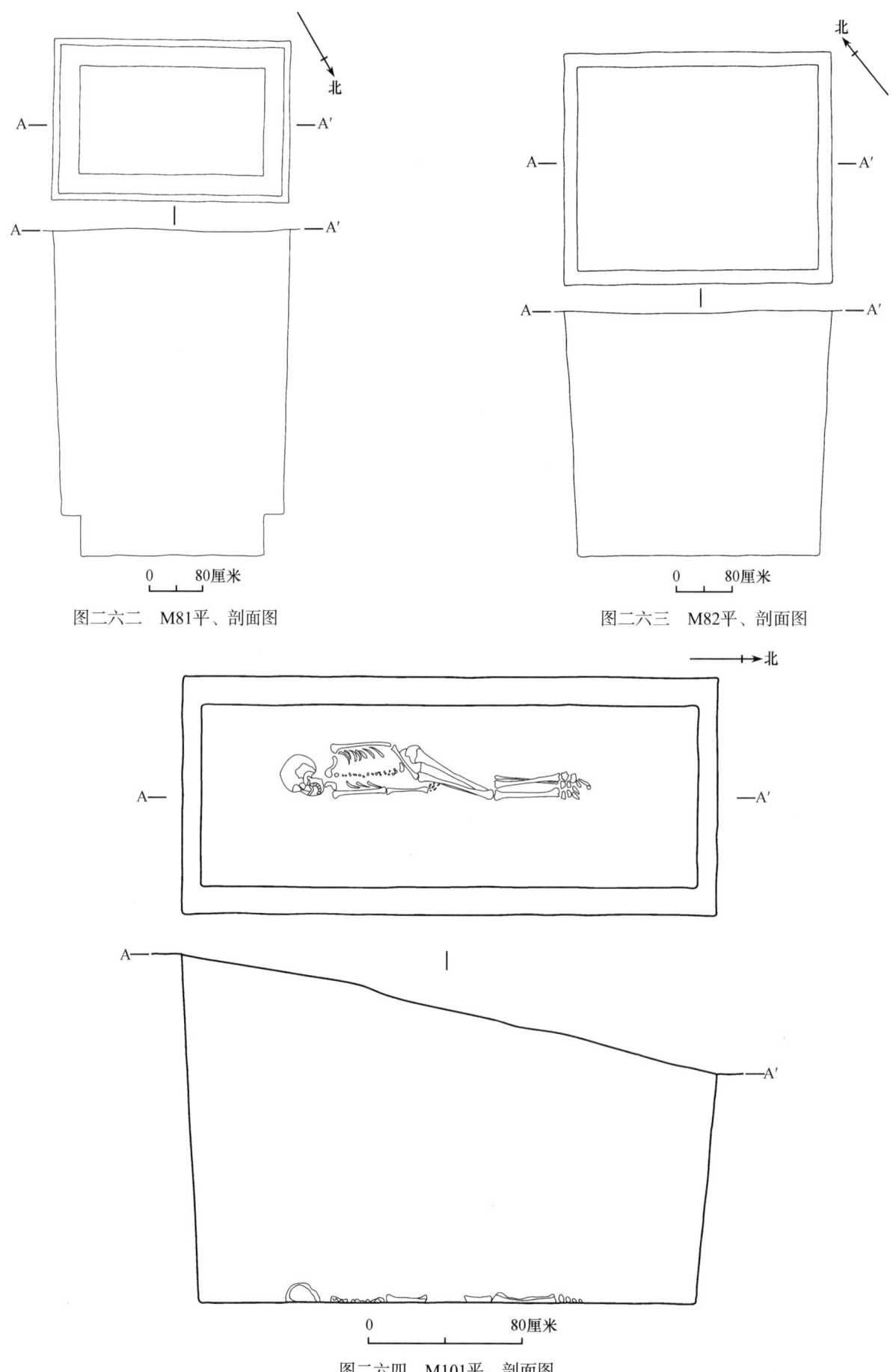

图二六二　M81平、剖面图

图二六三　M82平、剖面图

图二六四　M101平、剖面图

9. M102

位于A区T40、T55内,开口于第2层下。长方形竖穴土坑墓,墓向为180°(图二六五)。墓壁平整光滑,由上往下稍带收分,墓口长260、宽130厘米,墓底长240、宽108厘米,墓底距墓口深157~230厘米。墓室填土为黄褐色。人骨保存状况较好,侧身腿稍屈,头向南,面向东,性别女,年龄不明。未发现葬具和随葬品。

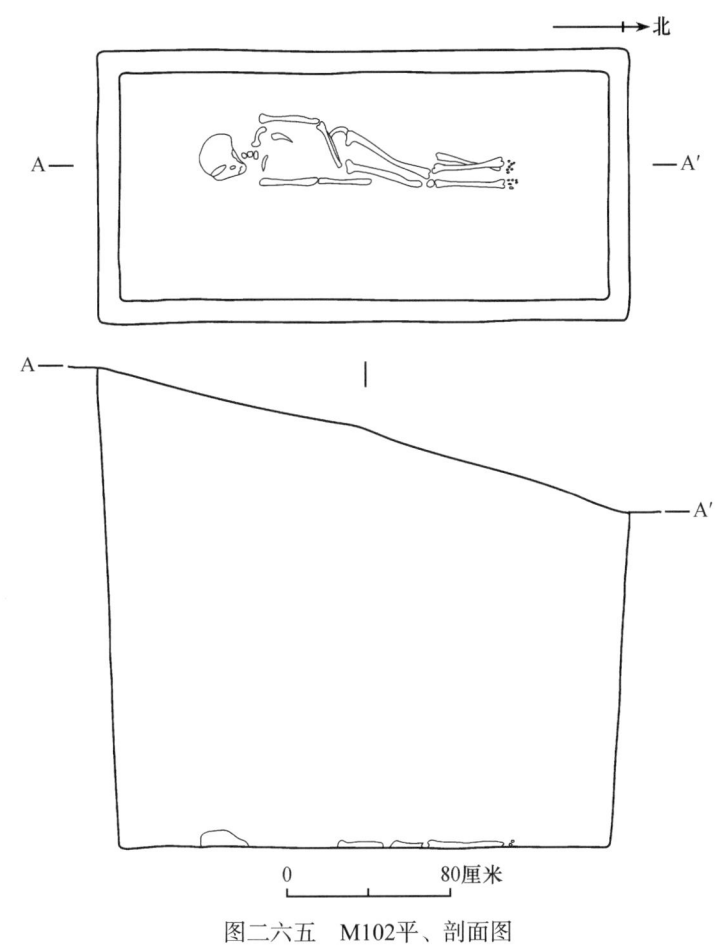

图二六五 M102平、剖面图

10. M138

位于C区T17和T18内,开口于第2层下,被盗扰。长方形竖穴土坑墓,墓向为45°(图二六六)。墓壁由上往下有收分,口长320、宽220厘米,底长270、宽170厘米,墓底距墓口深150厘米。填土呈黄褐色。圆形盗洞于墓葬南部直通墓底。未见人骨、葬具和随葬品。

11. M141

位于C区T3和T6内,开口于第2层下,被盗扰严重。长方形竖穴土坑墓,墓向为305°(图二六七)。墓壁由上往下带有收分,口长430、宽300厘米,底长360、宽250厘米,墓底距墓口深210~280厘米。填土呈黄褐色,有夯筑迹象。墓室被盗扰一空,未见人骨和葬具痕迹。在墓室东侧发现鸡蛋壳残留。

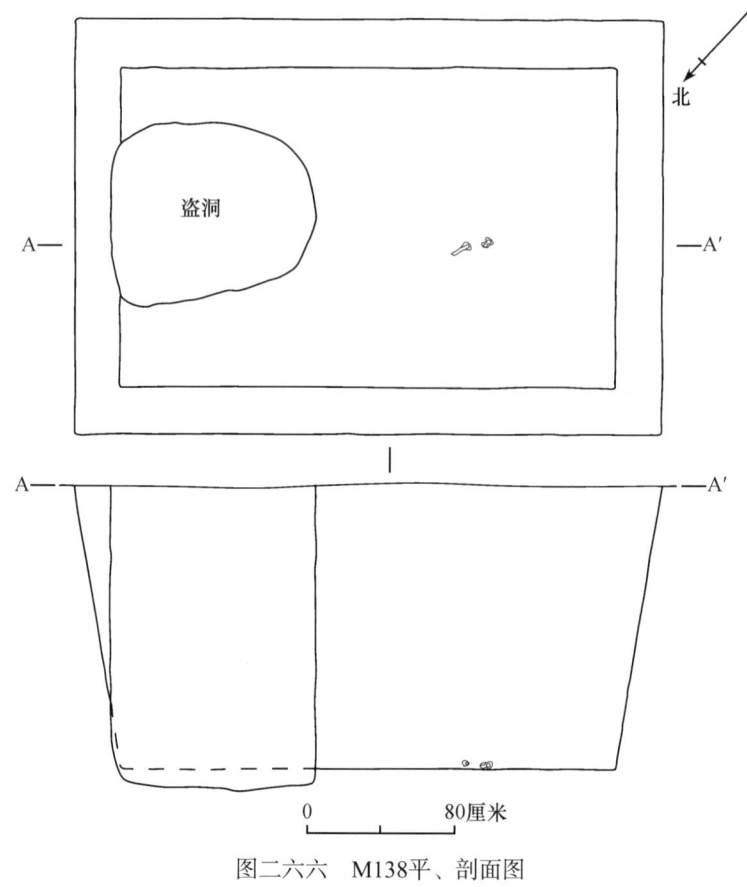

图二六六　M138平、剖面图

12. M144

位于C区T11、T12、T14和T15内，开口于第2层下。长方形竖穴土坑墓，墓向为135°（图二六八）。墓壁由上往下带有收分，口长430、宽355厘米，底长350、宽290厘米，墓底距墓口深190厘米。填土呈黄褐色，土质较硬。未见人骨、葬具和随葬品。

13. M145

位于C区T15内，开口于第2层下，墓室东南角被盗洞打破。长方形竖穴土坑墓，墓向为135°（图二六九）。墓壁由上往下带有收分，口长380、宽240～280厘米，底长332、宽212～236厘米，墓底距墓口深178厘米。填土呈黄褐色，有夯筑迹象。人骨位于墓室中部，保存状况一般，头向东南，仰身直肢，头骨被盗扰。未见葬具和随葬品。

14. M149

位于C区T23、T26内，开口于第2层下，被盗扰严重。长方形竖穴土坑墓，墓向为330°（图二七〇）。墓壁由上往下带有收分，口长400、宽310厘米，底长370、宽280厘米，墓底距墓口深160厘米。填土呈黄褐色，土质松散。圆形盗洞直通墓底中部。人骨、葬具、随葬品等均不明，推测可能为迁葬。

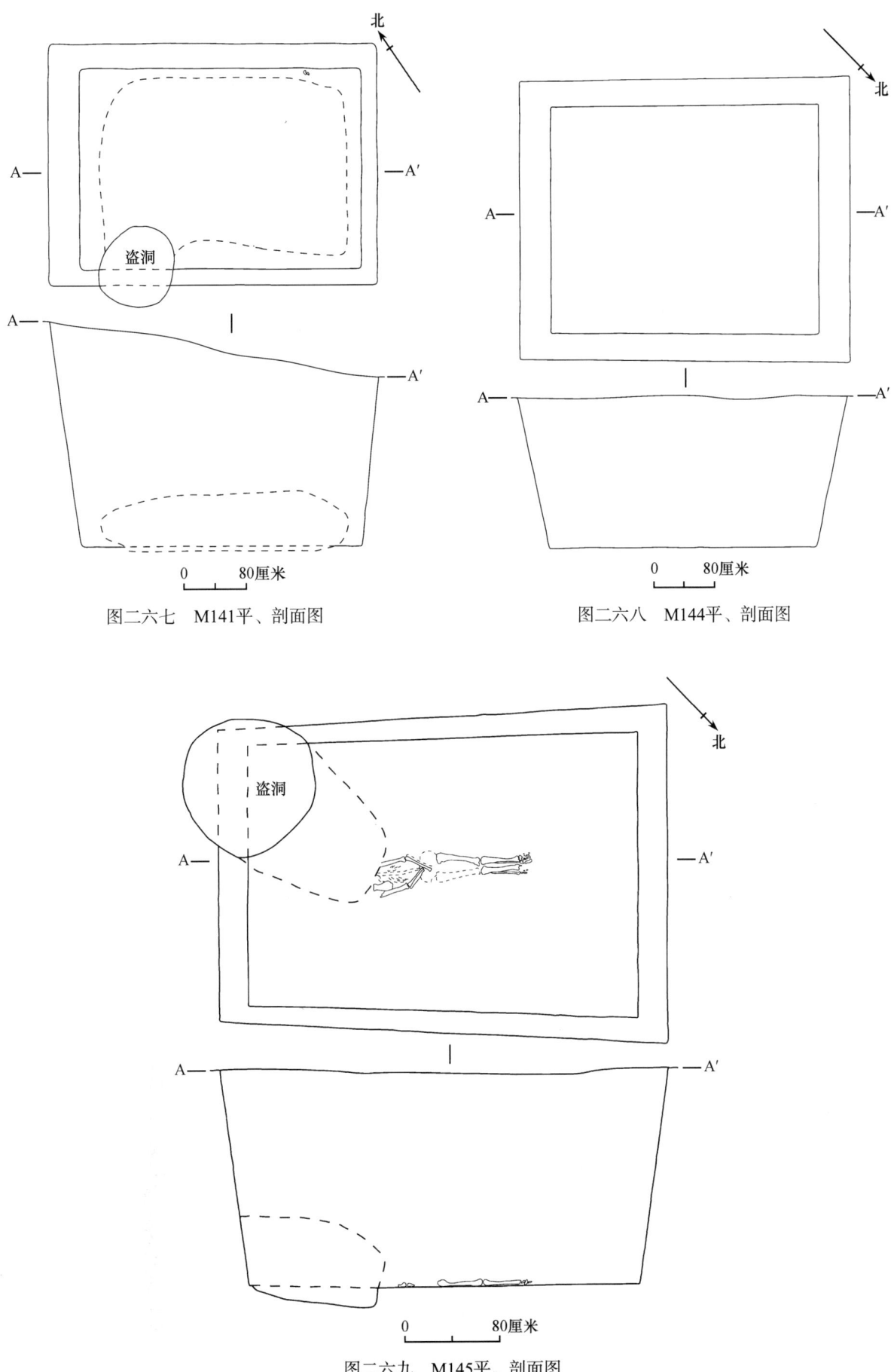

图二六七　M141平、剖面图

图二六八　M144平、剖面图

图二六九　M145平、剖面图

15. M151

位于D区T3、T12内,开口于第2层下,打破M152的西北角。M151被盗扰严重。长方形竖穴土坑墓,墓向为15°(图二七一)。墓壁由上往下带有收分,口长420、宽290厘米,底长340、宽240厘米,墓底距墓口深200厘米。填土呈黄褐色,有夯筑迹象。人骨、葬具、随葬品等均不明。

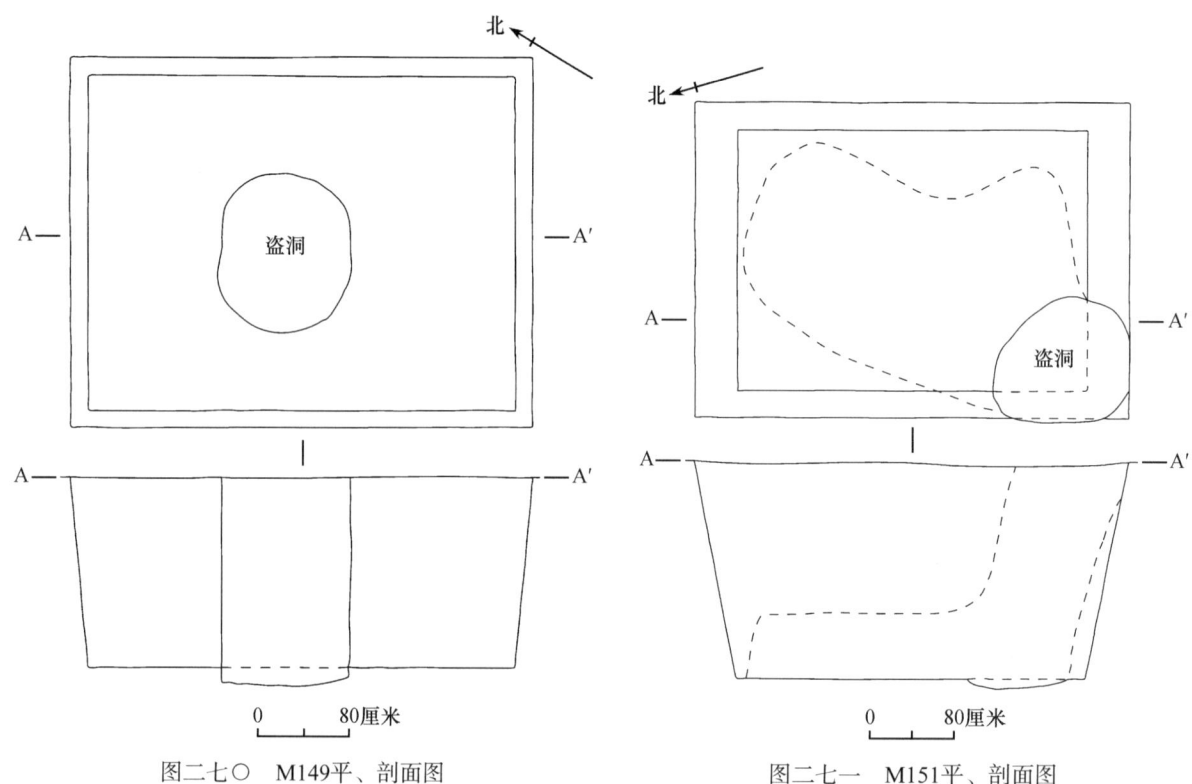

图二七〇　M149平、剖面图　　　　　图二七一　M151平、剖面图

第六章 其他遗迹

第一节 陶 窑

1. Y1

位于A区T30和T43内，开口于第2层下，方向310°。窑上部已遭破坏，下部保存较完整。该窑室平面大致呈椭圆形，下部分为窑底和火膛，窑壁自上而下略有内收。窑室上部最长为300、最宽240、残深240厘米，下部最长225、最宽200厘米。窑室底面近弯月形，底较平。窑壁周围等距离设有5个烟囱，有3个保存相对尚好，呈圆筒状，直径50、深20厘米。底部沿窑壁有一周凹槽，宽10厘米，与烟囱相通。火膛平面呈椭圆形，坡状壁内收，平底，上部最长130、最宽100厘米，下部最长100、最宽80厘米。火膛底面低于窑室底面36厘米。窑门位于火膛正前方，两壁较直，上部呈弧形，由砖石砌成（图二七二；图版一〇八，1）。

板瓦　2件。标本Y1∶1和Y1∶2，青灰色。长22、宽19.6、厚1厘米（图二七三，1）。

砖　1件。标本Y1∶3，已残。长方形，一侧饰菱形几何纹。残长18、宽17.2、厚8.5厘米（图二七三，2）。

2. Y2

位于A区T47和T62内，开口于第1层下，打破M35，方向125°。双火膛长方形窑，顶部已毁，由两个火膛、窑室、火道、三个烟道等几部分组成。火膛略低于窑室，左右并列两个，平面均呈喇叭形，最宽处130厘米，上部弧内收，残高60~70米，底面上有一层草木灰堆积，厚约0.2厘米。火口位于火膛前方，宽58厘米。窑室平面呈长方形，靠火膛一壁略内凹，长350、宽210~224、残高88~136厘米，窑室底部和窑壁的上层或内层为7厘米厚的青灰色烧土，下层或外层为7~8厘米厚的红烧土，壁面基本平直，在窑壁上留有明显的工具痕迹，应为镐或铲一类的痕迹。窑箅已失。沿窑室两侧和后壁下围绕有一条宽6、深6厘米的火道，与窑室后壁的三股烟道相连，火道底部为红烧土。烟道在窑室后壁，形状为圆形，直径24厘米，垂直靠窑室部分用长方形砖顺砌封堵，垂直通向窑外，仅窑底留孔与火道连接。窑室、火膛、烟道皆为一次性挖制而成，做窑时用素泥糊裹封窑，在烟道旁边也有素泥痕迹（图二七四；图版一〇八，2）。

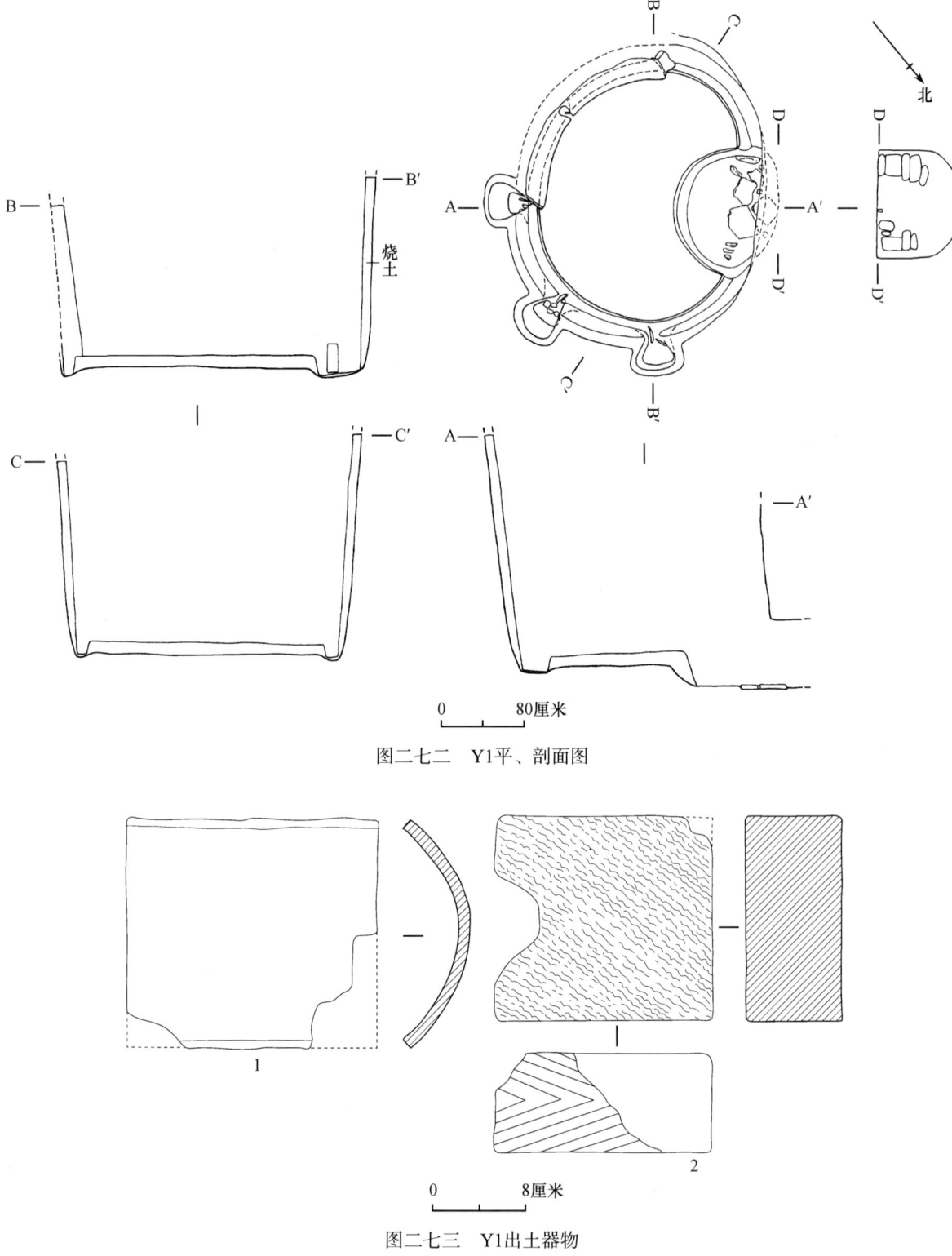

图二七二　Y1平、剖面图

图二七三　Y1出土器物
1. 板瓦（Y1∶2）　2. 砖（Y1∶3）

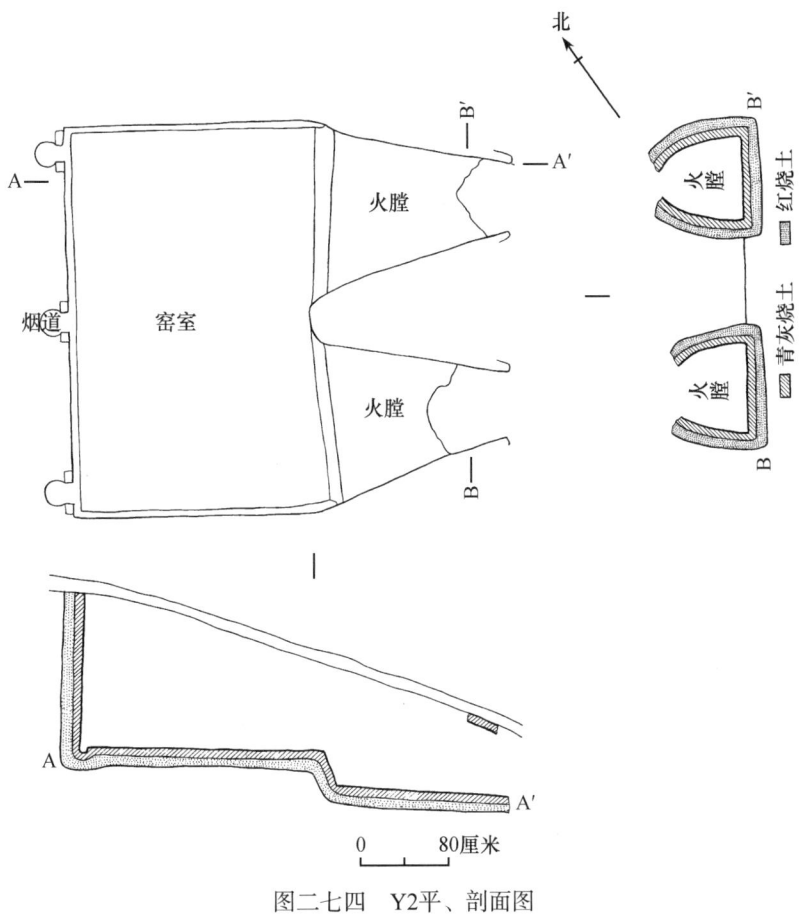

图二七四　Y2平、剖面图

窑内有3层文化堆积，由上至下依次为灰黄土层，厚10～30厘米，土质较硬，含有少量陶片和陶器、板瓦片、筒瓦片、绳纹砖块、菱形格纹砖块及较多的烧土块；褐红色花土层，厚约30厘米，土质较硬，含有大量红烧土块及陶片、陶器、砖块、板瓦片、筒瓦片、木炭屑等；红烧土层，厚约70厘米，土质较硬，包含物很少，仅一些砖、瓦碎片。根据窑内的出土物及部分因高温而变形的砖块，推测此窑系专门烧制墓葬用砖和随葬品的陶窑。

Y2出土陶碗、盆、罐以及一些残碎陶片，还发现建筑所用的筒瓦、板瓦以及墓葬所用的花纹砖。

陶碗　10件。均为泥质灰陶。敞口，尖圆唇，浅折腹，平底，多数器底残缺。标本Y2∶2，底部残缺。口径15.2、底径4.8、高5.6厘米（图二七五，1）。标本Y2∶3，口径18.4、底径6.4、高4.5厘米（图二七五，2）。标本Y2∶4，底部稍残。口径9.2、底径2.1、高2.9厘米（图二七六，12）。标本Y2∶5，底部残缺。口径16.8、残高4厘米（图二七五，3）。标本Y2∶6，底部稍残。口径16.4、底径4.4、高6.4厘米（图二七五，6）。标本Y2∶7，残存口沿局部。残高5.3厘米（图二七五，4）。标本Y2∶8，底部残缺。口径12、残高3.6厘米（图二七五，7）。标本Y2∶9，底部残缺。口径17.6、残高4.4厘米（图二七五，5）。标本Y2∶10，底部残缺。口径17.6、残高4.1厘米（图二七五，8）。标本Y2∶11，底部残缺。口径18.4、残高4.4厘米（图二七五，9）。

陶盆　7件。均为泥质灰陶。标本Y2∶12，口微敞，圆唇，折壁，下腹部残缺。口径23、残高4.6厘米（图二七五，12）。标本Y2∶13，口微敞，方唇，腹壁较直，下腹部残缺。腹饰

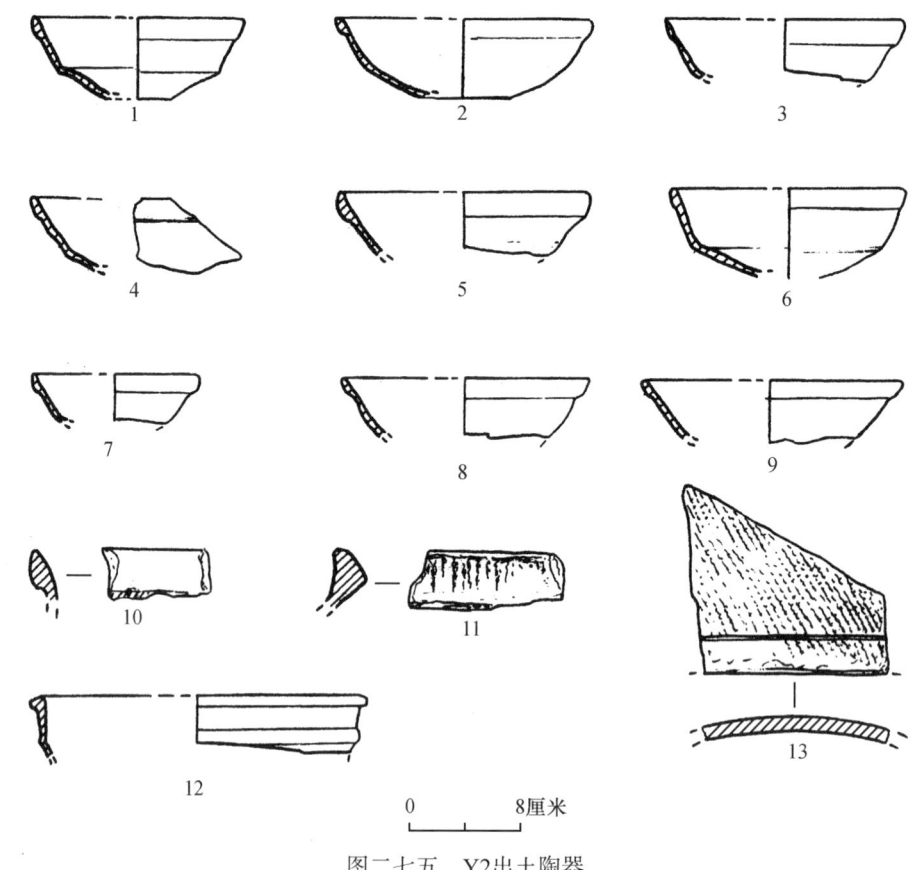

图二七五　Y2出土陶器

1～9.碗（Y2：2、Y2：3、Y2：5、Y2：7、Y2：9、Y2：6、Y2：8、Y2：10、Y2：11）　10、11、13.罐（Y2：22、Y2：21、Y2：23）　12.盆（Y2：12）

网格纹、绳纹和弦纹。口径39.6、残高7.8厘米（图二七六，1）。标本Y2：14，口微侈，尖圆唇，上腹壁较直，下腹弧收，底残。上腹部有数道凸棱。口径40、残高8厘米（图二七六，2）。标本Y2：15，口微敛，圆唇，上腹微弧，有数道凸棱，下腹部残。口径40.8、残高6厘米（图二七六，3）。标本Y2：16，口微敛，圆唇，上腹壁较直，下腹弧收，底残。上腹部有数道凸棱。口径27.6、残高7.6厘米（图二七六，13）。标本Y2：17，口微敛，尖圆唇，平沿，斜直腹，平底。口沿下还饰有绳纹和弦纹。口径30.4、底径14.8、通高14.4厘米（图二七六，8）。标本Y2：20，仅存口沿。敞口，方唇。口径38.8、残高6厘米（图二七六，4）。

陶罐　9件。均为泥质灰陶。标本Y2：18，仅存肩部以上。敛口，圆唇，短领，溜肩。肩部饰有网格纹。口径22、残高6厘米（图二七六，5）。标本Y2：19，仅存肩部以上。敛口，卷沿，圆唇，短领，溜肩。肩部饰有网格纹。口径11.6、残高6.4厘米（图二七六，14）。标本Y2：26，小口，束颈，宽肩，鼓腹，圜底。肩、腹部饰网格纹、弦断绳纹。口径12、腹径31、高21厘米（图二七六，9）。标本Y2：27，小口，束颈，宽肩，鼓腹，圜底。肩部饰网格纹，上腹部饰弦断绳纹，下腹部饰绳纹。口径11.6、腹径32、高21.6厘米（图二七六，10）。标本Y2：28，小口，束颈，广折肩，弧腹，底残。肩部饰网格纹，上腹部饰弦断绳纹，下腹部饰绳纹。口径12、腹径34.6、残高18.5厘米（图二七六，11；图版一〇九，2）。标本Y2：29，小口，束颈，广折肩，弧腹，底残。上腹部饰弦断绳纹，下腹部饰绳纹。口径11.6、腹径36、残高19厘米（图二七六，15；图版一〇九，1）。标本Y2：21、Y2：22、Y2：23，残碎严重（图

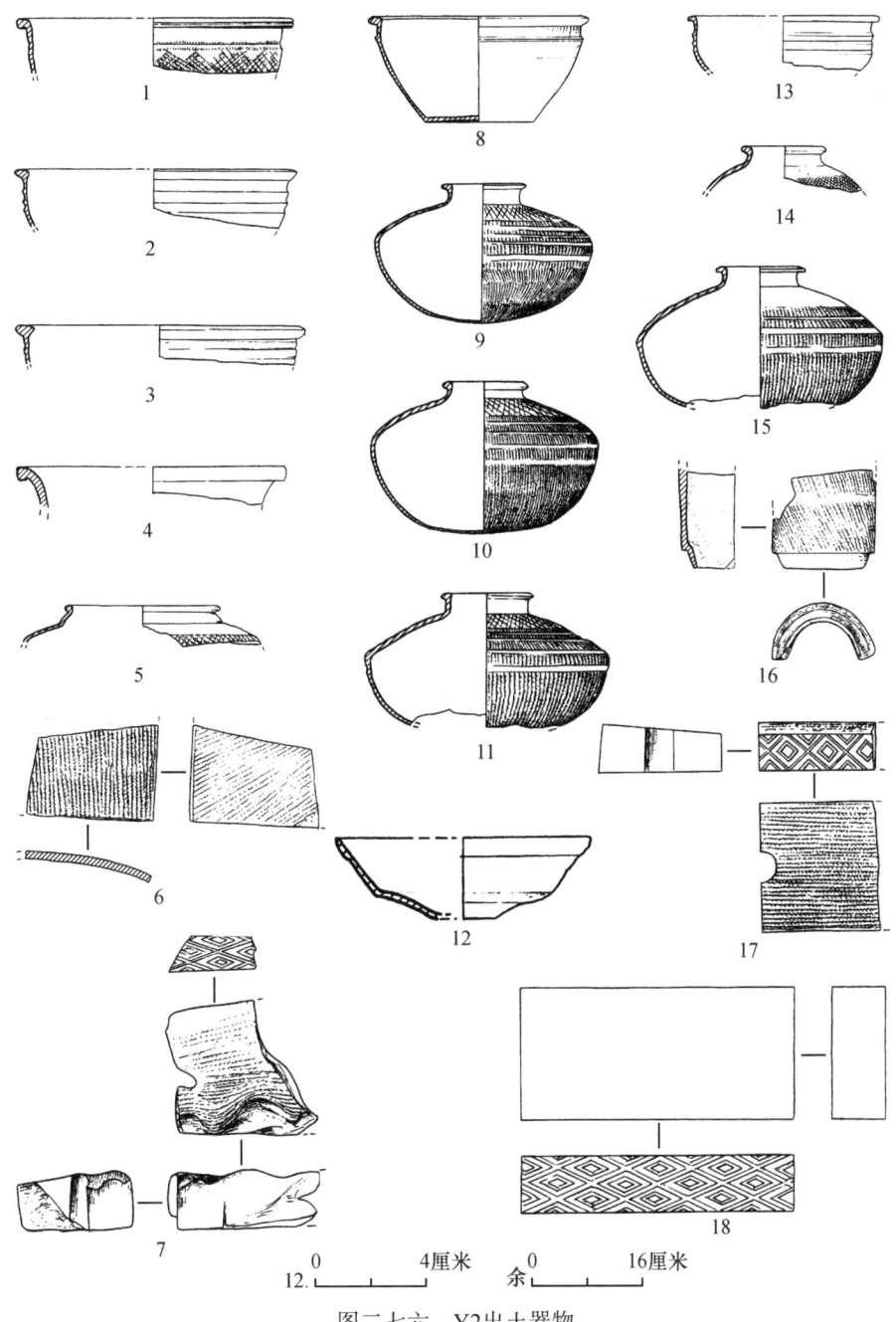

图二七六　Y2出土器物

1~4、8、13.陶盆（Y2∶13、Y2∶14、Y2∶15、Y2∶20、Y2∶17、Y2∶16）　5、9~11、14、15.陶罐（Y2∶18、Y2∶26、Y2∶27、Y2∶28、Y2∶19、Y2∶29）　6.板瓦（Y2∶25）　7、17、18.砖（Y2∶32、Y2∶31、Y2∶30）　12.陶碗（Y2∶4）　16.筒瓦（Y2∶24）

二七五，11、10、13）。

筒瓦　1件。标本Y2∶24，已残。泥质灰陶。表面饰绳纹。外径15.2、内径10、残长14厘米（图二七六，16）。

板瓦　2件。均残，泥质灰陶，表面饰绳纹。标本Y2∶25，残长14、残宽18.8、厚0.8厘米（图二七六，6）。

砖　3件。均为青灰色，侧面饰有菱形纹。标本Y2∶30，长方形砖。长40、宽18.8、厚8厘米（图二七六，18）。标本Y2∶31，楔形子母口砖，母口一段已缺，砖面饰绳纹。残长18、宽18.4、厚5.6～6.8厘米（图二七六，17）。标本Y2∶32，子母口砖，母口一段已缺，因高温焙烧而呈扭曲状。砖面饰绳纹。残长22、宽20、厚8厘米（图二七六，7）。

3. Y3

位于A区T6和T16内，开口于第2层下，方向80°。窑体被破坏较严重。主要残存窑室和火膛部分。窑室平面大致呈方形，窑壁由上往下略内收，窑室上部已遭破坏，现上部最长180、最宽170厘米，下部保存相对较好，下部最长190、最宽180厘米。窑室底面较为平整，底下有一层红烧土，厚约10厘米。窑壁外围有一周红烧土，厚约20厘米。火膛位于窑室之前，大部分已遭破坏，形制不清，火膛底面较平整，低于窑室底面22厘米，与窑底相连的火膛壁向下内收（图二七七；图版一〇九，3）。

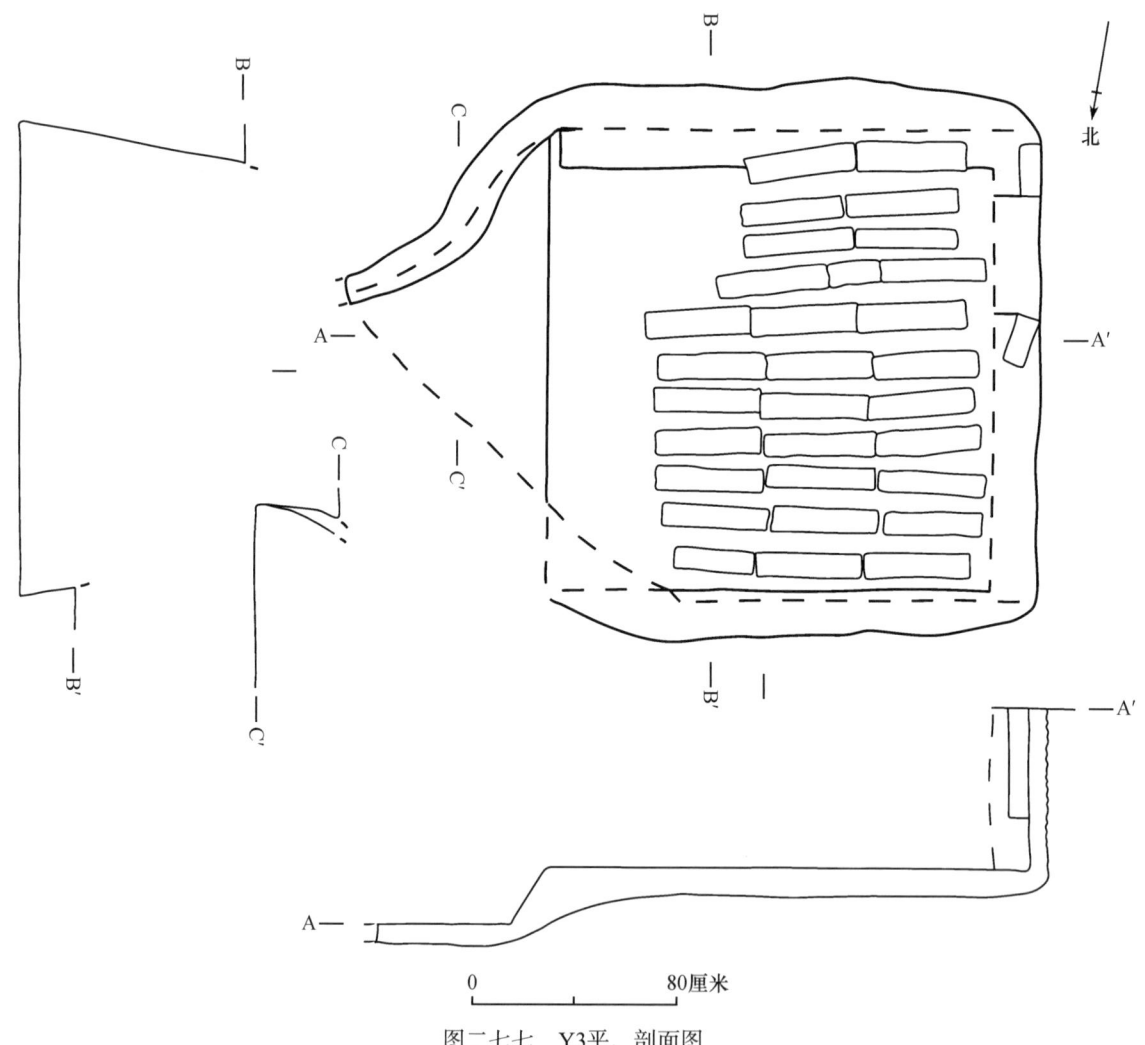

图二七七　Y3平、剖面图

4. Y4

位于D区T16、T17内。开口于第2层下,方向165°。窑上部已遭破坏,下部保存较完整。窑室略呈口小底大状,平面呈圆形,下部分为窑底和火膛,二者由砖分隔开。窑室上部直径为260、残深200厘米,下部直径290厘米。窑室底面近弯月形,较为平整。窑壁周围等距离设有5个烟道,大致呈方体状。底部沿窑壁有一周凹槽,宽10厘米,与烟囱相通。火膛平面呈不规则圆形,壁竖直,平底,直径140厘米。火膛底面低于窑室底面50厘米。工作间平面呈舌形,与火膛底面连接的工作间壁向下略内收,上部长100、下部长90、宽120厘米。工作间底面较平。出土瓷盖、罐、盆、碗,陶拍、石锄等,以及一些碎瓷片(图二七八;图版一一○,1)。

瓷盖 1件。标本Y4:1,红胎,青褐釉。弧壁,环状纽。底径19.7、高5.8厘米(图二七九,1)。

瓷罐 1件。标本Y4:2,红胎,乳白釉。器形瘦长,口微敛,圆唇,深腹,平底。上腹部有一半环形执手,对侧执手已缺失。口径7、腹径13.2、底径7.8、高18厘米(图二七九,6)。

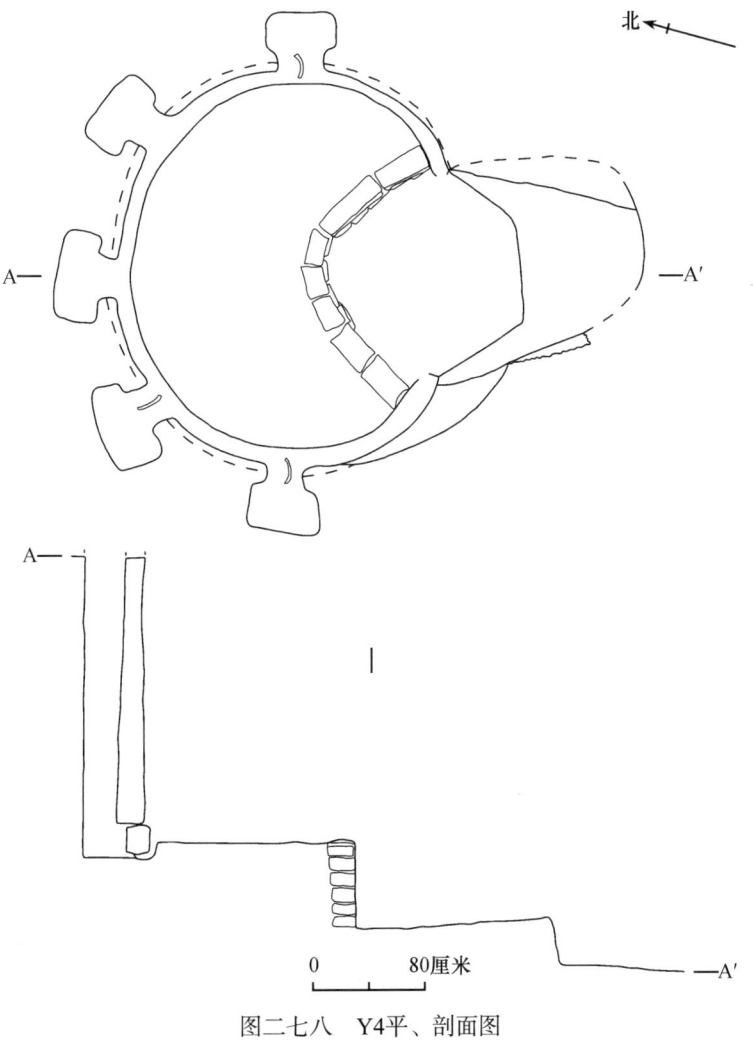

图二七八 Y4平、剖面图

瓷盆　3件。标本Y4：3，红胎，口沿处施黑褐釉。敛口，斜直腹，平底。腹部有数周凸棱。口径20、底径8.9、高12.2厘米（图二七九，2）。标本Y4：4，红胎，口沿处施黑褐釉。敛口，斜直腹，平底。腹部有数周凸棱。口径26、底径11、高10.6厘米（图二七九，4）。标本Y4：11，红胎，口沿处施黑褐釉。敞口，斜直腹较深，平底。腹部有数周凸棱。口径34、底径12、高27.3厘米（图二七九，3）。

陶兽尾形残片　1件。标本Y4：5，泥质灰陶。残损严重，形似兽尾，但具体形制已难以辨识。残长16、厚2.5厘米（图二七九，11）。

陶拍　8件。均为泥质灰陶。标本Y4：6，圆形，"工"字形纽。直径7.5、厚2.4厘米（图二七九，9）。标本Y4：7，圆形，纽凸起呈花瓣状，中心高，四周低。直径11、厚4厘米（图

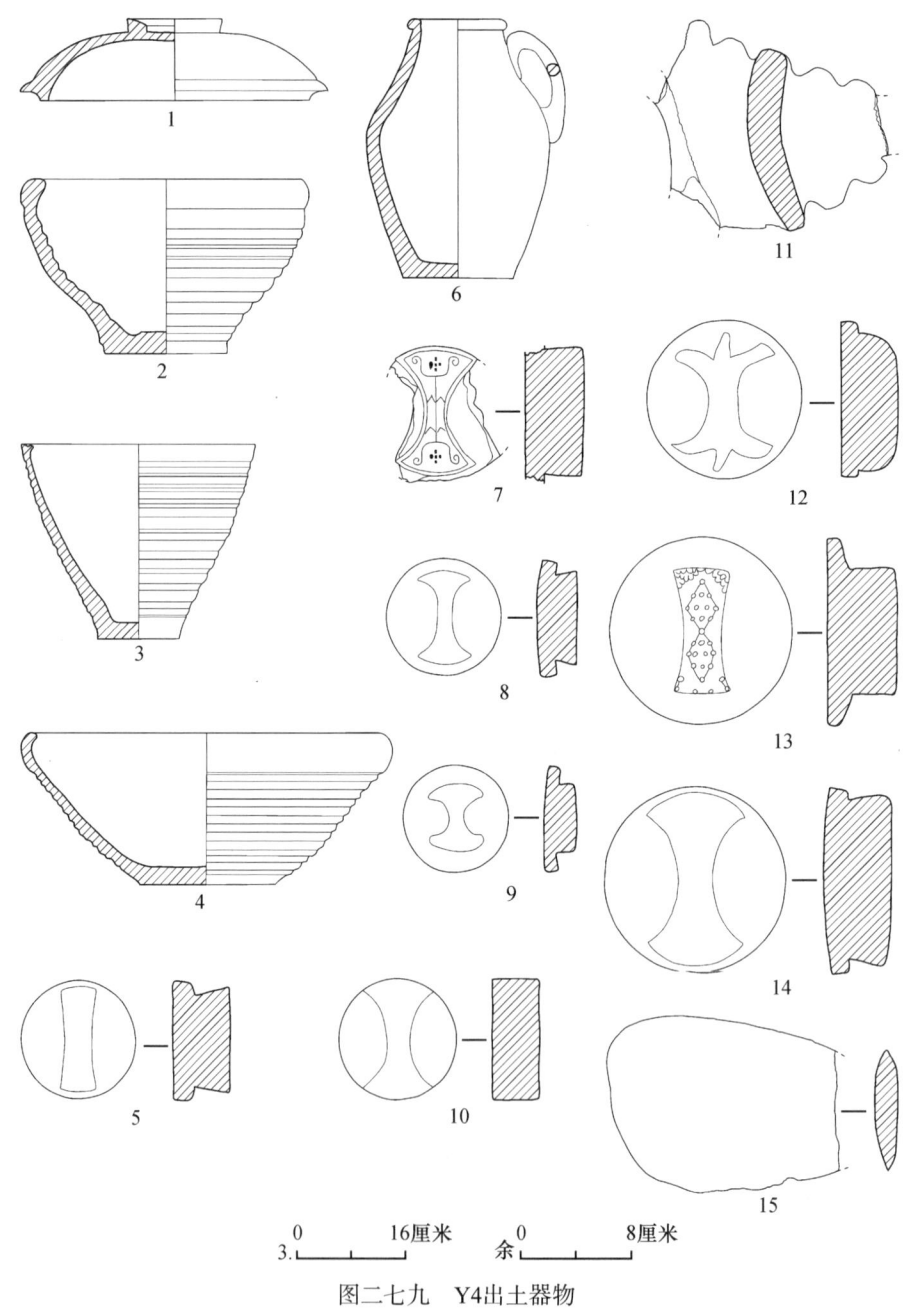

图二七九　Y4出土器物

1. 瓷盖（Y4：1）　2~4. 瓷盆（Y4：3、Y4：11、Y4：4）　5、7~10、12~14. 陶拍（Y4：28、Y4：8、Y4：29、Y4：6、Y4：30、Y4：7、Y4：9、Y4：31）　6. 瓷罐（Y4：2）　11. 陶兽尾形残片（Y4：5）　15. 石锄（Y4：10）

二七九，12；图版——〇，3）。标本Y4：8，残损严重。直径残长9.4、厚4厘米（图二七九，7）。标本Y4：9，残损严重。枕形纽，饰有形似葡萄纹的纹样。直径长13.2、厚5厘米（图二七九，13；图版——〇，2）。标本Y4：28，圆形，长方形纽。直径8.4、厚4.4厘米（图二七九，5）。标本Y4：29，圆形，"工"字形纽。直径8.4、厚3.2厘米（图二七九，8）。标本Y4：30，圆形，"工"字形纽。直径8.4、厚3.6厘米（图二七九，10）。标本Y4：31，圆形，"工"字形纽。直径13.2、厚4.8厘米（图二七九，14）。

石锄　1件。标本Y4：10，长16.5、最宽12.5、厚1.7厘米（图二七九，15）。

青花瓷碗　16件。青花瓷。敞口，尖圆唇，沿微卷，浅弧腹或斜直腹，圜底或平底，矮圈足，器表和器底多绘有花草纹。标本Y4：12，腹略弧。口径14、底径6、高5.8厘米（图二八〇，1；图版———，4）。标本Y4：13，斜腹较直，平底。口径14、底径6.2、高5.9厘米（图二八〇，2；图版——二，1）。标本Y4：14，斜腹较直。口径14、底径5、高5.2厘米（图二八〇，3；图版——二，5）。标本Y4：15，斜腹较直。口径14、底径5.6、高5.8厘米

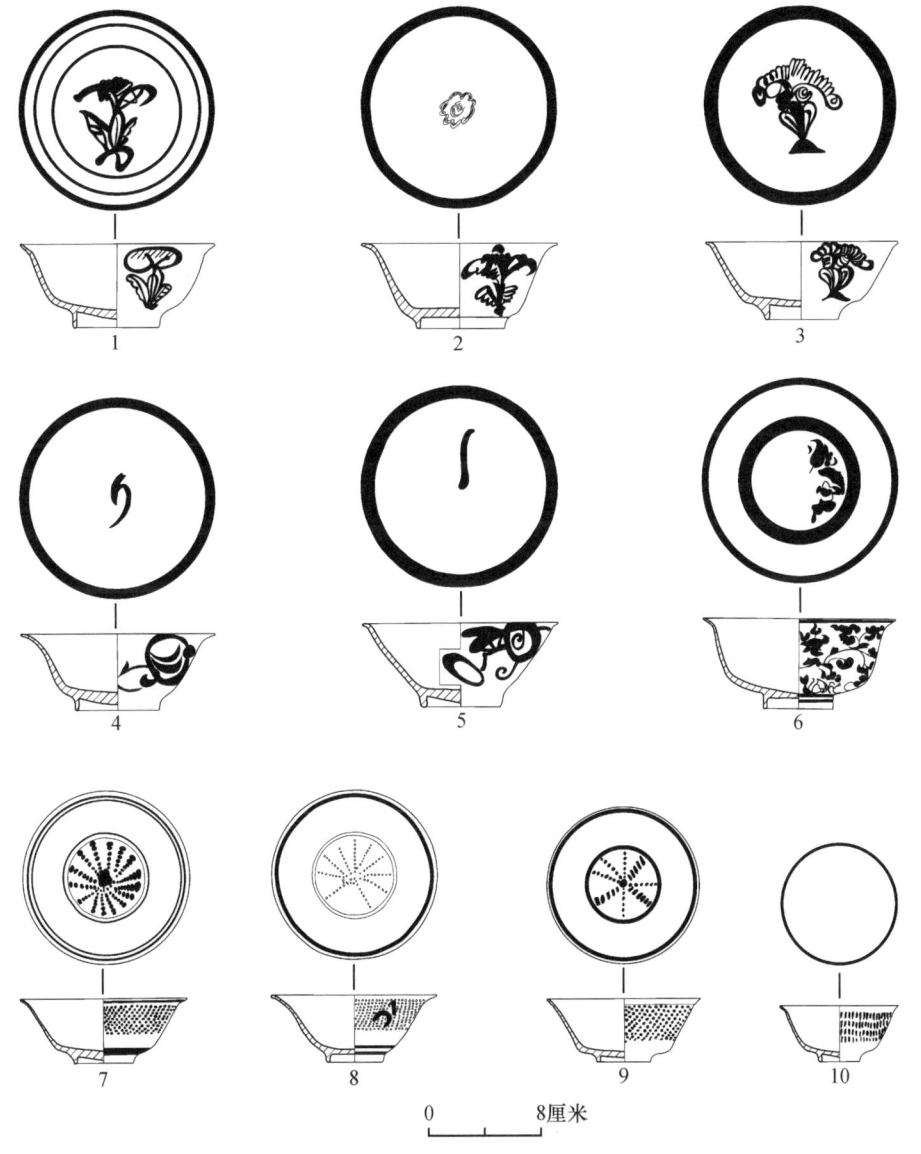

图二八〇　Y4出土青花瓷碗
1. Y4：12　2. Y4：13　3. Y4：14　4. Y4：18　5. Y4：15　6. Y4：21　7. Y4：17　8. Y4：16　9. Y4：19　10. Y4：20

（图二八〇，5；图版一一二，6）。标本Y4：16，浅弧腹。口径12、底径4、高4.7厘米（图二八〇，8；图版一一二，4）。标本Y4：17，斜腹较直，器壁薄而器底较厚。器表饰圆点纹。口径12、底径4.2、高4.5厘米（图二八〇，7；图版一一二，3）。标本Y4：18，斜腹较直，器底较厚。口径14、底径6、高5.3厘米（图二八〇，4；图版一一二，2）。标本Y4：19，斜腹较直，器底较厚。口径11、底径3.7、高4.4厘米（图二八〇，9）。标本Y4：20，斜腹较直，器底较厚。口径9、底径3、高3.8厘米（图二八〇，10）。标本Y4：21，弧腹。口径14.4、底径5、高6.2厘米（图二八〇，6；图版一一一，2）。标本Y4：22，斜腹较直，平底。口径14、底径5、高5.5厘米（图二八一，2；图版一一一，3）。标本Y4：23，斜腹较直，平底。口径14、底径5、高5.6厘米（图二八一，1；图版一一一，1）。标本Y4：24，斜腹较直。口径14、底径6、高5.5厘米（图二八一，3；图版一一一，6）。标本Y4：25，斜腹较直，器底较厚。口径14、底径6、高5.8厘米（图二八一，5）。标本Y4：26，斜腹较直。口径14、底径5、高5.5厘米（图二八一，4；图版一一一，5）。标本Y4：27，斜腹较直。口径10、底径3.5、高4.6厘米（图二八一，6）。

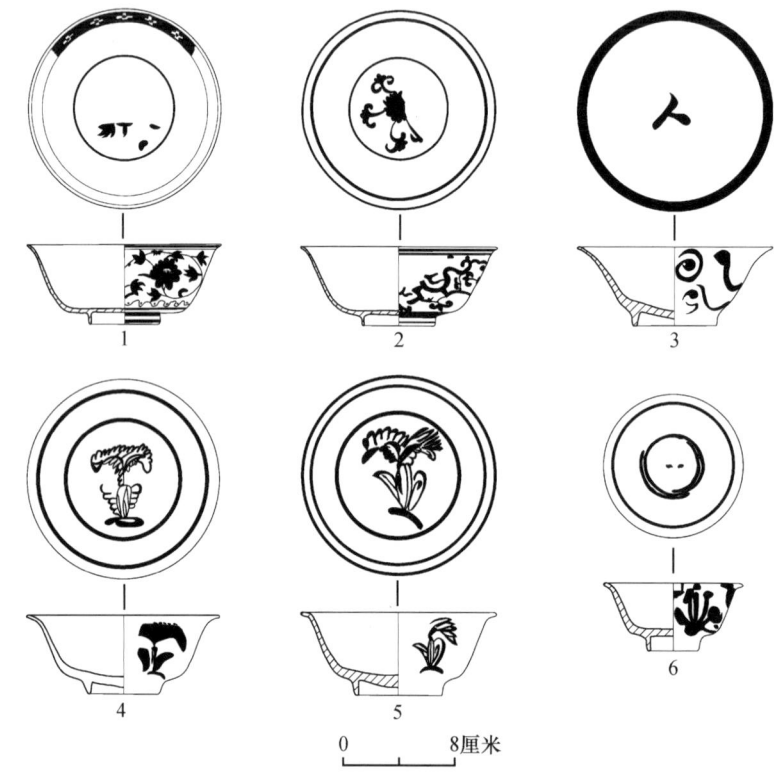

图二八一　Y4出土青花瓷碗
1. Y4：23　2. Y4：22　3. Y4：24　4. Y4：26　5. Y4：25　6. Y4：27

5. Y5

位于D区T2和T3内，开口于第2层下，方向120°（图二八二）。陶窑上部已遭破坏，下部保存较好。由窑室、火膛和工作间三部分构成。窑室平面大致呈长方形，长210、宽180厘米。窑壁与窑室底面基本垂直，底面较平整，靠近烟道处窑底呈土红色，另一侧多呈青灰色。烟道共有3条，近长方形，平面长20、宽14厘米。烟道等距分布于窑室后壁，下部与窑室底面平

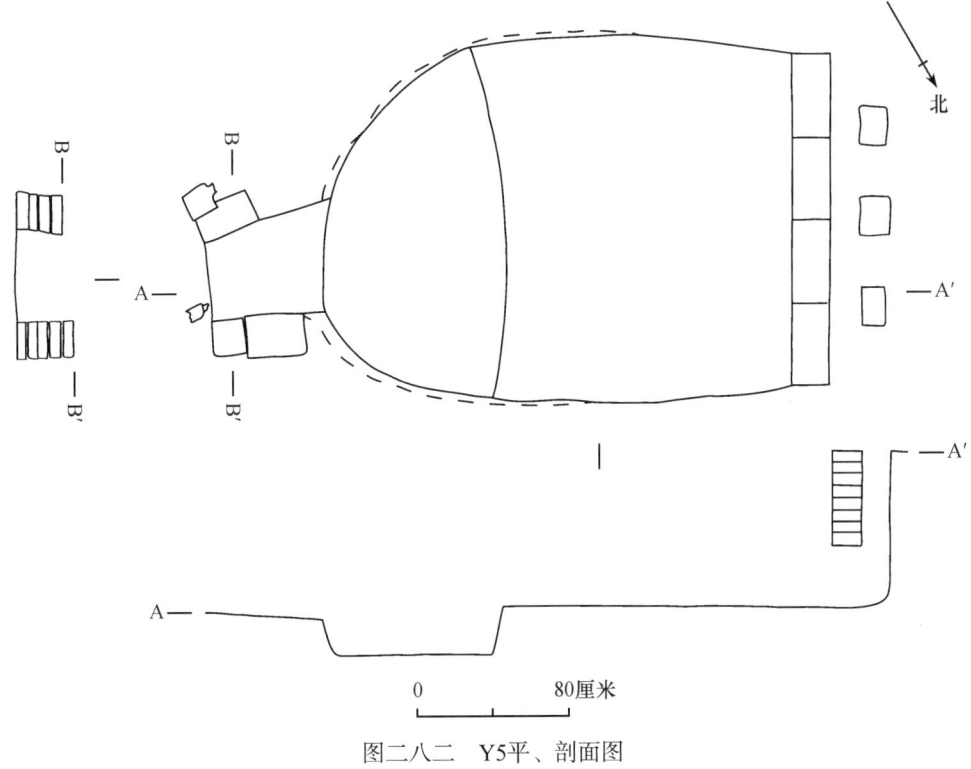

图二八二　Y5平、剖面图

齐，残高与窑室后壁基本相同，约高80厘米。火膛位于窑室之前，平面大致呈舌形，底部略内收，面近平，长60～180、宽80厘米，距窑室底面深24厘米。工作间位于火膛前，二者连接处两壁由砖堆砌成。

第二节　房　　址

共发现9座房址。位于D区T20～T24、T26～T30、T35、T36内。均为东西向，开口于第2层下，伴出残碎的青花瓷片、瓦片、砖石块以及少量褐色釉瓷片。除F8残存墙体为土夯筑而成，其余房址残存墙体均由石块堆砌而成（图二八三）。

F1　位于D区T21和T22内。平面上看残存方形一角，西壁残长260、北壁残长280厘米。

F2　位于D区T22、T23和T29内。平面大致呈长方形，西壁长约680、东壁长约480、北壁长约1000、南壁长约1040厘米。房址外侧西南角有一圆角方形柱洞D4，长40厘米。西壁外侧有一个由石块堆砌的坑K2。房址外侧东北角有一圆形坑K3，直径约160厘米。北壁外侧有一长方形柱洞D6，长32、宽20厘米。D6的东侧有一处由小石渣铺成的长方形石子路，长约600、宽120厘米。

F3　位于D区T22、T28和T29内，平面上看为残存方形一角，西壁残长240、南壁残长1000厘米。在房址南壁外侧发现一圆形柱洞D5，直径约40厘米，堆有砖石碎块。

F4　位于D区T23、T24、T29和T30内。平面略呈梯形。残存三壁，西壁长800、北壁长640、东壁长680厘米。

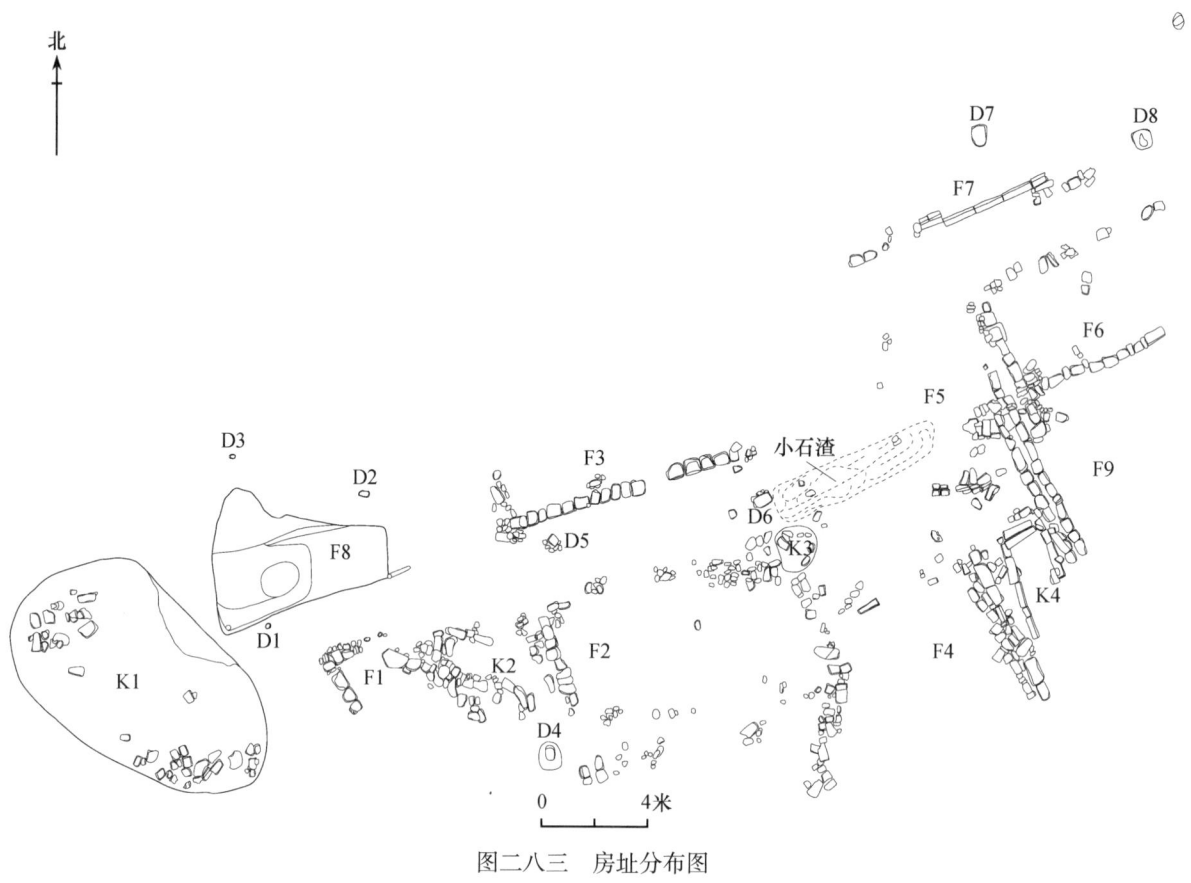

图二八三　房址分布图

F5　位于D区T29和T30内，仅残存房址东南角。东壁残长132、南壁残长160厘米。

F6　位于D区T30和T36内，东西向，平面呈长方形，残存南、北、西三壁，南壁长约580、北壁长约800、西壁长约440厘米。

F7　位于D区T35和T36内，仅残存一道东西向墙基，长约1000厘米。墙基北侧有一近圆形柱洞D7，直径约60厘米。墙基东侧也有一个圆形柱洞D8，直径约72厘米，柱洞内有碎石块。

F8　位于D区T21和T27内。平面呈窄长方形，西壁长320、东壁长200、北壁长680、南壁长690厘米。在房址南壁外、东北角和西北角各发现一个圆形柱洞，分别为D1、D2、D3，直径16厘米。房址底面较为平整，可分为东西两部分，东部较高，西部较低。房址底面西部还发现一椭圆形坑，长径160、短径120厘米。在房址西壁外侧，发现一个平面呈椭圆形的坑K1，坑规模较大，长径1120、短径600厘米，坑内有大量砖瓦残块。

F9　位于D区T24和T30内。残存一南北向的墙基，长约640厘米。F4与F9之间有一个由石块堆砌而成的长方形坑K4，西壁残长440、北壁长200、东壁残长280厘米。

第七章　余家河墓群出土人骨鉴定报告

本章所鉴定的人骨出土于余家河墓群M15、M23、M36、M67和M127共5座墓葬中。余家河墓群的墓葬年代从战国中晚期到六朝时期。墓葬形制分为竖穴土坑墓、砖石墓和石室墓，绝大多数为竖穴土坑墓。本章中4座墓葬为单人葬，只有M15为双人合葬墓。

由于人骨保存状况欠佳，只有6例个体的头骨和极少量的颅后骨可供鉴定，因此本章仅进行了个体的性别、年龄鉴定，颅面部极少数测量项目的测量。对个体性别、年龄的判断主要是依据邵象清的《人体测量手册》[1]、朱泓的《体质人类学》[2]建立的标准，给出鉴定结果。

第一节　人骨保存状况

M15：1号，头骨上的左右侧顶骨、左右侧颞骨、左右侧泪骨、左右侧颧骨、额骨、枕骨、蝶骨保存相对完整，眼眶比较完整。左右侧上颌骨、左右侧鼻骨残破，下颌骨、犁骨、筛骨、舌骨缺失。

M15：2号，头骨呈骨渣状，与淤泥混合板结，仅能辨别出头骨的形状，散落上下颌八颗牙齿，均为恒齿，分别是上颌左侧侧门齿，上颌左侧第一前臼齿、第二前臼齿，上颌右侧第一臼齿、第二臼齿，下颌左侧侧门齿、第二臼齿，下颌右侧第一前臼齿。

M36：头骨上左右侧顶骨残，左右侧上颌骨残，左右侧颧骨残，左右侧下颌骨残，额骨、枕骨残，其他骨骼没有保留。颅后骨上仅可见残破的髌骨、左右侧肱骨头。

M23：头骨上左右侧顶骨完整，左侧颞骨完整，右侧颞骨残，左右侧上颌骨完整，左右侧鼻骨残，左右侧颧骨完整，左侧下颌骨完整，右侧下颌骨残。额骨左上部额鳞部分略残破，枕骨完整。泪骨、腭骨、蝶骨、犁骨、筛骨、舌骨缺失。

M127：头骨上左右侧顶骨完整，左右侧颞骨完整，左侧上颌骨残，右侧上颌骨缺失。左侧下颌骨完整，右侧下颌骨残。额骨完整，枕骨残。左右侧鼻骨、左右侧颧骨、左右侧泪骨、左右侧腭骨、蝶骨、犁骨、筛骨、舌骨缺失。第一颈椎椎弓椎体全，第二颈椎椎弓椎体全，第三颈椎椎弓椎体全，第四颈椎椎弓椎体全。

---

[1] 邵象清：《人体测量手册》，上海辞书出版社，1985年。
[2] 朱泓：《体质人类学》，高等教育出版社，2004年。

第二节　个体的性别、年龄鉴定结果

M15：1号，头骨整体小而轻，颅表面光滑。颅骨上的肌线和肌嵴发育弱，颅顶膨隆明显，额部平直，额结节、顶结节发育明显。眉间突度不显，眉弓弱，鼻根点凹陷浅，眶上缘锐薄，眼眶为椭圆形，颧骨、颧弓粗壮程度中等，无颧结节。乳突上嵴弱，乳突小，下颌窝和枕骨髁关节面小，枕外隆突稍显，枕外嵴弱，上项线弱。下颌骨整体中等、轻薄程度中等，下颌体与下颌联合处低，下颌支纤细，下颌角区内翻。从头骨形态特征看，性别为女性。颅顶矢状缝、冠状缝、人字缝尚未完全愈合。年龄在35~40岁。

M15：2号，该个体头骨呈骨渣状，与淤泥混合板结，只能辨别出头骨的大致形状。散落上下颌八颗牙齿，均为恒齿，牙齿磨耗很轻。为一例20±岁的成年个体，性别不详。

M36：眉弓弱，眶上缘锐薄，眼眶为椭圆形，颧骨、颧弓纤细，无颧结节。乳突上嵴弱，乳突小。下颌骨小、轻且薄，下颌体与下颌联合处低，下颌支纤细，下颌角直形。残存的右侧髋骨残块上显示，耳状面小而弯曲。左侧肱骨头直径为38.4毫米，右侧肱骨头直径为39.3毫米。女性肱骨头直径通常小于43.0毫米，男性肱骨头直径通常大于47.0毫米。从头骨形态特征、耳状面形态特征以及肱骨头直径数值看，该个体性别为女性，年龄在41~50岁。

M23：头骨整体小而轻，颅表面光滑。颅骨上的肌线和肌嵴发育弱，陷颅顶膨隆明显，额部平直，额结节、顶结节发育明显。眉间突度不显，眉弓弱，无鼻根点凹，眶上缘锐薄，上齿槽突较短，齿弓小而圆，颧骨、颧弓纤细，乳突上嵴弱，乳突小，下颌窝和枕骨髁关节面缺失，枕外隆突稍显，枕外嵴弱，上项线弱，枕骨大孔小。下颌骨整体小、薄且轻，下颌体与下颌联合处低，下颌支纤细，下颌角区外翻，颏部圆尖，髁突面积小，髁突间距和角间距小。从头骨形态特征看，性别为女性，年龄在45~50岁。

M67：头骨整体大而厚重，颅表面粗糙。额部倾斜，额结节不明显。眼眶方形，眶上缘圆钝，上齿槽突较长，齿弓大而圆，颧骨、颧弓粗壮，颧结节明显。乳突上嵴显著，下颌窝深，枕骨髁关节面大。从头骨形态特征看，性别为男性。颅外矢状缝和冠状缝完全愈合。年龄为35~40岁。

M127：头骨整体大而厚重，颅表面粗糙。颅骨上的肌线和肌嵴发育显著，颅侧部膨隆不明显，额部倾斜，额结节、顶结节不明显。眉间突度稍显，眉弓突度显著，眉弓范围占整个眶上缘的1/2，眼眶方形，眶上缘圆钝，上齿槽突较长，齿弓大而方，颧骨、颧弓粗壮，颧结节明显。乳突大，乳突上嵴显著。下颌骨大而厚重，下颌体与下颌联合部高，下颌支宽，下颌角区外翻，下颌角约120°，下颌颏部方形，髁突关节面大，髁突间距和角间距大。从头骨形态特征看，该个体性别为男性，年龄在60岁左右。

第三节 形态观察及少数测量数据

M15：1号颅骨形态观察特征表现为眉弓突度弱，眉间突度不显，眉弓范围小于整个眶上缘的1/2。乳突小，眶型为椭圆形，梨状孔下缘为鼻前窝型。鼻前棘为Ⅰ级，犬齿窝弱，颧骨纤细，颧颌下缘转折处方折不显。无额中缝，腭型为椭圆形。下颌颏型为尖形，下颌角区为直形，颏孔位置为P_2位，无下颌圆枕。

M15：1号可测量的数据如下：颅长为172.5毫米，颅宽为132.0毫米，额骨最小宽为86.4毫米。颅周长为493.0毫米，额矢状弧为119.0毫米，顶矢状弧为120.0毫米，额矢状弦为111.1毫米，顶矢状弦为100.0毫米，上面宽为96.8毫米，两眶宽为93.5毫米，面宽为122.0毫米，前眶间宽为12.1毫米，眶宽mf左侧为39.5毫米、右侧为41.3毫米，眶高左侧为35.6毫米、右侧为34.7毫米，颧骨宽左侧为21.2毫米、右侧为24.3毫米，颧骨高左侧为45.5毫米、右侧为42.9毫米。鼻最小宽为9.0毫米，鼻最小宽高为2.7毫米。两眶外缘宽为88.5毫米，两眶外缘点间高为14.1毫米。鼻颧角为148.7°。

从以上测量项目计算出颅指数为76.52，为中颅型。眶指数mf左侧为90.13，属于高眶型，眶指数mf右侧为84.02，属于中眶型。鼻根指数为30.0，属于弱级。鼻颧角值属于大级。以上及下文指数和角度划分标准参照韩康信等制定的标准[①]。

M36：眉弓突度弱，眉间突度不显，眉弓范围小于整个眶上缘的1/2。乳突小，眶型为椭圆形，梨状孔下缘为鼻前窝型。鼻前棘为Ⅰ级，犬齿窝弱，颧骨纤细，颧颌下缘转折处方折不显。无额中缝，腭型为椭圆形。下颌颏型为尖形，下颌角区为直形，颏孔位置为P_2位，无下颌圆枕。

M23：颅型为卵圆形，眉弓突度弱，眉间突度稍显，眉弓范围阙如。前额平直，颅顶缝的前囟段为微波形，顶段为锯齿形，顶孔段和后段为深波形。乳突小，枕外隆突阙如，眶型为圆形，梨状孔为梨形，梨状孔下缘为锐形，鼻前棘为Ⅰ级，犬齿窝发育弱，鼻根凹陷无，额鼻颌缝为方凸形，颧骨纤细，颧颌下缘转折处欠方折。顶孔左右全。矢状脊弱，额中缝小于等于整个额中缝的1/3。腭型为椭圆形，无腭圆枕。下颌颏型为圆形，下颌角区外翻，颏孔位为P_1P_2位，无下颌圆枕，为轻度摇椅型下颌。

该个体可测量的项目如下：额骨最小宽为93.0毫米。枕骨最大宽为105.0毫米。颅矢状弧为378.0毫米，额矢状弧为127.0毫米，顶矢状弧为130.0毫米，枕矢状弧为121.0毫米，额矢状弦为110.0毫米，顶矢状弦为113.0毫米，枕矢状弦为99.6毫米。两眶宽为91.8毫米，中面宽为87.0毫米，上面高n-pr为69.0毫米，上面高n-sd为70.2毫米，颧骨宽右侧为24.2毫米。鼻宽为25.0毫米，鼻最小宽为10.1毫米。下颌颏孔间径为49.9毫米，下颌联合高为29.5毫米，下颌体高颏孔位左侧为30.3毫米、右侧为32.0毫米，下颌体高第二臼齿位左侧为27.8毫米、右侧为27.0毫米。下颌体厚颏孔位左侧为12.97毫米、右侧为13.07毫米，下颌体厚第二臼齿位左侧为15.78毫米、右侧为15.7毫米。颏孔间弧为61.0毫米。

---

① 韩康信、谭婧泽、张帆：《中国西北地区古代居民种族研究》，复旦大学出版社，2005年。

M67：眉间突度稍显，眉弓范围小于整个眶上缘的1/2。前额倾斜，颅顶缝的前囟段为微波形，顶段为微波形。枕外隆突稍显，梨状孔为心形，梨状孔下缘为鼻前沟型，鼻根凹陷浅，额鼻颌缝为方凸形，鼻梁凹形，鼻骨为中窄型。顶孔仅右孔。矢状脊弱，无额中缝。腭型为椭圆形，无腭圆枕。

该个体只有鼻最小宽和鼻最小宽高可以测量，其数值分别是9.7毫米和3.6毫米，根据上述数值计算出鼻根指数为38.14，为中等级。

M127：眉间突度中等，眉弓范围大于等于整个眶上缘的1/2。前额倾斜，颅顶缝的前囟段为微波形，顶段为微波形，后段为微波形。乳突大。颧骨粗壮，颧颌下缘转折处方折明显。顶孔左右全。矢状脊中等，额中缝小于等于1/3。腭型为U形，下颌角区外翻，颏孔位置为P_2位，无下颌圆枕，为非摇椅型下颌。

该个体只有下颌骨部分项目可以测量，测量数值为下颌颏孔间径为46.6毫米，下颌联合高为30.6毫米，下颌支高左侧为61.0毫米，下颌支宽左侧为42.6毫米，下颌支最小宽左侧为33.6毫米。下颌体高颏孔位左侧为28.6毫米、右侧为27.2毫米，下颌体高第二臼齿位左侧为27.5毫米、右侧为26.6毫米。下颌体厚颏孔位左侧为12.3毫米、右侧为13.8毫米，下颌体厚第二臼齿位左侧为14.8毫米、右侧为15.9毫米。颏孔间弧为56.0毫米。

从可观察的颅骨形态特征看，5例颅骨眉弓发育弱，鼻根凹陷浅，犬齿窝发育弱，鼻前棘发育弱，颅顶缝为简单型。从鼻根指数看，属于小和中等，这些特征属于亚洲蒙古人种特征。

第四节　牙齿磨耗情况

美国学者霍利·史密斯将狩猎采集和农业经济类型的人群牙齿磨耗等级划分为8级标准[1]，以下观察采取该项标准予以记录。

M15：1号，上颌左侧I^2、C，右侧C、P^1、P^2、M^2，下颌左侧C、P_1、P_2、M_1，右侧C、P_1、P_2、M_2磨耗Ⅲ级；下颌左侧M_2、M_3磨耗Ⅱ级；上颌左侧P^1，下颌右侧M_1磨耗为Ⅳ级。

M15：2号，散落的上下颌八颗磨耗程度轻，上颌左侧I^2、P^1、P^2，右侧M^1、M^2，下颌左侧I_2、M_2，右侧P_1磨耗Ⅰ级。

M36：上颌左侧I^1、P^1，右侧I^1、P^1，下颌左右侧P_1为Ⅳ级；上颌左右侧I^2为Ⅲ级，上颌左右侧C为Ⅴ级。

M67：上颌左侧I^2、P^1、P^2，右侧P^1、P^2、M^1、M^2，下颌左侧C、P_1、P_2、M_1，右侧C、P_1、P_2、M_1磨耗Ⅲ级；上颌左侧I^1、M^1、M^2，右侧I^1、I^2、C，下颌左侧I_1、I_2、M_2，右侧I_1、I_2、M_2磨耗Ⅳ级；上颌左侧M^3，下颌左侧M_3，右侧P_2、M_3磨耗为Ⅱ级。

M127：上颌右侧C，下颌左侧I_2，右侧M_2磨耗Ⅶ级；上颌左侧P^1，右侧I^2、P^1，下颌左侧P_1，右侧C磨耗Ⅷ级。

---

[1]　Smith B H. Patterns of molar wear in hunter-gatherers and agriculturalists. American Journal of Physical Anthropology, 1984(63): 39-56.

第五节 病理现象

M15：1号，下颌左侧M_1为龋齿，龋点在颊侧接近齿冠处。下颌左侧M_2为龋齿，龋面在咬合面中央沟处。下颌右侧M_2为龋齿，龋蚀点在咬合面中央沟处。上颌左侧C、下颌左右侧C在齿冠下部接近齿颈处可见两条直径约0.5毫米的条纹，为牙釉质发育不全。

M23：下颌牙齿齿根暴露齿槽上嵴超过4.7毫米，罹患牙周病。

M67：右侧枕骨髁关节面周缘可见小的骨刺。该个体左侧额骨眶顶上部内侧靠近鼻部可见小的分隔的眶上筛孔。颅骨顶骨在矢状缝两侧遍布针尖状密集小孔，骨表面呈橘皮样改变。顶骨伴有骨肥厚现象，罹患缺铁性贫血疾病。

上颌左右侧I^1、I^2为铲形门齿。上颌牙齿齿根暴露齿槽嵴约4毫米。I、C齿冠唇面可见两条细条纹，为线性牙釉质发育不全。下颌右侧I_1、I_2、C、P_1、P_2、M_1齿颈处可见点状龋洞，左侧I_2、M_1前面齿颈处可见龋洞。上颌P^2齿颈处可见条状龋洞。

M127：两侧顶骨对称出现针尖大小密集的小孔，伴有颅骨表面橘皮样的改变，罹患缺铁性贫血疾病。下颌右侧I_1、P_2、M_1、M_2，左侧P_2、M_1生前脱落，齿槽窝完全闭合。上颌右侧M^1、M^2生前脱落，齿槽窝完全闭合。齿槽窝内保留的牙齿齿根暴露齿槽嵴约7毫米，罹患牙周病。第三颈椎上部右侧关节面较左侧明显增大。第四颈椎下部右侧关节面较左侧同样明显增大，罹患颈椎关节炎症。

（执笔：陈　靓　拥　措）

第八章 余家河墓群出土金属器科技检测与分析

余家河墓群出土了一定数量的金属文物。为了解和确认其材料成分及材质属性，并给文物保护提供预案依据，选择相关标本进行检测分析，重在了解所测对象的显微形貌和元素组成信息。检测仪器采用便携式显微镜和手持式X射线荧光光谱仪。

第一节 铁质文物检测报告

检测标本分别是M152：1铁锛、M152：19铁刀、M148：4铁凿和M148：10铁刀。

结果表明，铁质文物结构较完整、铁芯尚存呈黑色（图二八四），表面锈蚀严重，锈蚀物种类多，锈蚀产物呈黄色、棕色、红色、黑色（图二八五），部分锈蚀物脱落。材质为铁碳合金，在金属元素中铁含量超过80%（图二八六），杂质金属含量低（表一）。

表一 文物表面元素组成

EL	百分比/%	+/-3σ
Si	2.220	0.300
P	0.250	0.070
S	4.140	0.180
Ti	0.063	0.064
Fe	84.99	0.330
Co	0.330	0.150
Ni	0.063	0.026
Cu	0.242	0.047
Zn	0.098	0.026
Sr	0.007	0.004
Nb	0.011	0.007
Mo	7.499	0.087
W	0.099	0.045

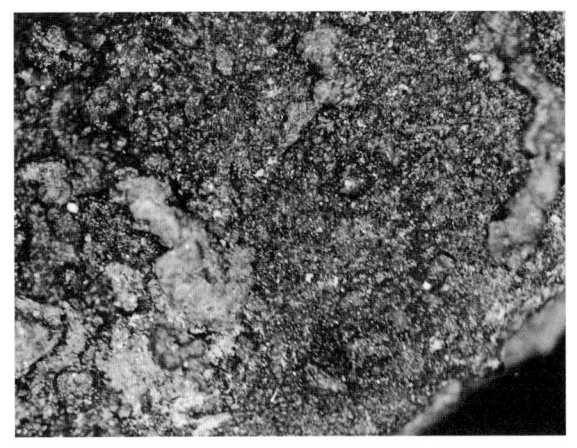

图二八四　铁芯显微图片

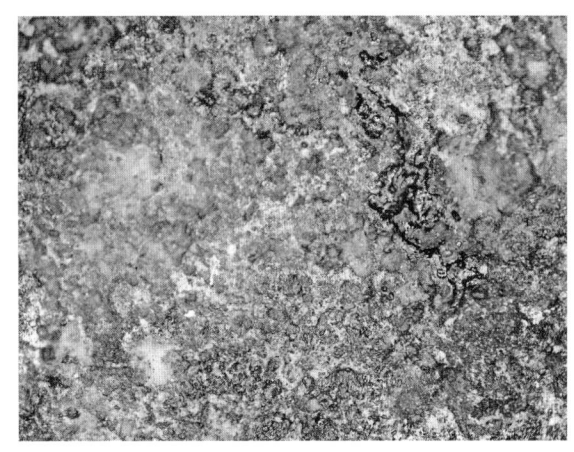

图二八五　铁锈显微图片

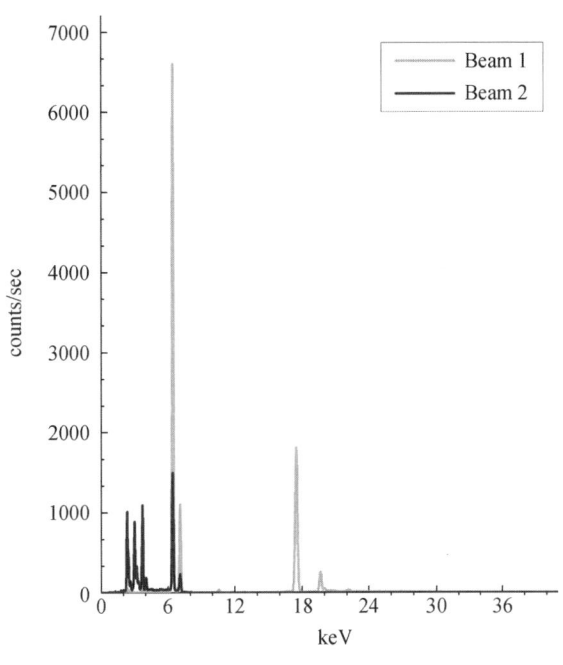

图二八六　文物表面X射线荧光光谱

第二节　铜质文物检测报告

检测标本分别是M139：6铜鼎、M153：3铜剑、M142：6铜镜、M153：2铜矛、M153：1铜铃、M132：6盖弓帽和M135：26鼎足残件。

结果表明，铜质文物结构完整，表面锈蚀严重，锈蚀物种类多，锈蚀产物呈绿色粉状（图二八七）、绿色瘤状（图二八八）、蓝色片状（图二八九）和蓝色瘤状（图二九○），另有白色粉状污染物附着。铜鼎和铜矛中铜含量较高，可达80%以上（图二九一；表二）。铜镜、铜铃和铜剑柄部表面铜含量较少、锡含量多，尤其是铜镜通体光亮无锈蚀（图二九二、图二九三），锡含量超过40%（图二九四；表三）。盖弓帽表面有朱砂彩绘（图二九五），表面白色粉状附着物较多，杂质中铅含量高（图二九六；表四）。

图二八七　青铜器表面绿色粉状锈蚀产物

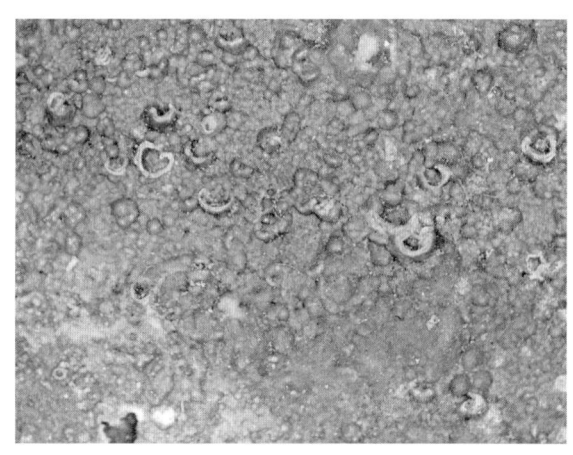

图二八八　青铜器表面绿色瘤状锈蚀产物

图二八九　青铜器表面蓝色片状锈蚀产物

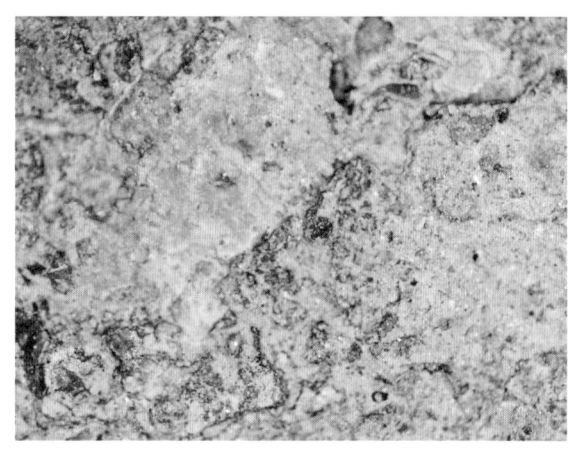

图二九〇　青铜器表面蓝色瘤状锈蚀产物

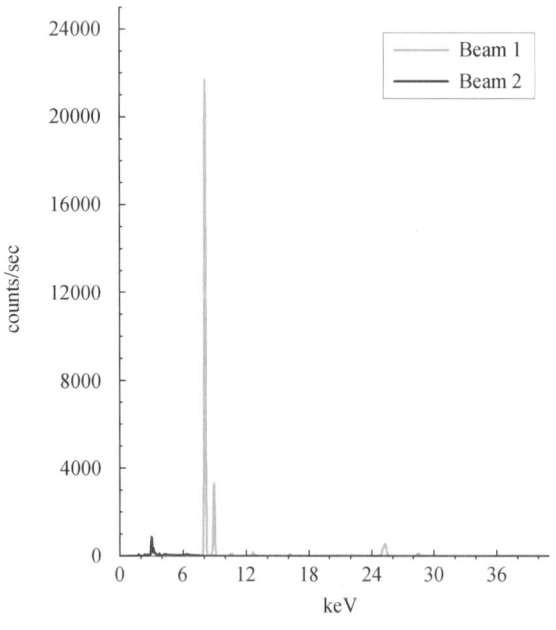

图二九一　青铜文物表面X射线荧光光谱

表二　青铜文物表面元素组成

EL	百分比/%	+/-3σ
Al	4.090	0.700
Si	5.080	0.290
P	0.133	0.054
S	0.506	0.068
Fe	0.214	0.023
Cu	81.68	0.660
Sn	6.530	0.120
Pb	1.755	0.058

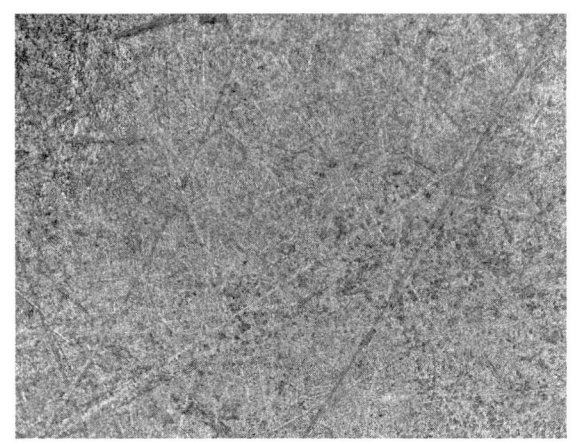

图二九二　铜镜表面显微照片

图二九三　青铜剑表面显微形貌

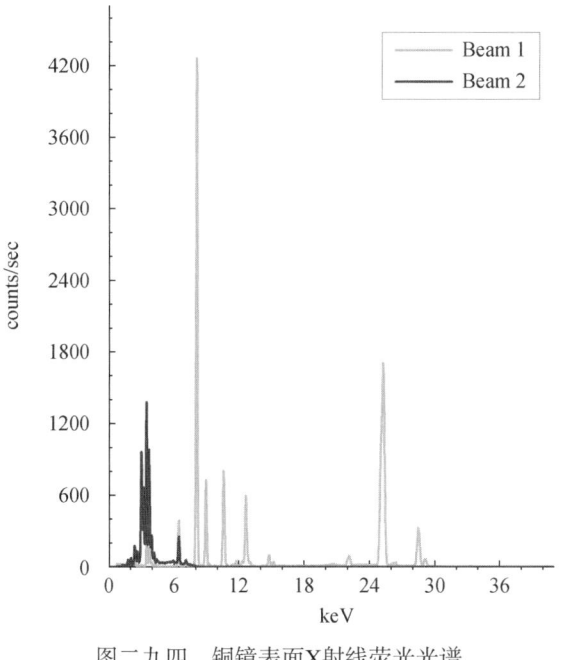

图二九四　铜镜表面X射线荧光光谱

表三　铜镜表面元素组成

EL	百分比/%	+/-3σ
Al	1.320	0.840
Si	3.480	0.330
P	1.820	0.140
Ti	0.480	0.210
Mn	0.176	0.052
Fe	6.710	0.190
Ni	0.222	0.033
Cu	36.290	0.460
Sr	0.022	0.005
Zr	0.009	0.005
Sn	41.610	0.460
Sb	1.036	0.090
W	0.197	0.049
Pb	6.380	0.130
Bi	0.254	0.041

图二九五　盖弓帽表面朱砂颜料

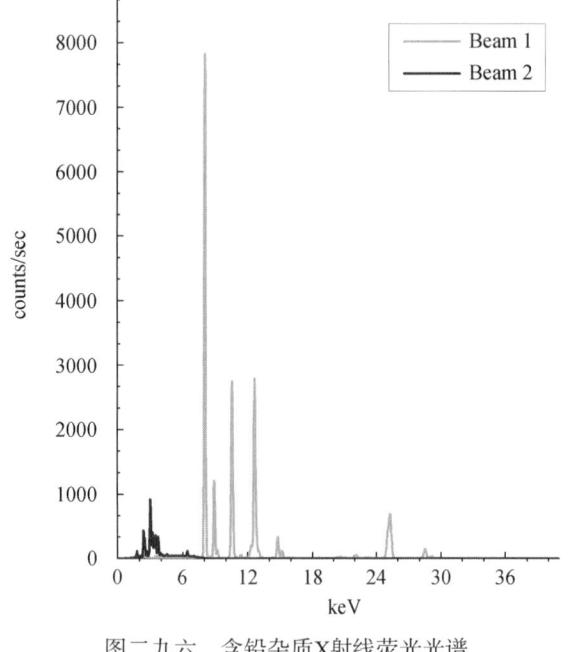

图二九六　含铅杂质X射线荧光光谱

表四　含铅杂质元素组成

EL	百分比/%	+/-3σ
Al	1.500	0.690
Si	5.360	0.350
P	1.020	0.120
Ti	0.190	0.120
Fe	1.239	0.073
Co	0.067	0.026
Ni	0.027	0.019
Cu	48.380	0.490
Sr	0.015	0.006
Zr	0.014	0.006
Sn	18.470	0.250
Sb	0.284	0.061
Pb	23.450	0.240

第三节　铅质文物检测报告

检测标本分别是M35∶1、M35∶2、M50∶2、M134∶1、M62∶1和M62∶2。

结果表明，铅质文物结构疏松，裂隙发育，本体呈黑色，锈蚀严重，锈蚀由外向内层状发展，基体内部也存在锈蚀物，锈蚀产物呈白色（图二九七、图二九八；表五），易呈块状脱落，其铅含量仅为68%，锡含量较高。

图二九七　铅质文物微观结构

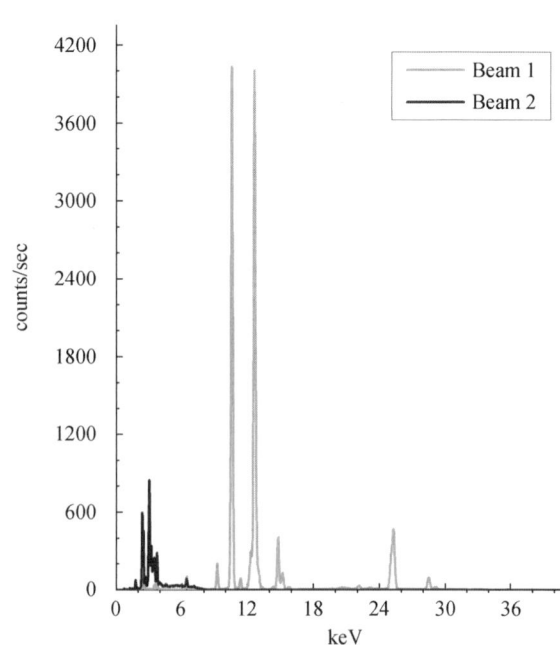

图二九八　铅质文物基体X射线荧光光谱

表五　铅质文物基体元素组成

EL	百分比/%	+/-3σ
Al	1.850	0.930
Si	4.200	0.460
Ti	0.360	0.320
Mn	0.058	0.074
Fe	2.330	0.190
Cu	0.011	0.019
Sr	0.018	0.014
Zr	0.033	0.017
Mo	0.008	0.012
Sn	23.090	0.440
Pb	68.040	0.780

第四节　银质文物检测报告

选择标本为1件银质文物串珠，编号M88∶10。

结果表明，银质文物结构完整，表面洁净有光泽，无锈蚀，加工痕迹明显，内部凹槽残存棕色物质（图二九九），基体中银元素含量为74.5%，铝含量超过10%（图三〇〇；表六）。

图二九九　银质文物表面形貌

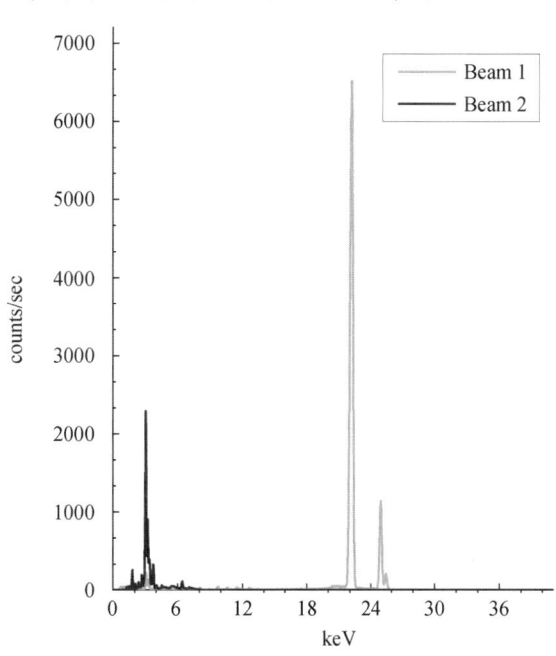

图三〇〇　银质文物基体X射线荧光光谱

表六　银质文物元素组成

EL	百分比/%	+/−3σ
Al	10.10	1.100
Si	7.680	0.250
P	2.000	0.140
S	1.461	0.090
Ti	0.520	0.300
Fe	2.770	0.160
Cu	0.201	0.030
Sr	0.004	0.003
Zr	0.004	0.003
Ag	74.500	1.000
W	0.575	0.059
Pb	0.129	0.016

（执笔：赵　星）

第九章 结　　语

第一节　对战国中晚期遗存的认识

第一期：战国中期晚段至战国晚期早段。包括M3、M4、M6、M7、M9、M10、M19、M24、M29、M38、M45、M46、M50、M64、M65、M85、M86、M87、M90、M95、M97、M98、M114、M115、M122、M124、M125、M129、M147、M153、M154等。墓葬多为西北—东南向，与长江流向大致垂直。随葬器物常见陶高柄豆、假圈足壶、长颈罐等。部分墓葬随葬较多铜璜、铜铃、铅器和料珠等，这些随葬品可能有一定的性别或身份指征作用。M50所出铜剑和M153所出陶壶形高柄豆，分别同万州大坪M126∶4、M115∶2形制基本相同[①]。陶罐M154∶1与李家坝1998M21∶2相近[②]。本期年代应在战国中期晚段至战国晚期早段，部分墓葬年代也可能稍早。

第二期：战国晚期晚段至秦汉之际。包括M21、M48、M51、M56、M59、M61、M79、M83、M84、M109等。墓葬多为西南—东北向，即顺江方向。以长宽比接近2∶1的窄长方形竖穴土坑墓为主，少数墓葬墓底横置枕木支垫。随葬器物组合主要为矮柄盏形豆和小口凹圜底罐，多是峡江地区同期巴人平民墓葬常见器物，如陶矮柄豆M21∶3与冬笋坝M46、M63所出同类器基本一致[③]，陶罐M79∶1与万州曾家溪M2∶37形制相似[④]。故初步推断本期墓葬时代可能主要为战国晚期晚段至秦汉之际。

对于未发现随葬器物或仅有零星残片的墓葬，我们无法相对细致地分析其期别年代，只能综合墓葬形制、墓位形态等做初步推测。

A区西部的M103、M105、M107、M108、M112、M121，邻近数座战国墓葬，分布较为集中，基本为东西向或西北—东南向，墓坑长宽比等于或大于2，墓葬形制与紧邻的战国晚期M109类似，由此初步推断这些墓葬的年代，可能大致在战国中晚期至汉。对于M104、M106、M110，其墓圹长宽比均接近3∶2，墓壁由上往下稍有收分，墓底有两道枕木凹槽，形制具有

---

① 重庆市文物局、重庆市移民局：《万州大坪墓地》，科学出版社，2006年，第32、38页。
② 四川大学历史文化学院考古系、云阳县文物管理所：《云阳李家坝巴人墓地发掘报告》，《重庆库区考古报告集·1998卷》，科学出版社，2003年。
③ 四川省博物馆：《四川船棺葬发掘报告》，文物出版社，1960年，第70页。
④ 镇江博物馆、重庆市文物局、重庆市文物考古所、重庆市万州区文物管理所：《万州曾家溪墓地考古发掘报告》，《重庆库区考古报告集·2001卷》，科学出版社，2008年。

战国中晚期楚式墓的风格，故其年代或大体相近。

A区中部的墓葬分布更为规整，墓群大致成排分布：

1）M111、M114、M115、M91

2）M113、M117、M118、M100、M89、M96、M128、M124、M125

3）M116、M119、M99、M95、M130、M129

4）M90、M92、M93、M94、M3、M127、M131、M126、M19、M44

5）M97、M98、M4、M2、M6、M10、M65

6）M20、M17、M8、M7、M12、M13、M14、M9、M11、M22、M23、M25、M26、M27、M36、M30、M32、M37、M34、M58、M50

7）M16、M15

8）M64、M35、M63、M62、M60

墓葬形制主要分为两种，其一是墓坑长宽比接近3∶2，墓葬一般口大底小，墓底常见二层台和横置枕木凹槽；其二是墓圹长宽比值大于或等于2，有些甚至为3∶1，二层台和枕木凹槽较少见。以第一类墓葬为多。上述这些墓葬之间不存在叠压打破关系，方向以西北—东南向为主，即基本垂直于江河流经方向。综上可以看出，该墓区应是经过规划与管理的。出土随葬器物的墓的年代，往往集中于战国中期晚段至晚期早段，此外在该墓区的东北部，M22被秦汉之际的M21打破，M27被西汉前期的M31打破，M133被西汉前期的M132打破。故初步推测，该墓区未出土随葬器物的墓葬的年代，或大致也在战国中、晚期前后，详细情况已不可知。

总的来看，这批东周墓葬中有随葬品的墓随葬品数量多寡不一，随葬器物以陶器为主，另有少量铜器、玉器、料器、铁器、铅器等。陶器有罐（平底罐、圜底罐、凹底罐等）、豆（浅盘高柄豆、矮柄豆、壶形豆等）、壶、鼎、敦等。器物组合主要为罐；豆；罐、豆等。兵器有青铜剑、矛等。墓葬形制均为长方形竖穴土坑墓，基本未见葬具，但部分墓葬中有枕木凹槽，而且所出铅器与随州擂鼓墩二号墓铅质棺钉[1]、万州大丘坪M12棺木铅扣件形制[2]相似，因此推测余家河东周墓葬中有部分应存在葬具。综上来看，除个别墓葬外，这批东周各墓之间差别一般并不大，存在的差异往往可能与性别、地位、财力等因素有关，整体规格较低。

文化属性方面。第一期墓葬，随葬器物常见高柄豆、长颈罐等，普遍存在楚墓中常见的墓底横置两道枕木的葬俗。M45存在头龛，M153还出土鼎、敦、壶、豆等带有楚式风格的生活用器和仿铜陶礼器，属典型的楚文化墓。尽管该期墓葬也出土无格无首扁茎柳叶形剑、虎纹双弓形耳柳叶形矛等具有较明显巴蜀文化特征的器物，但楚式风格占据主流。基本存在两种可能：一是墓主主体为楚人，巴人平民也占有一定数量；二是墓主主体是深受楚文化影响的巴人。就余家河现有资料来看，我们更倾向第一种认识。对于第二期墓葬，窄长方形竖穴土坑墓数量增加，多见矮柄豆、圜底罐等随葬，可见墓葬文化性质应属于较典型的巴文化范畴。这些显然反映出巴楚文化交流碰撞的信息，也为研究战国中晚期楚文化和晚期巴文化的墓葬制度、随葬品组合提供了新的实物资料。

---

[1] 湖北省博物馆、随州市博物馆：《湖北随州擂鼓墩二号墓发掘简报》，《文物》1985年第1期。

[2] 重庆市文物局、重庆市移民局：《万州大丘坪墓群》，科学出版社，2014年，第22页。

第二节 对汉代遗存的认识

这批汉墓根据叠压打破关系、形制、器物型式及组合等，可以分为三期。

第一期：西汉前期。包括M28、M31、M33、M53、M69、M70、M73、M132、M135、M137、M139、M140、M152等。墓葬形制有窄长方形竖穴土坑墓、宽方形的土坑墓等，常见二层台。随葬器物多置于墓主头端和身侧，数量多寡不一，以罐、釜、矮柄豆、甑等日常生活陶容器为主，也有鼎、盒、壶等仿铜陶礼器组合。罐、豆等形制带有战国末期巴人墓葬遗风，铜铲、刨勺等器物之风格则是战国楚风的孑遗。M69为宽方形土坑夫妻合葬墓，随葬品未见明显分属二人的情况。壶形罐M69：33和M70：2，直束颈，肩较鼓，下腹内收，与涪陵镇安M6：3、M6：2基本一致①。陶罐M135：16与涪陵镇安M22：2相近，铁釜M135：7、M137：5与万州大地嘴M26：8相似②。M53和M73出土的铁锸，基本形同于西汉前期的同类器。

此外，《汉书·食货志》云："自孝武元狩五年三官初铸五铢钱，至平帝元始中，成钱二百八十亿万余云。"指的是汉武帝时期废半两、铸行五铢。而该期墓葬一般不出钱币或仅出有半两钱，不见其他钱币，如M31出土五分钱。故初步推断本期墓葬与战国晚期至秦汉之际的巴人遗存联系较为紧密，年代大致在西汉前期，部分墓葬的年代可能稍早。

第二期：西汉中期至新莽前后。包括M136、M142、M148等。墓葬形制有长方形竖穴土坑墓，墓圹长宽比在1.3~1.5，多无二层台。随葬品数量较多，与前一期相比变化较大，常见罐、盆、甑、壶、钵等生活用具，几乎不见陶豆随葬，少数墓葬有陶钫、鼎、勺、灯等，釉陶器和模型器开始出现。几乎每座墓都有钱币出土，种类有"五铢""货泉""大泉五十"等。圜底罐M136：2广肩微鼓，浅腹，与云阳马沱M49：5基本一致③。综上所述，第二期的年代大致在西汉中期至新莽前后。

第三期：东汉前期。包括M18、M39、M40、M72、M77、M80等。墓葬形制为长方形竖穴土坑墓、"凸"字形砖室墓、刀把形砖室墓，有研究认为，竖穴土坑墓在四川盆地及渝东地区流行时代主要是在西汉以前，砖室墓从王莽时期或稍早才开始出现并很快流行起来，东汉中期以后竖穴土坑墓已基本消失④。本期多人合葬现象较流行。随葬品保留了罐、甑、釜等陶器，陶囷和釉陶器的数量增多，一些墓中家畜模型和人物俑的数量也大大增加，铜器有铜鍪、铜洗、耳杯等。陶盆、陶甑腹部变深，上腹稍直，下腹变长；宽折沿罐扁圆腹；鼎三

---

① 北京市文物研究所三峡考古队、重庆市涪陵区博物馆：《涪陵镇安遗址发掘报告》，《重庆库区考古报告集·1998卷》，科学出版社，2003年。

② 青海省考古研究所、南京师大文博系、万州市文管会：《万州大地嘴墓地发掘报告》，《重庆库区考古报告集·1999卷》，科学出版社，2006年。

③ 郑州市文物考古研究所、重庆市文物局、云阳县文物保护管理所：《云阳马沱墓地2001年度发掘报告》，《重庆库区考古报告集·2001卷》，科学出版社，2008年。

④ 四川大学历史文化学院考古系、云阳县文物管理所：《云阳李家坝10号岩坑墓发掘报告》，《重庆库区考古报告集·1997卷》，科学出版社，2001年。

蹄足靠拢等，这些体现出了较晚的特征。陶圜底罐M18∶29与1993年汇南墓群M13∶36[①]、万州下中村M4∶9[②]的器形相似。釉陶三足炉M18∶60耳外撇，扁圆腹，足内曲，与万州大坪墓地M37∶33相近[③]。铜鍪M18∶2则与万州武陵墓群M4∶41形制基本一致[④]。釉陶盘口壶M72∶4盘口，长束颈，扁圆腹，与万州安全M26∶7相似[⑤]，年代大致相当。釉陶罐M80∶5与奉节小云盘ⅠM2∶2形制相似。因此综合墓葬形制、器形和器物组合等特征，本期被初步认定为东汉前期前后。

总体来看，汉代这一区域的文化已基本融入统一的汉文化系统中，但仍保留较明显的地域性文化特征，如随葬小口大圜底罐、有颈扁腹釜、铜鍪，以及铁釜与陶甑组合；铜镜较少见，等等。这些应主要是中原汉文化与峡江一带巴蜀文化的地域差异所致。

第三节　对六朝遗存的认识

六朝时期的墓葬有石室墓和砖室墓两种，以后者为主。随葬陶器种类和数量较汉墓明显减少，陶俑、陶模型器等东汉墓葬代表性器类在本期也大大减少，取而代之的是大量的青瓷器。本期墓葬可分为两期。

第一期：两晋时期，包括M5、M88、M123等。墓葬形制有刀把形砖室墓、"凸"字形砖室墓。随葬器物以瓷器为主，胎、釉结合不甚好，施釉多厚薄不均，器外壁施釉多不及底，也常见釉脱落现象。基本器物组合为碗、罐、盘口壶，还有少量陶俑、陶楼、铜钱和铁器。器形方面，碗有平底和饼足两种，器腹一般较浅，饼足较矮。瓷盘口壶M5∶9，鼓肩，腹斜收，最大径在上部，为两晋时期特征。瓷鸡首壶M88∶3，器高大于腹径，肩部的双系为横向方形桥系，与鸡头相对应的位置贴有象征鸡尾的泥条，基本符合东晋时期的器形特征。故本期墓葬的年代大致在两晋时期。

第二期：南朝时期，有M1、M41、M42、M43、M78等。墓葬形制有"凸"字形砖室墓和刀把形砖室墓。随葬器物仍以瓷器为主，各墓出土器物组合基本一致，主要是碗、盘口壶、四系罐等。青瓷唾壶和鸡首壶也较常见，特色鲜明。青瓷唾壶颈部较短，垂腹，大平底；鸡首壶颈部瘦长，执手高于盘口，均具有南朝时期长江中下游地区墓葬随葬品的特征。瓷碗的饼足变厚。瓷壶M1∶8器形修长，盘口大而深，方桥形四横系，与1993年汇南墓群M14∶25基本相

---

① 四川省文物管理委员会、四川省文物考古研究所、丰都县文物管理所：《丰都县汇南两汉—六朝发掘简报》，《四川文物》1996年增刊《四川考古研究论文集》。
② 重庆市文物局、重庆市移民局：《万州下中村遗址》，科学出版社，2017年，第53页。
③ 重庆市文物局、重庆市移民局：《万州大坪墓地》，科学出版社，2006年，第107页。
④ 重庆市文物局、重庆市移民局：《万州武陵墓群》，科学出版社，2018年，第57页。
⑤ 重庆市文物局、陕西省考古研究所：《万州安全墓地发掘报告》，《重庆库区考古报告集·1998卷》，科学出版社，2003年。

同[①]。M43墓内出土铜半两钱和四铢钱，其中时代最晚的为四铢，为南朝刘宋时期所铸，故该墓的年代应在南朝时期。瓷盘口壶M78：13，壶体小，盘口较深，溜肩，与万州大坪M64：19相似，该墓年代应在东晋晚期至南朝时期。综合来看，第二期的年代不晚于南朝时期。

第四节　对其他墓葬的认识

M71打破东汉前期M72，故前者的年代应不早于东汉前期。

M151打破西汉前期的M152，因此前者的年代应不早于西汉前期。

第五节　对陶窑的认识

Y1和Y4的形制基本一致，与云阳乔家院子明代窑址Y6的形制相似[②]，主要区别为前两者有5条烟道，后者有4条烟道。Y1出土的遗物多是瓦片、砖块等，其板瓦较为轻薄，与云阳乔家院子Y6[③]和万州上中坝遗址明代墓葬M5[④]出土板瓦的特征基本一致。Y4出土了青花瓷碗、瓷罐等大量瓷器，形制和纹饰亦具有明代同类器物特征。因此我们初步推测Y1和Y4可能为明代窑址。

Y2打破战国晚期的M35，为双火膛长方形窑，此形制少见于三峡地区，除双火膛外，形制上与巫山张家湾遗址西汉末期Y3相似[⑤]。从出土器物看，Y2出土的圜底罐，广斜肩、浅弧腹，同余家河M18所出圜底罐形制相近，其时代相当，所出浅折腹碗等也与同期同类器物的形制相近。故Y2的年代大致在东汉前期前后。结合出土器物，并根据窑内的出土物及部分因高温而变形的砖块，推测该窑可能为专门烧制墓葬用砖和随葬品的陶窑。

Y3被破坏严重，残存遗迹与汉六朝时期的陶窑形制相似，但其具体使用年代难以判断。

Y5开口于第2层下，为三烟道、方形窑室的半倒焰窑。尽管未见时代明晰的出土器物，但

---

① 四川省文物管理委员会、四川省文物考古研究所、丰都县文物管理所：《丰都县汇南两汉—六朝发掘简报》，《四川文物》1996年增刊《四川考古研究论文集》。

② 西北大学考古队、万州博物馆：《重庆云阳县乔家院子遗址六朝及明代窑址的发掘》，《考古》2006年第5期。

③ 西北大学考古队、万州博物馆：《重庆云阳县乔家院子遗址六朝及明代窑址的发掘》，《考古》2006年第5期。

④ 西北大学考古队：《重庆市万州区上中坝遗址发掘》，《文博》2000年第4期。

⑤ 南京大学历史系考古专业、重庆市博物馆、巫山县文管所：《巫山张家湾遗址第二次发掘报告》，《重庆库区考古报告集·1999卷》，科学出版社，2006年。

其窑体形制与三峡地区巫山张家湾遗址Y3[①]、云阳旧县坪遗址CY2[②]等基本相同，因此初步推测Y5的使用年代大致为汉代。

第六节　对房址的认识

房址均开口于2006年A区第2层下，有残碎的青花瓷片、瓦片、砖石块等同出。房址分布较为集中，与墓群较明显地分隔开来，而与同开口于第2层下的明代陶窑Y4紧邻。因此综合来看，这批房址的年代与陶窑Y4大致相当，应同属于明代遗存。不排除其中有作为陶窑工匠居住的可能。

第七节　小　　结

万州余家河墓群所在地，坡度较平缓，阶地上土壤肥沃，是较为理想的人类栖息地，墓葬分布相对集中。综合墓葬形制规模、随葬品数量和质量等方面考虑，基本可认定是一处以平民为主体的墓地。东周至六朝此地人类活动较多，而战国至汉代是相对活跃的时期。

总之，余家河墓群的考古发掘收获，具有值得重视的学术价值[③]。其东周墓葬，丰富了三峡地区东周墓葬资料，对于研究该区域东周墓葬内涵与特点、葬俗及其文化属性，以及巴楚文化交流等，具有重要意义；其汉代墓葬，为了解三峡地区两汉墓葬的结构、随葬器物组合、埋葬习俗等，提供了新的第一手资料；其六朝墓葬，增进了我们对三峡地区六朝时期石室墓和砖室墓的认识。

---

① 南京大学历史系考古专业、重庆市博物馆、巫山县文管所：《巫山张家湾遗址第二次发掘报告》，《重庆库区考古报告集·1999卷》，科学出版社，2006年。

② 吉林省文物考古研究所、重庆市文物局、云阳县文物保护管理所：《云阳旧县坪遗址发掘报告》，《重庆库区考古报告集·2000卷》，科学出版社，2007年。

③ 杨小刚、赵丛苍：《万州余家河墓地发掘主要收获及其意义》，《西北大学学报（哲学社会科学版）》2008年第2期。

附表　墓葬登记表

				东周墓				
序号	墓号	墓向/(°)	墓葬形制	墓口尺寸（长×宽-深）/米	二层台	葬式	时代	备注
1	M2	298	长方形竖穴土坑墓	4.2×3.1-3.24	有	仰身直肢	战国中晚期？	被M1打破
2	M3	302	长方形竖穴土坑墓	4.4×3.4-（3.22~3.4）	有	仰身直肢	战国中期晚段至战国晚期早段	被M1打破
3	M4	132	长方形竖穴土坑墓	3.67×2.48-3.52	有	仰身直肢	战国中期晚段至战国晚期早段	
4	M6	296	长方形竖穴土坑墓	3.6×2.52-3.34	有	仰身直肢	战国中期晚段至战国晚期早段	
5	M7	311	长方形竖穴土坑墓	2.21×1.32-0.36		仰身直肢	战国中期晚段至战国晚期早段	
6	M8	302	长方形竖穴土坑墓	2.7×1.2-1.58	有	仰身直肢	战国中晚期？	
7	M9	298	长方形竖穴土坑墓	2.7×1.6-1.3	有	仰身直肢	战国中期晚段至战国晚期早段	
8	M10	304	长方形竖穴土坑墓	3.68×2.7-2.18	有	仰身直肢	战国中期晚段至战国晚期早段	被M5打破
9	M11	293	长方形竖穴土坑墓	3.1×2-2.02	有	仰身直肢	战国中晚期？	
10	M12	310	长方形竖穴土坑墓	1.85×0.65-（0.1~0.3）		仰身直肢	战国中晚期？	
11	M13	313	长方形竖穴土坑墓	3.1×2.3-（2.3~2.5）	有	仰身直肢	战国中晚期？	
12	M14	313	长方形竖穴土坑墓	3.3×2.15-（2.4~2.8）	有	仰身直肢	战国中晚期？	
13	M15	318	长方形竖穴土坑双人合葬墓	3×2.2-2.82	有	仰身直肢	战国中晚期？	
14	M16	313	长方形竖穴土坑墓	3.88×2.85-2.98	有	仰身直肢	战国中晚期？	
15	M17	311	长方形竖穴土坑墓	3.5×2.8-3.2	有		战国中晚期？	
16	M19	293	长方形竖穴土坑墓	3.1×2.2-（1.7~1.8）		仰身直肢	战国中期晚段至战国晚期早段	被M18打破
17	M20	326	长方形竖穴土坑墓	1.1×0.6-0.26			战国中晚期？	破坏严重
18	M21	40	长方形竖穴土坑墓	2.7×1.2-（0.8~0.95）	有	仰身直肢	战国晚期晚段至秦汉之际	打破M22
19	M22	307	长方形竖穴土坑墓	2.8×1.6-（1.8~2.2）	有	仰身直肢	战国中晚期？	被M21打破
20	M23	313	长方形竖穴土坑墓	3×1.44-（1.28~1.7）		仰身直肢	战国中晚期？	

续表

				东周墓				
序号	墓号	墓向/(°)	墓葬形制	墓口尺寸（长×宽-深）/米	二层台	葬式	时代	备注
21	M24	297	长方形竖穴土坑墓	2.96×1.47-1.06		仰身直肢	战国中期晚段至战国晚期早段	
22	M25	307	长方形竖穴土坑墓	2.6×1.05-0.55		仰身直肢	战国中晚期？	
23	M26	314	长方形竖穴土坑墓	2.8×1.2-0.52		仰身直肢	战国中晚期？	
24	M27	300	长方形竖穴土坑墓	2.6×（1.04~1.16）-0.75	有	仰身直肢	战国中晚期？	被M31打破
25	M29	208	长方形竖穴土坑墓	2.89×2.2-（0.75~0.95）		仰身直肢	战国中期晚段至战国晚期早段	
26	M30	299	长方形竖穴土坑墓	2.48×（1.1~1.25）-（0.15~0.2）			战国中晚期？	二次葬
27	M32	302	长方形竖穴土坑墓	3.25×2-1.7		仰身直肢	战国中晚期？	
28	M34	300	长方形竖穴土坑墓	3.4×2.7-1.4			战国中晚期？	被M33打破
29	M35	258	长方形竖穴土坑墓	3.35×1.65-1.7		仰身直肢	战国中晚期？	被Y2打破
30	M36	286	长方形竖穴土坑墓	3.62×1.8-（1.47~2）		仰身直肢	战国中晚期？	
31	M37	295	长方形竖穴土坑墓	2.7×1-1		仰身直肢	战国中晚期？	
32	M38	200	长方形竖穴土坑墓	2.65×1-1.08		仰身直肢	战国中期晚段至战国晚期早段	
33	M44	280	长方形竖穴土坑墓	3.4×1.88-（1.75~2）		仰身直肢	战国中晚期？	
34	M45	200	长方形竖穴土坑墓	2.7×（1.3~1.4）-（0.91~1.28）			战国中期晚段至战国晚期早段	
35	M46	220	长方形竖穴土坑墓	2.5×1.4-（0.93~1.25）		仰身直肢	战国中期晚段至战国晚期早段	
36	M48	30	长方形竖穴土坑墓	3×1.7-（0.83~0.92）		仰身直肢	战国晚期晚段至秦汉之际	
37	M50	308	长方形竖穴土坑墓	3.02×（1.72~1.83）-（0.62~1.2）		仰身直肢	战国中期晚段至战国晚期早段	
38	M51	167	长方形竖穴土坑墓	3.3×2.08-（1.6~1.7）		仰身直肢	战国晚期晚段至秦汉之际	
39	M56	356	长方形竖穴土坑墓	3×1.2-0.5	有	仰身直肢	战国晚期晚段至秦汉之际	被M55打破
40	M58	302	长方形竖穴土坑墓	（2.64~2.86）×1.5-（1.2~1.45）			战国中晚期？	二次葬
41	M59	205	长方形竖穴土坑墓	3.4×1.9-（1.3~1.6）		仰身直肢	战国晚期晚段至秦汉之际	
42	M60	235	长方形竖穴土坑墓	2.6×1.5-（1.13~1.52）		仰身直肢	战国中晚期？	
43	M61	8	长方形竖穴土坑墓	（3~3.1）×（0.8~1）-（0.5~0.8）		仰身直肢	战国晚期晚段至秦汉之际	
44	M62	275	长方形竖穴土坑墓	2.9×（1.48~1.6）-（1.45~2.1）		仰身直肢	战国中晚期？	
45	M63	101	长方形竖穴土坑墓	2.6×（1.32~1.4）-（0.61~1.06）		仰身直肢	战国中晚期？	

续表

				东周墓				
序号	墓号	墓向/(°)	墓葬形制	墓口尺寸（长×宽-深）/米	二层台	葬式	时代	备注
46	M64	270	长方形竖穴土坑墓	2.54×1.2-（0.22~1.15）		仰身直肢	战国中期晚段至战国晚期早段	
47	M65	282	长方形竖穴土坑墓	2.88×1.44-（1~1.22）		仰身直肢	战国中期晚段至战国晚期早段	
48	M67	194	长方形竖穴土坑墓	3.2×（1.8~1.92）-1.2	有	仰身直肢	战国中晚期？	
49	M79	212	长方形竖穴土坑墓	3×1.22-0.62	有	仰身直肢	战国晚期晚段至秦汉之际	二次葬
50	M83	217	长方形竖穴土坑墓	2.54×1.12-（0.25~0.7）		仰身直肢	战国晚期晚段至秦汉之际	
51	M84	37	长方形竖穴土坑墓	2.85×1.9-0.3		仰身直肢	战国晚期晚段至秦汉之际	
52	M85	300	长方形竖穴土坑墓	4.6×3.5-（2.7~2.9）	有	仰身直肢	战国中期晚段至战国晚期早段	
53	M86	285	长方形竖穴土坑墓	3.67×（2.1~2.2）-2.09		仰身直肢	战国中期晚段至战国晚期早段	
54	M87	290	长方形竖穴土坑墓	5.55×4.65-（5.6~5.68）	有	仰身两腿交叉	战国中期晚段至战国晚期早段	二次葬
55	M89	305	长方形竖穴土坑墓	3.68×2.7-2.3	有	仰身直肢	战国中晚期	被M88打破
56	M90	315	长方形竖穴土坑墓	3.65×2.6-（1.8~2.75）	有	仰身直肢	战国中期晚段至战国晚期早段	被M41打破
57	M91	301	长方形竖穴土坑墓	3.1×1.5-1			战国中晚期？	
58	M92	280	长方形竖穴土坑墓	2.8×1.04-1.6		侧身直肢	战国中晚期？	
59	M93	305	长方形竖穴土坑墓	3.02×1.38-1.4	有	仰身直肢	战国中晚期？	
60	M94	300	长方形竖穴土坑墓	3.3×1.48-（1.6~2.2）		侧身直肢	战国中晚期？	
61	M95	95	长方形竖穴土坑墓	3.7×2.7-（1.9~3.06）	有	仰身直肢	战国中期晚段至战国晚期早段	
62	M96	310	长方形竖穴土坑墓	4.6×3.53-（3.58~3.63）	有	侧身直肢	战国中晚期？	
63	M97	315	长方形竖穴土坑墓	3.7×2.7-（5.7~5.74）	有	仰身直肢	战国中期晚段至战国晚期早段	
64	M98	310	长方形竖穴土坑墓	4×3.1-（6.9~7.33）	有	仰身直肢	战国中期晚段至战国晚期早段	
65	M99	290	长方形竖穴土坑墓	4.4×3.62-3.54		仰身直肢	战国中晚期？	
66	M100	315	长方形竖穴土坑墓	4.3×3-3.7	有	仰身直肢	战国中晚期？	
67	M103	255	长方形竖穴土坑墓	2.46×1-1.1		仰身直肢	战国中晚期？	
68	M104	167	长方形竖穴土坑墓	3.52×2.55-（1.46~1.52）	有	仰身直肢	战国中晚期？	
69	M105	260	长方形竖穴土坑墓	2.5×0.9-0.26		仰身直肢	战国中晚期？	
70	M106	345	长方形竖穴土坑墓	3.35×（2.3~2.52）-（1~1.08）		仰身直肢	战国中晚期？	
71	M107	300	长方形竖穴土坑墓	2.7×1.1-（0.61~0.86）		仰身直肢	战国中晚期？	二次葬

续表

序号	墓号	墓向/(°)	墓葬形制	墓口尺寸（长×宽-深）/米	二层台	葬式	时代	备注
				东周墓				
72	M108	300	长方形竖穴土坑墓	2.6×1.1-1.2			战国中晚期？	
73	M109	300	长方形竖穴土坑墓	2.4×1.2-(0.6~0.7)	有	仰身直肢	战国晚期晚段至秦汉之际	
74	M110	225	长方形竖穴土坑墓	3.2×2.1-(2.2~2.26)		仰身直肢	战国中晚期？	
75	M111	315	长方形竖穴土坑墓	3.25×(2~2.18)-0.96		仰身直肢	战国中晚期？	
76	M112	280	长方形竖穴土坑墓	2.3×0.96-0.6			战国中晚期？	二次葬
77	M113	315	长方形竖穴土坑墓	3.25×1.7-1.5	有	仰身直肢	战国中晚期？	
78	M114	300	长方形竖穴土坑墓	3.4×2.5-(2.56~2.62)	有	仰身直肢	战国中期晚段至战国晚期早段	
79	M115	300	长方形竖穴土坑墓	3.2×2-(1.7~1.78)	有	仰身直肢	战国中期晚段至战国晚期早段	
80	M116	328	长方形竖穴土坑墓	2.3×0.9-(0.18~0.66)	有	仰身直肢	战国中晚期？	
81	M117	300	长方形竖穴土坑墓	3.24×2-1.1	有	仰身直肢	战国中晚期？	
82	M118	304	长方形竖穴土坑墓	3.8×(2.6~2.8)-(1.4~1.48)	有	侧身屈肢	战国中晚期？	
83	M119	325	长方形竖穴土坑墓	2.48×1-0.75		直肢	战国中晚期？	
84	M120	235	长方形竖穴土坑墓	2.1×2.2-0.12		直肢	战国中晚期？	
85	M121	310	长方形竖穴土坑墓	3×1.5-1.2	有	仰身直肢	战国中晚期？	
86	M122	310	长方形竖穴土坑墓	2.6×1.2-(0.8~0.9)			战国中期晚段至战国晚期早段	
87	M124	292	长方形竖穴土坑墓	3.1×2.2-1.6	有	仰身屈肢	战国中期晚段至战国晚期早段	
88	M125	240	长方形竖穴土坑墓	3.55×2.5-(1.2~1.34)		仰身直肢	战国中期晚段至战国晚期早段	
89	M126	290	长方形竖穴土坑墓	3×1.4-0.84	有	仰身直肢	战国中晚期？	
90	M127	290	长方形竖穴土坑墓	4.05×3.04-2.74	有	仰身直肢	战国中晚期？	
91	M128	280	长方形竖穴土坑墓	3×2-2		侧身直肢	战国中晚期？	
92	M129	300	长方形竖穴土坑墓	3.5×2.3-3.1	有	仰身直肢	战国中期晚段至战国晚期早段	
93	M130	260	长方形竖穴土坑墓	3.2×2.1-2.1	有	仰身直肢	战国中晚期？	
94	M131	300	长方形竖穴土坑墓	3.5×2.3-1.54	有		战国中晚期？	二次葬
95	M133	320	长方形竖穴土坑墓	4.48×2.4-2.2			战国中晚期？	被M132打破
96	M134	232	长方形竖穴土坑墓	3.1×1.8-(0.5~0.59)		仰身直肢	战国中晚期？	
97	M143	317	长方形竖穴土坑墓	3.24×2.2-1.12			战国中晚期？	
98	M146	125	长方形竖穴土坑墓	3.24×2.4-(1.9~1.96)			战国中晚期？	
99	M147	254	长方形竖穴土坑墓	3.35×(2~2.12)-(2.2~2.3)		仰身直肢	战国中期晚段至战国晚期早段	
100	M150	342	长方形竖穴土坑墓	3.64×2.6-(1.8~1.86)			战国中晚期？	

续表

				东周墓				
序号	墓号	墓向/(°)	墓葬形制	墓口尺寸（长×宽-深）/米	二层台	葬式	时代	备注
101	M153	13	长方形竖穴土坑墓	4.2×3.2-（3~3.1）		仰身直肢	战国中期晚段至战国晚期早段	
102	M154	113	长方形竖穴土坑墓	3×1.6-（1.15~1.25）		仰身直肢	战国中期晚段至战国晚期早段	
103	M155	305	长方形竖穴土坑墓	3.5×2.57-（2.2~2.88）		侧身直肢	战国中晚期？	

				汉墓					
序号	墓号	墓向/(°)	墓葬形制	墓室/米	甬道	葬具	二层台	葬式	时代	备注
1	M18	129	长方形竖穴土坑墓	4.4×3.6-（2.3~2.62）				仰身直肢	东汉前期	打破M19
2	M28	185	长方形竖穴土坑墓	3.55×2-0.68			有	仰身直肢	西汉前期	
3	M31	40	长方形竖穴土坑墓	3.91×1.65-1.62			有	仰身直肢	西汉前期	
4	M33	8	长方形竖穴土坑墓	3.5×1.8-1.8			有	仰身直肢	西汉前期	打破M34
5	M39	45	长方形竖穴土坑墓	4×3-（0.7~1.9）					东汉前期	
6	M40	42	长方形竖穴土坑墓	4.92×3.55-（1.72~3.1）	有	有			东汉前期	
7	M47	255	长方形竖穴土坑墓	3.95×2.44-（2.04~2.5）			有	仰身直肢	汉代	
8	M49	350	长方形竖穴土坑墓	2.57×（1.7~1.8）-（0.78~1.28）				仰身直肢	汉代	
9	M52	260	长方形竖穴土坑墓	2.75×1.34-（1.21~1.7）				仰身直肢	汉代	
10	M53	245	长方形竖穴土坑墓	2.75×1.5-（1.17~1.5）				侧身直肢	西汉前期	
11	M54	232	长方形竖穴土坑墓	3.3×2.5-（1.8~2.1）			有	仰身直肢	汉代	
12	M55	225	长方形竖穴土坑墓	2.6×1.1-（0.8~1）				仰身直肢	汉代	打破M56
13	M57	210	长方形竖穴土坑墓	2.64×1.36-（0.87~1）					汉代	二次葬
14	M66	230	长方形竖穴土坑墓	2.7×1.4-（0.85~0.95）				仰身直肢	汉代	
15	M69	55	长方形竖穴土坑合葬墓	4.4×3.57-（2.8~4.95）			有	仰身直肢	西汉前期	

续表

汉墓									
序号	墓号	墓向/(°)	墓葬形制	墓室/米	甬道	葬具	二层台	葬式	时代	备注
16	M70	210	长方形竖穴土坑墓	3.79×2.2-(0.4~2)		有			西汉前期	
17	M72	235	刀把形砖室墓	1.5×2.1-0.85	2.9×2.7-0.9				东汉前期	被M71打破
18	M73	298	长方形竖穴土坑墓	3.15×2.05-2			有	仰身直肢	西汉前期	
19	M77	216	"凸"字形砖室墓	3.1×3.85-0.98	2.36×1.94-(0.78~0.98)			1号人骨屈肢，2~6号人骨仰身直肢	东汉前期	
20	M80	221	刀把形砖室墓	2.73×2.1-0.88	0.9×1.6-0.72			仰身直肢	东汉前期	
21	M132	46	长方形竖穴土坑墓	6.3×4.4-6.2		有	有	直肢	西汉前期	打破M133
22	M135	25	长方形竖穴土坑墓	4.2×2.53-3.1		有	有		西汉前期	
23	M136	40	长方形竖穴土坑墓	3.9×2.6-(0.34~1.14)		有		仰身直肢	西汉中期至新莽前后	叠压在M140上
24	M137	47	长方形竖穴土坑墓	3.1×2-2		有		仰身直肢	西汉前期	
25	M139	197	长方形竖穴土坑墓	4×2-1.92		有			西汉前期	
26	M140	40	长方形竖穴土坑墓	3.88×2.6-2.83			有		西汉前期	
27	M142	40	长方形竖穴土坑墓	4×2.6-2					西汉中期至新莽前后	
28	M148	256	长方形竖穴土坑墓	4.9×3.6-3		有			西汉中期至新莽前后	
29	M152	25	长方形竖穴土坑墓	3.12×2-(1.3~1.35)		有	有	仰身直肢	西汉前期	被M151打破

六朝墓									
序号	墓号	墓向/(°)	墓葬形制	主要尺寸（长×宽-深）/米		葬具	二层台	葬式	时代	备注
				墓室	甬道					
1	M1	80	刀把形石室墓	5.6×1.9-0.8	1.8×1.6-0.6			仰身直肢	南朝时期	打破M2、M3
2	M5	122	刀把形砖室墓	3.4×2.8-1.9	2.1×1.92-1.9				两晋时期	打破M10
3	M41	133	"凸"字形砖室墓	4.3×2.88-1.4	1.54×2.6-1.38				南朝时期	打破M90
4	M42	131	"凸"字形砖室墓	2.5×1.4-0.69	1.11×1.19-1.47				南朝时期	

续表

六朝墓

序号	墓号	墓向/(°)	墓葬形制	主要尺寸（长×宽-深）/米		葬具	二层台	葬式	时代	备注
				墓室	甬道					
5	M43	122	"凸"字形砖室墓	4.9×2.9-2.4	2.4×2-0.88				南朝时期	
6	M78	50	刀把形砖室墓	3.2×(2.6~2.7)-0.9	1.8×1.78-1.1				南朝时期	
7	M88	114	"凸"字形砖室墓	5.48×3.1-0.94	2.6×1.9-1				两晋时期	打破M89
8	M123	115	"凸"字形砖室墓	5×2.8-0.72	2.2×2-0.36				两晋时期	

其他墓葬

序号	墓号	墓向/(°)	墓葬形制	墓室	二层台	葬式	时代	备注
1	M68	215	砖室墓	0.82×0.42-0.82				
2	M71	335	长方形竖穴土坑墓	2.05×0.63-0.26		仰身直肢	不早于东汉前期	打破M72
3	M74	356	长方形竖穴土坑墓	2.3×0.64-(0.35~0.66)		仰身直肢		
4	M75	351	长方形竖穴土坑墓	2.3×1-(0.22~0.94)		仰身直肢		
5	M76	293	长方形竖穴土坑墓	2.2×0.76-0.26		仰身直肢		
6	M81	301	长方形竖穴土坑墓	3.6×2.4-4.8	有			
7	M82	310	长方形竖穴土坑墓	3.9×3.2-3.5				
8	M101	180	长方形竖穴土坑墓	2.8×1.2-(1.16~1.76)		侧身屈肢		
9	M102	180	长方形竖穴土坑墓	2.6×1.3-(1.57~2.3)		侧身屈肢		
10	M138	45	长方形竖穴土坑墓	3.2×2.2-1.5				
11	M141	305	长方形竖穴土坑墓	4.3×3-(2.1~2.8)				
12	M144	135	长方形竖穴土坑墓	4.3×3.55-1.9				
13	M145	135	长方形竖穴土坑墓	3.8×(2.4~2.8)-1.78		仰身直肢		
14	M149	330	长方形竖穴土坑墓	4×3.1-1.6				
15	M151	15	长方形竖穴土坑墓	4.2×2.9-2			不早于西汉前期	打破M152

后　　记

　　作为三峡文物保护项目的《万州余家河墓群》考古报告编写与出版，是在重庆市文物局具体安排和组织领导下实施的。承担任务管理的西北大学文化遗产学院对此十分重视，从办公条件和经费等方面都给予支持，保证了资料整理与报告写作的顺利完成。感谢郭艳利、景宏伟在田野发掘过程中给予的帮助，感谢万州区博物馆领导和业务同行的热情配合，感谢科学出版社王光明编辑为本书出版所付出的心血！

　　本报告编写及资料整理工作由赵丛苍负责。报告执笔：赵丛苍、祁翔、曾丽、吕亚宁、任丹。田野绘图主要由赵胜利承担，器物绘图主要由赵胜利、赵勇、曾丽承担，田野与器物照相由赵丛苍、程永洪、崔炳堂完成。

编　者

2023年2月26日

图版一

1. 发掘前地貌

2. 钻探

工作照

图版二

1. 布方

2. 发掘场景

工作照

1. 发掘场景远眺

2. 解剖地层

工作照

图版四

1. 防雨大棚

2. 墓葬发掘支护

工作照

图版五

1. 随葬器物清理

2. 墓葬拍照

工作照

图版六

1. 墓群测绘

2. 遗迹现象分析

工作照

1. 发掘完工

2. 室内整理

工作照

图版八

1. 整理资料

2. 护送文物

工作照

图版九

1. M2墓室结构

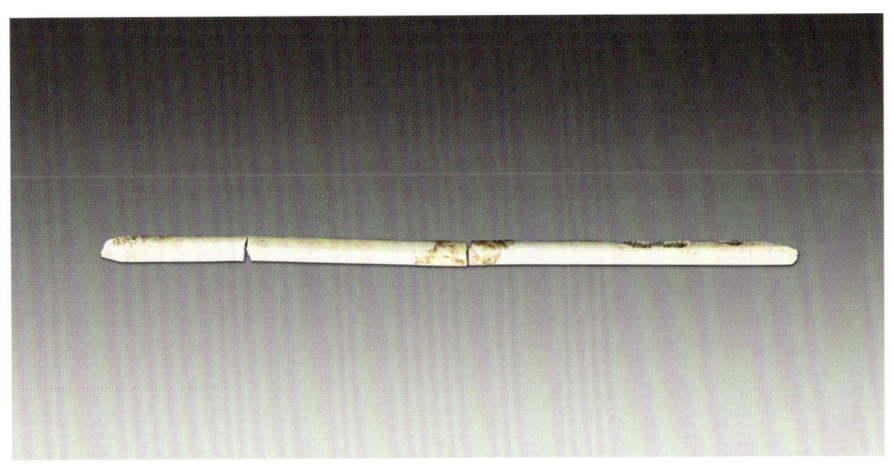

2. 骨笄（M2:1）

M2墓室结构及其出土器物

图版一〇

1. M3墓室结构

2. 陶豆（M3∶3）

3. 陶壶（M3∶5）

M3墓室结构及其出土器物

图版一一

1. M4墓室结构

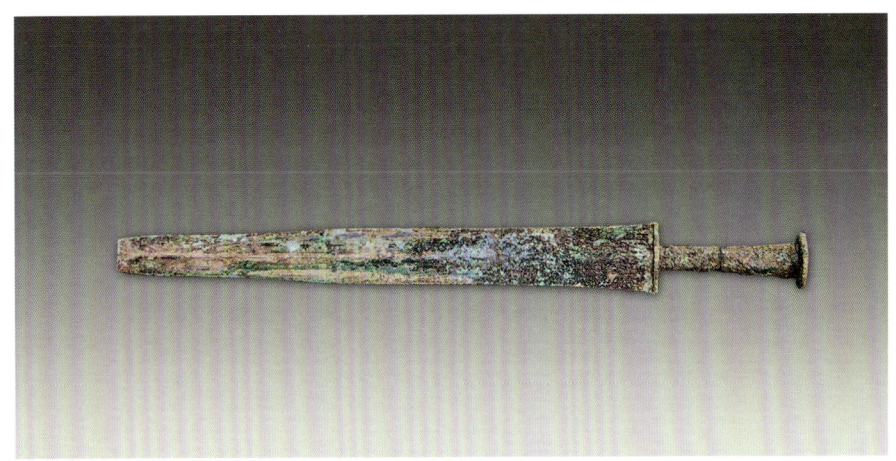

2. 铜剑（M4：3）

M4墓室结构及其出土器物

图版一二

1. M6墓室结构

2. M7墓室结构

M6、M7墓室结构

图版一三

1. 陶豆（M6∶1）

2. 铜矛（M7∶1）

3. M9墓室结构

M6、M7出土器物及M9墓室结构

图版一四

1. M14墓室结构

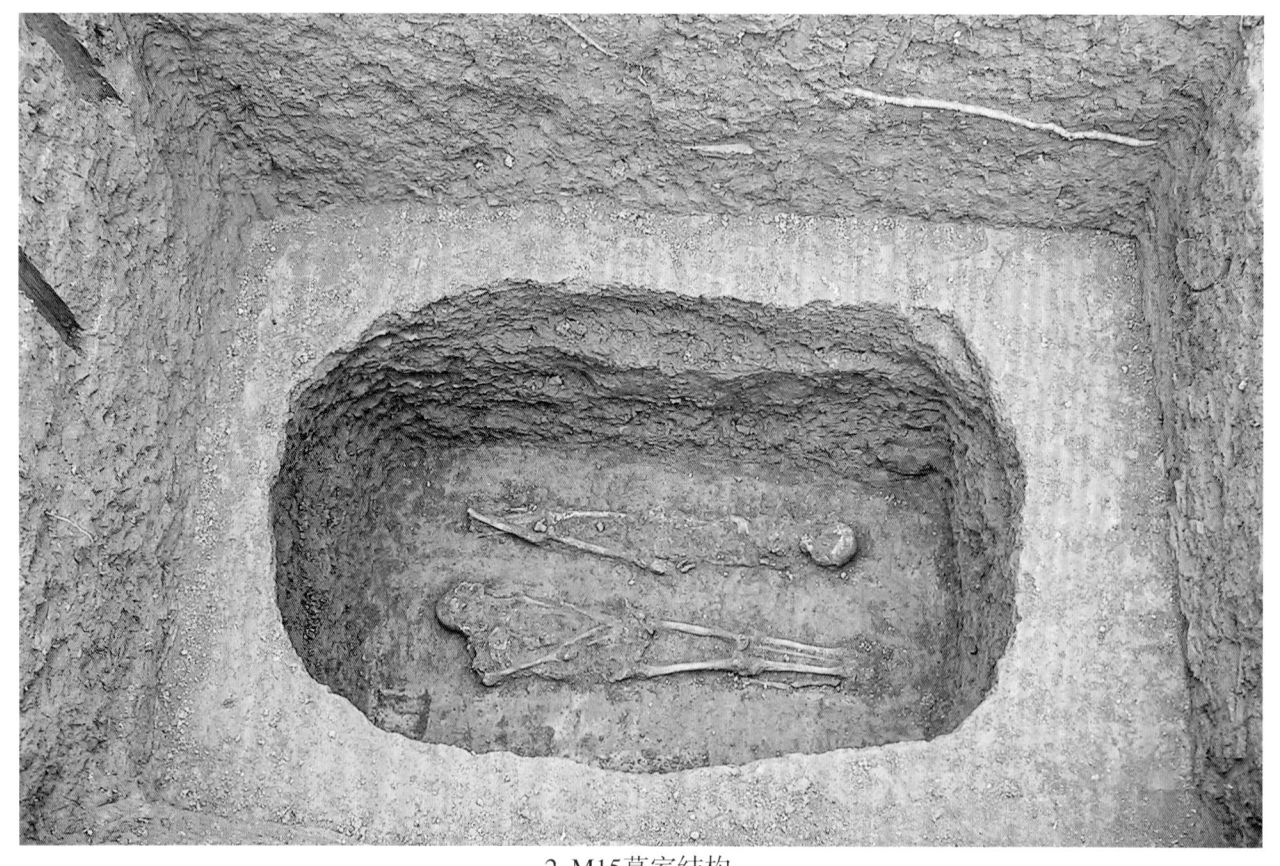

2. M15墓室结构

M14、M15墓室结构

图版一五

1. M21墓室结构

2. 陶豆（M19:1）

3. 石锛（M21:1）

M21墓室结构及其出土器物、M19出土器物

图版一六

1. M22墓室结构

2. M23墓室结构

M22、M23墓室结构

图版一七

1. M45墓室结构

2. 玉玦（M45:1）

3. 陶罐（M45:2）

M45墓室结构及其出土器物

图版一八

1. M46墓室结构

2. M46随葬品出土情况

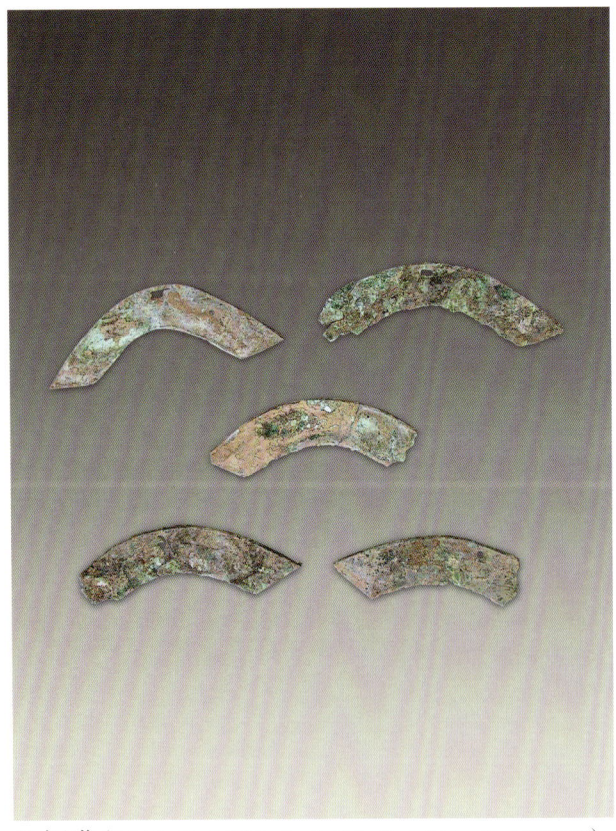

3. 铜璜（M46:2、M46:3、M46:6、M46:4、M46:5）

4. 铜铃（M46:1）

M46墓室结构及其出土器物

图版一九

1. 料珠（M46：10、M46：11、M46：12）

2. 骨管、绿松石管饰、料管（M46：9、M46：8、M46：7）

M46出土器物

图版二〇

1. M48墓室结构

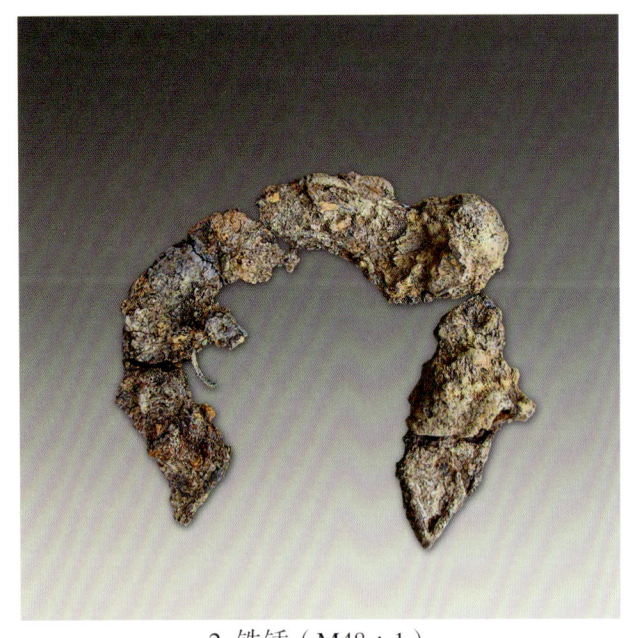

2. 铁锸（M48∶1）

3. 陶罐（M48∶4）

M48墓室结构及其出土器物

图版二一

1. M50墓室结构

2. M50铜剑出土情况

M50墓室结构及其随葬品出土情况

图版二二

1. M50头部铅器出土情况

2. M50脚部铅器出土情况

M50随葬品出土情况

图版二三

1. 铜剑（M50∶13）

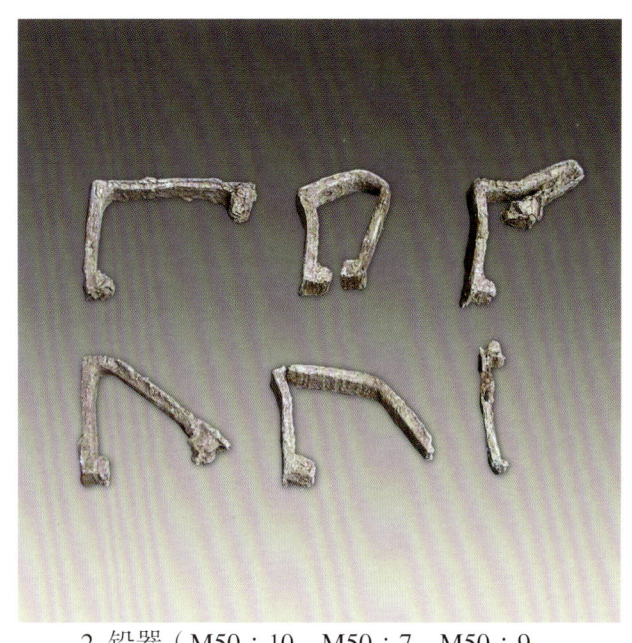

2. 铅器（M50∶10、M50∶7、M50∶9、M50∶11、M50∶3、M50∶8）

3. 铅器（M50∶2、M50∶6、M50∶1、M50∶12）

4. 铅器（M50∶5、M50∶4）

M50出土器物

图版二四

1. M51墓室结构

2. 陶罐（M51∶1）

3. 陶豆（M51∶2）

M51墓室结构及其出土器物

图版二五

1. M59 墓室结构

2. 陶豆（M59：1）

3. 陶罐（M59：2）

M59 墓室结构及其出土器物

图版二六

1. M60墓室结构

2. 陶罐（M61:1）

M60墓室结构及M61出土器物

图版二七

1. M62墓室结构

2. 铅器（M62:1）

3. 铅器（M62:2）

M62墓室结构及其出土器物

图版二八

1. 陶罐（M64∶1）

2. 陶盂（M64∶2）

3. 铜璜（M65∶2、M65∶3、M65∶4、M65∶5、M65∶6）

4. 铜铃（M65∶11）

5. 铜带钩（M65∶10）

M64、M65出土器物

图版二九

1. M79墓室结构

2. 陶罐（M79:1）

3. 陶豆（M79:3）

M79墓室结构及其出土器物

图版三〇

1. M83墓室结构

2. 陶豆（M83:1）

3. 陶豆（M83:2）

M83墓室结构及其出土器物

图版三一

1. M84墓室结构

2. 铜璜（M84：9-2）

3. 铜带钩（M84：7）

M84墓室结构及其出土器物

图版三二

1. 瓮（M84∶1）

2. 瓮（M84∶5）

3. 豆（M84∶2）

4. 豆（M84∶6）

M84出土陶器

图版三三

1. M85墓室结构

2. 铜矛（M85:1）

3. 陶豆（M85:4）

M85墓室结构及其出土器物

图版三四

1. M86墓室结构

2. M86陶壶出土情况

3. 陶壶（M86∶1）

M86墓室结构及其出土器物

图版三五

1. M87墓室结构

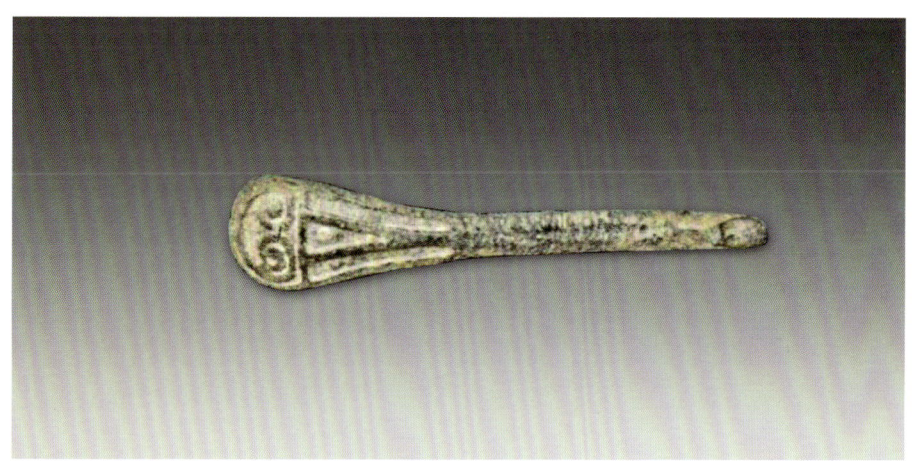

2. 铜带钩（M87：1）

M87墓室结构及其出土器物

图版三六

1. M90墓室结构

2. 铜剑（M90∶1）

3. 陶豆（M90∶2）

M90墓室结构及其出土器物

图版三七

1. M95墓室结构

2. M96墓室结构

3. 石璧（M97：1）

M95、M96墓室结构及M97出土器物

图版三八

1. M98墓室结构

2. 铜銮铃（M98∶5）

3. 铜铃（M98∶3）

M98墓室结构及其出土器物

图版三九

1. A型铜璜（M98:10）

2. B型铜璜（M98:14）

3. 铜铃（M98:22、M98:23、M98:24）

4. 料珠（M98:2）

M98出土器物

图版四〇

1. A型（M98：32、M98：33、M98：34、M98：35、M98：36、M98：37、M98：38、M98：39、M98：40、M98：41、M98：42、M98：43、M98：44）

2. C型（M98：45、M98：46、M98：47、M98：48、M98：49、M98：50、M98：51、M98：52、M98：53、M98：54、M98：55、M98：56、M98：57）

M98出土铜璜

图版四一

1. M109墓室结构

2. 陶罐（M109：1）

3. M115墓室结构

M109墓室结构及其出土器物、M115墓室结构

图版四二

1. M124墓室结构

2. 陶豆（M124：1）

3. 陶豆（M124：2）

M124墓室结构及其出土器物

图版四三

1. M129∶4

2. M129∶2

3. M129∶3

4. M129∶7

M129出土陶豆

图版四四

1. M147墓室结构

2. 陶豆（M147：2）

3. 陶豆（M147：4）

4. 陶盂（M147：3）

M147墓室结构及其出土器物

图版四五

1. M153墓室结构

2. 铜剑（M153∶3）

3. 铜矛（M153∶2）

M153墓室结构及其出土器物

图版四六

1. 敦（M153∶10）

2. 敦（M153∶13）

3. 豆（M153∶5）

4. 豆（M153∶12）

M153出土陶器

图版四七

1. 豆（M153∶11）

2. 豆（M153∶9）

3. 壶（M153∶8）

4. 壶（M153∶7）

M153出土陶器

图版四八

1. M153:6

2. 局部（M153:6）

M153出土陶鼎

图版四九

1. 陶鼎（M153：4）

2. 陶鼎局部（M153：4）

3. 铜铃（M153：1）

M153出土器物

图版五〇

1. M154墓室结构

2. 陶罐（M154∶1）

3. 陶盂（M154∶3）

M154墓室结构及其出土器物

1. M18墓室结构

2. M18陶俑出土情况

M18墓室结构及其随葬品出土情况

图版五二

1. M18陶楼出土情况

2. M18铜耳杯扣出土情况

3. M18鸡蛋壳出土情况

M18随葬品出土情况

图版五三

1. 铜鍪（M18:2）

2. 铜鉴（M18:3）

3. 铜洗（M18:4）

4. 铁釜（M18:69）

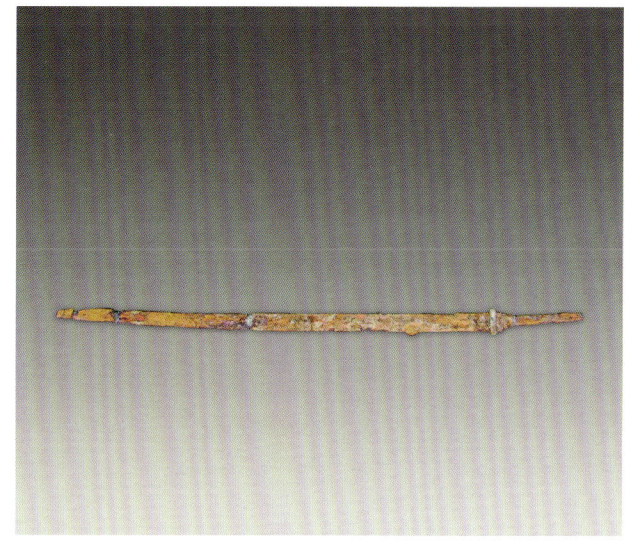

5. 铁剑（M18:37）

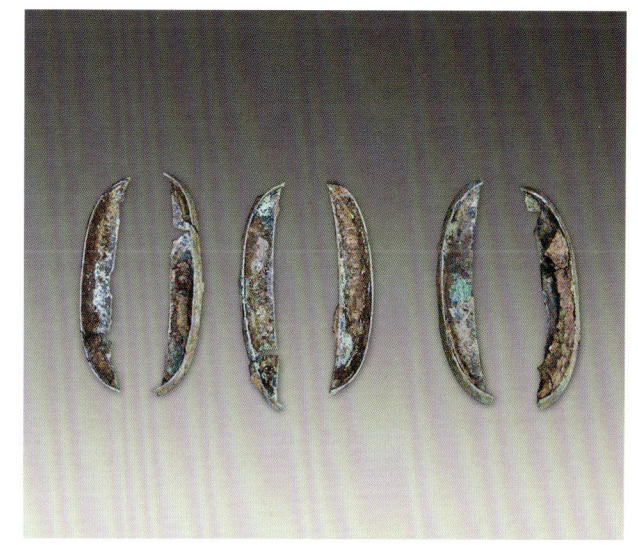

6. 铜耳杯扣（M18:38、M18:44、M18:46）

M18出土器物

图版五四

1. M18:7

2. M18:8

M18出土陶楼

图版五五

1. 釉陶三足炉（M18∶60）

2. 陶釜（M18∶30）

3. 陶圜底罐（M18∶29）

4. 陶盆（M18∶71）

5. 陶囷（M18∶22）

6. 釉陶盆（M18∶54）

M18出土器物

图版五六

1. 陶鸡（M18∶36）

2. 陶甑釜（M18∶23、M18∶28）

3. 釉陶壶（M18∶66）

M18出土器物

图版五七

1. 抚琴俑（M18:5）

2. 击鼓俑（M18:10）

3. 拱手立俑（M18:12）

4. 舞俑（M18:9）

M18出土陶俑

图版五八

1. 狗（M18：14）

2. 猪（M18：15）

M18出土陶器

图版五九

1. M28墓室结构

2. 陶壶（M28：1）

3. 陶壶（M28：12）

M28墓室结构及其出土器物

图版六〇

1. 陶罐（M28:2）

2. 陶瓯（M28:7）

3. M31墓室结构

M28出土器物及M31墓室结构

图版六一

1. 罐（M31∶14）

2. 罐（M31∶11）

3. 豆（M31∶8）

4. 盘（M31∶9）

5. 盒（M31∶3）

6. 壶（M31∶10）

M31出土陶器

图版六二

1. M33墓室结构

2. 陶釜（M33：5）

3. 陶豆（M33：1）

M33墓室结构及其出土器物

图版六三

1. M39墓室结构

2. 铜洗（M39∶2）

3. 铜大泉五十（M39∶1a）

4. 陶圆肩罐（M39∶5）

5. 陶圜底罐（M39∶41）

M39墓室结构及其出土器物

图版六四

1. 折肩罐（M39∶28）

2. 圆肩罐（M39∶42）

3. 圜底罐（M39∶35）

4. 瓮（M39∶32）

5. 瓮（M39∶22）

6. 瓮（M39∶10）

M39出土陶器

图版六五

1. 囷（M39：43）

2. 囷（M39：39）

3. 碗（M39：16）

4. 盆（M39：12）

5. 壶（M39：30）

6. 釜（M39：7）

M39出土陶器

图版六六

1. M40墓室结构

2. 铜鍪（M40∶9）

3. 铜五铢（M40∶1）

M40墓室结构及其出土器物

图版六七

1. 盆（M40∶8）

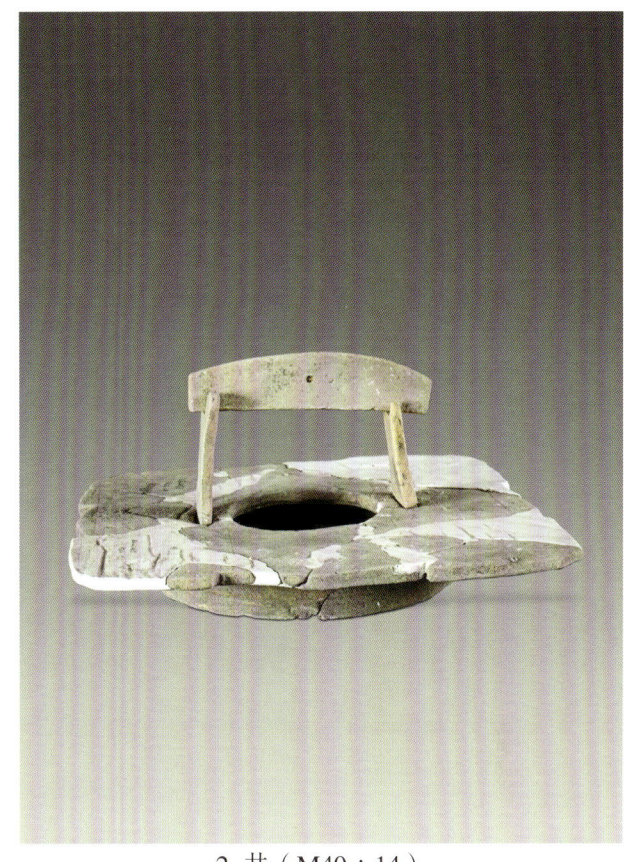

2. 井（M40∶14）

3. 囷（M40∶12）

4. 壶（M40∶15）

M40出土陶器

图版六八

1. M69墓室结构

2. 铁剑（M69:43）

3. 铜半两（M69:12）

M69墓室结构及其出土器物

图版六九

1. 钫（M69∶4）

2. 罐（M69∶37）

3. 罐（M69∶35）

M69出土陶器

图版七〇

1. 壶（M69:30）

2. 壶（M69:29）

3. 罐（M69:24）

4. 罐（M69:21）

M69出土陶器

图版七一

1. 勺（M69：25）

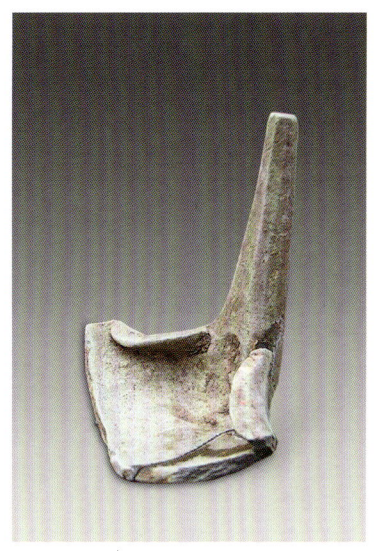
2. 勺（M69：14）

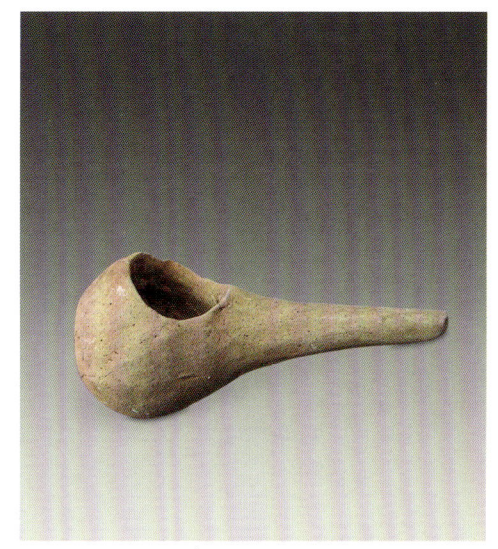
3. 匏勺（M69：27）

4. 鼎（M69：18）

5. 三足罐（M69：17）

6. 豆（M69：20）

7. 豆（M69：6）

M69出土陶器

图版七二

1. 陶盒（M69∶13）

2. 陶盒（M69∶5）

3. 陶壶（M69∶2）

4. 陶壶（M69∶1）

5. 釉陶盘口壶（M72∶4）

M69、M72出土器物

图版七三

1. M73墓室结构

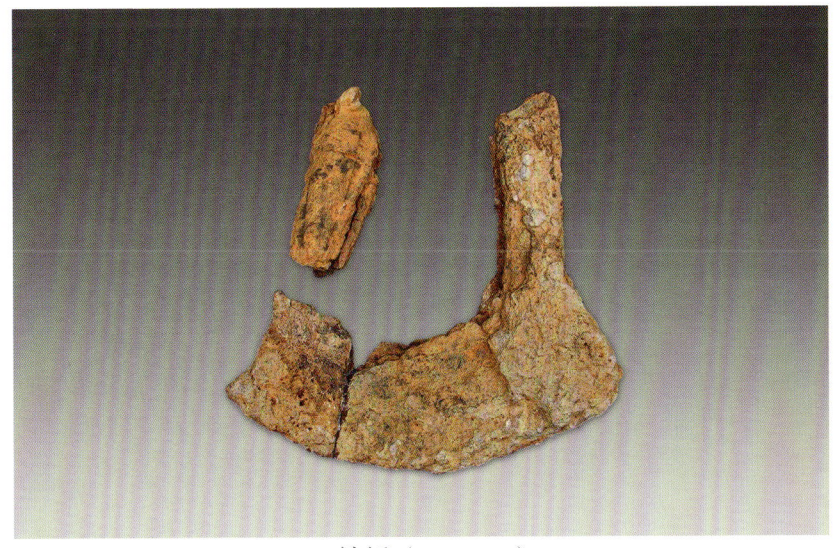

2. 铁锸（M73:1）

M73墓室结构及其出土器物

图版七四

1. M132墓室结构

2. 陶钫（M132∶7）

3. 铜半两（M132∶2）

4. 铜盖弓帽（M132∶4、M132∶5、M132∶6）

M132墓室结构及其出土器物

图版七五

1. M135墓室结构

2. 陶甑铁釜（M135：8、M135：7）

M135墓室结构及其出土器物

图版七六

1. 圜底罐（M135：22）

2. 圜底罐（M135：9）

3. 釜（M135：11）

4. 釜（M135：20）

5. 圜底罐（M135：18）

6. 小口圆肩罐（M135：12）

M135出土陶器

图版七七

1. 豆（M135：24）

2. 豆（M135：4）

3. 钫（M135：5）

M135出土陶器

图版七八

1. 陶钵（M136∶5）

2. 陶罐（M136∶2）

3. 铁刀（M136∶4）

4. 铜五铢（M136∶1）

M136出土器物

图版七九

1. M137墓室结构

2. 铜盘（M137∶4）

3. 铜指环（M137∶13）

4. 陶豆（M137∶12）

5. 陶罐（M137∶10）

M137墓室结构及其出土器物

图版八〇

1. M139墓室结构

2. 陶盂（M139∶7）

3. 陶甑（M139∶2）

4. 陶罐（M139∶16）

5. 陶罐（M139∶11）

M139墓室结构及其出土器物

图版八一

1. 铁刀（M139∶23）

2. 铜构件（M139∶24）

3. 铜铃（M139∶22）

4. 铜铃（M139∶8）

5. 铜鼎（M139∶6）

M139出土器物

图版八二

1. 铜铲（M139∶5）

2. 铜构件（M139∶4）

3. 铜半两（M139∶1）

4. 铜构件（M139∶25）

5. 铜釜及铁三足支架（M139∶3、M139∶26）

6. 铜釜内动物骨骼（M139∶3）

M139出土器物

1. 陶鼎（M140∶4）

2. 陶鼎（M140∶14）

3. 铜鍪（M140∶3）

4. 陶甑铁釜（M140∶5、M140∶6）

5. 铜钉（M140∶8）

6. 铜半两（M140∶1）

M140出土器物

图版八四

1. 陶罐（M142：20）

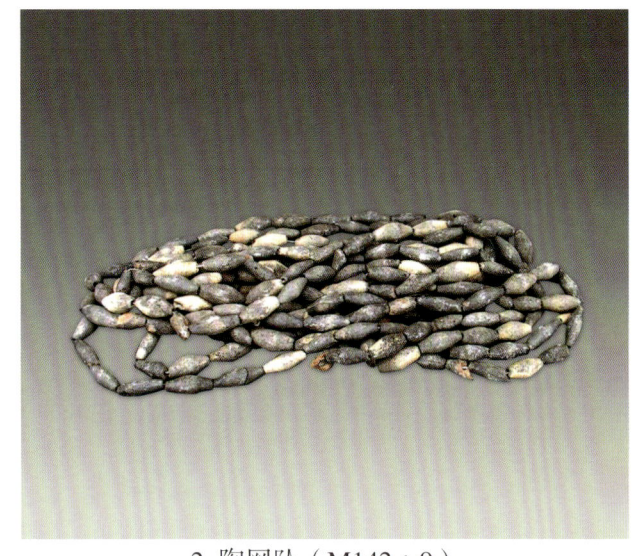

2. 陶网坠（M142：9）

3. 铁刀（M142：7）

4. 铜镜（M142：6）

5. 铜构件（M142：5）

6. 铜构件（M142：21）

M142出土器物

图版八五

1. 陶罐（M148：9）

2. 铁凿（M148：4）

3. 铜五铢（M148：1）

4. 铁刀（M148：10）

M148出土器物

图版八六

1. M152墓室结构

2. 陶鼎（M152∶3）

3. 陶罐（M152∶12）

M152墓室结构及其出土器物

图版八七

1. 陶壶（M152∶2）

2. 陶釜（M152∶15）

3. 陶纺轮（M152∶18）

4. 圆石（M152∶11）

5. 铜半两（M152∶4）

6. 铁锛（M152∶1）

M152出土器物

图版八八

1. M77墓室结构

2. 料珠、料管（M77:24、M77:25、M77:26、M77:27、M77:28、M77:29、M77:30）

M77墓室结构及其出土器物

图版八九

1. 琉璃耳珰（M77∶22）

2. 琉璃耳珰（M77∶21）

3. 料块（M77∶20）

4. 料块（M77∶19）

5. 煤精圆珠（M77∶11）

6. 煤精羊（M77∶10）

M77出土器物

图版九〇

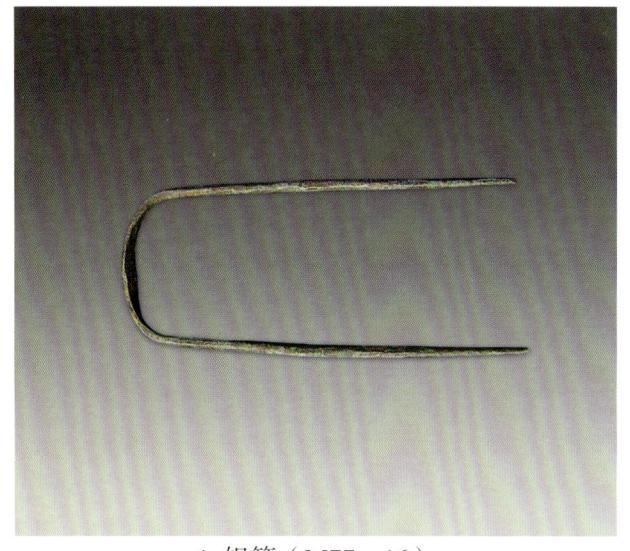

1. 银簪（M77:16）

2. 铜钱（M77:6、M77:8）

3. 陶器盖（M77:14）

4. 陶钵（M77:5）

5. 陶纺轮（M77:15）

6. 墓室砖（M77:31）

M77出土器物

图版九一

1. M80墓室结构

2. 釉陶罐（M80∶5）

3. 釉陶魁（M80∶12）

M80墓室结构及其出土器物

图版九二

1. 釉陶罐（M80∶2）

2. 陶罐（M80∶6）

3. 釉陶壶（M80∶4）

4. 釉陶鼎（M80∶13）

5. 釉陶灯（M80∶7）

M80出土器物

图版九三

1. M1墓室结构

2. 瓷碟（M1∶10）

3. 瓷小碗（M1∶21）

M1墓室结构及其出土器物

图版九四

1. 壶（M1:8）

2. 带流壶（M1:1）

3. 碗（M1:9）

4. 碗底部（M1:9）

M1出土瓷器

图版九五

1. 瓷罐（M1∶5）

2. 瓷罐（M1∶4）

3. 陶罐（M1∶12）

4. 陶釜（M1∶7）

5. 瓷壶（M1∶37）

6. 瓷碗（M1∶38）

7. 铜五铢（M1∶30）

M1出土器物

图版九六

1. M5墓室结构

2. 瓷盘口壶（M5：9）

3. 瓷四系罐（M5：19）

M5墓室结构及其出土器物

图版九七

1. M41墓室结构

2. 瓷盘口壶（M41：4）

3. 瓷四系罐（M41：3）

M41墓室结构及其出土器物

图版九八

1. 陶罐（M41∶19）

2. 瓷四系罐（M41∶5）

3. 瓷碗（M41∶17）

4. 瓷碗（M41∶8）

5. 瓷四系罐（M41∶6）

6. 铜货泉（M41∶1）

M41出土器物

图版九九

1. 瓷唾壶（M42:6）

2. 瓷罐（M42:2）

3. 瓷碗（M42:5）

4. 瓷碗（M42:4）

5. 陶匣（M42:9）

6. 瓷盘口壶（M42:1）

M42出土器物

图版一〇〇

1. M43墓室结构

2. 瓷罐（M43:4）

3. 瓷罐（M43:6）

M43墓室结构及其出土器物

图版一〇一

1. 瓷带流壶（M43∶24）

2. 瓷四系罐（M43∶25盖、M43∶33）

3. 瓷碗（M43∶32）

4. 陶罐（M43∶45）

5. 瓷唾壶（M43∶55）

6. 穿孔石珠（M43∶76）

M43出土器物

图版一〇二

1. M43:31
2. M43:39
3. M43:52
4. M43:62
5. M43:58
6. M43:37

M43出土瓷碗

1. M78墓室结构

2. 铜钱（M78∶9）

3. 墓室拱顶砖（M78∶31）

M78墓室结构及其出土器物

图版一〇四

1. 唾壶（M78:12）

2. 盘口壶（M78:13）

3. 碗（M78:22）

4. 碗（M78:11）

M78出土瓷器

图版一○五

1. M88墓室结构

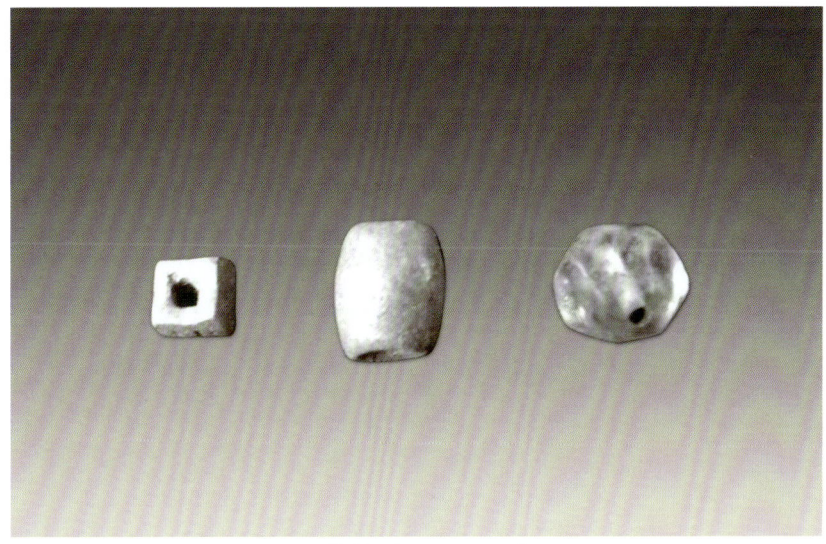

2. 珠饰（M88：10）

M88墓室结构及其出土器物

图版一〇六

1. 瓷鸡首壶（M88:3）

2. 瓷碗（M88:6）

3. 珠饰（M88:5）

M88出土器物

1. M123墓室结构

2. 瓷碗（M123：3）

3. 瓷碗（M123：6）

M123墓室结构及其出土器物

图版一〇八

1. Y1窑室结构

2. Y2窑室结构

Y1、Y2窑室结构

图版一〇九

1. 陶罐（Y2∶29）

2. 陶罐（Y2∶28）

3. Y3窑室结构

Y2出土器物及Y3窑室结构

图版一一〇

1. Y4窑室结构

2. 陶拍（Y4∶9）

3. 陶拍（Y4∶7）

Y4窑室结构及其出土器物

图版一一一

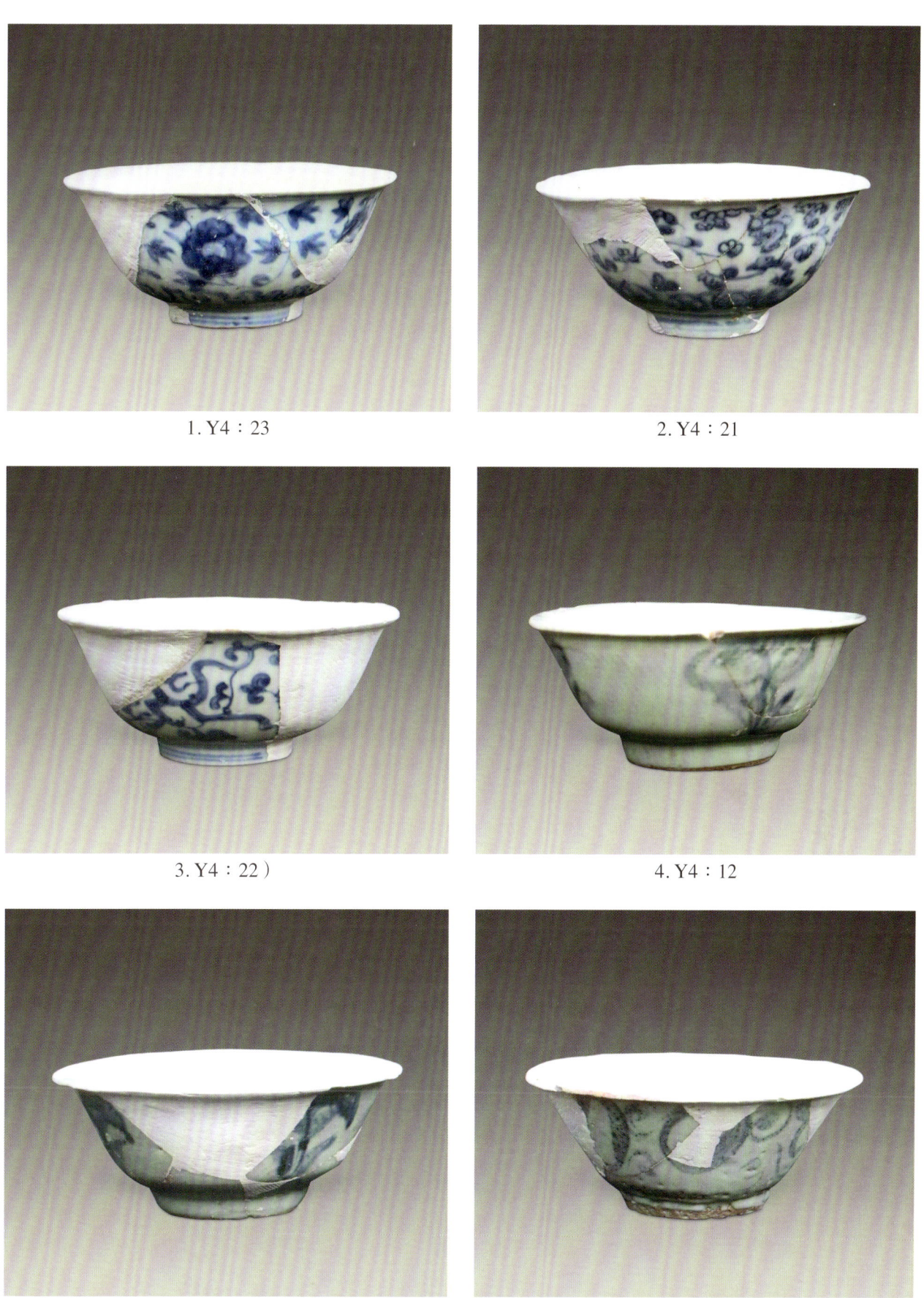

1. Y4∶23
2. Y4∶21
3. Y4∶22
4. Y4∶12
5. Y4∶26
6. Y4∶24

Y4出土青花瓷碗

图版一一二

1. Y4:13
2. Y4:18
3. Y4:17
4. Y4:16
5. Y4:14
6. Y4:15

Y4出土青花瓷碗

www.sciencep.com
SCPC-BZBDZF19-0058
ISBN 978-7-03-078309-7

定 价:328.00元